Kokott-Weidenfeld/Merk

Was Eltern wissen sollten

Was Eltern wissen sollten

Rechtsfragen im Alltag mit Kindern

von

Gabriele Kokott-Weidenfeld

Kurt-Peter Merk

C.H.BECK

Zu den Autoren:

Gabriele Kokott-Weidenfeld

lehrt als Professorin an der Hochschule Koblenz im Fachbereich Sozialwissenschaften. In verschiedenen Studiengängen bildet sie Sozialarbeiter aus. Ihre Schwerpunkte liegen bei den Themen des Familienrechts und im Kinder- und Jugendhilferecht.

Kurt-Peter Merk

befasst sich als Rechtsanwalt schwerpunktmäßig mit sozial- und gesundheitsrechtlichen Themen. Als Professor für Recht in der sozialen Arbeit stehen Themen zur Rechtsposition von Kindern und Jugendlichen im Vordergrund.

www.beck.de

ISBN 978-3-406-67690-1

Wilhelmstraße 9, 80801 München

Satz: Fotosatz Buck, Zweikirchener Str. 7, 84036 Kumhausen
Druck: Druckhaus Nomos, In den Lissen 12, 76547 Sinzheim
Umschlaggestaltung: Ralph Zimmermann – Bureau Parapluie
Bildnachweis: © doble.d – fotolia.com

Gedruckt auf säurefreiem, alterungsbeständigem Papier
(hergestellt aus chlorfrei gebleichtem Zellstoff)

So nutzen Sie dieses Buch

Um Ihnen das Lesen und Arbeiten mit diesem Buch zu erleichtern, hat die Autorin verschiedene Stilelemente verwendet, die Ihnen das schnellere Auffinden bestimmter Texte ermöglichen.

✔ Hier finden Sie Tipps, Aufzählungen und Checklisten.

i So sind „Merksätze“ gekennzeichnet.

Hier finden Sie Beispiele, die das Beschriebene plastisch erläutern und verständlich machen.

§ Hier finden Sie Definitionen, Rechtsnachweise oder Gesetzestexte.

Die Zielscheibe kennzeichnet Zusammenfassungen und ein Fazit zum Kapitelende.

Hier finden Sie Übungen und Muster zum selber Ausfüllen und Nachrechnen.

Vorwort

Liebe Leserin, lieber Leser,

unser Zusammenleben ist geprägt von Regelungen jeweils für oder gegen etwas. Dabei spielt es keine Rolle, wo wir uns bewegen, wie wir leben – ob innerhalb unserer Familie, im Beruf oder in der Gesellschaft insgesamt – in unserem Lebensalltag stoßen wir immer wieder an Grenzen. Diese Grenzen werden gesetzt von Vorschriften, von rechtlichen Bestimmungen.

Auch in Ihrem Alltag mit Ihren Kindern, in Ihrer Rolle als Eltern erleben Sie diese Probleme Tag für Tag. Für Sie stellen sich Fragen, die Sie ohne fachlichen Rat nicht beantworten können.

Mit unserem Buch bieten wir genau diese Hilfe an: Wir wollen die Wege aufzeigen, wie Sie in Ihrem Alltag mit Kindern mit den typischen Rechtsfragen klar kommen:

Welche Rechte und Pflichten haben Eltern gegenüber ihrem Kind – wie ist es, wenn sich Eltern nicht einig sind – wie verändert sich die Rechtslage, wenn Eltern sich trennen – wer ist für die tägliche Finanzierung des Kindes zuständig, welche Rechte haben Sie als Eltern gegenüber Erziehern oder Lehrern – was dürfen Sie Ihrem Kind verbieten – wie weit geht Ihr Einfluss bei Geldangelegenheiten – können Sie Ihrem Kind den Umgang mit Freunden verbieten – Welche rechtliche Stellung hat Ihr jetziger Lebenspartner in Bezug auf Ihr Kind – haben Oma und Opa auch ein Mitspracherecht?

Wir bieten Ihnen mit diesem Ratgeber in verständlicher Sprache eine Orientierung im Dschungel der rechtlichen Regelungen. Das Buch gibt Antworten und Rechtshilfen für die typischen Fragestellungen im Lebensalltag mit Kindern.

Wir richten uns an alle Eltern, an Kinder und Jugendliche und an diejenigen, die beruflich involviert sind wie Lehrer, Erzieher und Mitarbeiter in sonstigen sozialen Berufen.

Mit anschaulichen Erläuterungen und Übersichten bringen wir Ihnen Rechtsfragen anhand von Fallbeispielen näher und machen die Rechtsprobleme für Sie damit verständlicher. Wir erklären Ihnen die einschlägigen Paragrafen, Sie erhalten Hinweise auf Institutionen, an die Sie sich wenden können. Wir geben Ihnen Literaturempfehlungen zur Vertiefung von Einzelfragen.

München im August 2015 Gabriele Kokott-Weidenfeld

Kurt-Peter Merk

Inhalt

1. Kapitel

1

Ein Kind kommt zur Welt

Die Geburt eines Kindes kündigt sich an – dies ist immer ein Anlass großer Freude. Gleichzeitig entstehen Unsicherheiten, es stellen sich Fragen: Was kommt auf die werdenden Eltern zu, mit welchen rechtlichen Problemen werden sie konfrontiert. Im nachfolgenden Text werden die Rechtspositionen der Eltern gegenüber ihren Kindern erläutert, es geht also einerseits um die Rechte und Pflichten der Eltern und damit gleichzeitig ebenso um die Rechte der Kinder. Rechtspositionen werden ausschließlich durch gesetzliche Bestimmungen, also durch Paragrafen in bestimmten Gesetzen normiert. Insofern wird im nachfolgenden Text immer wieder auf Gesetze und einzelne gesetzliche Bestimmungen verwiesen. Diese Gesetze lassen sich leicht im Internet finden.

Gesetze finden

- Juris.de
- Gesetze-im-internet.de
- www.rechtliches.de
- dejure.org

I. Die Eltern

Nicht immer ist es klar, wer die Eltern eines Kindes sind. Im Folgenden soll also zunächst dieser Frage nachgegangen werden. Erst wenn Eltern in diesen Fragen Klarheit haben, wenn sie tatsächlich wissen, dass sie die rechtlichen Eltern des Kindes sind, sind die Fragestellungen der dann folgenden Kapitel für die Betroffenen von Relevanz.

1. Wer sind die Eltern des Kindes?

a) Mutter

Eigentlich ist der Sachverhalt der Mutterschaft – gemeint ist die Frage, wer die Mutter des Kindes ist – für jeden klar und selbstverständlich und trotzdem enthält das Bürgerliche Gesetzbuch (BGB) ausdrücklich die Regelung:

§

§ 1591 BGB

„Mutter ist die Frau, die das Kind geboren hat."

Die Mutter im Rechtssinne ist demnach die Frau, die tatsächlich das Kind zur Welt bringt, also die biologische Mutter. Rechtsregelung und biologischer Vorgang stimmen bei der Mutterschaft überein. Diese Vorschrift zählt zu den wesentlichen Grundsätzen unserer Rechtsordnung. Die Mutterschaft der Frau, die ein Kind geboren hat, kann weder durch Anfechtung noch durch eine vertragliche Vereinbarung in Frage gestellt oder verändert werden.

In früheren gesetzlichen Regelungen fanden sich keinerlei Hinweise über die Mutterschaft. Erst mit neuen wissenschaftlichen Erkenntnissen, mit den Fortschritten der genetischen Medizintechnik wurden Klarstellungen notwendig. Die verschiedenen Möglichkeiten künstlicher Befruchtung entwickelten rechtliche Unklarheiten und Streitigkeiten: Wer ist die „richtige" Mutter des Kindes – die, die das Kind ausgetragen hat oder diejenige, die dieser Frau eine Ei oder Embryonenspende weitergegeben hat?

Die oben aufgeführte rechtliche Regelung gilt immer, das heißt, dass diejenige Frau, die mit ihrer Ei- oder Embryonenspende ihr Erbgut an eine andere Frau weitergegeben hat, keinerlei Rechte an dem daraus entstandenen, von einer anderen Frau geborenen Kind hat. Es ist irrelevant, ob die beiden Frauen eine vertragliche Vereinbarung abgeschlossen haben, die etwas anderes aussagt.

Möglicherweise kann die Spendermutter aus persönlichen, physischen Gründen das Kind nicht selber austragen und zu Welt bringen und sie bezahlt der Leih- oder Ersatzmutter eine bestimmte Summe als Gegenleistung für ihre „Tätigkeit“. Natürlich will sie dann „ihr“ Kind nach der Geburt in die Arme schließen und sieht sich als Mutter und zusammen mit dem Erzeuger des Kindes denken sie, sie sind die Eltern dieses von einer anderen Frau zur Welt gebrachten Kindes. Diese wiederum hat durch das Austragen des Kindes möglicherweise Muttergefühle entwickelt und sieht das von ihr geborene Baby schon deswegen als ihr Kind an.

§

Leihmutter

Die Frau, die Mutter werden will, ist selbst nicht in der Lage das Kind auszutragen. Der Embryo wird in den Körper einer anderen Frau implantiert, die das Kind austrägt.

§

Ersatzmutter

Wegen Sterilität der Frau, die sich ein Kind wünscht, wird bei einer anderen Frau eine Insemination mit dem Sperma des (Ehe)Mannes der nicht gebärfähigen Frau vorgenommen.

Das erste künstlich befruchtete Baby wurde bereits 1976 zur Welt gebracht, inzwischen sind es vermutlich Millionen. Diese künstliche Form, ein Kind zu „produzieren“ ist nach unserem Grundverständnis mit dem Grundrecht der Menschenwürde nicht vereinbar. Deshalb wurden im Jahre 1991 mit dem Embryonenschutzgesetz (ESchG) klare Regelungen geschaffen:

i

Achtung!

Alle Formen der **Ersatzmutterschaft** oder der **Leihmutterschaft** sind **verboten**, § 1 ESchG.

Strafbar machen sich

- die in diesem Zusammenhang tätigen Ärzte,
- diejenigen, die eine Leihmutterschaft vermitteln.

Nicht strafbar

- machen sich die Wunscheltern, also diejenigen, die ihr erwünschtes Kind von einer anderen Frau austragen lassen.

Egal ob Ersatz- oder Leihmutter: Es geht immer darum, dass nicht diejenige, die das Kind tatsächlich zur Welt bringt, als Mutter des

Kindes gelten soll, sondern die Frau, die das Kind selbst nicht zur Welt bringen kann oder will. Genau das aber wird durch die gesetzlichen Regelungen des ESchG und des BGB untersagt. Das ESchG stellt entsprechende Vorgänge unter Strafe und durch die oben zitierte Klarstellung im BGB bleibt ausschließlich diejenige Frau, die das Kind tatsächlich zur Welt bring im rechtlichen Sinne seine Mutter. Jeder Vertrag über eine Leih- oder Ersatzmutterschaft, also jeder Vertrag, in dem sich eine Frau bereit erklärt, sich einer künstlichen oder natürlichen Befruchtung zu unterziehen oder einen nicht von ihr stammenden Embryo auf sich übertragen zu lassen oder sonst auszutragen, ist nach dieser Rechtslage von vorne herein nichtig, da er nach den Bestimmungen des BGB „sittenwidrig" ist, § 138 Abs. 1 BGB.

Fazit

Die genetische Mutter ist nicht immer auch die rechtliche Mutter des Kindes.

Zur Vertiefung der Fragen über die Forschung an Embryonen, den Import von Stammzellen aus dem Ausland und das Klonen von Menschen:

https://www.psychologie.uni-freiburg.de (Informationsbroschüre)

– Grundlagen der Biomedizin

In anderen Ländern gelten andere Regeln als in Deutschland. In Großbritannien, Spanien, Belgien, Griechenland und in einigen Staaten der USA ist Leihmutterschaft zwar nicht verboten, die Bestimmungen dazu sind jedoch im Einzelnen durchaus unterschiedlich. Die Kosten für das Austragen eines Kindes sind mit mehreren zehntausend Euro beachtlich. Außerdem ist zu bedenken, dass die Einreise nach Deutschland für die im Ausland geborenen Kinder wegen der deutschen Gesetzeslage erschwert ist. Die Kinder, die von Leihmüttern im Ausland ausgetragen wurden und deren künftige (soziale) Eltern in Deutschland leben, erhalten keine deutsche Staatsangehörigkeit (siehe dazu 1. Kapitel I. 3.). Eine andere Möglichkeit für die betroffenen Eltern wäre noch der Weg der Adoption des Kindes – auch dieser Weg ist jedoch mit einigen Hürden verbunden (siehe dazu 1. Kapitel I. 5.).

Allerdings hat der Familiensenat des Bundesgerichtshofs entschieden, dass das Urteil eines kalifornischen Gerichts, wonach die sog. Wunscheltern des von einer Leihmutter geborenen Kindes auch dessen rechtliche Eltern sind, bei uns anzuerkennen ist.

Bundesgerichtshof, Beschluss des XII. Zivilsenats vom 10.12.14 (XII ZB 463/13)

- Beschluss des Verwaltungsgerichts Berlin vom 5.9.12 (AZ: VG 23 L 283.12) zur Frage der Staatsangehörigkeit des Kindes.

Die Grundregel des BGB, die auf die biologische Mutterschaft abstellt, beinhaltet die Aussage, Mutter bleibt Mutter – auch wenn inzwischen eine Geschlechtsumwandlung erfolgt ist, das bedeutet, nach den Regelungen des Transsexuellen Gesetzes (TSG), §§ 10 und 11 bleibt der Status der Mutterschaft auch nach einer Geschlechtsumwandlung unberührt.

Eine weitere Form von Mutterschaft ist die sogenannte vertrauliche Geburt.

Vertrauliche Geburt

Eine Geburt, bei der die Schwangere ihre Identität nicht offenlegt.

Die Frau bringt ihr Kind heimlich zur Welt und nimmt gleichzeitig die beschützende Hilfe von Schwangerschaftsberatungsstellen in Anspruch.

Für diese Fälle gelten die besonderen Bestimmungen des Gesetzes zum Ausbau der Hilfen für Schwangere und zur Regelung der vertraulichen Geburt, die ihren Niederschlag vor allem im Schwangerenkonfliktgesetzes (SchKG) gefunden haben. In einem zweistufigen Verfahren werden den werden Müttern Hilfen angeboten: Der erste Schritt beinhaltet die Beratung der Schwangeren in einer besonderen sozialen Konfliktlage. Erst wenn feststeht, dass sich die Frau trotz aller Hilfsangebote nicht offenbaren möchte und ihr Kind auf jeden Fall anonym zur Welt bringen möchte, wird sie im zweiten Schritt beraten, wie sie das Angebot einer vertraulichen Geburt annehmen kann. Der Wunsch nach einer Nichtbekanntgabe der persönlichen Daten der Mutter wird respektiert und gleichzeitig werden ihr die notwendigen medizinischen Hilfen zu teil. Mit diesen genannten gesetzlichen Regelungen wird die werdende Mutter geschützt, denn die von ihr gewünschte vertrauliche Geburt wird auf klaren rechtlichen Grundlagen vollzogen, siehe dazu §§ 25, 26 und 27 SchKG. Die Beratenden unterliegen der Schweigepflicht und damit der Strafandrohung des § 203 Strafgesetzbuch (StGB). Wegen der Einzelheiten zur Geburtsurkunde (siehe 1. Kapitel I. 3.).

Hier finden sich weitere Informationen zu dieser Frage:

www.bmfsfj.de/publikationen (Broschüre)

– Suchbegriff: Vertrauliche Geburt

www.geburt-vertraulich.de

b) Vater

Viel komplizierter als die Frage nach der Mutterschaft im Rechtssinne ist die Antwort auf die Frage wer im Rechtssinne der Vater des Kindes ist. Wer ist gemeint, wenn vom biologischen, vom soziologischen oder vom rechtlichen Vater die Rede ist?

§ **Biologischer Vater**
ist der Erzeuger der männlichen Keimzellen für die Zeugung eines Kindes.

§ **Soziologischer Vater**
ist derjenige Mann, der tatsächlich umfassend Sorge und Verantwortung für das Kind übernimmt.

§ **Rechtlicher Vater**
ist derjenige Mann, der rechtlich die Verantwortung für das Kind hat.

In der traditionellen Familie nimmt der (Ehe)Partner der Mutter in der Regel alle drei Funktionen wahr.

Hinzu kommen zahlreiche andere begriffliche Varianten von Vaterschaften – Stiefväter, alleinerziehende Väter, Samenspender, Väter in einer homosexuellen Beziehung, Bei der Frage, wer die Eltern eines Kindes im Rechtssinne sind, kommt es letztendlich nur auf die rechtlichen Bestimmungen dazu an. Die Frage nach der biologischen oder sozial tatsächlich ausgeübten Vaterschaft ist für die rechtliche Entscheidung nicht vorrangig. Die rechtliche Vaterschaft ist im Zweifel eine rein rechtliche Fiktion, die nach den Bestimmungen im BGB genau definiert und festgelegt ist.

Vater im Rechtssinne ist

- der Mann, der bei Geburt des Kindes mit der Mutter **verheiratet** ist, § 1592 Ziff. 1 BGB oder
- der Ehemann, der bis zu 300 Tagen vor der Geburt **verstorben** ist, § 1593 BGB) oder
- der Mann, der Vaterschaft **rechtswirksam anerkannt** hat, § 1592 Ziff. 2 BGB oder
- der Mann, dessen Vaterschaft **gerichtlich festgestellt** wurde, § 1592 Ziff. 3 BGB.

Sind die Eltern des Kindes also miteinander verheiratet ist die Rechtslage eindeutig: Der Ehemann ist der Vater des Kindes. Allein die Tatsache, dass ein Mann mit der Mutter verheiratet ist, macht ihn zum (rechtlichen) Vater des von ihr geborenen Kindes. Juristisch spielt es also keine Rolle, ob der Mann zugleich der biologisch-genetische Vater ist. Als Ehemann der Mutter hat er allerdings die Möglichkeit von sich aus die durch die Geburt entstandene Vaterschaft zu bestreiten und sie durch Anfechtung im Sinne von § 1599 BGB zu beseitigen.

Auch wenn der Ehemann bereits verstorben ist, wenn diese Ehe also durch seinen Tod aufgelöst wurde, wird ihm das Kind soweit es innerhalb von 300 Tagen nach seinem Tod zur Welt gekommen ist, doch noch zugerechnet. Wegen des vermutlichen Zeugungstermins des Kindes kann davon ausgegangen werden, dass der verstorbene Ehemann der Vater dieses Kindes ist.

Nur wenn die Eltern eines Kindes nicht miteinander verheiratet sind oder nicht miteinander verheiratet waren werden für die rechtliche Klärung der Vaterschaft für das Kind weitere gesetzliche Konstruktionen zur Erlangung der Vaterschaft angeboten. Es gibt die Möglichkeit einer Anerkennung der Vaterschaft oder die Form der Feststellung der Vaterschaft.

Der nicht mit der Mutter verheiratete Mann kann nur durch eine offizielle Anerkennung nach den vorgegebenen rechtlichen Regelungen Vater des Kindes im Rechtssinne werden.

Was wird zur Anerkennung benötigt?

- ☐ *Abstammungs- oder Geburtsurkunde des Vaters*
- ☐ *gültiger Personalausweis (Reisepass)*
- ☐ *Zustimmungserklärung der Mutter (falls sie nicht anwesend ist)*

Die Einzelheiten zur Anerkennung der Vaterschaft sind in den §§ 1595–1599 BGB zu finden.

Voraussetzungen zur Anerkennung der Vaterschaft

1. Anerkennungserklärung des Mannes, § 1591 BGB.
2. Zustimmung der Mutter, § 1595 Abs. 1 BGB (in besonderen Fällen zusätzlich des Kindes).
3. öffentliche Beurkundung beider Erklärungen, (beim Notar, Jugendamt, Amtsgericht oder Standesamt), § 1597 Abs. 1 BGB, § 44 Personenstandsgesetz (PStG).
4. alles ohne Bedingung oder Zeitbestimmung, § 1594 Abs. 3 BGB.
5. die Anerkennung wird nur wirksam, wenn kein anderer Mann noch der Vater des Kindes ist, § 1594 Abs. 2 BGB.

Empfehlung

Anerkennung der Vaterschaft bereits vor der Geburt des Kindes möglich, (§ 1594 Abs. 4 BGB).

Kosten der Anerkennungserklärung

Bei den Jugendämtern und Standesämtern werden Gebühren in Höhe von 10–50 € erhoben.

Die Kosten beim Notar liegen wegen seiner Beratungsverpflichtung höher (zwischen 50–200 €).

Wenn alle Erfordernisse für eine Anerkennung erfüllt sind wird sie automatisch wirksam, § 1598 Abs. 1 BGB. Es wird nicht geprüft, es kommt also nicht darauf an, ob der die Vaterschaft des Kindes anerkennende Mann auch tatsächlich der biologische Vater dieses Kindes ist.

Verschiedene Vaterschaften (1)
Die ledige 17-jährige Vera bringt das Kind Karl zur Welt. Vera ist seit drei Jahren mit Herbert eng befreundet und die beiden leben seit einem Jahr in einer gemeinsamen Wohnung. Ist Herbert der Vater von Karl?

Herbert ist im rechtlichen Sinne nicht der Vater von Karl, denn er erfüllt keine der in § 1592 BGB formulierten Voraussetzungen.

Verschiedene Vaterschaften (2)
Herbert will die Vaterschaft von Karl anerkennen. Vera will aber nichts davon wissen. Ist eine Anerkennung trotzdem möglich?

Eine Anerkennung der Vaterschaft ist für Herbert nicht möglich, da sie immer der Zustimmung der Mutter bedarf.

Verschiedene Vaterschaften (3)
Die Lage hat sich verändert: Vera will der Anerkennungserklärung von Herbert nun doch zustimmen. Wird die Anerkennung durch ihre Zustimmung rechtswirksam?

Grundsätzlich bedarf die Anerkennung der Vaterschaft der Zustimmung der Mutter. Vera ist mit ihren 17 Jahren noch nicht volljährig und deshalb nicht voll geschäftsfähig. Sie benötigt zur rechtlichen Wirksamkeit dieser Erklärung daher die Zustimmung ihres gesetzlichen Vertreters, das sind normalerweise ihre Eltern (§§ 104 ff. BGB). Nur mit deren Zustimmung wird die Zustimmung von Vera in die Anerkennungserklärung durch Herbert rechtswirksam. In diesem Fall muss auch das Kind selbst zustimmen. Das Kind wird dabei vom Jugendamt als Amtsvormund vertreten.

Verschiedene Vaterschaften (4)
Herbert ist wegen seiner Alkoholabhängigkeit unter rechtliche Betreuung, § 1896 BGB, gestellt. Kann er trotzdem die Vaterschaft für Karl anerkennen?

Da Herbert trotz rechtlicher Betreuung weiterhin geschäftsfähig ist, kann und darf er die Anerkennungserklärung für das Kind Karl nur selbst, also höchstpersönlich abgeben.

Verschiedene Vaterschaften (5)

Vera lebt inzwischen mit Sascha zusammen. Dieser ist bereit, die Vaterschaft für Karl anzuerkennen, obwohl Herbert der wahre Vater von Karl ist. Kann Sascha anerkennen, wenn Herbert bisher nicht anerkannt hat?

Hier besteht kein Problem, da es für die Anerkennung nicht auf die tatsächliche, biologische Vaterschaft ankommt, sondern nur darauf, dass alle formalen Voraussetzungen für eine wirksame Anerkennungserklärung erfüllt werden. Es wäre also auch ohne Bedeutung, ob der anerkennende Vater überhaupt zeugungsfähig ist.

Verschiedene Vaterschaften (6)

Kann Sascha anerkennen, wenn Herbert bereits rechtswirksam anerkannt hat?

In diesem Fall ist eine rechtlich relevante Anerkennung der Vaterschaft durch Sascha nicht mehr möglich, siehe § 1594 Abs. 2 BGB. Es soll verhindert werden, dass das Kind zwei Väter hat!

Sascha hätte in dieser Situation jedoch unter bestimmten Voraussetzungen die Möglichkeit, die Vaterschaft erfolgreich anzufechten.

Das Gesetz sieht außerdem Regelungen vor, auf welche Weise ein Mann die Vaterschaft für ein Kind wieder loswerden kann, wie er also seine rechtlich wirksam bestehende Vaterschaft beseitigen kann.

Beseitigung der Vaterschaft

- **§ 1599 Abs. 1 BGB:** Vaterschaft kann durch **Anfechtungsklage** beseitigt werden, §§ 1600 ff. BGB.
- **Anfechtungsberechtigt**: Mann, der als Vater gilt oder der eine entsprechende eidesstattliche Versicherung abgibt; Mutter; Kind, § 1600 BGB.
- Anfechtungsfrist: zwei Jahre ab Kenntnis.

Verschiedene Vaterschaften (7)

Vera und Herbert sind bei der Geburt von Karl verheiratet. Nachdem Herbert wegen Alkohol und Drogenabhängigkeit unter rechtliche Betreuung gestellt wurde nimmt Vera dies zum Anlass sich scheiden zu lassen. Während des Scheidungsverfahrens erfährt Herbert, dass Karl nicht von ihm, sondern von Sascha stammt. Welche Möglichkeit hat Herbert?

Herbert kann die Vaterschaft anfechten, obwohl er unter rechtlicher Betreuung steht, denn er ist weiterhin geschäftsfähig, § 1600a Abs. 5 BGB.

Besonderheiten ergeben sich auch, wenn das Kind nach dem Tod des Vaters zur Welt kommt.

Verschiedene Vaterschaften (8)

Vier Monate vor der Geburt von Karl stirbt Ehemann Herbert an einer Überdosis Heroin.

Ist Herbert der Vater von Karl, obwohl er zum Zeitpunkt der Geburt nicht mehr lebt?

Grundsätzlich geht der Gesetzgeber davon aus, dass die Eltern bei der Geburt des Kindes miteinander verheiratet sind. Wurde die Ehe bereits vor der Geburt durch Tod aufgelöst, wird darauf abgestellt, ob das Kind innerhalb von 300 Tagen nach diesem Zeitpunkt zur Welt kommt, siehe dazu § 1593 Abs. 1 BGB.

Verschiedene Vaterschaften (9)

Wie ist es aber, wenn Karl erst ein Jahr nach dem Tod von Herbert zur Welt kommt?

In diesem Fall wird rechtlich davon ausgegangen, dass das Kind Karl nicht mehr von dem verstorbenen Ehemann von Vera abstammen kann, denn Karl wurde nach Ablauf der 300 Tage- Frist geboren. Hier passt sich die rechtliche Fiktion des Gesetzgebers an die biologischen Wahrscheinlichkeiten an.

Die gleiche Rechtslage gilt für den Fall, dass die Ehe bereits geschieden wurde.

Verschiedene Vaterschaften (10)

Die Ehe von Vera und Herbert wird geschieden. Neun Monate nach der Scheidung wird Karl geboren.

Vera und Herbert sind bei der Geburt von Karl nicht mehr miteinander verheiratet, insofern kann die grundsätzliche Ehelichkeitsvermutung keine Wirkung mehr entfalten. Der geschiedene Ehemann Herbert gilt nicht als Vater des Kindes Karl.

Wird das Kind erst nach Anhängigkeit der Scheidung geboren, gemeint ist damit nach der Einreichung des Scheidungsantrages bei Gericht, aber noch vor dem Scheidungsurteil, dann gilt ebenfalls die gleiche Rechtslage. Steht für die Beteiligten fest, dass der Noch-Ehemann nicht der Vater des Kindes ist, bietet der Gesetzgeber mit § 1599 Abs. 2 BGB einen vereinfachten Weg für die Anfechtung der Vaterschaft an: Dem biologischen Vater soll unter bestimmten gesetzlich festgelegten Voraussetzungen ein aufwändiges Anfechtungsverfahren erspart werden:

- das Kind wird nach Anhängigkeit des Scheidungsantrages geboren
- ein Dritter (zumeist der biologische Vater) erkennt die Vaterschaft innerhalt eines Jahres nach Rechtskraft des Scheidungsurteils an und
- der Mann, der zum Zeitpunkt der Geburt mit der Mutter des Kindes verheiratet ist stimmt der Anerkennung zu.

Diese vereinfachte Form der Anerkennung wird allerdings erst zu dem Zeitpunkt rechtlich wirksam, wenn das Familiengericht das Scheidungsurteil verkündet. Bis zu diesem Zeitpunkt bleibt das Kind eheliches Kind des Noch-Ehemannes.

Wie ist die Rechtslage für die Väter, die nicht mit der Mutter verheiratet sind und die die Vaterschaft für das neugeborene Kind nicht übernehmen wollen? In diesen Fällen – gemeint ist: Nur in diesen Fällen! – soll die Vaterschaft gerichtlich festgestellt werden, § 1592 Ziff. 3, 1600d BGB.

✔ Gerichtliche Feststellung der Vaterschaft

- ☐ *Klage beim Familiengericht auf Feststellung (Mutter oder Kind gegen den Vater, Vater gegen das Kind)*
- ☐ *wenn das Kind rechtlich vaterlos ist, ist eine Feststellungsklage unumgänglich*
- ☐ *Ausgangspunkt ist eine Vermutung:*
  Vater ist der Mann, der während der Empfängniszeit (vom 300. bis zum 181. Tag vor der Geburt) mit der Mutter Geschlechtsverkehr hatte (Bei Zweifel an der Vaterschaft = Abstammungsprozess).

Verschiedene Vaterschaften (11)

Vera und Herbert sind nicht miteinander verheiratet. Herbert hat erhebliche Zweifel, ob er wirklich der Vater von Karl ist. Er führt mit Vera eine offene Beziehung. Vera hat ihm immer wieder von anderen Sex-Partnern berichtet. Auch in dem Zeitraum, in dem Karl gezeugt sein müsste hat sie sich mehrfach mit anderen Männern getroffen.

Zur Klärung, ob er wirklich der Vater von Karl ist, könnte Herbert aufgrund der Regelung in § 1598a BGB verlangen, dass eine genetische Abstammungsuntersuchung vorgenommen wird und dafür die Entnahme der für diese Untersuchung geeigneten genetischen Probe bei Karl geduldet wird. Alle Beteiligten (Vater, Mutter, Kind) untereinander können nach dieser gesetzlichen Regelung verlangen, in eine genetische Abstammungsuntersuchung einzuwilligen, damit die leibliche Abstammung des Kindes geklärt werden kann. Die Grundlage für dieses Vorgehen liegt in § 1600d BGB. Ein Abstammungsprozess, also ein Verfahren im Rahmen einer Vaterschaftsfeststellungsklage ist dann zu führen, wenn schwerwiegende Zweifel an der Vaterschaft bestehen. Die oben beschriebene Vermutung für das Bestehen einer Vaterschaft gilt dann nicht, wenn, wie Vera in Beispielsfall 11, also die Mutter während der Empfängniszeit mit mehreren Männern Geschlechtsverkehr hatte. In Zweifelsfällen wird die Vaterschaft dann aufgrund eines Blutgruppengutachtens oder eine DNA-Analyse festgestellt. In besonderen Ausnahmefällen kann ein erbbiologisches oder ein Tragezeitgutachten relevant werden. Im Abstammungsprozess herrscht der sog. Amtsermittlungsgrundsatz, das Gericht kann also von sich aus Tatsachen erforschen und Beweise anordnen, wie z.B. den Vaterschaftstest. Die Betroffenen können sich dem letztlich nicht entziehen, denn nach § 372a der Zivilprozessordnung (ZPO) hat in einem Abstammungsprozess jede Person die erforderliche Untersuchung zu dulden. Es könnte sogar Zwang angeordnet werden.

Mit den obigen Erläuterungen wird jeder für sich in die Lage versetzt, zu klären, ob er oder sie im rechtlichen Sinne Mutter oder Vater des Kindes ist. Es versteht sich nunmehr von selbst, dass sich die nachfolgenden Ausführungen nur auf die rechtlichen Eltern beziehen können.

2. Welche Leistungen können Eltern beanspruchen?

Zum Einstieg in diese Frage ein Fallbeispiel zu den rechtlichen Fragen, mit denen werdende oder neue Eltern konfrontiert werden.

Fallbeispiel Iris

Iris ist schwanger. Sie arbeitet in einem Lebensmitteldiscounter, muss lange an der Kasse stehen und muss die Regale, auch die obersten, ein- und ausräumen, täglich mindestens vier Stunden. Nach Ablauf der Arbeitszeit müssen die Angestellten jeden Tag zur Überprüfung auf Diebstähle durch ein Röntgengerät gehen. Erst im 6. Monat ihrer Schwangerschaft informiert Iris ihren Chef. Er regt sich über diese späte Mitteilung sehr auf und fordert von Iris eine ärztliche Bescheinigung. Außerdem stellt er sie vor die Wahl: Kündigung oder ab sofort tägliche Arbeitszeit von acht Stunden und an sechs Tagen in der Woche. Am darauffolgenden Tag muss Iris zu einem wichtigen Vorsorgetermin, zu dem sie ihr Arbeitgeber aber nicht gehen lässt.

a) Mutterschutz

Um die hier aufgeworfenen Fragen zu klären sollte man zunächst einen Blick in das Mutterschutzgesetz (MuSchG) werfen.

Das Gesetz zum Schutz erwerbstätiger Mütter gilt für alle schwangeren Frauen und Mütter, „die in einem Arbeitsverhältnis stehen“, also auch für Auszubildende oder geringfügig Beschäftigte und für weibliche „in Heimarbeit Beschäftigte“ § 1 Abs. 2 MuSchG.

Für Beamtinnen gelten inhaltlich ähnliche Bestimmungen. Sie finden sich aber in den entsprechenden Verordnungen (Mutterschutz- und Elternzeit-VO) der Länder bzw. des Bundes.

Warum Mutterschutz?

Ziel dieser gesetzlichen Regelungen ist es, die (werdende) Mutter und ihr Kind vor Gefährdungen, Überforderungen und gesundheitlichen Einschränkungen aller Art am Arbeitsplatz zu schützen. Zusätzlich geht es um den Schutz vor finanziellen Einbußen und vor dem Verlust des Arbeitsplatzes.

Ausgeschlossen bleiben also selbstständige Gewerbetreibende, die für andere Auftraggeber arbeiten, also Frauen, die in freien Berufen tätig sind oder eine Beschäftigung aufgrund eines Werkvertrages ausüben.

Damit der jeweilige Arbeitgeber die ihm nach den Gesetzen auferlegten Pflichten einhalten kann, sollen schwangere Frauen ihrem Chef möglichst schnell über den Eintritt der Schwangerschaft und den mutmaßlichen Tag der Entbindung in Kenntnis setzen.

Im Fallbeispiel hat sich Iris Zeit gelassen, ihren Chef über ihre Schwangerschaft zu informieren. Erst im 6. Monat der Schwangerschaft hat sie ihrem Arbeitgeber Mitteilung darüber gemacht.

Trotzdem: Auch wenn § 5 MuSchG festlegt, dass Schwangere dem Arbeitgeber ihre Schwangerschaft mitteilen sollen, „sobald ihnen ihr Zustand bekannt ist", kann auch bei einer erst wesentlich späteren Mitteilung für die Schwangere kein Nachteil daraus erwachsen. § 5 MuSchG ist eine sog. Soll-Vorschrift.

Merke!

Die werdende Mutter unterliegt keiner Informationspflicht. Sie soll selber entscheiden können, wie sie sich verhält, denn letztlich handelt es sich um eine sehr persönliche Information aus ihrem Intimbereich.

Beschäftigungsverbote

In § 4 MuSchG werden die Beschäftigungsverbote für werdende Mütter definiert, u.a.:

- Einwirkungen von gesundheitsgefährdenden Stoffen und Strahlen, Staub, Gasen, Hitze, Kälte, Nässe …
- Arbeiten nur mit Lasten bis zu 5 kg
- Langes Stehen ab dem 5. Monat und über 4 Stunden täglich
- Erhebliches Strecken und Beugen
- Gefahr von Berufskrankheiten
- Nach Ablauf des 3. Monats in Beförderungsmitteln
- Akkord- und Fließarbeit mit jeweils vorgeschriebenen Einheiten

Im Fallbeispiel verstoßen die Arbeitsauflagen an Iris also klar gegen die Regelungen im MuSchG: Sie darf im 6. Monat ihrer Schwangerschaft nicht lange stehen und sie darf derartige Arbeiten nicht länger als 4 Stunden täglich ausführen. Beim Ein- und Ausräumen der Regale von oben bis unten muss sich Iris sicherlich erheblich nach oben strecken und nach unten beugen. Die zusätzliche tägliche Durchleuchtung wegen Diebstahlsgefahr beinhaltet ebenfalls Gesundheitsgefährdungen im Sinne von § 4 Abs. 1 MuSchG.

Hinzu kommen die Mehrarbeitszeiten, die der Chef nun von Iris einfordert. Iris soll 6 mal 8 Stunden arbeiten, was, berechnet auf eine „Doppelwoche" nach § 8 MuSchG, 96 Stunden ergibt und damit klar über der in § 8 Abs. 2 Ziff. 2 MuSchG vorgegebenen Zeitbegrenzung von 80 Stunden/Woche liegt.

Fest steht zudem: Der Arbeitgeber von Iris darf ihr wegen des im MuSchG festgeschriebenen Kündigungsverbotes zu diesem Zeitpunkt nicht kündigen.

§

§9 MuSchG Abs. 1 S. 1

„Die Kündigung gegenüber einer Frau während der Schwangerschaft und bis zum Ablauf von 4 Monaten nach der Entbindung ist unzulässig, wenn dem Arbeitgeber zum Zeitpunkt der Kündigung die Schwangerschaft bekannt war …"

Iris darf selbstverständlich ihren Termin zur Vorsorgeuntersuchung während der Schwangerschaft wahrnehmen, ihr Arbeitgeber hat sie dafür nach § 16 MuSchG freizustellen.

Tipp!

Die **Kosten** für die vorzulegende ärztliche Bescheinigung über die bestehende Schwangerschaft kann sie von ihrem Chef zurückverlangen.

Fortsetzung Fallbeispiel Iris

Iris hat sich inzwischen entschlossen, nach der Geburt bei ihrem Kind zu Hause zu bleiben.

b) Verschieden Leistungsarten

Es stellt sich die Frage, ob und wie lange Iris zu Hause bleiben darf und welche Hilfen sie beantragen kann.

Bereits vor der Geburt des Kindes hat Iris einen Anspruch auf Arbeitsendgeld falls für sie ein Beschäftigungsverbot nach den §§ 3 und 4 MuSchG bestand. Dieses Arbeitsendgeld berechnet sich nach dem Durchschnittsverdienst der letzten 13 Wochen.

Außerdem erhält sie für die Zeit der Schutzfristen (sechs Wochen vor der Geburt und acht Wochen nach der Geburt) Mutterschaftsgeld (§ 13 MuSchG). Hinzu kommen Sach- und Dienstleistungen, die mit der gesundheitlichen Versorgung während der Schwangerschaft und der Entbindung zu tun haben (§ 15 MuSchG).

- www.bmfsfj.de/publikationen (Broschüre)

– Suchbegriff: Leitfaden zum Mutterschutz

- www.mutterschaftsgeld.de (Internetseite/Information)

– Informationen

- Merkblatt zu beziehen über

– mutterschaftsgeldstelle@bva.de

- www.bmfsfj.de/apps

– Apps: Erste Schritte/Schau hin!

Iris kann zudem Elterngeld und weitere Leistungen nach dem Gesetz zum Elterngeld und zur Elternzeit (BEEG) beantragen.

Der Staat hält verschiedene Angebote für die Eltern bereit, um sie bei der Erziehung ihrer Kinder finanziell und zeitlich zu entlasten. Die unterschiedlichen Leistungen lassen sich gut abgrenzen.

Elterngeld und ElterngeldPlus

erhalten die Eltern, die

– mit dem Kind zusammenleben,

– es betreuen,

– selber keine volle Berufstätigkeit ausüben (nicht mehr als 30 Stunden in der Woche).

Betreuungsgeld

wird unabhängig vom Elterngeld denjenigen gezahlt, die ihr Kind nicht in eine Betreuungseinrichtung geben.

Elternzeit

bedeutet, dass die Eltern zur Sorge für ihr Kind für einen bestimmten Zeitraum beurlaubt werden.

Die Einzelheiten zu diesen Fragen finden sich im

http://www.elterngeld.net/richtlinien.html (Richtlinien zum BEEG)

Die Voraussetzungen für das Elterngeld und das Betreuungsgeld regeln die §§ 1 ff. BEEG. In den §§ 15 ff. BEEG sind die Einzelheiten des Anspruchs auf Elternzeit festgelegt.

Anhand des nachfolgenden Fallbeispiels werden die Inhalte der gesetzlichen Regelungen im Einzelnen verdeutlicht.

Fallbeispiel Ehepaar Meier

Das Ehepaar Meier erwartet Nachwuchs. In einer Beratungsstelle beim Jugendamt wollen die beiden sich über Elterngeld und Elternzeit informieren. Frau Meier ist Erzieherin und arbeitet Vollzeit in einer Kindertagesstätte. Sie möchte ihr Kind in den nächsten zwei Jahren selbst betreuen. Ihr Mann arbeitet als Lehrer. Er möchte weiterhin in seiner Schule bleiben und deshalb keinen Antrag auf Elternzeit stellen.

Die Antworten zu diesem Fallbeispiel erschließen sich problemlos aus den gesetzlichen Bestimmungen des BEEG.

c) Elterngeld

§ 1 BEEG legt fest, wer berechtigt ist Elterngeld zu erhalten.

Elterngeld

- für Arbeitnehmer, Beamte, Selbständige, Erwerbslose, Studierende und Auszubildende. In Ausnahmefällen können auch Verwandte, z.B. die Großeltern, die das Kind betreuen, statt der Eltern das Elterngeld erhalten.
- für geringfügig Beschäftigte haben keinen Anspruch auf Elterngeld.

Zielsetzung dieser staatlichen Leistung ist es, den jungen Familien eine Unterstützung für den Zeitraum nach der Geburt ihres Kindes zu bieten. Den Eltern wird der Übergang in das gemeinsame Leben mit dem neuen Familienmitglied erleichtert, indem ihnen die Möglichkeit eröffnet wird, vorübergehend auf eine Erwerbstätigkeit zu verzichten, um damit mehr Zeit für die Betreuung ihres Kindes zu haben.

Das sogenannte Basis-Elterngeld wird für maximal 14 Monate an die Eltern gezahlt. Wer das Geld erhält und wie lange es in Anspruch genommen wird, können die Eltern selbst entscheiden. Eltern haben die Wahlfreiheit, untereinander aufzuteilen, wer wie lange zu Hause bleibt. Der niedrigste Zahlungszeitraum beträgt zwei Monate. Die normale Laufzeit umfasst ein Jahr. Dieser Zeitraum erweitert sich auf 14 Monate, wenn Eltern die Betreuung des Kindes unter sich aufteilen und wenn ihr bisheriges Erwerbseinkommen für mindestens zwei Monate wegfällt. Auch ein alleinerziehender Elternteil hat unter dieser Voraussetzung einen Anspruch auf einen Leistungszeitraum von 14 Monaten.

Der Anspruch auf Elterngeld entfällt für Elternpaare, die gemeinsam ein zu versteuerndes Jahreseinkommen von mehr als 500.000 € haben.

Elterngeld wird mindestens in einer Höhe von 300 € bezahlt. Diesen Betrag erhalten alle, die nach der Geburt ihr Kind selbst betreuen und nicht mehr als 30 Stunden in der Woche erwerbstätig sind, also auch Hausfrauen/-männer, Studierende, Auszubildende. Der Höchstbetrag für das Elterngeld liegt bei 1.800 €. Die genauen Berechnungsgrundlagen für die Höhe des Elterngeldes finden sich in den §§ 2 ff. BEEG, der Grundsatz dazu lautet:

§ *„Elterngeld wird in Höhe von 67 Prozent des Einkommens aus Erwerbstätigkeit vor der Geburt des Kindes gewährt“ (§ 2 Abs. 1 S. 1 BEEG).*

Bei der Berechnung des Elterngeldes werden sämtliche tatsächliche Zuverdienste mit einberechnet. Es gibt keine Freigrenze wie zum Beispiel bei Steuern. Wer während der Elternzeit Geld verdienen will ist verpflichtet, dies der Elterngeldstelle mit zu teilen. Das Elterngeld wird entsprechend für jeden Monat neu berechnet, kann also im Zweifel unterschiedlich ausfallen.

d) ElterngeldPlus

Die Leistungen nach den Regelungen zum ElterngeldPlus sollen Eltern mit Teilzeitarbeit bis maximal 30 Wochenstunden die Möglichkeit geben, ihre Elternzeit flexibler zu gestalten. Die Eltern können sich zwischen dem Bezug von Elterngeld oder ElterngeldPlus entscheiden.

Tipp!

ElterngeldPlus können Eltern beantragen, die nach der Geburt ihres Kindes in Teilzeit arbeiten (§ 4 Abs. 3). Anstelle des normalen Elterngeldmonats (Basiselterngeld) kann nunmehr für zwei Monate ElterngeldPlus beantragt werden.

Das ElterngeldPlus wird dadurch doppelt so lange wie das Elterngeld bezahlt, es beträgt aber damit pro Monat auch nur die Hälfte des Betrages des normalen Elterngeldes. Ein normaler Elterngeldmonat, in dem der Elternteil gar nicht arbeiten würde, entspricht somit genau zwei ElterngeldPlus-Monaten, die bezahlt werden, soweit der Elternteil in Teilzeit tätig ist. Eltern stehen sich damit letztlich besser, denn sie werden finanziell so behandelt als würden sie gar nicht arbeiten, nur dass sich die Auszahlung auf zwei Monate erstreckt.

Elterngeld und ElterngeldPlus lassen sich je nach Bedürfnis der Eltern kombinieren. Eine junge Mutter kann beispielsweise die ersten sechs Monate nach der Geburt des Kindes ganz zuhause bei ihrem Kind bleiben und in dieser Zeit Elterngeld beziehen. Wenn Sie danach in Teilzeit arbeitet, stehen ihr ab diesem Zeitpunkt weitere 12 Monate ElterngeldPlus zu, so dass sie über einen Zeitraum von insgesamt 18 Monaten finanziell unterstützt wird und den gesamten Elterngeldbetrag gestreckt über diesen längeren Zeitraum ausschöpft.

ElterngeldPlus die neue Generation Vereinbarkeit, Bundesministerium für Familie, Senioren, Frauen und Jugend (Hrsg.) – www.bmfsmj.de

e) Partnerschaftsbonus

Zusätzlich haben die Eltern die Möglichkeit einen Partnerschaftsbonus (Partnerschaftsmonate) in Anspruch zu nehmen (§ 4 Abs. 4 BEEG). Sinn dieser Regelungen ist es, beiden Eltern die Möglichkeit zu eröffnen, sich ausreichend um ihr Kind kümmern zu können.

Merke!

Partnerschaftsbonus wird gewährt, wenn

- beide Eltern gleichzeitig arbeiten,
- sie mindestens vier Monate hintereinander arbeiten,
- sie nur in Teilzeit arbeiten,
- sie mindestens 25 und höchstens 30 Stunden in der Woche arbeiten.

Diese Regelung hat das Ziel zu erreichen, dass sich Vater und Mutter die Betreuung ihres Kindes bei jeweiliger Teilzeitarbeit teilen.

f) Betreuungsgeld

Nach Beendigung der unterschiedlichen Varianten von Elterngeldzahlungen können Eltern für einen zusätzlichen Zeitraum unter bestimmten Voraussetzungen Betreuungsgeld (§§ 4a ff. BEEG) beanspruchen.

Betreuungsgeld

- *schließt zeitlich an das Elterngeld an*
- *zusätzlich maximal 22 Monate*
- *das Kind wird nicht in einer Kindertageseinrichtung betreut*
- *Höhe: 150 € monatlich*

g) Elternzeit

Eltern haben neben den finanziellen Leistungsansprüchen bei der Geburt eines Kindes auch einen Anspruch an ihren Arbeitgeber, für die Erziehung und Betreuung ihres Kindes freigestellt zu werden.

§

Anspruch auf Elternzeit

besteht nach §§ 15 ff. BEEG:

- *für jeden Elternteil (auch beide Eltern gleichzeitig),*
- *maximal bis zum 3. Lebensjahr des Kindes.*
- *Schriftlicher Antrag spätestens sieben Wochen vor Beginn der Zahlungen erforderlich!*

Macht ein Elternteil von der Möglichkeit Elternzeit in Anspruch zu nehmen Gebrauch, dann ruht sein Arbeitsverhältnis für die Zeitphase, in der er zuhause bei dem Kind bleibt. „Ruhen“ bedeutet, das Arbeitsverhältnis endet nicht, sondern es lebt mit der Arbeitsaufnahme wieder vollständig auf. Dieser Elternteil wird also nach seiner Elternzeit entsprechend seinem ursprünglichen Arbeitsvertrag gleichermaßen wie bis zum Beginn der Elternzeit beschäftigt werden. Wird die Elternzeit in Anspruch genommen besteht für den Betroffenen ein Kündigungsschutz. Umgekehrt unterliegt der Elternteil, der nach Ablauf der Elternzeit nicht mehr bei dem bisherigen Arbeitgeber weiter arbeiten will, einer dreimonatigen Kündigungsfrist.

Auch während der laufenden Elternzeit darf bis zu 30 Stunden pro Woche einer Teilzeitbeschäftigung nachgegangen werden.

Es bestehen auch einige Sonderregelungen, die den Eltern mehr Flexibilität ermöglichen. So ist eine Übertragung der Elternzeit für einen Zeitraum von maximal einem Jahr auf eine Zeitphase nach dem 3. Lebensjahr des Kindes möglich. Das Kind darf allerdings nicht älter als acht Jahre alt sein. Nehmen die Eltern das ElterngeldPlus in Anspruch verdoppelt sich der Zeitrahmen automatisch von 12 auf 24 Monate. Diese zusätzlichen Möglichkeiten für die Eltern kann der Arbeitgeber allerdings ablehnen, wenn er zur Begründung dringende betriebliche Gründe anführen kann

Wie die Antragstellung erfolgt, worauf dabei im Einzelnen zu achten ist, ergibt sich aus der nachfolgenden Liste.

Antrag auf Elterngeld und Betreuungsgeld

- Schriftlicher Antrag an die zuständige Stelle mit Unterschrift von beiden Eltern
- Geburtsbescheinigung des Kindes
- Bescheinigung über den Bezug von Mutterschaftsgeld (Krankenkasse, Arbeitgeber)
- Einkommensnachweise
- Arbeitszeitbestätigung des Arbeitgebers

Achtung!
Der Antrag auf Elterngeld sollte bis spätestens drei Monate nach der Geburt des Kindes gestellt werden, da Elterngeld rückwirkend nicht länger als drei Monate gezahlt wird.

Die nachfolgenden Hinweise auf die verschiedenen Zahlungsstellen dienen der Erleichterung bei der Inanspruchnahme von Zahlungen.

Zahlungsstellen
Die Zahlung des Elterngeldes erfolgt je nach Bundesland von unterschiedlichen Behörden.

- Baden-Württemberg: Landeskreditbank
- Bayern: Versorgungsamt (ZBFS)
- Berlin: Bezirksamt (Jugendamt)
- Brandenburg: Jugendamt
- Bremen: Amt für Soziale Dienste
- Hamburg: Bezirksamt (Einwohneramt)
- Hessen: Amt für Versorgung und Soziales
- Mecklenburg-Vorpommern: Landesamt für Gesundheit und Soziales
- Niedersachsen: Landkreise und große Städte

- Nordrhein-Westfalen: Kreise und kreisfreie Städte (Versorgungsamt)
- Rheinland-Pfalz: Jugendamt
- Saarland: Landesamt für Soziales, Gesundheit und Verbraucherschutz
- Sachsen: Landkreise und kreisfreie Städte (Sozialamt)
- Sachsen-Anhalt: Landesverwaltungsamt
- Schleswig-Holstein: Landesamt für Soziale Dienste
- Thüringen: Landkreise und größere Städte (Amt für Familie und Soziales)

Ansprechpartner und die notwendigen Formulare finden sich unter:

- www.familien-wegweiser.de

– Familie regional

– Elterngeld

- www.zuv.uni-freiburg.de

– Formulare und Downloads

– Suchbegriff: Checkliste Schwangerschaft

Fazit für das Ehepaar Meier in unserem Fallbeispiel: Frau Meier kann Elterngeld für 12 Monate (und anschließend evtl. noch Betreuungsgeld) sowie Elternzeit für zwei Jahre beantragen. Für die darauf folgenden Jahre könnte sie evtl. eine Teilzeittätigkeit übernehmen. Die Einzelheiten dazu wurden oben dargelegt. Herr Meier geht weiterhin seiner Tätigkeit als Lehrer nach.

Bei Geschwisterkindern oder im Fall von Mehrlingsgeburten gelten zusätzliche weitergehende Rechtsvorschriften (§ 2a BEEG).

www.bmfsfj.de

– Suchbegriff: Mehrlingsgeburten Beispiel

Rechtsweg

Bei Streitigkeiten über die Anspruchsvoraussetzungen und die Höhe des Elterngeldes sind die Sozialgerichte zuständig. Geht es um Probleme im Zusammenhang mit der Elternzeit geht der Rechtsstreit an das Arbeitsgericht.

h) Kindergeld

Nach den Bestimmungen des Bundeskindergeldgesetzes (BKGG) und den Regelungen im Einkommenssteuerrecht- erhalten die Eltern ab der Geburt des Kindes Kindergeld und in speziellen Fällen zusätzlich einen Kinderzuschlag, § 6a BKGG.

Eltern und Kinder müssen die in den Gesetzen festgehaltenen Voraussetzungen erfüllen, um das Kindergeld zu erhalten (siehe zu den Einzelheiten die Regelungen der §§ 1 und 2 BKGG).

Achtung!

Nicht das Kind erhält das Kindergeld, sondern die Eltern. Ihnen steht dieser Anspruch üblicherweise bis zum 18. Lebensjahres ihres Kindes zu.

Im Einkommenssteuerrecht finden sich parallele Bestimmungen. Insofern ergibt sich dieser Anspruch für die in den meisten Fällen steuerpflichtigen Eltern direkt aus dem Einkommenssteuerrecht, siehe §§ 62 und 63 Einkommenssteuergesetz (EStG).

Aber auch die Eltern des Kindes sind nicht immer die eigentlichen Anspruchsberechtigten. Aus den Grundregelungen in § 2 BKGG lassen sich in besonderen Fällen Ansprüche für andere Personenableiten, z.B. für die Großeltern oder die Pflegeeltern. § 3 BKGG stellt gleichzeitig klar, dass Kindergeld immer nur von einer Person bezogen werden kann.

Merke!

Der Gesetzgeber hat festgelegt, dass das Kindergeld grundsätzlich an den Elternteil ausgezahlt wird, in dessen Haushalt das Kind lebt.

Der Antrag auf Kindergeld muss schriftlich gestellt und persönlich oder von einem Bevollmächtigten unterschrieben werden. Der Antrag richtet sich an die Familienkasse (Bundesagentur für Arbeit), in deren Bezirk die Eltern wohnen (siehe zum Wohnsitz §§ 8 und 9 Abgabenordnung (AO).

Die Höhe des Kindergelds beträgt für das Jahr 2016 für das erste und zweite Kind 190 €, für das dritte Kind 196 € und für alle weiteren Kinder 221 € monatlich. Die Auszahlung dieses Geldes erfolgt im Normalfall durch die Familienkasse direkt an die Eltern oder an den Elternteil, bei dem das Kind lebt.

Die Einzelheiten zu der Frage bis wann Kindergeld gezahlt wird ergeben sich aus § 32 EStG. Danach können Zahlungen in Ausnahmefällen sogar bis zum 25. Lebensjahr des Kindes erfolgen.

Neben bzw. anstelle der Zahlung von Kindergeld können die steuerpflichtigen Eltern einen Kinderfreibetrag in Anspruch nehmen. Dieser Kinderfreibetrag wird im Gegensatz zum Kindergeld nicht ausgezahlt, sondern es ist ein Freibetrag, der vom zu versteuernden Einkommen abgezogen wird und sich damit steuermindernd auswirkt. Dieser Kinderfreibetrag soll letztlich den Grundbedarf eines Kindes decken, § 32 Abs. 6 EStG.

Der Freibetrag beträgt 2015 je Kind jährlich 7.008 € (berechnet nach Betreuungs-, Erziehungs- und Ausbildungsbedarf: 2.640 € und für das sächliche Existenzminimum des Kindes: 3.864 €.

Dieser Gesamtbetrag reduziert die Bemessungsgrundlage für die Berechnung der jährlichen Einkommenssteuer.

Die Berechnung, welche Art des Leistungsanspruches für die Eltern des Kindes günstiger ist, wird vom Finanzamt automatisch vorgenommen. Ein Steuervorteil ergibt sich dann, wenn die Berechnung ergibt, dass die Differenz der Einkommenssteuer die Höhe des Kindergeldes übersteigt.

✔ **Tipp!**

Der Antrag auf Kindergeld sollte in jedem Fall gestellt werden, auch dann wenn vorab bereits klar ist, dass im konkreten Fall die Anrechnung eines Kinderfreibetrags für dieses Elternpaar günstiger ist.

Nach der Regelung in § 6a BKGG kann Eltern neben dem Kindergeld ein einkommensabhängiger Kindergeldzuschlag zustehen. Hierunter fallen diejenigen Fälle, in denen die Eltern zwar in der Lage sind, ihren eigenen Lebensunterhalt zu finanzieren, aber es reicht nicht mehr für den Unterhalt der Kinder.

Achtung!

Der Kindergeldzuschlag beträgt 140 € pro Kind im Monat. Er soll verhindern, dass die Eltern um ihre Kinder finanzieren zu können, zusätzliche staatliche Hilfen wie die Grundsicherung für Arbeitslose (Arbeitslosengeld II) oder Sozialhilfe in Anspruch nehmen müssen.

Grundsätzlich können nur diejenigen Eltern, die in Deutschland ihren Wohnsitz oder gewöhnlichen Aufenthalt (siehe dazu §§ 8 und 9 AO) haben, einen Antrag auf Kindergeld stellen. Ausnahmen dazu finden sich in § 1 BKGG. Auch Ausländern, die in Deutschland leben und die hier eine Aufenthaltserlaubnis haben, steht ein Anspruch auf Kindergeldzahlungen zu. Angehörige der Europäischen Union müssen dafür in Deutschland einer Erwerbstätigkeit nachgehen oder hier zumindest einen Wohnsitz haben.

Ratgeber

- www.bzst.de

– Suchbegriff: Kindergeld

- www.kindergeld.org (Informationen)

– Kindergeldantrag

- www.familien-wegweiser.de

Voraussetzung für die Zahlung von Kindergeld:

- www.arbeitsagentur.de (Internetseite/Information)

– Bürgerinnen und Bürger

– Familie und Kinder

– Kindergeld, Kindergeldzuschlag

- www.bmfsfj.de

– Mehrlingsgeburten Beispiel

Antragsformular

- www.arbeitsagentur.de

– Formulare Kindergeld

3. Welche Formalien sind bei der Geburt erforderlich?

a) Geburtenregister

Offiziell ist die Geburt eines Kindes erst dann, wenn sie staatlich registriert ist, das heißt, wenn die Tatsache der Geburt des Kindes formal korrekt entsprechend den rechtlichen Bestimmungen (siehe dazu das Personenstandsgesetz – PStG) in die dafür vorgesehenen Urkunden aufgenommen worden ist.

Normalerweise vollzieht sich dieser Vorgang für die Eltern automatisch: Das Krankenhaus, in dem das Kind zur Welt kommt zeigt dem Standesbeamten die Geburt des Kindes an. Diese offizielle Geburtsanzeige ist die Grundlage für die Beurkundung der Geburt durch den Standesbeamten. Deswegen müssen die Eltern die Anzeige unterschreiben, und damit den Inhalt der Eintragungen bestätigen.

Inhalt des Geburtenregisters (§ 21 Abs. 1 PStG)

- Vorname und Nachname des Kindes (siehe dazu 1. Kapitel II. 2.)
- Ort, Tag, Stunde und Minute der Geburt
- Geschlecht des Kindes
- die Eltern des Kindes (siehe dazu 1. Kapitel I. 1.), evtl. ihre Religion und wenn sie nicht Deutsche sind ihre Staatsangehörigkeit
- Eheschließung, falls die Eltern miteinander verheiratet sind
- Staatsangehörigkeit des Kindes nach § 4 Abs. 3 Staatsangehörigkeitsgesetz (StAG)

Es ist nicht immer möglich, alle Angaben für das Geburtenregister sofort zu machen. So muss der Vorname des Kindes spätestens vier Wochen nach Geburt bekannt gegeben werden.

b) Geburtsort

Für Kinder, die nicht in einem Krankenhaus zur Welt kommen, gelten die gleichen offiziellen Registrierungsverpflichtungen. Letztlich ist es Aufgabe der Eltern, dafür Sorge zu tragen, dass ihr Kind formal nach den geltenden gesetzlichen Bestimmungen registriert wird.

Hausgeburt

Bei einer Hausgeburt ist immer der Nachweis des Arztes oder der Hebamme über die Geburt vorzulegen.

Für den Geburtsort des Kindes kommt es nicht darauf an, wo die Eltern wohnen. Das Kind wird regional dort registriert, wo es tatsächlich zur Welt kommt, bei einer Geburt im Krankenhaus also entsprechend am Ort dieser Einrichtung. Dies ist und bleibt dann der Geburtsort für dieses Kind.

Besonderheiten ergeben sich bei der sog. vertraulichen Geburt (siehe dazu 1. Kapitel I. 1.). Nach § 21 Abs. 2a PStG werden in diesen Fällen die Eltern des Kindes nicht in das Geburtenregister eingetragen. Vor- und Nachname des Kindes legt die zuständige Verwaltungsbehörde fest. Die betroffene Frau erhält in dem gesamten Verfahren Vertraulichkeitsschutz. Sie handelt im gesamten Verfahren unter einem Pseudonym und die jeweiligen Beratenden sind zur Vertraulichkeit verpflichtet. Nur das Kind selbst hat nach § 31 SchKG Einsichtsrecht. Ab seinem 16. Lebensjahr besteht für das Kind die Möglichkeit, seine Herkunft zu erfahren. Die Daten werden beim Bundesamt für Familie und zivilgesellschaftliche Aufgaben verwahrt. Das SchKG bietet für die Mutter zusätzliche Ausnahmeregelungen, um sie ausreichend zu schützen.

c) Staatsangehörigkeit

Nach den Regelungen des StAG erhält das Kind die deutsche Staatsangehörigkeit immer dann, wenn mindestens ein Elternteil Deutscher ist. Für Findelkinder gilt das gleiche.

Sind die Eltern des Kindes ausländische Mitbürger, erhält das hier geborene Kind automatisch auch die deutsche Staatsbürgerschaft, wenn ein Elternteil offiziell bereits acht Jahre in Deutschland lebt oder wenn er ein unbefristetes Aufenthaltsrecht hat (§§ 3 und 4 StAG).

Hinweise zu Sondersituationen und Einzelfällen unter

www.einbuergern.de

- Downloads

- Info-Materialien zur Einbürgerung

d) Wohnsitz

Der rechtlich-formale Wohnsitz des Kindes orientiert sich am Wohnsitz der Eltern (§§ 11, 7 BGB). Diese begründen überall dort einen Wohnsitz, wo sie sich ständig niederlassen. Im Zusammenhang mit Streitigkeiten kommt es nach § 30 Sozialgesetzbuch (SGB) I auf den tatsächlichen Lebensmittelpunkt an, also darauf, wo sich das alltägliche Leben wirklich abspielt, also im Arbeitsbereich, in Schule und Freizeit und im Familienleben.

4. Wer trägt die Verantwortung?

Unserer Rechtsordnung geht davon aus, dass es das natürliche Recht der Eltern ist, die Verantwortung für ihr Kind zu tragen. Ehe und Familie stehen unter einem besonderen verfassungsrechtlich garantierten Schutz des Staates, Art. 6 Abs. 1 GG. Der Verfassungsgeber geht insofern davon aus, dass Eltern eines Kindes üblicherweise miteinander verheiratet sind. Sie übernehmen also im „Normalfall" alle Pflichten und Rechte für ihr Kind gemeinsam, sie üben also die Sorge für das Kind gemeinsam aus, Art. 6 Abs. 1 und 2 GG, § 1626 Abs. 1 BGB.

Grundsatz

Sind die Eltern miteinander verheiratet, steht ihnen die elterliche Sorge gemeinsam zu.

Für den Gesetzgeber ist es damit also ein Ausnahmefall, wenn Eltern nicht miteinander verheiratet sind. Elternpaaren, die nicht miteinander verheiratet sind, werden in § 1626a BGB verschiedene Varianten angeboten, wie sie ein gemeinsames Sorgerecht für ihr Kind erhalten können (zu den Inhalten des Sorgerechts siehe 2. Kapitel I. 1.)

§

Gemeinsame Sorge nicht miteinander verheirateter Eltern, § 1626a Abs. 1 und 2 BGB

- *sie geben gemeinsam eine Sorgeerklärung ab,*
- *sie heiraten nachträglich,*
- *ihnen wird die gemeinsame Sorge vom Familiengericht übertragen,*
- *jeder Elternteil ist antragsberechtigt,*
- *wesentlicher Maßstab für die Entscheidung des Familiengerichts ist das Wohl des Kindes.*

Die Entscheidung des Familiengerichts über die Frage, ob die Übernahme der elterlichen Sorge durch beide Elternteile im konkreten Fall dem Wohl des Kindes, also seiner Interessenlage entspricht, orientiert sich an dem Grundgedanken der hier in Frage stehenden gesetzlichen Regelung: Der Gesetzgeber geht in § 1626a Abs. 2 BGB davon aus, dass es für Kinder grundsätzlich gut ist, mit beiden Eltern als Bezugspersonen aufzuwachsen. Darum mutet er den Eltern zu, Unstimmigkeiten untereinander zugunsten ihres Kindes zurück zu stellen. Lehnt also beispielsweise die Mutter den Antrag des Vaters ab, ihnen die elterliche Sorge gemeinsam zu übertragen, so muss sie konkret darlegen, warum nach ihrer Meinung die Übertragung der elterlichen Sorge auch auf den Vater dem Kind schaden könnte und damit die gemeinsame Sorge dem Kindeswohl nicht entspräche. Stützt sie sich mit ihrer Begründung allein auf die zwischen ihr und dem Kindesvater bestehenden Schwierigkeiten und Unstimmigkeiten, bleiben diese Gründe für die Entscheidung des Familiengerichts ohne Relevanz.

Unterlässt es die Mutter in einem solchen Fall eine Stellungnahme abzugeben, wird das Familiengericht sie innerhalb einer bestimmten Frist zur Meinungsäußerung auffordern. Kommt sie dieser Aufforderung nicht nach, kann das Gericht davon ausgehen, dass sie keine relevanten Einwände vorzubringen hat. Nach Einbeziehung des Jugendamtes wird das Gericht in einem solchen Fall für ein gemeinsames Sorgerecht der Eltern entscheiden. Natürlich können auch Gründe vorliegen, die offensichtlich dagegen sprechen, beiden Elternteilen das Sorgerecht zu übertragen. Gemeint sind Fälle von Unterhaltstreitigkeiten, oder das Vorliegen von Gewaltstraftaten in Blick auf das Kind.

Merke!

Das Kind selbst kann ab dem 14. Lebensjahr vom Gericht in die Entscheidung dieser Frage mit einbezogen werden, § 159 FamFG.

Kommt es nicht zu einer Entscheidung im Sinne von § 1626a BGB steht der Mutter die elterliche Sorge alleine zu, § 1626a Abs. 3 BGB.

Das Verfahren auf Sorgerechtserteilung findet üblicherweise nach den Regelungen des FamFG als beschleunigtes Verfahren im Sinne von §§ 155, 156 FamFG statt.

Beschleunigtes Verfahren in Kindschaftssachen

- Verhandlungstermin beim Familiengericht innerhalb von vier Wochen
- Gespräch mit allen Beteiligten
- Anhörung des Jugendamtes
- maximal drei Monate Aussetzung des Verfahrens wegen außergerichtlicher Konfliktregelung (z.B. Verfahren nach dem Mediationsgesetz – MediationsG)

Zum Schutz der Mutter legt das Gesetz ausdrücklich eine 6wöchige Schutzfrist – berechnet ab dem Zeitpunkt der Geburt des Kindes – fest. Das bedeutet vor Ablauf dieser Frist ist die Mutter nicht verpflichtet, eine Stellungnahme abzugeben. Der Fristablauf beginnt erst mit der Zustellung der gerichtlichen Aufforderung.

Tipp!

Der Mutter steht ausdrücklich ein Beschwerderecht gegen die Entscheidung des Familiengerichts auf Festlegung des gemeinsamen Sorgerechts zu.

Mit den nachfolgenden Beispielsfällen werden diese hier dargelegten Einzelfragen verdeutlicht.

Fallbeispiel Christiane (1)

Die 19-jährige Schülerin Christiane ist in der 12. Woche schwanger. Der Vater des Kindes ist der 20-jährige Student Ralf, den Christiane auf einer Party kennengelernt hat. Als Christiane Ralf von ihrer Schwangerschaft erzählt ist dieser geschockt und sagt sofort, dass er mit dem Kind auf keinen Fall etwas zu tun haben will. Christina ärgert sich sehr darüber und möchte Ralf nie wieder sehen. Sie will ihr Kind auf jeden Fall behalten und alleine großziehen.

In diesem Fall ist keiner der beiden Elternteile daran interessiert, einen Antrag auf gemeinsame Sorge zu stellen, Ralf wird auch für sich alleine keinen Antrag stellen. Das bedeutet die Mutter des Kindes Christiane erhält automatisch das Sorgerecht über ihr neugeborenes Kind.

Fallbeispiel Christiane (2)

Christiane ist bei der Geburt des Kindes erst 17 Jahre alt

Die Ausgangslage ist gleich wie in Fallbeispiel (1), allerdings ist die Mutter Christiane bei der Geburt ihres Kindes noch nicht volljährig. Sie ist deshalb nach den gesetzlichen Regelungen auch nur beschränkt geschäftsfähig, § 106 BGB, das heißt sie kann Rechtsgeschäfte nur mit Zustimmung ihres gesetzlichen Vertreters tätigen. Darum kann sie im Rahmen der elterlichen Sorge erst Recht nicht für ihr eigenes Kind als dessen rechtlicher Vertreter fungieren. Deswegen ruht in diesen Fällen die elterliche Sorge für Christiane solange bis sie mit dem 18. Lebensjahr die Volljährigkeit erlangt hat, §§ 1673, 1675 BGB. Auch wenn Christiane nicht befugt ist, ihr Kind rechtlich zu vertreten. bleibt ihr trotzdem das Recht der Ausübung der Personensorge, also die Zuständigkeit, das Kind zu pflegen, zu erziehen, für seine Entwicklung, also für sein Wohlergehen nach ihren Vorstellungen zu sorgen (siehe 2. Kapitel I. 1.). Für das Kind wird deshalb zusätzlich ein Vormund benötigt, §§ 1773 Abs. 1, 1791c, 1793 BGB. Christiane übt die Personensorge neben dem Vormund aus.

Fazit

Bei Meinungsverschiedenheiten zwischen dem Vormund und der Mutter Christiane geht ihre Meinung vor.

Im Falle einer vertraulichen Geburt, § 25 Abs. 1 SchKG (siehe dazu 1. Kapitel I. 1.) ruht die elterliche Sorge der Mutter ebenfalls.

Fallbeispiel (3)

Nach der Geburt des Kindes sieht Ralf die Dinge auf einmal anders. Er will sich jetzt doch um sein Kind kümmern. Welche Rechte hat er?

Wenn Christiane sich über die mentale Veränderung bei Ralf freut und mit allem einverstanden ist, könnten die Eltern Ralf und Christiane eine gemeinsame Sorgeerklärung abgeben, § 1626a Abs. 1 Ziff. 1 BGB.

Sorgeerklärung

Eltern sind nicht miteinander verheiratet

- ☐ *immer höchstpersönlich, § 1626c Abs. 1 BGB*
- ☐ *gemeinsame Erklärung, § 1626a Abs. 1 Ziff. 1 BGB*
- ☐ *keine Bedingung oder zeitliche Eingrenzung erlaubt, § 1626b Abs. 1 BGB*
- ☐ *öffentliche Beurkundung, § 1626d BGB (Jugendamt, Notar, Amtsgericht)*

Für das oben dargestellte Fallbeispiel (2) würde das bei gemeinsamer Sorge von Ralf und Christiane bedeuten, dass sie nur die Personensorge gemeinsam ausüben können. Das gesetzliche Vertretungsrecht ruht bei der noch 17-jährigen Mutter Christiane. Ralf ist, solange Christiane minderjährig ist, für das Kind alleine der gesetzliche Vertreter. Ab dem 18. Geburtstag von Christiane sind dann beide Elternteile, also Ralf und Christiane, für ihr Kind in allen Bereichen der elterlichen Sorge gemeinsam zuständig.

Tipp!

Sorgeerklärung schon vor der Geburt abgeben!

Ralf hätte zudem die Möglichkeit, beim Familiengericht einen Antrag auf Alleinsorge für das Kind zu stellen. Diesem Wunsch muss Christiane allerdings ebenfalls zustimmen und eine solche Entscheidung müsste zudem wiederum ausdrücklich dem Wohl des betroffenen Kindes entsprechen, § 1671 Abs. 2 BGB.

5. Welche Rechtspositionen haben Adoptiveltern?

Eine Adoption, nach den Bestimmungen des BGB die „Annahme als Kind“ bedeutet, dass das Kind aus seiner Ursprungsfamilie herausgenommen wird und zu fremden Eltern kommt. Diese neuen Eltern sind nun die rechtlich „richtigen“ Eltern für dieses Kind, mit allen rechtlichen Wirkungen einer normalen Elternschaft. Das ist die knappe Kernantwort auf die mit diesem Punkt aufgeworfene Fragestellung.

Die Voraussetzungen sowie die Wirkungen einer Adoption sind in den §§ 1741–1766 BGB zu finden.

a) Ablauf der Adoption

Erst durch den entsprechenden Beschluss eines Familiengerichts werden Eltern zu Adoptiveltern, § 1752 BGB. Vorangegangen ist ein ausführliches, langwieriges Adoptionsvermittlungsverfahren, bei dem es vor allem darum geht, ob die Adoptionsbewerber hinsichtlich der Persönlichkeit und der Besonderheiten des Kindes für die Annahme speziell dieses Kindes geeignet sind. Diese Eignungsprüfung schließt mit einem Sozialbericht über die Adoptionsbewerber ab. Die Einzelheiten der Adoptionsvermittlung finden sich in den Regelungen des Adoptionsvermittlungsgesetzes (AdVermG). Die Adoptiveltern werden auch noch nach der Annahme eines Kindes von der Adoptionsvermittlungsstelle (meist das Jugendamt) beratend und unterstützend begleitet, § 9 AdVermG.

b) Auswirkungen

Die Adoption begründet rechtlich ein neues Eltern-Kind-Verhältnis. Das Kind erhält einen neuen Vater und eine neue Mutter. Diese neuen Eltern kommen rechtlich in die gleiche Position als wären sie von Geburt an die leiblichen oder besser, die rechtlichen Eltern dieses Kindes (siehe dazu 1. Kapitel I. 1.). Die Rechtsbeziehungen zwischen den Ursprungseltern und dem jetzt von anderen Eltern adoptierten Kind erlöschen vollständig.

Wirkungen der Adoption

- Kind erhält Rechte und Pflichten eines leiblichen Kindes, § 1754 BGB
- Verwandtschaftsverhältnisse zu Herkunftsfamilie erlöschen, § 1755 BGB

Grundlage aller Rechtsbeziehungen zwischen den Eltern und dem Kind ist die Verwandtschaft des Kindes mit seinen Eltern. Die Eltern haben dadurch das Sorgerecht, das sich auf die Person und auf das Vermögen den Kindes erstreckt, §§ 1626 ff. BGB (siehe dazu 1. Kapitel I. 5.). Diese Rechtsbeziehung besteht nunmehr zwischen den Adoptiveltern und dem Adoptivkind und zwar ab dem Zeitpunkt der Adoptionsentscheidung durch das Familiengericht.

Aus dem neu entstanden Verwandtschaftsverhältnis lassen sich die weiteren Rechtspositionen zwischen Adoptiveltern und Adoptivkind ableiten:

- Zwischen Eltern und dem Kind besteht eine Unterhaltsberechtigung in beiden Richtungen, § 1601 BGB (siehe dazu 1. Kapitel II. 3.).
- Außerdem wird ein gesetzliches Erbrecht zwischen beiden begründet, §§ 1922 ff. BGB (siehe dazu 1. Kapitel II. 4.).
- Das Kind erwirbt auch den Namen der Eltern, § 1616 BGB (siehe dazu 1. Kapitel II. 2.), das bedeutet, das adoptierte Kind erhält mit der Adoption den Familiennamen der Adoptiveltern, § 1757 BGB.
- Der Vorname des Kindes bleibt bestehen. Er kann ausnahmsweise auf Antrag der Adoptiveltern mit Einwilligung des Kindes geändert werden oder es kann ein zusätzlicher Vorname zu den bisherigen Vornamen hinzugefügt werden, § 1757 Abs. 4 Nr. 1 BGB.
- Die bisherige Religionszugehörigkeit des Kindes und der Wunsch der das Kind abgebenden leiblichen Eltern ist zu beachten (siehe dazu 2. Kapitel I. 6.).
- Wird ein ausländisches Kind von deutschen Staatsbürgern adoptiert, hat es nach den Bestimmungen der §§ 3 Abs. 1 Nr. 3, 6 StAG einen Rechtsanspruch auf die deutsche Staatsbürgerschaft (siehe dazu 1. Kapitel I. 3.).
- Anders als bei leiblichen Eltern endet der Zeitraum des möglichen Elterngeldbezuges bei adoptierten Kindern nicht mit der Vollendung des 14. Lebensmonats des Kindes. Sinnvoller Weise beginnt dieser Zeitraum erst dann, wenn das Kind in den Haushalt aufgenommen wird, wie dies im Einzelnen in den Regelungen des BEEG festgelegt ist. Sobald das Kind das achte Lebensjahr vollendet hat, besteht jedoch kein Anspruch auf Elterngeld mehr (siehe dazu 1. Kapitel I. 2.).

- Das Gleiche gilt für die Elternzeit: Auch bei der Aufnahme eines älteren Adoptivkindes besteht noch ein Anspruch auf Elternzeit. Wird diese Elternzeit nicht im Anschluss an die Mutterschutzzeit nach § 6 Abs. 1 MuSchG beantragt, beträgt die Ankündigungszeit dem Arbeitgeber gegenüber sieben Wochen, § 16 BEEG. In Ausnahmefällen ist danach eine kürzere Frist möglich, wobei als Beispiel die Adoptionspflegezeit, auf die sich der Arbeitnehmer nicht rechtzeitig einstellen kann, anerkannt ist.
- Für ein adoptiertes Kind können die Eltern gleichermaßen wie für ihre anderen Kinder Kindergeld verlangen, §§ 62, 63 EStG, §§ 1, 2 BKGG (siehe dazu 1. Kapitel I. 2.).

Geburtsurkunde

Beim Standesamt wird eine neue Geburtsurkunde auf den Adoptionsnamen des Kindes ausgestellt. Aus dieser Urkunde ist nicht ersichtlich, dass es sich um ein Adoptivkind handelt.

Getrennt von dieser Geburtsurkunde wird ein Abstammungsbuch geführt. Dieses Dokument belegt die tatsächliche Abstammung des Kindes, indem es seine tatsächliche familiäre Herkunft festhält.

Wichtig: Schutz des Adoptionsgeheimnisses

Nur wenn die Adoptiveltern und das adoptierte Kind zustimmen oder wenn in besonderen Ausnahmefällen Gründe für ein öffentliches Interesse vorliegen, sind die Offenbarung der Adoptionsbeziehung und die Offenlegung der biologischen Familie des Kindes zulässig, § 1758 BGB.

c) Verschiedene Formen

Es existieren unterschiedliche Arten und verschiedene Formen von Adoptionen, die entsprechend unterschiedliche Beziehungsmöglichkeiten des Kindes zur neuen und zur alten Familie bewirken.

Adoptionen unterscheiden sich insbesondere dadurch, ob Adoptiveltern und Adoptivkind einander bereits vor der Adoption kannten oder nicht. Die nachfolgend aufgelisteten Adoptionsarten machen dies deutlich.

- **Inkognito(Fremd)-Adoption (Normalfall):**

Eltern adoptieren ein ihnen unbekanntes Kind, für das sie von der Adoptionsvermittlungsstelle vorgeschlagen wurden und als geeignet beurteilt wurden. Zwischen alter und neuer Familie bestehen keinerlei Verbindungen. Nachforschungen sind erst möglich, wenn das bereits volljährige Kind dies wünscht. Das 16-jährige Kind benötigt die Zustimmung der Adoptiveltern.

- **Halboffene Adoption:**

Kontakt zwischen den leiblichen Eltern und dem Kind kann mittels Briefen und Fotos jeweils gelenkt über das Jugendamt als Adoptionsvermittlungsstelle aufrechterhalten werden.

- **Offene Adoption:**

Leibliche und Adoptiveltern kennen sich und halten auch dauerhaft Kontakt. Typischerweise bei Adoptionen innerhalb der Familie oder unter Freunden.

- **Stiefkind-Adoption:**

Eine Stiefkind-Adoption liegt dann vor, wenn ein Elternteil das Kind seines Ehegatten adoptiert. Beide Elternteile müssen dieser Adoption zustimmen. Die tatsächlichen und zum Teil die rechtlichen Beziehungen zwischen den Familienmitgliedern bleiben bestehen, §§ 1754–1756 BGB. Es gilt ein vereinfachtes Adoptionsverfahren.

- **Verwandtenadoption:**

Wenn die Eltern des Kindes sterben oder wenn sie aus einem anderen Grund nicht in der Lage sind, für ihr Kind zu sorgen, können Opa und Oma oder Onkel und Tante oder sonstige Verwandte des Kindes das Kind in ihre Familie aufnehmen und es adoptieren.

- **Auslandsadoptionen:**

Adoption eines Kindes aus dem Ausland unterliegt speziellen gesetzlichen Regelungen. Sie erfolgt meist über ausländische Organisationen, über Vereine oder über private Vermittlungen.

Achtung!

Nur Adoptionsvermittlungsstellen wie zum Beispiel das Jugendamt sind berechtigt, Kinder zur Adoption zu vermitteln!

Nicht zulässig ist es, dass Anwälte, Notare, Freunde, private Verbände als Adoptionsvermittler fungieren.

d) Formale Voraussetzungen

Kinderloses Ehepaar

Ein Ehepaar mittleren Alters ist kinderlos. Den Ehemann stört das nicht, die Ehefrau wünscht sich sehnlichst ein Kind. Der Ehemann ist einverstanden damit, dass seine Frau ein Kind adoptiert, er selbst möchte aber nicht adoptieren. Ist in dieser Situation eine Adoption nur durch die Ehefrau zulässig?

Nein! Die Regelung lautet: Ein Ehepaar kann nur gemeinschaftlich adoptieren, § 1741 Abs. 2 S. 2 BGB.

In den Fällen, in denen es zu einer erfolgreichen, rechtlich wirksamen Adoption gekommen ist, wird es sehr schwierig, diese Adoption wieder rückgängig zu machen.

Achtung!

Ein einmal adoptiert Kind bleibt immer das Kind der Adoptiveltern. Sie können das Kind nicht beliebig wieder zurückgeben.

Wie bei allen Rechtsregelungen gibt es auch für diesen Fall Ausnahmevorschriften, sie sind aber für den Fall einer Adoption eines Kindes sehr eng gefasst. Die Möglichkeiten einer Aufhebung des Adoptionsverhältnisses besteht nur ganz ausnahmsweise unter den in den §§ 1759 ff. BGB aufgelisteten besonderen Vorrausetzungen. Besondere Gründe sind beispielsweise wesentliche Formfehler bei der Adoption (fehlende Einwilligung) oder wenn die Aufhebung aus schwerwiegenden Gründen zum Wohle des Kindes erforderlich ist, § 1763 BGB. Gemeint ist hier beispielsweise ein sexueller Missbrauch des Kindes durch einen Elternteil. Nicht dazu rechnen alltägliche Situationen wie häufiger Streit oder tägliche Auseinandersetzungen.

Achtung!

Scheidungen heben Adoptionen nicht auf!

Auch bei einer Ehescheidung können die Eltern ihr einmal adoptiertes Kind nicht einfach verstoßen. Die Ehescheidung ist alleine noch kein schwerwiegender Grund, um eine Adoption rückgängig zu machen. Das gilt auch für den Fall, dass ein Ehepartner das Kind des anderen Ehepartners adoptiert hat und diese Ehe dann nach einigen Jahren geschieden wird.

Im Ausnahmefall kann ein Adoptionselternteil sein Adoptivkind heiraten. In diesen Fällen erfolgt die Aufhebung des Adoptionsverhältnisses kraft Gesetzes, §§ 1308, 1766 BGB.

Auskunft über biologische Abstammung

- Adoptiveltern sind rechtlich nicht verpflichtet das Kind über seine tatsächliche biologische Abstammung aufzuklären.
- Jeder Mensch hat ein Recht auf Kenntnis der eigenen Abstammung, Art. 2 Abs. 1, 1 Abs. 1 GG.
- Mit Eintritt der Volljährigkeit (18 Jahre) kann sich das Kind die Auskunft selber beschaffen.

Informationsbroschüren zum Thema Adoption finden sich bei den Adoptionsvermittlungsstellen.

Zum Beispiel:

- Adoption – ein Weg?! Informationen für Adoptionsbewerber (Hrsg. von den Landesjugendämtern Berlin und Brandenburg)

oder

- Adoption (Hrsg. LVR Landesjugendamt Rheinland, LVR Landesjugendamt Westfalen).

II. Das Kind

1. Welche Rechte hat das Kind?

Es sind nicht nur die Eltern, die gegenüber ihrem Kind besondere Rechtspositionen und Rechtsverpflichtungen haben, das Kind selbst hat auch seine eigenen Rechte, eine selbstständige Rechtsposition im Gesamtgefüge des Rechtssystems. Diese Rechtsposition des Kindes hat wiederum eine Gegenwirkung auf die Rechtsstellung gegenüber ihrem Kind. Aus den Rechten der Kinder erwachsen die Pflichten ihrer Eltern.

a) Grundprinzipien

Die wichtigste Grundlage für die Rechte von Kindern beinhaltet die UN-Kinderrechtskonvention (UN-KRK), deren Rechtsregelungen zwar nicht unmittelbar einklagbar sind, die aber Grundlage für alle bei uns geltenden gesetzlichen Bestimmung und die daran anknüpfende Rechtsprechung ist.

Unmittelbar wirksam sind die im Grundgesetz normierten Grundrechte. Das Elternrecht ist für sich allein genommen kein Grundrecht, es muss immer im Zusammenhang mit dem Recht des Kindes gesehen werden. Aus diesem Bezugssystem ergeben die vielfältigen Pflichten von Eltern gegenüber ihren Kindern. Die UN-KRK nennt zwei Kernbereiche für die Rechtsstellung des Kindes, die die Grundlage für alle Rechte und Pflichten der Eltern bilden und es eingrenzen und die entsprechend in unserer Verfassung normiert sind.

§

Rechte des Kindes

- *Diskriminierungsverbot: Gleiche Rechte für alle Kinder, Art. 2 UN KRK*
- *Vorrangigkeit des Kindeswohls, Art. 3 UN KRK*
- *Gewährleistung der Entwicklung des Kindes, Art. 6 UN KRK*
- *Berücksichtigung der Meinung des Kindes, Art. 12 UN KRK*
- *Recht auf Bildung für das Kind, Art. 28 UN KRK*

Der Kernbegriff in diesem Gesamtzusammenhang, das Wohl des Kindes, durchzieht viele Rechtsregelungen und lässt als unbestimmter Rechtsbegriff unterschiedliche Interpretationen und Schwerpunktsetzungen zu. Eltern definieren das Wohl ihres Kindes in ihrer subjektiven Vorstellungswelt. Die gesetzliche Auslegung und Anwendung, die Prüfung, ob die jeweiligen gesetzlichen Voraussetzungen erfüllt sind obliegt denjenigen Behörden und Institutionen, denen von den jeweiligen Gesetzen diese Aufgabe zugewiesen wurde. Gesetze können keine Einzelfälle regeln, sondern sie müssen immer abstrakt, generell formuliert sein. Es gibt auch für das Kindeswohl keine einheitliche gesetzliche Definition, die überall eingesetzt werden könnte. Der Begriff des Kindeswohls muss in jedem Einzelfall individuell mit Leben gefüllt werden. Die alltäglichen Bedürfnisse und seine unterschiedlichen Lebenssituationen bilden den Rahmen für die Ausfüllung der Zielsetzung im Sinne des Kindeswohls zu handeln und damit dem Rechtsanspruch eines Kindes zu entsprechen.

Die Antwort auf die Frage, was ist das Kindeswohl, lässt sich nur aus den allgemeinen und individuellen Bedürfnissen des Kindes formulieren.

Kindeswohl oder: Was braucht ein Kind?

- *Gesundes Leben (Essen, Trinken, Schlafen, emotionale Zuwendung, Kleidung, gesundheitliche Pflege)*
- *Bildung (Lernen, Ausbildung nach den persönlichen Fähigkeiten)*
- *Spielen und Erholung*
- *Mitwirkung entsprechend der persönlichen Entwicklung*
- *Schutz vor Gewalt*
- *Recht auf Informationen*
- *Achtung der Würde des Kindes und seines Privatlebens*
- *besondere Fürsorge und Förderung behinderter Kinder*

Tipp!

Viele Organisationen setzen sich speziell für die Rechte von Kindern ein u.a. Deutsches Kinderhilfswerk, deutscher Kinderschutzbund, UNICEF.

b) Einzelne Rechtspositionen

Bereits vor seiner Geburt wird das Kind durch spezielle rechtliche Regelungen geschützt. Das noch ungeborene Kind ist grundrechtsfähig.

Durch die grundlegenden Bestimmungen in Art. 6 Abs. 1 UN-KRK und in Art. 1 Abs. 1 und Art. 2 Abs. 2 S. 1 GG wird sogar das noch nicht geborene Leben besonders geschützt. Hier setzen die strafrechtlichen Bestimmungen zum Schwangerschaftsabbruch ein, §§ 218 ff. Strafgesetzbuch (StGB). Nach § 218 Abs. 1 S. 1 StGB wird bestraft „wer eine Schwangerschaft abbricht". Die anschließenden Paragrafen enthalten die genaueren Regelungen und Einschränkungen.

Ohne jede strafrechtliche Relevanz ist jedoch eine „Handlung, deren Wirkung vor Abschluss der Einnistung des befruchteten Eies in der Gebärmutter eintritt …“ Der Grundrechtsschutz für den „Nasciturus“, den noch nicht Geborenen, beginnt nach dieser Definition also erst nach diesem Zeitpunkt.

Eine weitere Auswirkung in Blick auf den Schutz von ungeborenem Leben ergibt sich aus den Bestimmungen des ESchG (siehe dazu unter 1. Kapitel I. 1.). Die in den §§ 2 und 8 ESchG enthaltenen Regelungen setzen zusätzlich noch früher als die Regelungen zum Schwangerschaftsabbruch an: Als Embryo gilt demnach „bereits die befruchtete, entwicklungsfähige menschliche Eizelle vom Zeitpunkt der Kernschmelzung an …“ Jede missbräuchliche Verwendung von derartigen Embryonen, also eine Verwendung für Zwecke, die nicht zu einer Schwangerschaft führen sollen, wird betraft.

Als weitere Schutzvorschriften für den Zeitpunkt vor der Geburt eines Kindes sind zu nennen:

§

Rechtliche Regelungen zum Schutz des Ungeborenen

- *Erbfähigkeit nach § 1923 Abs. 2 BGB (beachte zur Nacherbschaft §§ 2101 und 2106 Abs. 2 BGB und die Sonderregelung des § 2178 BGB in Blick auf das noch nicht gezeugte Kind)*
- *Pflegschaft für die Leibesfrucht, § 1912 BGB, wenn die künftigen Eltern die Fürsorge für das Kind nicht übernehmen können.*

Alle sonstigen das Kind betreffenden Rechtspositionen setzen mit dem Zeitpunkt der Geburt ein. Mit der Vollendung der Geburt ist das Kind im Sinne von § 1 BGB rechtsfähig. Im Strafrecht wird für die Abgrenzung zum Beginn des menschlichen Lebens bereits auf das Einsetzen der Eröffnungswehen abgestellt (siehe dazu eine Entscheidung des Bundesgerichtshof BGHSt 32, 194).

Mit dem Beginn der Rechtsfähigkeit des Kindes ergeben sich alle weiteren Rechtspositionen für das Kind. Sie finden sich vor allem in den gesetzlichen Bestimmungen zum Kinderschutz Sozialgesetzbuch (SGB VIII), Gesetz zur Kooperation und Information im Kinderschutz (KKG), im Familienrechtsteil des BGB, im Jugendschutzgesetz (JuSchG), Jugendmedienschutz-Staatsvertrag (JMStV) und im Jugendgerichtsgesetz (JGG). Die für den Rechtsalltag mit Kindern relevanten rechtlichen Einzelfragen werden in den Fragestellungen der nachfolgenden Kapitel näher behandelt.

c) Auskunftsanspruch

Steht nicht fest, wer der Vater des Kindes ist, dann besteht grundsätzlich für das Kind selbst ein Interesse daran zu erfahren, wer sein Vater ist. Für das Kind geht es dabei um wirtschaftliche Interessen, aber auch um seine eigene Persönlichkeitsentwicklung. Für jeden Menschen sind seine Wurzeln wichtig, ein Kind sollte also nach Möglichkeit nicht ohne Wissen über seinen Vater aufwachsen müssen. Die Auskunft darüber, wer tatsächlich der Vater des Kindes ist, kann am ehesten die Mutter erteilen. Sie hat allerdings für sich selbst ein aus den Grundrechten abzuleitendes Recht auf Schutz ihrer Privat- und Intimsphäre, Art. 2 Abs. 1 und Art. 1 Abs. 2 GG. Diese beiden Rechtspositionen, die des Kindes und die der Mutter, müssen insofern gegeneinander abgewogen werden.

Eine weitere Rechtsgrundlage für die Abwägung der beiden Rechtspositionen ergibt sich aus der zwischen Eltern und Kindern bestehenden gegenseitigen Pflicht zu Beistand und Rücksichtnahme, §§ 1618a, 242 BGB i.V.m. Art. 2 Abs. 1, 6 Abs. 5 GG und aus dem allgemeinen Persönlichkeitsrecht.

Diese Regelungen haben zu der nachfolgenden grundlegenden Gerichtsentscheidung geführt.

Tipp!
Es besteht ein Anspruch des Kindes gegen seine Mutter auf Auskunft über seinen biologischen Vater (vgl. BVerfG NJW 1997, 1769).

Dieser Anspruch kann vor dem Familiengericht geltend gemacht werden, §§ 266 Abs. 1 Nr. 4 FamFG. Im Zweifel wird die Mutter also durch gerichtliche Entscheidung zur Auskunftserteilung über den Vater des Kindes verpflichtet.

Vollstreckung des Auskunftsanspruchs, §888 Abs. 1 ZPO

- Zwangsgeld
- Zwangshaft

2. Wie heißt das Kind?

a) Nachname

Grundsätzlich gilt: Das Kind erhält den Familiennamen bzw. den Ehenamen der Eltern. Dieser Name ist dann der Geburtsname des Kindes, siehe § 1616 BGB. Der Gesetzgeber unterscheidet die hier formulierten Begriffe sehr genau. Darum zum Verständnis der nachfolgenden Erläuterungen zunächst die begrifflichen Definitionen.

Geburtsname
- *Name, der in der Geburtsurkunde der Beteiligten zur Zeit der Eheschließung eingetragen ist*
- *i.d.R. identisch mit dem Ehenamen der Eltern oder*
- *mit dem Familiennamen der nichtehelichen Mutter zur Zeit der Geburt.*

§

Ehenamen
- *der von beiden Ehegatten geführte Familienname,*
- *ist stets mit dem Geburtsnamen eines Ehegatten identisch,*
- *Ehegatten und gemeinschaftliche Kinder führen ihn gemeinsam.*

§

Doppelnamen
- *Möglichkeit, seinen Namen vor oder hinter Namen des Anderen zu stellen, § 1355 Abs. 4 S. 1 BGB*

§

Familienname
- *der von einer Person zu einem bestimmten Zeitpunkt geführter Nachname,*
- *entweder Geburtsname oder Ehename.*

§

Ein Begleitname, gemeint ist damit der zusätzliche Namensteil, also der Doppelname, gehört nicht zum Familiennamen, er ist ausschließlich persönlicher Namenszusatz des einzelnen Ehegatten.

Das Fazit all dieser Definitionen lautet: Für das Kind kommt es darauf an, welchen Namen seine Eltern oder ein Elternteil bei seiner Geburt führen. Sind die Eltern miteinander verheiratet und führen sie einen gemeinsamen Ehenamen gemäß § 1355 Abs. 1 S. 1 BGB, dann erhält das Kind diesen Namen automatisch als seinen Geburtsnamen, § 1616 BGB. Dieser Name wird damit gleichzeitig für alle drei Beteiligten (Vater, Mutter, Kind) auch ihr Familienname.

Haben die Eltern bei der Eheschließung keinen gemeinsamen Ehenamen gewählt, sondern führen sie jeder für sich ihren bisherigen Namen weiter, § 1355 Abs. 1 S. 3 BGB: Mit der Geburt ihres Kindes müssen sie sich entscheiden, welchen ihrer beiden Namen sie ihrem Kind geben wollen. Das Kind führt diesen Namen dann von Geburt an als seinen Geburtsnamen und damit gleichzeitig als seinen Familiennamen, §§ 1617, 1617a BGB.

Achtung!

Die Eltern treffen bei der Geburt ihres ersten Kind die Namensentscheidung für alle weiteren gemeinsamen Kinder. Sie können ihren Kindern nicht verschiedene Nachnamen geben, sondern alle erhalten den gleichen einmal gewählten Familiennamen als Geburtsnamen, § 1617 Abs. 1 S. 3 BGB.

Die gleiche Regelung gilt für die Eltern, die nicht miteinander verheiratet sind. Bei ihnen ist von vorneherein klar, dass sie keinen gemeinsamen Nachnamen führen. Mit der Geburt eines gemeinsamen Kindes sind sie jedoch gleichermaßen zuständig, ihrem Kind einen Nachnamen zu geben, also den Namen des Vaters oder den der Mutter, §§ 1617 und 1617b BGB.

Achtung!

Die Eltern müssen sich innerhalb eines Monats nach der Geburt des Kindes für einen Nachnamen entscheiden. Geschieht dies nicht, überträgt das Familiengericht das Bestimmungsrecht einem Elternteil. Im Zweifel erhält das Kind dann den Namen dieses Elternteils, § 1617 Abs. 2 BGB.

Der Gesetzgeber differenziert bei Eltern, die nicht miteinander verheiratetet sind danach, wer Inhaber der elterlichen Sorge ist: Der Elternteil dem die Personensorge für das Kind zusteht, soll auch über den Namen des Kindes entscheiden können (siehe dazu 1. Kapitel I. 4.).

Bei Alleinsorge eines Elternteils erhält das Kind grundsätzlich den Namen des Sorgeberechtigten, § 1617a Abs. 1 BGB.

§ 1617a Abs. 2 BGB eröffnet eine weitere Option:

Nachname für Anna (1)

Carla Maus bringt Anna zur Welt. Der Vater des Kindes ist Arndt Teklof. Er hat die Vaterschaft anerkannt (siehe dazu 1. Kapitel I. 1.), Carla ist für Anna alleinsorgeberechtigt. Carla und Arndt wollen nichts mehr miteinander zu tun haben. Trotzdem will Carla aber, dass Anna mit Nachnamen nicht Maus, sondern Teklof heißen soll.

Eine derartige Entscheidung für den Namen des Vaters als Geburtsname für das Kind ist nach § 1617a Abs. 2 BGB möglich. Der Kindesvater, hier also Arndt, muss allerdings seine Zustimmung dazu erteilen.

Form der Namensentscheidung

Die Erklärung über den Geburtsnamen des Kindes muss wie die Geburt des Kindes (siehe dazu 1. Kapitel I. 3.) öffentlich beglaubigt werden (üblicherweise beim Standesamt).

Nachname für Anna (2)

Anna hat bei der Geburt den Namen ihrer Mutter Carla Maus erhalten, sie heißt also Anna Maus. Carla und der Vater von Anna, Arndt Teklof, bekommen nach einigen Jahren ihr ursprüngliches Zerwürfnis wieder in den Griff und heiraten. Sie wählen den Namen von Arndt, also Teklof, zum gemeinsamen Ehenamen. Wie heißt jetzt Anna mit Nachnamen?

Der Name von Anna ändert sich automatisch durch die Eheschließung der Eltern und deren Entscheidung für einen Ehenamen. Der Name Teklof wird damit zum Familiennamen für alle drei und auch für die künftigen Familienmitglieder. Falls Anna bereits fünf Jahre alt ist, muss sie dieser Namensveränderung ausdrücklich zustimmen, § 1617c Abs. 1 BGB.

Veränderungen könnten sich auch ergeben, wenn Carla und Arndt nunmehr, ohne dass sie heiraten, eine gemeinsame Sorgeerklärung abgeben. Sie haben jetzt 3 Monate Zeit, eine Entscheidung zu treffen, ob der Nachname von Anna geändert werden soll, § 1617b BGB.

Für Anna besteht zudem die Möglichkeit einer sogenannten Einbenennung, § 1618 BGB.

Nachname für Anna (3)

Nach der gemeinsamen Sorgeerklärung für Anna kommt es häufiger zu Streitigkeiten zwischen Carla und Arndt. Sie kommen auf Dauer nicht mit einander klar und trennen sich. Carla zieht mit einigen Freunden in eine Wohngemeinschaft, Anna bleibt bei ihrem Vater Arndt. Er verliebt sich in Renate Schön, die beiden heiraten und heißen nach der Hochzeit mit Nachnamen beide Schön. Arndt möchte, dass auch Anna diesen Namen erhält, damit sie alle drei nach außen wie eine richtige Familie wirken.

Die gesetzlichen Regelungen lassen eine solche Möglichkeit durchaus zu. Im obigen Beispielsfall müsste Carla dieser Namensänderung allerdings zustimmen und Anna auch, da sie inzwischen über fünf Jahre alt ist. Diese Erklärung geben die sorgeberechtigten Eltern für ihr Kind ab. Erst ab 14 Jahren ist das Kind befugt, einer Namensänderung persönlich zuzustimmen, § 1618 BGB. Eine weitere Möglichkeit wäre es dem Kind Anna einen Doppelnamen zu geben, der sich aus dem neuen Ehenamen des Vaters, also Schön und ihrem bisherigen Familien- und Geburtsnamen zusammensetzen ließe.

b) Vorname

Zur Festlegung des Vornamens eines Kindes gibt es keine besonderen rechtlichen Bestimmungen. „Es war schon immer so", das heißt, es gilt Gewohnheitsrecht, dass die Eltern bei der Geburt ihres Kindes sich einen Namen für ihr Kind überlegt und darüber entschieden haben. Diese Vorgehensweise wurde im Laufe der Jahre durch Gerichtsentscheidungen immer wieder bestätigt. Die Zuständigkeit für eine Entscheidung über den Vornamen ihres Kindes, das gerade auf die Welt kommt, folgt bereits aus der natürlichen Rechtsbeziehung zwischen den Eltern und ihrem Kind. Dieser Grundgedanke wird manifestiert durch das in Art. 6 GG festgelegte Grundrecht des Elternrechts. Mit den daraus entstandenen Regelungen zur elterlichen Sorge, §§ 1626 ff. BGB, sind somit immer die Eltern für die Entscheidung über den Vornamen für ihr neugeborenes Kind berufen. Die sorgeberechtigten Eltern (siehe 1. Kapitel I. 4.) haben also die Befugnis für die Entscheidung, welche(n) Vornamen ihr Kind erhalten soll. Vater und Mutter des Kindes müssen diese Entscheidung gemeinsam treffen, das heißt sie müssen sich einig sein und gemeinsam eine Entscheidung treffen, siehe § 1628 BGB – im Zweifel wird das Familiengericht eingeschaltet. Es gelten hier die gleichen Bestimmungen wie auch in anderen Streitigkeiten im Zusammenhang mit der elterlichen Sorge, (siehe dazu 2. Kapitel I. 7.).

Die Mitteilung, welchen Vornamen das Kind erhalten soll wird dem Standesbeamten bei der Anmeldung der Geburt des Neugeborenen mitgeteilt, (siehe 1. Kapitel I. 3.). Haben sich die Eltern bis zu diesem Zeitpunkt nicht auf einen Vornamen für das Kind verständigen können, müssen sie dies gemäß § 22 PStG spätestens in einer Frist von 4 Wochen nachholen.

Der Vorname kann aus mehreren Namen bestehen. Wichtig ist, dass die Eltern die Namen für ihr Kind mit Achtsamkeit und Rücksichtnahme auf ihr Kind auswählen, denn dieser Vorname begleitet das Kind ein ganzes Leben lang.

Im Laufe der Jahre haben sich immer wieder Streitigkeiten über die Frage der Zulässigkeit spezieller Namensideen ergeben. Gerichte mussten prüfen und entscheiden, welche Namen einem Kind noch zugemutet werden können. Grundlage für die Entscheidung über eine solche Frage ist die Abwägung zwischen dem sich aus dem Grundgesetz ergebenden Elternrecht und dem ebenfalls dort abzuleitenden Wohl des Kindes.

Der Standesbeamte entscheidet bei der Anmeldung des Kindes, ob der von den Eltern gewünschte Vorname geeignet ist oder ob er das Persönlichkeitsrecht des Kindes verletzt. Da diese Entscheidung sehr schwierig ist und von den einzelnen Entscheidungsträgern sehr unterschiedlich gesehen werden kann, wurden in den vergangenen Jahren aufgrund vieler gerichtlicher Einzelentscheidungen über die Frage der Vornamenserteilung Regelungen über die Zulässigkeit von Vornamen entwickelt. Diese bieten den Standesbeamten eine Grundorientierung und Hilfestellung bei der Entscheidung über die Eintragung des Namens im Geburtenregister.

In erster Linie wird darauf abgestellt, ob der als Vorname vorgeschlagene Name als solcher erkennbar ist. Der Vorname soll das so benannte Kind nicht der Lächerlichkeit preisgeben oder Negatives assoziieren lassen.

Welche Vornamen sind nicht geeignet:

- ☐ *Begriffe wie zum Beispiel geografische Bezeichnungen oder Marken, die ihrem Wesen nach keine Vornamen sind, dürfen nicht gewählt werden.*
- ☐ *Übliche Kurzformen, nicht Kosenamen, sind als selbstständiger Vorname zulässig.*
- ☐ *Das Geschlecht des Kindes sollte zumindest durch einen zweiten Namen erkennbar werden.*
- ☐ *Adelstitel sind nicht geeignet*
- ☐ *Mehrere Vornamen ja, aber nicht übermäßig viele (4–5)*
- ☐ *Vornamen dürfen nicht beleidigend oder lächerlich machend oder unverständlich sein*

Beispiele aus der Rechtsprechung

- „London" als männlicher oder weiblicher Vorname zulässig, wenn zweiter Name das Geschlecht verdeutlicht
- für Jungen zugelassene Namen, teilweise mit der Auflage einen Zweitnamen zu nennen:
  Luc, Luca, Luka, Emanuele, Mika, Maria, Mete, Ogün, Leines, Jonah, Sundance, Anderson, November, Jesus, Luu Minh Vinh, Jazz, Roi, Gerrit, Speedy, Mikado
- als weiblicher Name zugelassen, zum Teil mit Zweitname:
  Emma Tiger, LouAnn, Beke, Emelie-Extra, Mienaatchi, Biene, Alke, Fanta, Kiana Lemetri, Prestige, Urogano, Venus, Nikita, Sonne, Lyrik, Galxin, Cosma-Schiwa, Lafayette, Bavaria
- Nicht akzeptiert wurden Namen wie:
  Pfefferminze, Megwanipiu, Heydrich, Navajo, Stone, Tom Tom, Störenfried, Lenin, McDonnald, Atomfried, Schroeder, Bierstübl, Judas, Kain, Satan, Schnucki, Sputnik, Grammophon, Pumuckl, Borussia, Hanswurst

3. Welche Leistungsansprüche hat das Kind?

Zu den Ansprüchen des Kindes gegenüber seinen Eltern gehören auch die Ansprüche auf Unterhaltsleistungen. Die Eltern sorgen für ihr Kind, sie kommen damit automatisch für seinen täglichen Lebensunterhalt auf. So wie sie insgesamt zu dieser Sorge für das Kind verpflichtet sind, müssen sie auch für den Lebensunterhalt des Kindes einstehen. Diese Verpflichtung leitet sich allerdings nicht aus der elterlichen Position als Sorgeberechtigte ab (siehe dazu 1. Kapitel, I. 4.), sondern diese Verpflichtung ergibt sich aus der verwandtschaftlichen Beziehung zwischen Eltern und ihren Kindern, §§ 1601, 1589 BGB.

Verwandtschaft

„Personen, deren eine von der anderen abstammt, sind in gerader Linie verwandt“ (§ 1589 Abs. 1 S. 1 BGB).

§

Unterhaltsverpflichtete

„Verwandte in gerader Linie sind verpflichtet, einander Unterhalt zu gewähren“ (§ 1601 BGB).

§

Das Kind stammt unmittelbar von seinen Eltern ab, es ist also im Sinne von § 1589 BGB mit ihnen verwandt. Daraus ergibt sich für die Eltern über die Regelung in § 1601 BGB die unmittelbare Verpflichtung zu Unterhaltsleistungen für ihr Kind.

a) Eltern und Kind leben zusammen

Die Fragen nach dem Wie dieser Unterhaltsverpflichtung und nach der Höhe möglicher finanzieller Leistungen stellen sich nicht, solange Eltern und Kinder in einer Familie zusammen leben und die Finanzierung des Kindes zum üblichen Alltagsablauf gehört. Die Eltern kommen ihrer Unterhaltsverpflichtung durch die alltägliche Pflege und Erziehung des Kindes nach. Sie ernähren das Kind, sie kleiden es, sie sorgen für seine Hygiene und Gesundheit, sie finanzieren Bildungsmaßnahmen, das Kind wohnt bei ihnen. Die Eltern leisten den Unterhalt im Elternhaus durch diese Lebensgestaltung. Sie übernehmen selbstverständlich alle für das Kind erforderlichen finanziellen Kosten, so wie sie rechtlich vom Gesetzgeber dazu verpflichtet sind.

Im Bürgerlichen Gesetzbuch wird genau definiert, was unter Unterhalt zu verstehen ist, also welche Leistungen zum Unterhalt für das Kind rechnen.

§ **Unterhalt, § 1610 BGB**

- *gesamter Lebensbedarf*
- *Kosten für die Erziehung*
- *Kosten einer angemessenen Vorbildung zu einen Beruf*
- *angemessener Unterhalt*

b) Kind lebt bei einem Elternteil

Der Elternteil, bei dem das Kind lebt, erfüllt seinen Teil zur Unterhaltsleistung durch seine alltäglichen „Naturalleistungen" an das Kind, nämlich durch die allgemeine Pflege und Erziehung des Kindes, die immer mit konkreten Kosten verbunden ist. Insofern werden von diesem Elternteil keine speziell berechneten, festgelegten Geldzahlungen erwartet. Der andere Elternteil, der, mit dem das Kind nicht täglich zusammen lebt, hat aber ebenfalls eine Unterhaltsverpflichtung gegenüber dem Kind. Er muss daher anstelle von Naturalleistungen innerhalb der Familiengemeinschaft nunmehr an das Kind Geldzahlungen, den sogenannten Barunterhalt leisten.

Die Höhe dieser Unterhaltsleistungen müssen individuell bemessen werden, denn die angemessenen Lebensunterhaltskosten sind in jedem einzelnen Fall anders anzusetzen.

c) Höhe des Unterhalts

Der Gesetzgeber bietet Anhaltspunkte zur Berechnung des zu leistenden Barunterhalts über die sogenannte Düsseldorfer Tabelle. Diese Tabelle ist maßgeblich für die Ermittlung der Höhe des Unterhalts für Kinder nach einer Trennung der Elternteile.

Die Düsseldorfer Tabelle wird regelmäßig aktualisiert und wird zusätzlich durch Leitlinien des örtlich zuständigen Oberlandesgerichts ergänzt. Sie orientiert an den jeweiligen tatsächlichen Lebenshaltungskosten. Die Tabelle staffelt sich nach Altersstufen und sie orientiert sich am Nettoeinkommen des Zahlungsverpflichteten.

Außerdem legt sie einen Betrag als Selbstbehalt für den jeweiligen Zahlungsverpflichteten fest.

Eltern, die nicht in der Lage sind, ihrem Kind Unterhalt zu zahlen, ohne damit den eigenen angemessenen Unterhalt zu gefährden, haben trotzdem eine besondere Verpflichtung ihren Kindern gegenüber. So stehen die jeweiligen unterhaltsberechtigten Kinder nach § 1609 BGB auf Platz 1 in der Rangfolge der Berechtigten. Das bedeutet, dass noch mögliche Leistungen des verpflichteten Elternteils als erste den Kindern des Zahlungsverpflichteten zukommen müssen, unabhängig von weiteren Anspruchsberechtigten, z.B. Zahlungen an den geschiedenen Ehepartner.

Höhe des Selbstbehalts

des getrennt lebenden Elternteils ist ab 1.1.2015:

- □ *1.080 € bei Erwerbstätigkeit*
- □ *1.300 € bei Nichterwerbstätigkeit*

Achtung!

Letztlich bietet die Düsseldorfer Tabelle nur einen Anhaltspunkt für streitige Verfahren. Sie ist nicht verbindlich.

d) Mindestunterhalt

Die gesetzlichen Bestimmungen enthalten zusätzlich Regelungen, aus denen sich ein Mindestunterhalt für minderjährige Kinder errechnen lässt. Die Einzelheiten dazu legt § 1612a BGB fest. Der Mindestunterhalt berechnet sich danach aus verschiedenen Faktoren. Als Berechnungsgrundlage dient der doppelte Kinderfreibetrag des Einkommenssteuerrechts, § 32 Abs. 6 S. 1 EStG. Hinzu kommt eine prozentual festgelegte Berechnung nach den jeweiligen Altersstufen des Kindes.

Dieser Gesamtbetrag reduziert um die Hälfte des Kindergeldes, falls dieses an den anderen Elternteil gezahlt wird.

Berechnungsbeispiel (für 2015)

- Kinderfreibetrag 4.512 €/Jahr (4.608 € ab Mitte 2016) = (2 x 2.256 €) = 376 €/Monat

- Berechnung nach Altersstufe in Prozenten
  - bis zum 6. Lebensjahr 87 % = 328 €/Monat
  - bis zum 12. Lebensjahr 100 % = 376 €/Monat
  - bis zum 18. Lebensjahr 117 % = 440 €/Monat

Auf diese hier ausgerechneten Summen hat das Kind einen unbedingten Anspruch. Der unterhaltsverpflichtete Elternteil muss also alles tun, er muss jede Anstrengung unternehmen, um wenigstens diesen Mindestunterhalt zu gewährleisten. Die Verpflichtung für diesen Elternteil geht so weit, dass er unter Umständen eine weitere Erwerbstätigkeit aufnehmen muss, etwa einen zusätzlichen Minijob, um dieser Leistungsverpflichtung gegenüber seinem Kind nach zu kommen.

Dieser Barunterhalt muss monatlich im Voraus bezahlt werden.

e) Unterhaltsvorschuss

Kann der zahlungsverpflichtete Elternteil die Zahlung nicht leisten oder kommt er seiner Leistungsverpflichtung aus welchen Gründen auch immer nicht nach, dann besteht unter bestimmten Voraussetzungen für das Kind gegen ihn einen Anspruch auf Unterhaltsvorschuss. Die Einzelheiten dazu finden sich im Unterhaltsvorschussgesetz (UhVorschG). Leistungen nach dem Unterhaltsvorschussgesetz werden nur auf Antrag gezahlt. Der Antrag richtet sich an das Jugendamt.

Die Zielsetzung dieser Regelung liegt darin, den alleinerziehenden Elternteil aktuell in die Lage zu versetzen, die für das Kind notwendigen Lebensdinge im Alltag finanzieren zu können. Letztlich soll er auch entlastet werden, um sich nicht unmittelbar um die gerichtliche Durchsetzung des Anspruchs auf Kindesunterhalt kümmern zu müssen.

Voraussetzungen Unterhaltsvorschuss

- ☐ *Kind unter 12 Jahre*
- ☐ *lebt bei dem antragstellenden Elternteil*
- ☐ *erhält keinerlei Unterhalt (auch nicht Mindestunterhalt)*

Der Unterhaltsvorschuss hängt an keiner Einkommensgrenze. Er berechnet sich wie der allgemeine Unterhaltsanspruch aus den Regeln über den Mindestunterhalt, §§ 2 UhVorschG, 1612a BGB.

Merke!
Zeitraum der Zahlung von Unterhaltsvorschussleistungen: maximal sechs Jahre.

Der nicht zahlende getrenntlebende Elternteil wird durch die Zahlung von Unterhaltsvorschussleistungen durch den Staat nicht von seiner Zahlungsverpflichtung gegenüber dem Kind befreit. Der Staat, vertreten durch das Jugendamt, ist verpflichtet, den Zahlungsanspruch ihm gegenüber geltend zu machen. Sobald der zahlungsverpflichtete Elternteil wieder zahlungsfähig ist, wird er inklusive Zinsen zur Rückzahlung des vorab geleisteten Betrages in Anspruch genommen.

f) Unterstützung durch das Jugendamt

Die Vielfalt all dieser gesetzlichen Regelungen sind für den alleinerziehenden Elternteil oft schwer durchschaubar und im Alltag mit der Betreuung des Kindes und den fehlenden erforderlichen Finanzmitteln des anderen Elternteils, bleibt keine Zeit und Kraft, sich um diese Details zu kümmern. Aus diesem Grund werden den Eltern ausdrücklich Hilfen angeboten. Zuständige Stelle für all diese Fragen ist das Jugendamt. Das Jugendamt ist ausdrücklich zur Beratungsleistungen verpflichtet.

Hilfen für den betreuenden Elternteil

- Anspruch auf Beratung durch das Jugendamt, § 18 SGB VIII
- Schriftlicher Antrag: Jugendamt wird automatisch Beistand des Kindes, §§ 1712 Abs. 1 Ziff. 2, 1714 BGB

Als Beistand des Kindes übernimmt das Jugendamt die Verpflichtung, die Unterhaltsansprüche für das Kind geltend zu machen. Das Jugendamt übernimmt keinerlei Rechtspositionen aus der elterlichen Sorge, die elterliche Sorge wird also nicht eingeschränkt, § 1716 BGB.

4. Kann das Kind erben?

Mit der Geburt eines Kindes erweitert sich der Kreis derer, die möglicherweise einen Anspruch auf das Erbe eines verstorbenen Familienmitgliedes haben. Das Erbrecht ist ein Grundrecht und wird in Art. 14 GG ausdrücklich garantiert. Der Sinn des Erbrechts ist es, die Gestaltungswünsche des Eigentümers über sein persönliches Vermögen auch über seinen Tod hinaus zu respektieren. Er soll selber entscheiden können, was mit seinem Vermögen nach seinem Ableben geschieht. Das Gesetz gibt jedem Menschen die Möglichkeit, Regelungen für die Zeit nach seinem Tod zu treffen, die er nach seinen Wünschen gestaltet. Die im BGB enthaltenen Bestimmungen zum Erbrecht (§§ 1922–2385 BGB) gehen grundsätzlich von einem Familienerbrecht aus. Danach sollen die Familienangehörigen des Verstorbenen seine Erben sein.

§ **Erbfall**
tritt mit dem Tod eines Menschen ein, § 1922 BGB.

§ **Erblasser**
ist der Verstorbene.

§ **Erbschaft**
oder Nachlass ist das gesamte Vermögen, das mit dem Tod des Erblassers übergeht.

§ **Erbe**
ist derjenige, der das Vermögen des Verstorbenen erhält, alleine oder mit anderen zusammen (Alleinerbe oder Miterbe).

§ **Gesetzliche Erbfolge**
regelt wer das Vermögen eines Verstorbenen erhält, wenn dieser keine letztwillige Verfügung hinterlassen hat.

§ **Testament**
oder Erbvertrag sind Formen einer letztwilligen Verfügung eines Menschen über sein Vermögen.

a) Gesetzliches Erbrecht

Das Gesetz setzt in § 1923 BGB ausdrücklich voraus, dass derjenige, der erben kann, bereits lebt. Das ergibt sich auch aus der grundlegenden Regelung in § 1 BGB zur Rechtsfähigkeit eines Kindes. § 1923 Abs. 2 BGB formuliert zusätzlich eine Einschränkung: Auch das bereits gezeugte Kind gilt als vor dem Erbfall geboren (siehe dazu 1. Kapitel II. 1.).

Das gesetzliche Erbrecht – es kommt nur zu Anwendung, wenn kein Testament vorliegt – bestimmt die Erben aus dem Kreis der Verwandten (geregelt in § 1589 BGB) des Erblassers.

§

Verwandt
ist mit dem Erblasser

- *jeder, der von ihm abstammt – Kinder, Enkel, Urenkel usw.*
- *oder der von derselben dritten Person abstammt – Eltern, Großeltern, Geschwister, Onkel, Neffe usw.*

Die Verwandten werden in Erbenordnungen eingeteilt. Dabei unterscheidet das Gesetz die 1.–x. Ordnung, die erst Ordnung ist vorrangig vor der zweiten, die zweite vor der dritten usw.

§

Erben 1. Ordnung, § 1924 BGB
sämtliche Abkömmlinge des Erblassers, also sämtliche vom Erblasser abstammenden Personen: Kinder (eheliche und nicht eheliche und adoptierte Kinder), Enkel, Urenkel

§

Erben 2. Ordnung, § 1925 BGB
Eltern des Erblassers und deren Abkömmlinge: Vater, Mutter, Bruder, Schwester, Neffe, Nichte Großneffe, Großnichte

§

Erben 3. Ordnung, § 1926 BGB
Großeltern und deren Abkömmlinge: Großvater, Großmutter, Onkel, Tante, Cousin, Cousine

Ein Verwandter ist nach dieser formalen Unterscheidung nicht zur Erbfolge berufen, wenn ein Verwandter der vorhergehenden Ordnung vorhanden ist, § 1930 BGB. Das neugeborene erste Kind eines

Elternpaares schließt also im Falle des Todes eines Elternteils alle anderen Verwandten von dem Erbe aus.

Zu beachten sind zusätzlich die speziellen Regelungen für verheiratete Eltern des Kindes. Ehegatten sind nicht miteinander verwandt, sie sind verheiratet. Insofern sieht das Gesetz mit den Regelungen in den §§ 1931 ff. und 1371 BGB Besonderheiten vor, die sich im Ergebnis der Höhe des Erbanteils nach auch auf das erbende Kind auswirken.

Ehegattenerbrecht

ist abhängig vom Güterstand der Ehegatten.

- Der Ehegatte erbt auf jeden Fall 1/4 des Vermögens, das heißt für das Kind bleiben 3/4.
- Haben die Ehegatten keinen Ehevertrag abgeschlossen erbt der überlebende Ehegatte in der Zugewinngemeinschaft als pauschalierten Zugewinnausgleich zusätzlich 1/4 des Vermögens. Für das Kind verbleibt dann nur noch die Hälfte.

Fallbeispiel gesetzliche Erbfolge

Martin und sein Sohn Stefan sind mit dem Auto unterwegs und werden in einen tragischen Unfall verwickelt. Stefan stirbt noch am Unfallort, Martin erliegt drei Stunden später seinen Verletzungen. Ein Testament besteht in beiden Fällen nicht.

Martin hinterlässt seinen Vater, seine Tochter Emma und seine Ehefrau Diana. Sie haben keinen Ehevertrag abgeschlossen.

Stefan hinterlässt seine beiden Kinder Moni und Bine und seine Ehefrau Hela. Mit ihr hat er Gütertrennung vereinbart.

Wer ist gesetzlicher Erbe von Martin und Stefan geworden?

Als Erben von Martin kommen seine Ehefrau Diana sowie seine Tochter Emma sowie die Enkelkinder Moni und Bine in Betracht. Der Vater von Martin ist ein Verwandter 2. Ordnung, § 1925 BGB, der nicht zum Erben berufen ist, da Verwandte der 1. Ordnung, also die Tochter Anna und die beiden Enkelkinder vorrangig erben.

Für die Berechnung der Erbteile ist bei der Ehefrau Diana zu beginnen. Sie erhält 1/4 des Erbes als Ehefrau aus dem allgemeinen gesetzlichen Erbrecht und ein weiteres Viertel, weil sie ohne Ehevertrag im Güterstand der Zugewinngemeinschaft lebt. Gemäß § 1924 BGB entfällt der Rest, also die Hälfte des Vermögens, auf die Abkömmlinge von Martin zu gleichen Teilen. Damit erhalten seine Tochter Emma ein Viertel und anstelle seines Sohnes Stefan dessen Kinder Moni und Bine je ein Achtel des gesamten Vermögens.

Im Fall von Stefan ist genauso vor zu gehen. Als Erben bleiben seine Ehefrau Hela sowie die beiden Kinder Moni und Bine. Seine Mutter Emma sowie der Großvater sind als Verwandte der 2. Und der 3. Ordnung nachrangig zu behandeln und damit nach § 1930 BGB nicht zu Erben berufen.

Die Ehefrau Hela erhält das gesetzlich vorgesehene Viertel des Erbes. Da sie mit ihrem Mann Stefan Gütertrennung vereinbart hatte steht ihr das weitere Viertel als Zugewinnausgleich gemäß § 1371 BGB nicht zu. Für sie gilt aber die Sonderbestimmung des § 1931 Abs. 4 S. 1 BGB: „Bestand beim Erbfall Gütertrennung und sind als gesetzliche Erben neben dem überlebenden Ehegatten ein oder zwei Kinder des Erblasser berufen, so erben der überlebende Ehegatte und jedes Kind zu gleichen Teilen". In obigem Fallbeispiel erhalten demnach Hela und die Kinder Moni und Bine jeweils ein Drittel des Erbes.

Mit der beschriebenen gesetzlichen Erbfolge wird geregelt, wer das Vermögen eines Verstorbenen erhält, wenn dieser keine letztwillige Verfügung, also kein Testament hinterlassen hat.

b) Testament

Existiert ein Testament, dann sind die darin getroffenen Regelungen vorrangig. Es erben nur diejenigen, die vom Verstorbenen als Erben bestimmt wurden. In diesen Fällen hat die gesetzliche Erbfolge nur noch einen Einfluss auf den sogenannten Pflichtteilsanspruch. Verwandten und Ehegatten steht dieser Pflichtteilsanspruch in einem bestimmten Umfang zu. Dieser Pflichtteil (geregelt in den §§ 2303 ff. BGB und in § 10 Abs. 6 LPartG) gewährt den Kindern, den Eltern und dem Lebenspartner eines Erblassers auch dann eine wirtschaftliche Teilhabe am Nachlass, wenn sie durch eine Verfügung von Todes wegen, also durch das Testament von der Erbfolge ausgeschlossen wurden. Der Pflichtteil ist der Mindestanteil an der Erbschaft, der bestimmten nahen Angehörigen des Erblassers, also insbesondere seinen Kindern, in jedem Fall verbleiben muss, gleichgültig, ob der Verstorbene sie in seinen testamentarischen Bestimmungen überhaupt erwähnt hat.

Hinweis

Das Pflichtteilsrecht setzt der Testierfreiheit im Interesse der Beteiligung von nahen Angehörigen eine gesetzliche Grenze.

Pflichtteilsberechtigte

alle Kinder des Verstorbenen (auch adoptierte Kinder, siehe dazu 1. Kapitel I. 5.)

Der Pflichtteil besteht aus der Hälfte des gesetzlichen Erbteils. Der Pflichtteilsberechtigte wird nicht Erbe, er partizipiert an dem Erbe durch einen gegen den Erben gerichteten Anspruch auf Zahlung eines Geldbetrages in Höhe seines Pflichtteils, also in Höhe der Hälfte des ihm gesetzlich zustehenden Erbteils. Insofern ist der Pflichtteilsberechtigte nicht Rechtsnachfolger des Erblassers und nicht Mitglied der Erbengemeinschaft.

In ganz besonderen Ausnahmefällen können Eltern ihrem Kind jede Beteiligung am Erbe entziehen, das heißt in diesen speziellen Ausnahmefällen hat das Kind keinen Anspruch gegen die Erben, ihm steht also kein Pflichtteilsrecht zu.

Fallbeispiel Pflichtteil

Das Ehepaar Maurer verunglückt tödlich bei einem Verkehrsunfall. Sie hinterlassen zwei Kinder. Mit einem der Kinder hatte das Ehepaar seit Jahren keinen Kontakt mehr. Im Testament wurde nur die Lieblingstochter bedacht, der Sohn sollte ausdrücklich nichts erhalten.

Der Sohn hätte in diesem Fall die Möglichkeit das Testament nach § 2079 BGB als grundsätzlich Pflichtteilsberechtigter anzufechten. Er könnte sich dabei auf § 2333 BGB berufen. Darin werden die Gründe, aus denen ausnahmsweise der vollständige Entzug des Pflichtteils möglich sein kann, endgültig aufgezählt.

Entziehung des Pflichtteils, § 2333 BGB

- ☐ *wenn der Abkömmling dem Erblasser oder anderen nahen Familienangehörigen nach dem Leben trachtet*
- ☐ *wenn er sich einer Straftat gegen eine dieser Personen schuldig macht*

- ☐ *wenn er die ihm dem Erblasser gegenüber obliegende Unterhaltspflicht böswillig verletzt*
- ☐ ……

Diese Regelung macht deutlich: Die Pflichtteilsberechtigten, im hier beschriebenen Fall die Kinder, können nur in extremen Ausnahmefällen völlig übergangen werden. Letztlich soll erreicht werden, dass sie nicht völlig übergangen werden können, sondern zumindest einen Wertanteil des Erbes erhalten. Die Kinder sind die nächsten Angehörigen des Verstorbenen. Sie zu enterben, widerspricht dem Grundgedanken der Verfassung, wonach gemäß Art. 6 GG speziell die Familie unter dem besonderen Schutz der staatlichen Ordnung steht. Insofern wird eine Enterbung eines Kindes als „unbillig“ (§§ 138, 242 BGB) angesehen und soll deshalb nur unter sehr engen Voraussetzungen möglich sein.

Erben und Vererben: Informationen und Erklärungen zum Erbrecht

– www.bmjv.de

2. Kapitel

2

Erziehung in der Familie

I. Rechte und Pflichten der Eltern

1. Was bedeutet elterliche Sorge?

Die wichtigste Rechtsposition für die Eltern ist das Sorgerecht für ihr Kind. Dieses Recht, das gleichzeitig eine Verpflichtung enthält, steht den Eltern grundsätzlich gemeinsam zu. Es kommt dabei nicht darauf an, ob sie miteinander verheiratet sind oder nicht.

Das elterliche Sorgerecht hat in erster Linie zum Ziel, das Kind zu schützen. Damit wird die Befugnis begründet, dass Eltern als Inhaber der elterlichen Sorge alle Entscheidungen für das Kind treffen dürfen.

Mit dem Sorgerecht haben Eltern das Recht und die Pflicht für ihr Kind zu sorgen. Sie sind für die Pflege und Erziehung des Kindes zuständig und verantwortlich. Dieses Recht wird den Eltern bereits durch das Grundgesetz garantiert, Art. 6 Abs. 2 S. 1 GG. Eltern sollen frei, ohne staatlichen Einfluss nach ihren Vorstellungen entscheiden können, wie sie ihrer Elternverantwortung gerecht werden. Die Verfassung gibt den Eltern nicht vor, wie sie ihr Kind erziehen sollen, sondern die Eltern entscheiden selber über ihren Erziehungsstil, über Zielsetzung und Methode ihrer Erziehungsarbeit mit ihrem Kind. Es besteht also ein Erziehungsvorrecht für die Eltern als ihr höchstpersönliches Recht, das nur sie selbst an andere wie Erzieher oder Lehrer weitergeben können (siehe dazu die Kapitel 3 und 4).

Die wesentliche Begriffserklärung zur elterlichen Sorge findet sich in den Paragrafen des BGB, §§ 1626 ff. Bei der elterlichen Sorge geht es um die alltäglichen Details.

Hinweis

Es geht um Wahrung der

- körperlichen
- geistigen
- seelischen
- sozialen
- wirtschaftlichen

Interessen des Kindes und um sein diesbezügliches Wohlbefinden.

Die elterliche Sorge umfasst nach § 1626 BGB die nachfolgend aufgelisteten drei wesentlichen Bereiche.

§ **Inhalt der elterlichen Sorge, §§ 1626 ff. BGB**

– *Personensorge, § 1631 ff. BGB*

– *Vermögenssorge, § 1638 ff. BGB*

– *Gesetzliche Vertretung, § 1629 BGB*

Die Personensorge bezieht sich auf sämtliche Angelegenheiten, die die Person des Kindes betreffen. Es geht um die Pflicht und das Recht der Eltern, für das leibliche, sittliche, geistige und seelische Kindeswohl zu sorgen.

Als wichtigste Bereiche der Personensorge lassen sich nennen:

- Sorge für die unmittelbaren Bedürfnisse des Kindes (Essen, Wohnen, Kleidung),
- Pflege des Kindes,
- Erziehung des Kindes,
- Aufsicht über das Kind,
- Aufenthalt des Kindes bestimmen,
- Sorge für die Gesundheit des Kindes,

- Bildung des Kindes (Auswahl von Schule und Ausbildung),
- Religiöse Kindererziehung,
- Vertretung des Kindes bei Rechtsgeschäften, die sich auf den persönlichen Bereich beziehen.

Der Gesetzgeber hat den Eltern für die Ausübung der Personensorge gewisse Grenzen gesetzt, man spricht in diesem Zusammenhang von Schranken der elterlichen Sorge.

Schranken der elterlichen Sorge

- ☐ *das Kind als Grundrechtsträger nach Art. 1 und Abs. 2 GG: Menschenrechte und Persönlichkeitsschutz*
- ☐ *Berücksichtigung der wachsenden Fähigkeiten des Kindes, § 1626 Abs. 2 BGB*
- ☐ *Berücksichtigung des wachsenden Bedürfnisses zu selbstständigem Handeln, § 1626 Abs. 2 BGB*
- ☐ *Einbeziehung des Kindes nach seinem Entwicklungsstand, § 1626 Abs. 2 BGB*
- ☐ *zeitliche Begrenzung des Elternrechts bis zu Volljährigkeit des Kindes*
- ☐ *Recht auf gewaltfreie Erziehung, § 1631 Abs. 2 BGB*
- ☐ *Rücksichtnahme auf die Eignung und Neigung des Kindes bei der Berufswahl, § 1631 a BGB*
- ☐ *Genehmigungserfordernis bei freiheitsentziehender Unterbringung, § 1631b BGB*
- ☐ *Maßnahmen des Familiengerichts bei Gefährdung des Kindeswohls, §§ 1666, 1666a, 1667 BGB*
- ☐ *Verbot der Sterilisation, § 1631c BGB*
- ☐ *Einwilligung in Bescheidung eines Jungen nur nach den Regeln der ärztlichen Kunst, § 1631d BGB*

Einzelheiten zu den Details in der Ausübung des elterlichen Sorgerechts, insbesondere der Personensorge, finden sich bei den verschiedenen Fragestellungen in den nachfolgenden Kapiteln.

Die zweite Säule der elterlichen Sorge ist neben der Personensorge die Vermögenssorge. Sie beinhaltet das Recht und die Pflicht der Eltern für das Vermögen des Kindes zu sorgen. Das Gesetz enthält keine klare Definition dieser Vermögenssorge. Vermögenssorge ist letztlich als Vermögensverwaltung zu verstehen, das bedeutet, sie umfasst alle tatsächlichen und rechtlichen Handlungen, die die Erhaltung, Vermehrung und Verwertung des Kindesvermögens betreffen, siehe dazu §§ 1638 ff. BGB. Zum Schutz des Kindes hat der Gesetzgeber einige Beschränkungen für die Eltern bei der Ausübung der Vermögenssorge – Schutzvorschriften – vorgesehen. So bestimmt § 1643 BGB, welche Geschäfte, die die Eltern für das Kind tätigen, zusätzlich vom Familiengericht genehmigt werden müssen.

Genehmigungspflichtige Geschäfte

- ☐ *Ausschlagung einer Erbschaft*
- ☐ *Verfügungen im Zusammenhang mit Grundstücken*
- ☐ *Verfügungen über das gesamte Vermögen des Kindes*
- ☐ *Vertrag mit wiederkehrenden Leistungen, wie Mietvertrag oder Ähnliches*
- ☐ *Kreditaufnahme und ähnliche Geldgeschäfte*
- ☐ *Erwerb oder Verkauf eines Erwerbsgeschäftes*

Treten bei der Ausübung der Vermögenssorge durch die Eltern Schäden auf, müssen die Eltern dem Kind gegenüber haften, § 1664 BGB. Allerdings haben sie nur für die Sorgfalt einzustehen, die sie in eigenen Angelegenheiten ebenfalls üblicherweise anwenden.

Die Befugnis und damit die Verpflichtung zur Vertretung des Kindes bei allen rechtlichen Angelegenheiten gelten nach § 1629 BGB gleichermaßen wie im Bereich der Personensorge für alle Rechtsgeschäfte im vermögensrechtlichen Bereich.

2. Wie weit geht das Erziehungsrecht der Eltern?

Eltern müssen sich um die biologischen und emotionalen Grundbedürfnisse ihrer Kinder kümmern, sie sind für alles, was ihr Kind betrifft zuständig. Für die Ernährung, die Kleidung, für die Gesundheit, für die Entfaltung und Entwicklung des Kindes. Die Eltern erziehen ihr Kind in dem Sinne, in der Richtung, wie sie das Leben für ihr

Kind gestalten wollen. Die Eltern sollen ihren Kindern Wurzeln und Flügel mitgeben. Sie begleiten sie auf den Weg der Entwicklung zu einer eigenständigen, Persönlichkeit stützend und leitend. Diese sich aus unseren allgemeinen Lebensabläufen ergebenden Selbstverständlichkeiten sind rechtlich gleichermaßen fixiert.

Das Recht versucht genau diese Aufgaben der Eltern in rechtlichen Normen zu fixieren und es bietet damit quasi einen Kompass für die Erziehung des Kindes durch seine Eltern.

Das Erziehungsrecht der Eltern ist Teil der elterlichen Sorge und ist zum Bereich der Personensorge zu zählen. Bereits in unserer Verfassung wird festgehalten, dass mit dem Elternrecht vor allem die Erziehung der Kinder gemeint ist.

Art. 6 Abs. 2 S. 1 GG §

„… Erziehung der Kinder sind das natürliche Recht der Eltern und die zuvörderst ihnen obliegende Pflicht.“

Es geht hier einerseits um die Rechtsposition der Eltern gegenüber ihren Kindern. Gleichzeitig wird aber diese Rechtsposition auch als Plicht definiert. Diese Erziehungspflicht der Eltern erhält zudem durch die konkretisierenden Bestimmungen im BGB nochmals eine spezielle Betonung: § 1626 BGB nennt die Verpflichtung der Eltern an erster Stelle, die Pflicht der Eltern soll damit ausdrücklich betont werden. Die Auswirkungen dieses Pflichtenhinweises ergeben sich aus den die elterliche Sorge weiter ausformulierenden Gesetzen (allgemein zur elterlichen Sorge siehe im 1. Kapitel I. 4.).

Was das Erziehungsrecht der Eltern gegenüber ihren Kindern aber im Einzelnen bedeutet, was Erziehung wirklich beinhaltet, ist insgesamt sehr zurückhaltend formuliert. Die Grundformel lautet:

§ 1631 Abs. 1 BGB: §

„Die Personensorge umfasst insbesondere die Pflicht und das Recht, das Kind zu …, zu erziehen …“

Das Bundesverfassungsgericht hat dazu konstatiert, dass die Eltern nach Art. 6 Abs. 2 S. 1 GG frei von staatlichem Einfluss grundsätzlich nach ihren eigenen Vorstellungen darüber entscheiden können, wie sie ihrer Elternverantwortung gerecht werden wollen. Es liegt im alleinigen Verantwortungsbereich der Eltern, welche Ziele sie mit ihrer Erziehung verfolgen, welche Erziehungsmethoden sie anwenden, wie sie also die Erziehung ihres Kindes im Einzelnen gestalten. Das Grundgesetz schützt also die Eltern vor staatlichen Einflüssen oder Eingriffen bei der Ausübung ihres Erziehungsrechts.

i **Merke!**

Die Eltern haben immer ein sog. Elternprimat – also eine Erst-Verantwortlichkeit gegenüber dem Kind.

Trotzdem muss neben dem Elternrecht – nicht im Gegeneinander – das Recht des Kindes mit im Auge behalten werden. Das heißt, dieses Kindesrecht, das sich im sogenannten Wohl des Kindes manifestiert, bestimmt allgemein die Maßstäbe für die Erziehung des Kindes. Das Wohl des Kindes ist auch eine Ausprägung dessen, was in Art. 1 S. 1 GG als „Menschenwürde" bezeichnet wird. Das Elternrecht auf Erziehung des Kindes darf insofern niemals ohne Bezug zum Kindeswohl ausgeübt werden.

Das elterliche Erziehungsrecht ist also einerseits verfassungsrechtlich geschützt und hat daher immer Vorrang. Dennoch ist das Erziehungsrecht der Eltern kein absolutes Herrschaftsrecht, da es sich immer am Kindeswohl orientieren muss.

Die gesetzlichen Regelungen dazu geben die Richtung für eine Erziehung im Sinne des Kindeswohls an.

§ **§ 1626 Abs. 2 BGB:**

„Bei der Pflege und Erziehung berücksichtigen die Eltern die wachsende Fähigkeit und das wachsende Bedürfnis des Kindes zu selbständigem verantwortungsbewusstem Handeln."

Daraus kann abgeleitet werden, dass die Rechte eines Kindes mit dessen zunehmendem Alter gegenüber den Elternrechten mehr an Bedeutung erlangen. Erzieherische Maßnahmen, die bei einem Fünfjährigen noch vom elterlichen Erziehungsrecht geschützt sind, können gegenüber einem Kind im Teenager-Alter möglicherweise zu einer unangemessenen Einschränkung seiner Bewegungsfreiheit und damit zur Beeinträchtigung des Kindeswohls führen. Dies klingt alles sehr allgemein, lässt sich aber nicht genau näher definieren. Denn jeder familiäre Einzelfall ist anders. Es muss immer wieder auf die individuelle Familiensituation, die Reife des Kindes und die Art der Einschränkung im Einzelnen abgestellt werden. Jeder Fall ist anders. Die Rechtsprechung gibt als Richthinweis, als formales Erziehungsziel nur vor, dass es bei der Erziehung eines Kindes um die Heranbildung zu einer mündigen und selbstentscheidungsfähigen Persönlichkeit geht, so wie dies bereits gesetzlich normiert ist.

3. Wo liegen die Grenzen des Erziehungsrechts?

Sofern erzieherische Maßnahmen der Eltern in die Rechte der Kinder eingreifen und durch diesen Eingriff gleichzeitig das Kindeswohl gefährdet ist, ergibt sich eine Eingriffsmöglichkeit des Staates. Er übt damit sein verfassungsrechtlich normiertes staatliches Wächteramt aus.

Art. 6 Abs. 2 S. 2 GG:
„Über ihre Betätigung …“ (gemeint sind die Eltern bei der Erziehung der Kinder) „… wacht die staatliche Gemeinschaft.“

§

Das bedeutet für die Eltern im Umkehrschluss: Solange das Wohl des Kindes nicht gefährdet ist, hält sich der Staat aus der Erziehung heraus.

Wie wissen aber Eltern, was sie dürfen, welche Art von Erziehung, welche Erziehungsmittel ihnen erlaubt sind und welche verboten sind? Das Gesetz gibt dazu nicht viele konkretisierende Antworten.

Merke!
Kinder sind gewaltfrei zu erziehen (§ 1631 Abs. 2 BGB).

i

Der klare „gesetzliche Befehl“ an die Eltern lautet also, bei der Ausübung ihres Erziehungsrechts ist ihnen jede Form von Gewaltanwendung untersagt. Der Gesetzgeber konkretisiert zusätzlich genauer, was mit Gewalt gemeint ist und welche Erziehungsformen dem zu Folge unzulässig sind, nämlich

- körperliche Bestrafungen
- seelische Verletzungen
- andere entwürdigende Maßnahmen.

Beispielsfragen

- Eltern verbieten der gut entwickelten 13-jährigen Tochter im Schwimmbad einen Bikini zu tragen
- die 14-jährige Tochter darf nie später als 18 Uhr daheim sein

Handelt es sich bei diesen Beispielen um erlaubte oder verbotene Erziehungsmaßnahmen? Fallen diese Verbote unter das Gebot von gewaltfreier Erziehung, sind sie im Sinne des Kindeswohls nicht mehr angemessen?

Es ist nicht klar und eindeutig, ob und gegen welche allgemeinen Grundregeln der Angemessenheit im Sinne des Kindeswohls in diesen Beispielsfällen verstoßen wurde. Die betroffenen Kinder werden nicht begeistert sein, sie werden aber durch derartige Maßnahmen nicht wesentlich beeinträchtigt, sie erleiden davon keinen Schaden. Derartige erzieherische Gebote der Eltern sind also zulässig.

Generell lassen sich einige Beispiele festhalten, welche Erziehungsmethoden Eltern auf jeden Fall anwenden dürfen, Allgemein sind alle Mittel, die keine Gewalt oder Entwürdigungen für das Kind bedeuten, erlaubt.

Erlaubte Erziehungsmittel

- *Ermahnungen*
- *Verweise*
- *Ausgeh- und Umgangsverbote*
- *Drohung*
- *Missbilligung*
- *Taschengeldentzug*

Selbstverständlich sinnvoll sind Erziehungsmethoden, die für das Kind positiv seine Entwicklung zu einer eigenständigen Persönlichkeit bestärkende Maßnahmen beinhalten, wie Belohnungen, Anerkennung, Beratung, Ermutigung, Lob, Vorbild. Dazu finden sich aber keine ausdrücklichen gesetzlichen Regelungen. Diese Erziehungsformen ergeben sich aus dem Erziehungsrecht der Eltern unter Berücksichtigung der Interessen und des Wohlergehens des Kindes.

Das Prinzip des Kindeswohls beinhaltet auch eine Erwartung an das erzieherische und sorgende Handeln der Eltern.

Welche erzieherischen Maßnahmen sollen nach der gesetzlichen Vorgabe der Gewaltfreiheit aber verboten sein, wo liegen die Grenzen des Erziehungsrechts für die Eltern? Immer wieder sind die nachfolgenden oder ähnliche Sätze zu hören: „Ein kleiner Klaps auf den Po schadet doch nicht!“ oder „ist Ihnen noch nie die Hand ausgerutscht? oder „Strafe muss doch sein, man kann doch nicht alles durchgehen lassen!“

Um hier die richtigen Antworten zu erhalten müssen die oben genannten, gesetzlich ausdrücklich fixierten Formen von Gewalt näher erläutert werden. Zur Gewaltanwendung zählt nach der Regelung in § 1631 Abs. 2 BGB zunächst die körperliche Bestrafung.

Körperliche Bestrafung

§

- *vom Erziehenden ausgehender Körperkontakt zum Kind*
- *Zufügung körperlicher Schmerzen (werden vom Ausübenden mindestens in Kauf genommen)*

Eine körperliche Bestrafung, also eine körperliche Gewaltanwendung ist zum Beispiel gegeben in Fällen von leichten (z.B. Ohrfeige) oder auch schweren Schlägen, evtl. auch mit einem Gegenstand. Auch an andere Formen der Gewalttätigkeit kann dabei gedacht werden, zum Beispiel Einsperren des Kindes, festes Zupacken, Bedrängen, Stoßen von der Treppe, Schleudern gegen die Wand, eigenen Kot essen oder Urin trinken lassen, Vergiftungen, ins eiskalte Badewasser setzen und untertauchen, Verbrennen mit heißem Wasser oder Zigaretten, Einklemmen in Türen oder Autofensterscheiben. Bei diesen und vielen ähnlichen Fällen handelt es sich um aus der Rechtsprechungspraxis entnommene Beispiele.

Auch wenn allerdings die oben genannten Kriterien einer körperlichen Bestrafung objektiv vorliegen, sind Situationen vorstellbar, in denen sie zulässig sind, um Schaden vom Kind fern zu halten.

Beispiel

Eine Mutter zerrt ihr zweijähriges Kind in letzter Sekunde vom Herd, damit es sich nicht an der heißen Herdplatte verletzen soll.

Seelische Verletzungen des Kindes sind entsprechend den oben bereits vorgestellten Regelungen ebenfalls verboten.

§ **Seelische Verletzung**

- *beabsichtigte Zufügung seelischer Schmerzen*
- *Herabsetzung*
- *Ausgrenzung*
- *alle Formen einer Demütigung*

Diese verschiedenen Formen psychischer Bestrafung oder psychischer Misshandlung erfolgen vor allem durch entsprechende sprachliche Äußerungen der Eltern, durch die Nichtachtung des Kindes, durch ein bewusstes Verächtlichmachen. Seelische Verletzungen treten in vielerlei Varianten auf:

- Ablehnung: Die Qualitäten, Fähigkeiten, Wünsche des Kindes werden ignoriert, es wird für alles zum Sündenbock gemacht
- Isolieren: Entzug des Zugangs zu sozialen Kontakten, die für die Entwicklung des Kindes notwendig sind
- Ignorieren: Dauernder Entzug der Ansprechbarkeit der Eltern
- Terrorisieren: Häufiges Drohen mit körperlicher Gewalt oder mit Verlassen
- Überbehütung
- Zeugen körperlicher Gewalt sein

Der in § 1631 Abs. 2 BGB an dritter und damit letzter Stelle genannte Punkt ist in der Formulierung bewusst breit angelegt. Unzulässig, also verboten sind danach auch alle anderen „entwürdigende(n) Maßnahmen“. Hierunter fallen zum Beispiel alle weiteren seelischen Maßnahmen, die das Kind zum Gespött anderer machen und selbstverständlich alle Formen eines sexuellen Missbrauchs des Kindes.

§ **Sexueller Missbrauch**

Sexuelle Handlung eines Erwachsenen vor, mit oder an einem Kind

Der Täter nutzt seine Überlegenheit unter Missachtung des Willens des Kindes, um seine persönlichen Bedürfnisse zu befriedigen.

Das Kind wird durch diese Handlungen jeweils sexuell instrumentalisiert. Auch Eltern ist ein solches Verhalten untersagt. In den meisten Fällen finden sexuelle Übergriffe in der Familie, Vater, Mutter, Geschwister, Tante, Onkel usw. oder im engen sozialen Umfeld statt. Die Täter erreichen es meist mit Drohungen gegenüber dem Kind eine Geheimhaltung durchzusetzen, also dauert der jeweilige Missbrauch umso häufiger an. Die Eltern sind gefordert, wachsam Veränderungen im Verhalten des Kindes wahrzunehmen.

Beispiel

Der sechsjährige Uwe wacht aufgrund eines Albtraums auf und geht in das Elternschlafzimmer. Die Tür ist nur angelehnt und er kann die Eltern eine kurze Zeit unbemerkt beim Geschlechtsverkehr beobachten. Als die Eltern dies bemerken, fordern sie ihn auf, wieder in sein Bett zu gehen. Sie achten aber nicht weiter darauf, ob er sich an ihre Anweisung hält.

Die Eltern haben sich in diesem Beispielsfall nicht strafbar gemacht. Sie haben sich nicht absichtsvoll so verhalten, dass Uwe sie beim Geschlechtsverkehr beobachten sollte. Allerdings gehört es mit zu ihrer in ihrer elterlichen Sorgepflicht verankerten Aufsichtspflicht, darauf zu achten, dass ihr Kind auch durch ihre eigenen Verhaltensweisen keiner – in diesem Fall evtl. seelischen – Gefährdung ausgesetzt wird.

Straftaten gegen die sexuelle Selbstbestimmung

Die strafrechtlichen Bestimmungen finden sich in den §§ 173, 174–184h Strafgesetzbuch (StGB).

Aber nicht nur der sexuelle Missbrauch eines Kindes wird bestraft. Auch Gewalthandlungen gegenüber dem Kind oder seine generelle Vernachlässigung können strafrechtlich verfolgt werden. Bestrafungen des Kindes mittels Schlaggegenständen sind entweder „rohe Misshandlungen" im Sinne von § 225 StGB oder zumindest Körperverletzung mittels eines „gefährlichen Werkzeugs" nach § 224 StGB, zum Beispiel beim Schlagen mit einer Peitsche oder einem Gummiknüppel. Die Strafandrohung reicht in derartigen Fällen bis zu fünf Jahren Freiheitsstrafe. Es handelt sich um sogenannte Offizialdelikte, das bedeutet, die strafrechtliche Verfolgung erfolgt auch ohne vorherige Antragsstellung, also von Amts wegen.

Lassen Eltern ihr Kind verwahrlosen, droht ihnen möglicherweise ebenfalls eine Bestrafung und zwar wegen der Verletzung der Fürsorge- und Aufsichtspflicht nach § 171 StGB.

§

Vernachlässigung bzw. Verwahrlosung

Massive Beeinträchtigung der Entwicklung des Kindes aufgrund unzureichender Pflege, Kleidung, Ernährung, gesundheitlicher Fürsorge und Beaufsichtigung.

Überschreiten Eltern die Grenzen ihres Erziehungsrechts wird der Staat – gemeint sind hier das Familiengericht oder das Jugendamt – für die Aufrechterhaltung der Interessen Kindes im Sinne des Kindeswohls tätig. Das gesetzlich in den §§ 1626–1697a BGB vielfach normierte Grundprinzip des Kindeswohls ist ausdrücklich Maßstab für richterliches Handeln. Jede gerichtlich notwendige Entscheidung in einem entsprechenden Konfliktfall muss am Kindeswohl orientiert sein.

Die Auslegung dieses unbestimmten Rechtsbegriffs ist wie schon oben dargelegt schwierig, denn es geht nicht um eine rein rechtliche Fragestellung. Kindeswohl zu definieren heißt Recht mit psychosozialen und mit pädagogischen Kriterien verbindend in Einklang zu bringen. Die Richter müssen für ihre jeweilige Einzelfallentscheidung die konkrete Lebenssituation und das gesamte Umfeld des Kindes mit beachten.

In der Rechtsprechung wurden im Laufe der Jahre nachfolgende Vorgänge als nachhaltige und schwerwiegende Beeinträchtigung des Kindeswohls eingestuft und ein Eingreifen des Staates in diesen Fällen für notwendig erachtet, §§ 1666 und 1666a BGB.

✔

Beispiele für Kindeswohlgefährdung

- ☐ *sexueller Missbrauch*
- ☐ *körperliche Misshandlung, wobei eine eventuelle Rechtfertigung nach türkischem Recht nicht anerkannt wird*
- ☐ *soziale Deviation der Eltern durch Drogen- oder Trunksucht oder Zuhälterei*
- ☐ *Hineinzwingen in einen ungeeigneten Beruf; Abhalten des Kindes vom Schulbesuch; Schulschwänzen*

- ☐ *Hineinzwingen in eine Ehe*
- ☐ *Anhalten des Kindes zum Betteln oder zu strafbaren Handlungen oder zur Unzucht oder das Zugänglichmachen pornografischer Darstellungen*
- ☐ *Hysterische Tobsuchtsanfälle und Ausweisung aus dem Elternhaus in blinder Wut*
- ☐ *Verhinderung des Briefwechsels oder des Umgangs mit Geschwistern oder Großeltern (siehe dazu 2. Kapitel VIII)*
- ☐ *Versagen von Impfschutz bei Reisen in seuchengefährdete Gebiete*
- ☐ *Weigerung, ein Kind operieren oder eine Bluttransfusion vornehmen zu lassen*
- ☐ *Uneinsichtigkeit bei der Befolgung ärztlich angeordneter Medikamente und bei Ernährungsfehlern*
- ☐ *Ablehnung psychiatrischer Untersuchung bei offensichtlicher Fehlentwicklung eines Kindes*
- ☐ *Beschneidung eines Mädchens*
- ☐ *Vernachlässigung des Kindes durch fehlerhafte Ernährung oder Pflege, wenn weitgehende Verwahrlosung droht*
- ☐ *Psychische Erkrankungen wie paranoide Psychosen der Eltern*
- ☐ *Langjährige Traumatisierung des Kindes*
- ☐ *Langjährige Heroinsucht der Mutter oder Alkoholabhängigkeit*
- ☐ *Beeinträchtigung der sprachlichen Entwicklung des Kindes*
- ☐ *Mangelnde Einsicht in die Notwendigkeit der Unterbringung des Kindes in einer heilpädagogischen Einrichtung*
- ☐ *Unfähigkeit zum Aufbau emotionaler Beziehungen*
- ☐ *Gleichgültigkeit, Labilität und Antriebsarmut der alleinerziehenden Mutter*
- ☐ *Erstickende Erziehungshaltung (sog. over-protection) der alleinerziehenden Mutter*

Nicht schwierig zu beurteilen sind die nachfolgende Situationen, die tatsächlich stattgefunden haben. Bei diesen Beispielen handelte es sich eindeutig um eine Kindeswohlgefährdung.

Splitternacktes Kind bei elf Grad auf Fahrrad unterwegs
(Überschrift in: DIE WELT am 18. Oktober 2008)

Die 32-jährige Juristin war mit ihrer splitternackten Tochter durch die Münchener Innenstadt geradelt. Das kleine Mädchen habe erbärmlich gefroren, die Nase sei dem Kind bis zu den Lippen gelaufen und die Mundwinkel waren bläulich verfärbt, so berichtete die Polizei. Die Mutter des Kindes erklärte auf Nachfrage: Das Kind habe sich nicht anziehen lassen wollen. Und weil das kleine Mädchen seine eigenen Persönlichkeitsrechte habe, habe sie die Weigerung respektiert.

Eltern sperren Kinder stundenlang ins Auto
(SZ am 10. Mai 2008)

„Die Temperaturen lagen um den Gefrierpunkt, der Parkplatz war finster und menschenleer …“. Ein zwölfjähriger Junge und seine fünfjährige Schwester waren von 10.30 Uhr morgens bis spät in der Nacht in das Auto der Eltern eingesperrt, die derweil ihre Zeit im Spielcasino verbrachten.

Das Familiengericht musste in diesen Fällen Maßnahmen zu treffen, „die zur Abwendung der Gefahr erforderlich sind“, § 1666 Abs. 1 BGB. Dieser Paragraf listet im Einzelnen auf, welche gerichtlichen Maßnahmen dabei in Frage kommen.

§ 1666 Abs. 3 Ziff. 1–6, Abs. 4 BGB

1. … Leistungen der Kinder- und Jugendhilfe …

2. …

3. Verbote, …die Familienwohnung zu nutzen …

4. Verbote, Verbindung zum Kind aufzunehmen …

5. Ersetzung von Erklärungen des Inhabers der elterlichen Sorge

6. … Entziehung der elterlichen Sorge

Es bleibt festzuhalten: Eltern sind berechtigt, ihr Kind nach ihren Vorstellungen auf ihre Art und Weise zu erziehen und sie in das Leben hinein zu führen. Sie unterliegen dabei jedoch klaren Begrenzungen, die sich im Kern aus der eigenen Rechtsposition des Kindes, also aus dem wichtigen Primat des Kindeswohls ergeben. Das Erziehungsrecht ist zwar als eigenes Grundrecht verfassungsrechtlich geschützt, es ist damit aber kein absolutes Herrschaftsrecht der Eltern. Es muss wie jedes andere Grundrecht in diesem Zusammenhang auch immer am Wohl des Kindes gemessen werden. Wird das Kindeswohl durch die erzieherischen Maßnahmen der Eltern gefährdet, kommt der Staat zwangsläufig in die Verpflichtung, sein Wächteramt auszuführen. Bei sexuellem Missbrauch eines Kindes oder bei eindeutiger körperlicher Gewaltanwendung ist es klar erkennbar, dass es sich um die Verletzung von Kindeswohl handelt. In vielen Einzelfällen ist eine Abwägung zwischen Erziehungsrecht und Kindeswohl aber eher schwierig, da das Ergebnis nicht auf den ersten Blick offenkundig ist. Jeder Einzelfall ist anders und bedarf einer individuellen auf die konkrete Familiensituation abgestimmten Beurteilung. Eltern sollten bei all ihrem Tun und Handeln gegenüber ihrem Kind das Wohl des Kindes auf keinen Fall aus dem Auge verlieren.

4. Was beinhaltet Aufsichtspflicht?

Eltern sind im Rahmen ihrer Personensorge zur Aufsicht über ihr Kind verpflichtet, §§ 1626 Abs. 1, 1631 Abs. 1 BGB, das bedeutet, sie müssen alles dafür tun, dass ihr Kind vor Gefahren geschützt wird und dass es andererseits keinem anderen einen Schaden zufügt.

Hinweisschilder

Typischerweise findet sich an Baustellen aber auch in sonstigen Zusammenhängen immer wieder der Hinweis: Eltern haften für Ihre Kinder.

Dieser Hinweis hat rechtlich keinerlei Auswirkungen.

Unabhängig davon, ob ein Schild einen besonderen Hinweis enthält, sind die Eltern aufgrund ihrer Aufsichtspflicht verpflichtet, dafür Sorge zu tragen, dass ihr Kind die Baustelle nicht betritt. Wenn sie sich entsprechend umsichtig verhalten haben und ihnen ihr Kind trotzdem entwischt, dann haften sie für möglicherweise eintretende Schäden nicht.

Grundsatz

Der Hinweis: **Eltern haften für ihre Kinder** ist ohne rechtliche Bedeutung.

Eltern tragen im Rahmen ihrer Aufsichtspflicht generell die Verantwortung. Sie haften nur dann, wenn sie dieser Verantwortung nicht nachkommen, das heißt, wenn sie ihre Aufsichtspflicht vernachlässigen.

Wenn also die Eltern ihre Kinder altersentsprechend richtig beaufsichtigen, kann ein Bauunternehmer so viele Schilder hinstellen wie er will, er muss diese Baustelle als „gefahrbringenden Ort" so absichern, dass niemand einer Verletzung ausgesetzt wird. Möglicherweise trägt er bei einem Schaden die Mitschuld und muss insoweit haften.

Merke!

Eltern haften für einen durch ihr Kind verursachten Schaden dann nicht, wenn sie ihrer Aufsichtspflicht genügt haben.

Was die Aufsichtspflicht im Einzelnen ausmacht, wie sie auszuüben ist, lässt sich nicht pauschal definieren. Es kommt dabei auf vielerlei Faktoren an.

Der Bundesgerichtshof hat bereits 1969 und dann in späteren Urteilen grundlegende Hinweise zur Aufsichtspflicht gegeben.

Es kommt zudem darauf an,

- was den Aufsichtspflichtigen in ihren jeweiligen Verhältnissen zugemutet werden kann,
- was verständige Aufsichtspflichtige nach vernünftigen Anforderungen unternehmen müssen, um die Schädigung Dritter durch ein Kind zu verhindern,
- dass Eltern das Kind umso mehr im Blick haben müssen, je jünger das Kind ist,

- dass dem Kind mit zunehmendem Alter mehr unbeaufsichtigte Zeit zugestanden wird.

(vgl. u.a. BGH Urt. v. 28.2.1969 – VI ZR 222/67; Urt. v. 20.3.2012 – VI ZR 3/11)

Das bedeutet auch, dass die Aufsichtspflicht je nach Alter des Kindes keine Rund um die Uhr Bewachung sein muss und dies auch nicht sein kann. Generell ist zu sagen, dass die Entscheidung, ob es sich im konkreten Fall um eine Verletzung der Aufsichtspflicht durch die Eltern handelt, immer von den genauen Umständen des Einzelfalls abhängt. Es geht um die konkrete Situation, Alter und Einsichtsfähigkeit des Kindes spielen für die Beurteilung der Situation eine große Rolle. Es muss immer wieder abgewogen werden, welche Maßnahmen Eltern vernünftigerweise hätten ergreifen müssen, um ihrer Aufsicht zu genügen.

Merke!
Das Maß der gebotenen Aufsicht richtet sich nach Alter, Eigenart und Charakter des Kindes.

Beispiel
Das dreijährige Kind spielt mit anderen Kindern auf dem Spielplatz. Die Mutter sitzt unmittelbar daneben auf einer Bank und hat ihr Kind die ganze Zeit im Blick. Ihr fällt plötzlich das Handy aus der Hand und sie bückt sich kurz, um es wieder aufzuheben. In genau diesem Augenblick fügt ihr Kind einem anderen Kind im Sandkasten mit seiner Schaufel eine Platzwunde zu.

Das Kind selbst kann noch nicht zur Verantwortung herangezogen werden. Kinder unter sieben Jahren sind noch nicht deliktfähig im Sinne des Gesetze, § 828 Abs. 1 BGB, sie haften also für ihr Tun noch nicht. Die Mutter hat in diesem Fall ihre Aufsichtspflicht jedoch nicht verletzt. Sie hat auf ihr Kind aufgepasst, auch beim Hinschauen in genau diesem Augenblick der Verletzung des anderen Kindes hätte sie vermutlich den Schaden nicht mehr verhindern können. Es ist nicht möglich, alle Gefahren abzuwenden. Das kurze Bücken nach dem heruntergefallenen Handy beinhaltete jedenfalls keine Aufsichtspflichtverletzung durch die Mutter.

Ob die Eltern für einen durch ihr Kind verursachten Schaden haften müssen, hängt auch davon ab, ob der Schaden für sie absehbar war.

Beispiel

Die Eltern fahren mit ihrer acht Jahre alten Tochter Sonja nach Hause. Sie haben den Sonntagnachmittag bei der Oma verbracht, alle drei sind fröhlich und es geht ihnen gut. Während der Taxifahrt muss sich Sonja plötzlich übergeben. Der Taxifahrer erwartet von den Eltern die Übernahme der Kosten für die Reinigung des Autos und die Kosten für den Fahrausfall während der Reinigungszeit.

In diesem Fall können die Eltern zu diesen Kosten nicht herangezogen werden. Ihrer Tochter Sonja ging es den ganzen Tag gut, sie hatte bisher niemals Probleme beim Autofahren. Insofern konnten die Eltern nicht damit rechnen, dass Sonja bei der Taxifahrt schlecht würde. Das Mädchen hatte sich plötzlich, unerwartet erbrochen, insofern war der dadurch eingetretene Schaden für die Eltern nicht absehbar, so dass hier nicht von einer Verletzung der Aufsichtspflicht der Eltern ausgegangen werden kann.

Tipp!

Wichtig ist eine Haftpflichtversicherung der Eltern.

Weitere Einzelheiten zum Thema Aufsicht und Haftung finden sich in 4. Kapitel unter I. 5.

5. Müssen Eltern Mitarbeiter des Jugendamts in ihre Wohnung lassen?

Wenn plötzlich das Jugendamt an der Tür klingelt, löst dies bei den meisten Familien Unbehagen aus. Je stärker die Mitarbeiter als Kontrolleure auftreten, umso weniger werden Eltern bereit sein, ihre Wohnungstür für sie zu öffnen. Wenn es für das Jugendamt Hinweise darauf gibt, dass das Wohl und die Entwicklung des Kindes Schaden nehmen könnte, muss das Jugendamt zum Schutz dieses Kindes handeln. Das bedeutet in der Regel eine schnelle und unmittelbare Kontaktaufnahme zur Familie und zu dem Kind. Das kann dann auch bedeuten, dass die Mitarbeiter unangemeldet an der Haustür dieser Familie klingeln.

Da Eltern das Recht auf Erziehung haben und das Recht, eigenverantwortlich zu entscheiden, ist die Beteiligung und Einbindung der Eltern für das Jugendamt Pflicht. Sollte die Rechtsausübung der Eltern jedoch eine Gefahr für das Kind oder den Jugendlichen bedeuten, muss das Jugendamt zwischen dem Elternrecht und dem Schutz des Kindes abwägen. Bei Anzeichen für eine Vernachlässigung oder Misshandlung hat der Schutz immer Vorrang (siehe dazu auch unter 3.).

Für einen unangemeldeten Hausbesuch müssen konkrete Hinweise vorliegen, die einen begründeten Anlass zur Vermutung für eine Kindeswohlgefährdung geben. Nur in ganz besonderen Einzelfällen kann das Jugendamt eine unangemeldete Prüfung der Familiensituation vornehmen. Dennoch dürfen die Mitarbeiter nicht einfach in die Wohnung eindringen. Im Einzelfall (Gefahr im Verzug, Kindeswohlgefährdung) muss dabei mit der Polizei zusammen gearbeitet werden, (§ 8a SGB VIII und § 42 SGB VIII. §§ 1666 und 1666a BGB). Nur dann also, wenn die Familie einen konkreten Anlass bietet, der den Rückschluss auf eine Gefährdung ihres Kindes zulässt, kann das Jugendamt so vorgehen.

Merke!
Normalerweise sind Eltern nicht verpflichtet, ihr Zuhause für Überprüfungen, Kontrollen des Jugendamtes zu öffnen.

Nehmen Eltern notwendige Hilfen nicht an oder sind sie nicht bereit oder in der Lage notwendige Tätigkeiten zu leisten, muss das Jugendamt trotzdem handeln.

Um eine Hausdurchsuchung oder einen unangemeldeten Hausbesuch vornehmen zu dürfen, muss sich das Jugendamt wegen seiner Wahrnehmung einer Gefährdung des Kindes gezwungen sehen, einzugreifen. Anhand der gewonnenen Informationen ist das Jugendamt befugt, eine Einschätzung über die Gefährdung des Kindes vorzunehmen und gegebenenfalls weitere Maßnahmen zu ergreifen.

Oft ist es nicht einfach zu erkennen, ob ein Kind vernachlässigt wird und sein Wohl gefährdet ist. Möglicherweise wurden bereits im Vorfeld Vereinbarungen mit den Eltern getroffen, die dem Schutz des Kindes dienen sollten. Die Einhaltung derartiger Vereinbarungen wird durch das Jugendamt kontrolliert, z.B. der vereinbarte Besuch beim Arzt, täglicher Besuch des Kindergartens oder regelmäßige Mahlzeiten für das Kind.

Um beurteilen zu können, ob ein Kind gefährdet ist, benötigen die Fachkräfte ein umfassendes Bild. Sie sprechen daher mit Eltern und

Kindern, besuchen sie zuhause und nehmen oft Kontakt mit anderen Bezugspersonen auf.

Das Jugendamt ist in diesen Fällen verpflichtet, dem Sachverhalt nachzugehen und die Umgebung des Kindes sowie den Zustand des Kindes näher zu betrachten. Insoweit sind unangekündigte Hausbesuche in derartigen Fällen gerechtfertigt.

Das Jugendamt kann notfalls auch gegen den Willen der Eltern ein Kind vorübergehend außerhalb des Elternhauses unterbringen, § 42 SGB VIII. Das Jugendamt ist allerdings nicht befugt, die Rechte der Eltern zu beschränken oder aufzuheben. Dies kann nur das Familiengericht. Das Jugendamt ist aber an jedem gerichtlichen Verfahren und an den Gesprächen mit den Eltern beteiligt. Es bringt sein Wissen über die Situation in der Familie und die Entwicklung des Kindes für die gerichtliche Entscheidung mit ein.

Informationen zum Jugendamt
www.caritas.de

6. Wer entscheidet über die Religion?

Die Regelungen über die Zuständigkeiten bei der religiösen Erziehung des Kindes finden sich in einem besonderen Gesetz geregelt. Dieses Gesetz über die religiöse Kindererziehung (RelKErzG), stammt noch aus dem Jahr 1921 und hat seither kaum Veränderung erfahren.

Der Kern des Gesetzes liegt darin, dass niemand zu einer bestimmten Religion gezwungen werden darf. Die Eltern haben beim Thema Religion wie auch in allen anderen Fragen der elterlichen Sorge die Entscheidungszuständigkeit für ihr Kind. Dies wird so zu Beginn dieser speziellen gesetzlichen Bestimmungen bestätigt.

§ **„Freie Einigung der Eltern", § 1 RelKErzG**
„Über die religiöse Erziehung eines Kindes bestimmt die freie Einigung der Eltern, soweit ihnen das Recht und die Pflicht zu stehen, für die Person des Kindes zu sorgen."

Es kommt also immer darauf an, wer das Personensorgerecht für das Kind hat (siehe dazu 1. Kapitel I. 4.). Üblicherweise sind die Eltern zuständig. Sie sollen sich „frei" einigen, das bedeutet, von keiner Seite darf irgendeine Einflussnahme auf diese Einigung erfolgen, insbesondere der Staat darf sich in die Fragen der Religion nicht einmischen.

Dieser hier formulierte Grundsatz ergibt sich bereits aus der als Grundrecht im Grundgesetz verankerten Religionsfreiheit.

Art. 4 Abs. 1 GG

„Die Freiheit des Glaubens, des Gewissens und die Freiheit des religiösen und weltanschaulichen Bekenntnisses sind unverletzlich."

§

Eltern haben also das Recht, ihrem Kind die von ihnen für richtig gehaltene, religiöse oder weltanschauliche Erziehung zu vermitteln. Ihnen sind keine inhaltlich festliegenden, kirchlichen Rechtspositionen für die Vermittlung von religiösen Anschauungen vorgegeben. Trotzdem stellt sich die Frage, ob das Recht der Religionsfreiheit für die Eltern im Rahmen ihres Erziehungsrechts grenzenlos und damit unantastbar gegen jeden staatlichen Eingriff ist oder ob es irgendwelchen Einschränkungen unterliegt und wo die möglichen Grenzen zu ziehen sind. Grundsätzlich stößt das Erziehungsrecht der Eltern immer dann an Grenzen, wenn durch ihr Verhalten eine Gefährdung des Kindeswohls entsteht. (siehe allgemein zum Erziehungsrecht 2. Kapitel I. 2.).

Die Grundrechte des Grundgesetzes gelten für Kinder genauso wie für Erwachsene. Das bedeutet in diesem Zusammenhang, dass das Kind neben dem allgemeinen Persönlichkeitsrecht, dem Recht auf Leben und Unversehrtheit ab einem bestimmten Zeitpunkt auch das Recht auf Religions- und Entfaltungsfreiheit hat. Bis zur Vollendung des 12. Lebensjahres ist das Kind religionsunmündig. In dieser Zeit weist die Religionsfreiheit für das Kind noch keinen bestimmten Inhalt aus. Den Eltern sind keine inhaltlichen irgendwie festliegenden Rechtsgrundsätze vorgegeben, um ihr Kind religiös „richtig" zu erziehen. Das bedeutet, den Eltern können in dieser Zeit keinerlei Vorschriften über das Wie ihrer religiösen Kindererziehung gemacht werden. Wenn sie von ihrem Kind verlangen, dass es vor und nach jeder Mahlzeit ein Gebet spricht, dass es täglich an einem Gottesdienst teilnimmt oder wenn sie ähnliche religiös formale Anforderungen an das Kind stellen, wird damit das Kindeswohl nicht gefährdet. Nur bei äußerst weitgehenden Ge- oder Verboten gegenüber dem Kind, bei Anforderungen, die die körperliche, geistige oder seelische Entwicklung des Kindes beeinträchtigen könnten – zum Beispiel wenn das Fastenverhalten bei dem Kind zu andauernden Gesundheitsbeeinträchtigungen führen würde – könnte darin eine Kindeswohlgefährdung liegen. Dann ist der Staat in seiner Wächterrolle gefragt und muss prüfen und feststellen, wie der betroffenen Familie geholfen werden kann. In extremen Einzelfällen kann sogar die Herausnahme des Kindes aus der Familie angemessen sein, aber immer nur dann, wenn die Eltern ihre Erziehungsgrenzen zum Schaden für das Kind wesentlich überschreiten. Einschränkungen in der alltäglichen Lebensgestaltung, die Eltern ihren Kindern aus religiösen, weltanschaulichen Überlegungen heraus auferlegen, bedeuten noch lange keine Gefährdung des Kindeswohls.

Erlaubte Vorschriften für die Kinder

- Fasten ohne Gesundheitsschädigung
- Häufige Gebete
- Kleidervorschriften (kein kurzer Rock, keine nackten Beine oder Arme, kein Bikini, Kopftuch)
- Essensregelungen (kein Schweinfleisch, nur vegetarische Kost, koscheres Essen, kein Alkohol)

Mit zunehmendem Alter des Kindes, also mit dem Wechsel von der absoluten zu einer relativen Unmündigkeit, kommt dann auch formal dem Kindeswillen und damit dem Persönlichkeitsrecht des Kindes immer mehr an Bedeutung zu. Das elterliche Erziehungsrecht in Bezug auf die Religionsfähigkeit ihres Kindes tritt stufenweise nach und nach hinter dessen eigenes Recht auf Religionsfreiheit zurück.

Entscheidungsrechte des Kindes

– ab dem 10. Lebensjahr: Anhörungsrecht

– ab dem 12. Lebensjahr: Wechsel der Religion gegen den Willen des Kindes nicht möglich

– ab dem 14. Lebensjahr: Religionsmündigkeit, das Kind kann selbst über seine Religion entscheiden

Trotz dieser unmittelbaren Mitwirkungsrechte für das Kind bleiben aber bis zum Eintritt der Volljährigkeit das volle elterliche Erziehungsrecht und damit die Einwirkungs- und Leitungsmöglichkeiten der Eltern auf das Kind bestehen.

§

Die Regelungen über die Religionsausübung nach dem RelKErzG gelten entsprechend für „die Erziehung der Kinder in einer nicht bekenntnismäßigen Weltanschauung" ..., § 6 RelKErzG.

Die Festlegung eines religiösen Bekenntnisses und die damit verbundene Ausübung der religiösen Erziehung und Prägung eines Kindes sind für die Entwicklung seiner Persönlichkeit von grundlegender Bedeutung. Darum ist es von besonderer Wichtigkeit, dass die Eltern, die gemeinsam für ihr Kind verantwortlich sind, in ihrer Entscheidung bei dieser Kernfrage einig sind. In der in § 1 RelKErzG formulierten „freie(n) Einigung" liegt neben der Freiheit der Entscheidung über den Inhalt und das Wie der Religionserziehung auch das Postulat auf eine Einigung der Eltern an sich in diesem Zusammenhang. Für den Fall, dass die Eltern im Blick auf die religiöse Richtung ihres Kindes unterschiedlicher Auffassung sind, wenn sie sich also nicht auf eine einheitliche Linie einige können – oder, wenn sie die zunächst erfolgte Einigung widerrufen – gilt das Gleiche, wie bei den sonstigen Fragen der Erziehung des Kindes: Die Eltern sind aufgefordert, sich zu einigen. In Ausnahmefälle können sie ganz ausnahmsweise das Familiengericht zur Mitentscheidung in Anspruch nehmen (siehe dazu 2. Kapitel I. 7.). Allerdings soll ein Alleinentscheidungsrecht, also die Übertragung der Entscheidung an einen Elternteil allein, bei Religionsfragen nur ganz ausnahmsweise möglich sein.

Das RelKErzG enthält darüber hinaus weitere Festlegungen, nach denen ausdrücklich untersagt wird, dass ein Elternteil ohne Zustimmung des anderen bestimmt, dass das Kind künftig in einer anderen Religion als bisher erzogen wird. Das Gleiche gilt, wenn „ein Kind vom Religionsunterricht abgemeldet werden soll", siehe dazu § 2 Abs. 2 RelKErzG. Weitere Einzelheiten dazu folgen im 4. Kapitel unter II. 6.

§

Entscheidung eines Elternteils

In einer Entscheidung des OLG Hamm (vom 24.6.14) kam das Gericht zu dem Ergebnis, dass eine frühzeitige Festlegung über eine grundlegende Frage der religiösen Kindererziehung – zum Beispiel ob das Kind getauft wird– nicht durch gerichtliche Entscheidung an nur einen Elternteil übertragen werden soll, insbesondere dann nicht, wenn die beiden Elternteile aus völlig unterschiedlichen religiös-kulturellen Kulturkreisen kommen.

Nur ganz ausnahmsweise, dann, wenn besondere Gründe des Kindeswohls dies erforderlich machen, kann das Entscheidungsrecht über die Religionsangehörigkeit einem Elternteil alleine übertragen werden.

Entscheidung eines Elternteils (Fortsetzung Beispiel oben)

Ein besonderer Grund von Gefährdung des Kindeswohls ist nicht deswegen gegeben, weil die Klassenkameraden alle zur Kommunion gehen und das nicht katholische Kind von dieser Gemeinsamkeit ausgeschlossen wird.

Probleme treten häufiger dann auf, wenn die Eltern oder ein Elternteil im Laufe der Zeit zu einer veränderten Haltung ihrer eigenen religiösen oder weltanschaulichen Einstellung gelangen und diese Meinungsveränderung dann auch auf ihr Kind übertragen wollen. Dies führt oftmals zu Unstimmigkeiten und rechtlichen Unklarheiten. Falls die Eltern zum Beispiel zu Beginn ihrer Gemeinsamkeit, noch bevor ein Kind geboren wird, eine Vereinbarung treffen, auf welche Weise eines Tages ihre Kinder religiös erzogen werden sollen, könnte die spätere Meinungsänderung eines Elternteils wie ein „Widerruf" der Einigung nach § 1 RelKErzG interpretiert werden. Andererseits sind derartige Verträge nach den speziellen gesetzlichen Bestimmungen wirkungslos.

§ 4 RelKErzG

Vertragliche Vereinbarungen der Eltern über die Art und Weise der religiösen Erziehung ihres Kindes entfalten keinerlei bürgerlich (rechtliche) Wirkung.

Darunter fällt beispielsweise die nachfolgende Situation.

Beispiel

Bei ihrer katholischen Trauung hat sich das unterschiedlichen Konfessionen angehörende Paar vor dem Priester am Altar verpflichtet, die künftigen gemeinsamen Kinder katholisch erziehen zu lassen. Zwei Jahre später treten beide Ehegatten aus der Kirche aus. Ihr Sohn wird erst später geboren, sie wollen ihn nun auch nicht mehr taufen lassen, sehen sich aber wegen der Vereinbarung anlässlich ihrer Hochzeit dazu als rechtlich verpflichtet an.

Diese Auffassung ist wegen der Regelung in § 4 RelKErzG falsch. Die Eltern bleiben unabhängig von allen vorherigen vertraglichen Vereinbarungen frei in ihrer Entscheidung für die Erziehung ihres Kindes.

7. Wer entscheidet bei Meinungsverschiedenheiten der Eltern?

Die Mutter findet, dass der Vater mit den Kindern zu streng umgeht, der Vater hält die Mutter in ihren Erziehungsbemühungen für nicht konsequent genug. Uneinigkeit in Erziehungsfragen gehört letztlich zum normalen Familienalltag im Leben mit Kindern. Rechtliche Vorschriften können nur wenig helfen, sie können maximal Leitlinien aufstellen, Hinweise geben, wie Eltern ihr gemeinsames Erziehungsrecht sinnvoll gemeinsam, in Übereinstimmung ausüben können.

Für die üblichen Streitigkeiten des Alltags – darf der Sohn bis spät abends am PC sitzen, darf die Tochter später heim kommen, obwohl am nächsten Tag die schwierige Mathearbeit ansteht – gibt das Gesetz Eltern, die bei diesen Themen unterschiedlicher Meinung sind, klare Hinweise.

§ 1627 BGB

„Die Eltern haben die elterliche Sorge in eigener Verantwortung und in gegenseitigem Einvernehmen zum Wohl des Kindes auszuüben. Bei Meinungsverschiedenheiten müssen sie versuchen sich zu einigen.“

§

Diese Regelung konstatiert eigentlich eine Selbstverständlichkeit: Die Eltern, das sind der Vater und die Mutter gemeinsam, sind für die Erziehung des Kindes, für die Sorge um das Kind zuständig. Sie sind beide verantwortlich und sie müssen bei der Ausübung ihres Sorgerechts immer das Wohl des Kindes mit beachten (siehe dazu 2. Kapitel I.). Wenn sie unterschiedlicher Meinung sind – also der Vater dem Sohn erlauben will, lange abends vor dem PC zu sitzen, die Mutter dies aber nicht will oder umgekehrt – oder – die Mutter meint anders als der Vater, der Tochter schade das einmalige lange Ausgehen am Abend auch für die am nächsten Tag anstehende Mathearbeit nicht – dann können sie sich im Lebensalltag mit den Kindern letztlich nur durchsetzen, wenn sie einen gemeinsamen Weg finden, sich über derartige Fragen zu einigen. Gesetzliche Regelungen helfen hier nicht wirklich weiter. Es geht letztendlich um Fragen, wie die Eheleute, die Eltern untereinander klar kommen, wie sie sich im

Alltag mit einander und mit ihren Kindern verhalten. Führen Erziehungsfragen immer wieder zu Konflikten der Eltern und der Eltern mit den Kindern, bietet das Jugendamt Beratung an. Eltern können diese Hilfsangebote (geregelt in den §§ 17, 18 SGBG VIII) jederzeit in Anspruch nehmen. Es ist die Aufgabe des Jugendamtes dabei zu helfen, dass Eltern in die Lage versetzt werden, Krisen und Konflikte mit ihren Kindern im Einvernehmen untereinander zu lösen.

Natürlich könnten Eltern auch jedes andere Angebot von Erziehungsberatung in Anspruch nehmen, um bei schwierigen Alltagsfragen auf einen sinnvollen Weg der Gemeinsamkeit zu gelangen. Sie sollten sich an die von verschiedenen freien Trägern getragenen Erziehungsberatungsstellen wenden.

Mögliche Ansprechpartner

- www.caritas.de (Erziehungsberatungsstelle der Caritas e.V.)
- www.dajeb.de (Beratungsführer online der Deutschen Arbeitsgemeinschaft für Jugend- und Eheberatung e.V. mit bundesweiter anonymer Beratung über Internet und Telefon)
- www.instep-online.de (Systematisches Training für Eltern und Pädagogen)

Können sich die Eltern aber trotz aller Bemühungen nicht einigen, dann darf nicht ein Elternteil allein entscheiden, sondern die beabsichtigte Maßnahme muss unterbleiben. Die Eltern üben die elterliche Sorge gemeinsam aus und sind demgemäß berechtigt und verpflichtet, die ihr Kind betreffende Entscheidung in eigener Verantwortung und im gegenseitigen Einvernehmen, also gemeinsam zu treffen.

Können sich die Eltern nicht darüber verständigen, in welchen Kindergarten sie ihr Kind anmelden wollen – der Vater bevorzugt beispielsweise einen Waldkindergarten und will den Sohn auf keinen Fall in einem katholischen Kindergarten anmelden – dann kann keiner von den beiden alleine handeln. Eine Anmeldung im Kindergarten ist ein Rechtsgeschäft, die Eltern schließen einen Vertrag mit dem Träger der Einrichtung des Kindergartens ab. Sie treten als Rechtsvertreter für ihr Kind auf, § 1629 BGB. Deshalb können Eltern immer nur gemeinsam handeln, sie haben beide gemeinsam das elterliche Sorgerecht für das Kind. (vgl. dazu 1. Kapitel I. 4.).

In für das Kind besonders relevanten Fällen bietet das Gesetz den Eltern mit § 1628 BGB eine Lösung an. Das Familiengericht kann bei grundlegenden Fragestellungen die Entscheidungsbefugnis auf einen Elternteil allein übertragen.

Übertragung des Entscheidungsrechts auf einen Elternteil

- ☐ *ein Elternteil stellt einen Antrag*
- ☐ *Regelung der Angelegenheit ist von erheblicher Bedeutung für das Kind*
- ☐ *Familiengericht überträgt Entscheidungsrecht auf einen Elternteil*

Der Unterschied zwischen unerheblicher Angelegenheit und Angelegenheit von besonderer Bedeutung liegt in den Auswirkungen, die die Uneinigkeit der Eltern auf das Kind und seine gesellschaftliche und soziale Entwicklung hat. Das Familiengericht kann also nicht für Nebensächlichkeiten herangezogen werden.

Merke!

Das Familiengericht kann nicht anstelle der Eltern entscheiden, sondern es überträgt das Entscheidungsrecht auf einen von beiden.

Das Entscheidungsrecht wird nicht etwa automatisch auf denjenigen übertragen, der den Antrag gestellt hat. Das Familiengericht muss im Sinne des Kindeswohls, also orientiert an den Interessen in Blick auf die weitere Entwicklung des Kindes, abwägen, welcher Elternteil am ehesten geeignet ist, eine für das Kind sinnvolle Entscheidung zu treffen. Bei dieser Entscheidung kommt es sehr darauf an, welche Begründung jeder Elternteil für seinen Entscheidungswunsch dem Gericht anbietet.

Die gleiche Problematik tritt häufig bei Eltern auf, die getrennt leben oder geschieden sind, die aber trotzdem gemeinsam das Sorgerecht für ihr Kind ausüben (siehe dazu 1. Kapitel I. 4.). Auch in diesen Situationen müssen sich die Eltern einigen.

§ 1687 Abs. 1 S. 1 BGB

„Leben Eltern, denen die elterliche Sorge gemeinsam zusteht, nicht nur vorübergehend getrennt, so ist bei Entscheidungen in Angelegen-

heiten, deren Regelung für das Kind von erheblicher Bedeutung ist, ihr gegenseitiges Einvernehmen erforderlich."

Bei Einzelfragen ist es nicht immer eindeutig, wann und ob es sich um eine Angelegenheit von erheblicher Bedeutung handelt, es kommt vorrangig auf die Auswirkung der Entscheidung auf das Kind an (siehe dazu die Auflistung zu § 1671 BGB unter 1. Kapitel I. 4.). Die dort aufgestellten Grundsätze gelten gleichermaßen für die Anwendung von § 1628 oder 1687 BGB.

Streit um die Taufe

Die geschiedenen Eheleute haben das gemeinsame Sorgerecht für ihren Sohn Roland. Roland lebt bei seiner Mutter. Sie möchte ihn katholisch taufen lassen. Der Vater verweigert die Zustimmung.

Die Mutter hat in einem solchen Fall drei Möglichkeiten:

1. Antrag auf Übertragung der Alleinsorge, § 1671 BGB (siehe dazu 1. Kapitel I. 4.)
2. Übertragung eines Teilbereichs der elterlichen Sorge (religiöse Erziehung), § 1687 BGB (siehe 1. Kapitel I. 7.)
3. Übertragung des Alleinentscheidungsrechts nach § 1628 BGB (siehe dazu weiter oben)

Tipp!

Alle Anträge richten sich an das Familiengericht. Sie sollten über einen Rechtsanwalt gestellt werden.

Nach § 1628 BGB wäre dann zu entscheiden, wenn sich der Konflikt der Eltern letztlich nur auf diese einzelne Angelegenheit bezieht, wenn es also nur auf diese eine situative Entscheidung ankommt, eine Entscheidung, die für die Entwicklung, den weiteren Lebensweg des Kindes von erheblicher Bedeutung ist. Dazu zählen sicherlich Grundsatzentscheidungen der religiösen Kindererziehung. Die Taufe als Zugehörigkeitsentscheidung zu einer Religion ist wesentlich im Sinne der gesetzlichen Regelungen. Soweit hier allein nach § 1628 BGB entschieden wird, bleibt das Familiengericht zuständig. Für die weiteren Fragen der Religion des Kindes siehe unter Punkt 6.

8. Wie können Eltern Konflikte mit ihrem Kind lösen?

Nicht nur die Eltern untereinander, sondern auch zwischen Eltern und Kindern ergeben sich unterschiedliche Auffassungen über Erziehungsfragen. Sie sind bei derartigen Themen schon naturgemäß nicht immer einer Meinung. Die rechtlichen Regelungen fordern die Eltern dazu auf, nach Möglichkeit alles zu tun, um mit dem Kind Einvernehmen herzustellen. Ihnen wird ausdrücklich angeraten, auf die besondere Lebenssituation, die Entwicklung des Kindes Rücksicht zu nehmen.

Wie soll Erziehung aussehen? §

„Bei der ... Erziehung berücksichtigen die Eltern die wachsende Fähigkeit und das wachsende Bedürfnis des Kindes zu selbstständigem, verantwortungsbewusstem Handeln.“, § 1626 Abs. 2 S. 1 BGB.

Diese gesetzliche Bestimmung ist wie eine Befehl formuliert, in dem Sinne: Eltern, damit ihr Bescheid wisst – so und nicht anders hat Erziehung auszusehen! Es ist in den Einzelfragen nicht ganz einfach festzustellen, ob sich Eltern an diese Vorgaben immer halten. Trotzdem bietet diese gesetzliche Regelung eine wichtige Grundlage für die Art der Ausübung des Erziehungsrechts (siehe dazu 3. Kapitel: Einzelfragen im Alltag).

Die Bestimmungen im BGB geben zusätzliche Hinweise, wie Eltern bei Unstimmigkeiten in Erziehungsfragen mit ihren Kindern zusammenwirken sollen.

Einbeziehung des Kindes §

„Sie (die Eltern) besprechen mit dem Kind, soweit es nach dessen Entwicklungsstand angezeigt ist, Fragen der elterlichen Sorge und streben Einvernehmen an“, § 1626 Abs. 2 S. 2 BGB.

In dieser gesetzlichen Regelung werden für die Vorgehensweise im Konfliktfall zwischen Eltern und Kind zwei Schritte vorgegeben:

- Das Problem wird mit dem Kind besprochen.
- Nach Möglichkeit soll Einvernehmen zwischen Eltern und Kind hergestellt werden.

Wenn die Eltern trotz alledem nicht weiter kommen, wenn die Konflikte mit dem Kind nicht zu lösen sind, weil sich das Kind durch keines der von den Eltern gewählten Erziehungsmittel beeindrucken lässt, können sie sich jederzeit an das Jugendamt wenden, § 18 Abs. 1 Ziff. 1 SGB VIII oder sie holen sich Unterstützung bei den Erziehungs- und Lebensberatungsstellen der freien Träger.

- regional geordnete Datenbank aller Beratungsstellen: www.dajeb.de
- allgemeine Informationen: www.bmfsj.de

II. Mitwirkung weiterer Familienmitglieder

1. Welche Rechte haben Stiefeltern?

Bevor besondere Rechtspositionen herausgearbeitet werden können, muss zunächst überlegt und definiert werden: Was versteht man unter einer Stieffamilie, welches sind ihre speziellen Merkmale?

a) Stieffamilie

Die allgemeine Antwort dazu lautet: Die Stieffamilie ist eine eigenständige Familienform, die sich in vielerlei Hinsicht von der Erst- oder Ursprungsfamilie unterscheidet. Ihre Existenz widerspricht den üblichen Definitionskriterien von Familie: Wohnen unter einem Dach, Blutsverwandtschaft, gemeinsamer Namen. Oftmals gibt es einen außerhalb der Familie lebenden Elternteil, der in manchen Fällen zudem mit anderen Kindern zusammenlebt oder die Kinder sind Mitglieder in zwei Haushalten. Stieffamilien sind sehr komplexe Gebilde. Die Kinder sind eng mit dem Haushalt des außenstehenden Elternteils und dem Haushalt „seiner“ Eltern verknüpft. Sind beide Elternteile geschieden, gibt es sogar vier weitere elterliche und großelterliche Haushalte, in denen sich die Kinder aufhalten. So sind Stieffamilien in ein großes Netzwerk eingebettet, das viele Ressourcen enthält, aber auch Konflikte auslösen und verstärken kann.

Wir sprechen statt von Stieffamilie heute häufig auch von der Patchworkfamilie – sie meint letztlich das gleiche komplexe Gebilde, das sich in einer Vielzahl von Formen zeigt.

§

Verschiedene Typen von Stief-/Patchworkfamilien

Unterscheidung nach

- *Vorgeschichte (Scheidung, Tod eines Elternteils, nichteheliches Kind)*
- *Partnerkombination (lediger Mann – geschiedene Frau, verwitweter Mann – ledige Mutter usw.)*
- *Kinderkonstellationen (beide Eltern bringen Kinder in die Ehe mit, ein leibliches Kind des Vaters – zwei gemeinsame Kinder usw.)*
- *Sorgerechtskombinationen, vgl. 1. Kapitel I. 4. (gemeinsames Sorgerecht mit dem außerhalb lebenden Elternteil beim Kind der Mutter, alleiniges Sorgerecht beim Kind des Vaters, kein Sorgerecht für das beim außerhalb lebenden Elternteil des Kindes, Sorgerecht für das Stiefkind aufgrund einer Adoption usw.)*
- *Gründungsmuster (neue Ehe nach längerer Zeit der Alleinlebens mit dem Kind, neuer Partner als Grund für das Scheitern der vorherigen Ehe usw.)*

Aus diesen Definitionen wird deutlich, dass zwischen einem Stiefelternteil und dem Kind keinerlei biologische Beziehung besteht, allenfalls kann sich zwischen ihnen durch das gemeinsame Leben in den unterschiedlichen Formen einer Stieffamilie eine enge persönliche Bindung, das bedeutet im Rechtssinne eine soziale Beziehung entwickeln.

i

Verwandtschaft

Stiefeltern sind mit dem Kind rechtlich nicht verwandt, da sie im Rechtssinne nicht voneinander abstammen, § 1589 BGB (siehe dazu 1. Kapitel I. 1.).

b) Sorgerecht

Die Konsequenzen dieser Regelung sind für die Stieffamilie eindeutig: Es bestehen keine rechtliche Beziehungen zwischen dem Stiefelternteil und dem Stiefkind. Diese Konsequenzen beziehen sich auf das elterliche Sorgerecht (siehe dazu 1. Kapitel I. 4.) und die weiteren Rechtsbereiche gleichermaßen.

Sorgerecht

Stiefeltern haben keinerlei Erziehungsrechte, keine Mitspracherechte, egal ob das Kind im Haushalt des Stiefelternteils lebt oder nicht.

Im alltäglichen Zusammenleben innerhalb einer Stieffamilie besteht allerdings die Notwendigkeit, dass der Stiefelternteil Entscheidungen auch mal allein für das Stiefkind treffen kann, wenn z.B. der leibliche Elternteil abwesend oder verhindert ist und sein Erziehungsrecht bzw. sein Sorgerecht in dieser Situation nicht voll ausüben kann. Im normalen Lebensalltag ergeben sich immer wieder Situationen, in denen es von entscheidender Bedeutung ist, dass der Stiefelternteil de facto Pflichten des gerade abwesenden Elternteils übernimmt. Das Gesetz sieht für Stieffamilien deshalb eine besondere Regelung vor. Dem Stiefelternteil wird ausdrücklich ein Mitspracherecht für die Angelegenheiten des Alltags eingeräumt.

Kleines Sorgerecht für Stiefelternteile, § 1687b BGB

Voraussetzungen:

- leiblicher Elternteil und Stiefelternteil sind miteinander verheiratet
- es besteht Einvernehmen zwischen den Ehegatten
- der leibliche Elternteil hat das alleinige Sorgerecht

Folge:

Mitspracherecht in Angelegenheiten des täglichen Lebens

Diese gesetzlich vorgesehene Regelung ist für das alltägliche Zusammenleben durchaus hilfreich. Oftmals übernehmen zum Beispiel die Stiefmütter einen großen Teil der Alltagsbetreuung und sorge für das Kind. Die Lebensabläufe würden sich wesentlich schwieriger gestalten, wenn sie dann bei jeder Kleinigkeit bei ihrem Ehemann, dem Vater des Kindes, um Erlaubnis nachfragen müsste.

Mit Alltagsangelegenheiten im Sinne des § 1687b BGB sind beispielsweise nachfolgende Situationen gemeint.

Stiefvater/-mutter darf allein entscheiden

- ☐ *Wann und zu welchem Arzt?*
- ☐ *In welchen Verein darf das Kind?*
- ☐ *Wann und bis wann darf es zu Freunden?*
- ☐ *Wann und wie lange darf das Kind Fernsehen schauen?*
- ☐ *Wie hoch sollte das Taschengeld sein?*

Der Stiefelternteil hat im Rahmen dieser vom Gesetz vorgesehenen Mitwirkungsrechte zum Beispiel die Möglichkeit, rechtswirksam die Entschuldigung für die Teilnahme am Schulunterricht zu unterschreiben oder an einer Elternversammlung teilzunehmen (siehe dazu 4. Kapitel).

Er kann aber eben nur in Angelegenheiten des täglichen Lebens selbst entscheiden, nicht jedoch bei Fragen, die für das Kind und für seine Entwicklung von wesentlicher Bedeutung sind.

Stiefvater/-mutter darf nicht allein entscheiden

- ☐ *In welchen Kindergarten, an welcher Schule soll das Kind angemeldet werden?*
- ☐ *Welche operativen Eingriffe müssen vorgenommen werden?*
- ☐ *Welche Impfungen sollte das Kind erhalten?*

Zu dieser Bestimmung gibt es allerdings mit § 1687b Abs. 2 BGB eine Ausnahmeregelung. In besonderen Situationen, in denen schnell gehandelt werden muss, weil sonst für das Kind ein Nachteil, eine Beeinträchtigung entstehen könnte, darf der Stiefelternteil auch alleine handeln und weit reichende Entscheidungen treffen, ohne den leiblichen Elternteil des Kindes, der auch der Inhaber der elterlichen Sorge ist, vorher zu fragen.

Ausnahme in Notsituation

In Notsituationen (Gefahr im Verzug, § 1687b Abs. 3 BGB) kann der Stiefelternteil entscheiden, ohne erst die Zustimmung des leiblichen Elternteils einzuholen.

Beispiel

Eva und Max sind verheiratet. Max hat seine inzwischen zehnjährige Tochter Sarah mit in die Ehe gebracht. Max ist dienstlich sehr viel unterwegs, auch häufig im Ausland. Eva führt den Haushalt und kümmert sich im Alltag um Eva. Eines Tages kommt Eva auf dem Heimweg von der Schule mit ihrem Radl unter ein Auto und zieht sich dabei mehrere Knochenbrüche zu. Sie wird sofort mit dem Krankenwagen in eine Klinik gebracht und der Arzt empfiehlt, die komplizierten Knochenbrüche sofort zu operieren.

In einer solchen Ausnahmesituation ist Eva als Stiefmutter von Sarah berechtigt ohne Rücksprache mit ihrem Ehemann dieser Operation zuzustimmen. Es handelt sich um eine besondere Gefahrensituation für das Kind, in der sofort und schnell gehandelt werden sollte, um weitere Nachteile für das Kind zu verhindern. Der leibliche Vater von Eva ist nicht sofort erreichbar, insofern ist in diesem Beispielsfall ist die alleinige Entscheidung von Eva als Stiefmutter im Sinne des Kindeswohls notwendig und deshalb ausdrücklich erwünscht.

Wichtig

Der Stiefelternteil muss den sorgeberechtigten, leiblichen Elternteil des Stiefkindes sofort über die getroffene Entscheidung informieren, § 1687b Abs. 2 Hs. 2 BGB.

c) Erbrecht

In Bezug auf eine mögliche Erbberechtigung zwischen Stiefelternteil und Stiefkind ist die Rechtslage ebenfalls eindeutig, denn die gesetzliche Erbfolge beruht gleichermaßen auf einer Blutsverwandtschaft (siehe dazu 1. Kapitel II. 4.). Eine Blutsverwandtschaft und damit rechtliche Verwandtschaftsbeziehung, § 1589 BGB, existiert aber zwischen Stiefkind und Stiefelternteil eben gerade nicht. Für die mögliche Erbnachfolge zwischen Stiefkind und Stiefelternteil ergibt sich daraus die nachfolgende Konsequenz.

Erbrecht

Innerhalb der Stieffamilie besteht kein gesetzliches Erbrecht. Stiefkinder können nur per Testament als Erben eingesetzt werden.

d) Unterhalt

Für Stiefeltern gibt es keine gesetzlichen Unterhaltspflichten gegenüber den Stiefkindern. Wird ein Stiefkind im gemeinsamen Haushalt des Stiefelternteils finanziell unterstützt so wird dies nicht bei den Unterhaltsverpflichtungen gegenüber seinen leiblichen Kindern mit berücksichtigt (siehe zum Unterhalt 1. Kapitel II. 3.).

e) Adoption

Eine Veränderung dieser Rechtslage insgesamt kann nur durch eine Adoption des Stiefkindes durch den Stiefelternteil herbeigeführt werden.

Die Adoption eines Kindes hat immer die Gleichstellung des adoptierten Kindes mit den leiblichen Kindern des Adoptierenden zur Folge und die bereits bestehenden rechtlichen Beziehungen zwischen dem Kind und den leiblichen Eltern werden durch die Adoption jeweils aufgehoben. In der Konsequenz heißt das: Alle Rechte und Pflichten (Sorgerecht, Unterhaltsverpflichtung, Erbrecht usw.) gehen auf den Adoptierenden über (siehe dazu im Einzelnen 1. Kapitel I. 5.).

Genau aus diesem Grunde sollte gut bedacht werden, ob es für den Stiefelternteil wirklich Sinn macht, das Stiefkind, also das Kind des Ehepartners, zu adoptieren. Der Übergang aller elterlichen Rechte und Pflichten auf den Stiefelternteil hat weit reichende Folgen, denn für das Kind bedeutet die Beendigung aller Rechtsbeziehungen zum leiblichen Elternteil letztlich die Aufgabe eines Teils seiner Herkunft. Auch wenn das Kind schon lange Jahre in der Stieffamilie mit dem neuen Stiefelternteil lebt und wenn in manchen Fällen gar kein Kontakt zum anderen leiblichen Elternteil besteht, kann dieser Verlust in der Entwicklung des Kindes zu erheblichen Problemen führen.

Um bestimmte Rechte und Pflichten zu gewährleisten, muss das Kind nicht unbedingt adoptiert werden.

Der leibliche Elternteil hat unabhängig von allen sonstigen gesetzlichen Vorgaben die Möglichkeit, dem Stiefelternteil eine Vollmacht für alle rechtsrelevanten Handlungen gegenüber dem Stiefkind zu geben. Damit wird der Stiefelternteil in alle das Kind betreffenden Entscheidungen mit einbezogen.

f) Namensänderung

Zu denken wäre auch an eine Namensänderung als eine wenn auch nicht so weit gehende Alternative zur Adoption.

Das Gesetz bietet Stieffamilien die Möglichkeiten an, durch eine Namensgleichheit aller Familienmitglieder eine Familieneinheitlichkeit nach außen zu erreichen. Damit werden zwar keine der oben beschriebenen Rechtspositionen verändert, aber alle Familienmitglieder erscheinen einheitlich als Familie. Sie bekunden ihr Zusammengehören sozusagen durch die Führung eines gemeinsamen Namens. Das Gesetz spricht in diesem Zusammenhang von der sogenannten „Einbenennung“ des Kindes, § 1618 BGB. Nach dieser gesetzlichen Regelung kann das Kind, das mit seiner Mutter und deren Ehemann in einer (Stief)Familie zusammen lebt, deren Ehenamen als seinen Namen übernehmen (siehe zum Namen des Kindes 1. Kapitel II. 2.).

Einbenennung, Beispiel 1

Britta und Ulli Hampel sind geschieden. Sie sind die Eltern von Silja, die nunmehr bei der Mutter lebt. Die Mutter Britta ist allein sorgeberechtigt für Silja. Britta findet in Peter Mars einen neuen Partner und die beiden heiraten alsbald. Britta nimmt bei der Eheschließung den Namen ihres neuen Ehemannes an. Britta und Peter wollen, dass Silja künftig ebenfalls ihren Ehenamen Mars erhält.

Wie oben bereits erwähnt, besteht über den Weg der Einbenennung tatsächlich die Möglichkeit, dass alle drei, Britta, Peter und Silja künftig den gemeinsamen Namen Mars tragen. In der nachfolgenden Liste sind die wesentlichen Punkte aufgelistet, auf die es bei dieser Einbenennung des Kindes in seine Stieffamilie ankommt.

Einbenennung des Kindes

- ☐ *Stiefelternteil und leiblicher Elternteil sind verheiratet.*
- ☐ *Leiblicher Elternteil hat das Sorgerecht für das Kind (allein oder gemeinsam mit dem anderen Elternteil).*
- ☐ *Alle drei leben in einem gemeinsamen Haushalt.*
- ☐ *Die Eheleute führen einen gemeinsamen Ehenamen.*
- ☐ *Erklärung zur Namensänderung geht an den Standesbeamten.*

- ☐ *Kind muss ab dem 5. Lebensjahr zustimmen.*
- ☐ *Ab dem 14. Lebensjahr muss das Kind allein entscheiden, es benötigt allerdings die Zustimmung seines gesetzlichen Vertreters.*

Die gesetzlichen Regelungen bieten dem Kind zusätzliche weitere Varianten für die Namensgestaltung an.

Doppelnamen

Das Kind kann einen Doppelnamen erhalten, der sich aus seinem bisherigen Namen und dem neuen Ehenamen zusammensetzt.

Wie der Name im Falle eines Doppelnamens zusammengesetzt wird, steht den Beteiligten frei. Der Ehenamen kann dem bisherigen Namen des Kindes vorangestellt werden oder er kann angefügt werden. Nicht möglich ist es allerdings, dass das Kind nunmehr einen Namen erhält, der sich aus drei Namensteilen zusammensetzt.

Einbenennung, Beispiel 2

Britta hatte nach ihrer Scheidung von Ulli zunächst Patrick Doll geheiratet und seinen Namen als gemeinsamen Ehenamen übernommen. Ihrer Tochter Silja wurde dieser Name ebenfalls über die Einbenennung übertragen. Ihren Geburtsnamen Hampel sollte Silja allerdings behalten, so dass ihr Name seitdem Silja Hampel-Doll lautete. Erst nach der Scheidung von Patrick Doll heiratet Britta ihren neuen Freund Peter Mars und übernahm nunmehr seinen Namen als gemeinsamen Ehenamen. Silja soll nun wiederum für jeden namensgemäß erkennbar zur neuen Familie gehören und deshalb zusätzlich den neuen Namen der Mutter Mars erhalten.

In einem solchen Fall, in dem das das Kind bereits einen Doppelnamen trägt und nunmehr den neuen Ehenamen der alleinsorgeberechtigten Mutter zusätzlich erhalten soll, muss auf den bisherigen zusätzlichen Ehenamen des Kindes verzichtet werden, siehe dazu § 1618 S. 2, Halbs. 2 BGB. Generell soll eine einzelne Person nur maximal zwei Nachnamen tragen.

Einwilligung des anderen Elternteils

Zu beachten ist, dass der andere Elternteil des Kindes bei Namensänderungen gefragt werden muss,

- *wenn er mit-sorgeberechtigt ist,*
- *wenn das Kind seinen Namen führt.*

Will er seine Einwilligung in eine Namensänderung des Kindes nicht erteilen, besteht in besonderen Ausnahmefällen die Möglichkeit, seine Einwilligung durch das Familiengericht zu ersetzen. Voraussetzung dafür ist, dass die gewünschte Namensänderung „zum Wohl des Kindes erforderlich ist“, § 1618 S. 4 BGB. Als Begründung dafür reicht es nicht aus, dass die Einbenennung vom Kind selbst gewünscht wird (siehe OLG Koblenz, FamRZ 2009, 439).

Ist der andere Elternteil, dessen Namen das Kind bisher trägt, bereits verstorben, muss seine Einwilligung nicht ersetzt werden (siehe BayOblG, FamRZ 2004, 1897).

Eine Einbenennung ist nicht möglich, wenn der Stiefelternteil seinerseits nicht will, dass sein Stiefkind künftig seinen Namen trägt. Seine Einwilligung ist nicht ersetzbar.

2. Welche Rechte haben Großeltern und andere Verwandte?

Zwischen Großeltern und Enkelkindern besteht häufig eine ganz besondere Beziehung. Durch den großen Altersunterschied sind Enkelkinder oft anstrengend für Oma und Opa und trotzdem freuen sich diese über jede Zeit der Gemeinsamkeit. Oft werden die Kleinen von den Großeltern besonders verwöhnt, Oma und Opa erlauben ihrem Enkelkind Dinge, die es zuhause nicht darf – am Abend länger aufbleiben, nach der Schule erstmal spielen, die Hausaufgaben dürfen später gemacht werden, die Kinder werden mit Süßigkeiten und Geldgeschenken überhäuft. Das führt zu Streit in der Familie. Die Eltern geben den Großeltern genaue Vorgaben für die Erziehung des Kindes, an die sich die Großeltern nicht halten wollen.

a) Erziehung

Rechtlich ist die Sachlage in diesen Fällen eindeutig: Die Eltern sind immer die Hauptverantwortlichen für das Kind, sie haben die elterliche Sorge, sie sind allein zuständig, über die Art und Weise der Erziehung ihres Kindes zu entscheiden, siehe dazu 1. Kapitel I. 4., 2. Kapitel I. 1.). Die Eltern tragen die volle Verantwortung für ihre Kinder.

Merke!

Großeltern und andere Verwandte (siehe dazu § 1589 BGB) haben keinerlei Erziehungsrechte, sie können lediglich ihre Meinung äußern.

b) Umgang mit dem Kind

In manchen Familien eskalieren die Unstimmigkeiten zwischen Eltern und Großeltern über Fragen der Kindererziehung so stark, dass die Eltern den Großeltern untersagen wollen, das Kind überhaupt noch zu sehen. Die rechtlichen Regelungen geben allerdings den Großeltern (und auch den Geschwistern!) ein klares Recht auf „Umgang" mit dem Kind, siehe im Einzelnen § 1685 Abs. 1 BGB.

Merke!

Großeltern haben ein Recht auf Umgang mit dem Kind so lange es dem Wohl des Kindes nicht schadet.

Dieses „Umgangsrecht" der Großeltern muss genauer definiert werden. Geht es nur darum, ob und wie lange sie ihr Enkelkind besuchen oder sehen dürfen oder geht es auch um weitere Detailfragen.

Beispiele

- Die Oma ruft jeden Mittag an und will sich mit der Enkeltochter über die Ereignisse in der Schule unterhalten, bevor die Mutter überhaupt Gelegenheit hat selber mit der Tochter zu sprechen.
- Die Oma holt die Enkeltochter ungefragt täglich von der Schule ab, geht mit ihr zum Essen, macht längere Spaziergänge mit ihr und bringt sie erst am späten Nachmittag nach Hause.

Alle hier aufgeführten Beispiele und viele weitere Varianten fallen unter den sehr breiten Begriff des Umgangsrechts.

Das Gesetz geht bei diesem für die Großeltern normierten Rechtsanspruch auf Umgang mit ihrem Enkelkind davon aus, dass es normalerweise für die Entwicklung und für die Identitätsfindung des Kindes eher vorteilhaft ist, Kontakte zu seinen Großeltern zu pflegen. Insofern ist also der Gesetzgeber grundsätzlich der Meinung, dass der Umgang zwischen Enkelkind und Großeltern auf jedem Fall dem Kindeswohl dient. Wollen die Eltern den Kontakt zwischen beiden untersagen, muss das Familiengericht positiv prüfen, ob der Umgang zwischen Kind und Großeltern auch im streitigen Fall dem Kindeswohl dient, ob der Umgang in diesem konkreten Fall deutlich von Vorteil für das Kind ist. Die Rechtsstellung der Großeltern gegenüber der Entscheidungsmöglichkeit der Eltern ist also recht hoch angesetzt.

Das bedeutet, den Eltern wird mit dieser Regelung ein Teil Ihres elterlichen Erziehungsrechtes genommen. Denn grundsätzlich steht ihnen über ihr Personensorgerecht aus § 1626 Abs. 1 BGB in Verbindung mit § 1632 Abs. 2 BGB das Recht zu, den Umgang des Kindes zu bestimmen (siehe zum Inhalt der elterlichen Sorge 2. Kapitel I.).

Merke!

Das Kind selbst hat kein Recht auf Umgang mit den Großeltern.

Umgangsrecht Großeltern

Vanessa zieht nach dem Tod ihres Ehemannes Lias mit ihrer 6-jährigen Tochter Verena in eine andere Stadt. Zu ihren Schwiegereltern, die an ihrem bisherigen Wohnort leben, hatte sie nie einen guten Kontakt. Auch als Lias noch lebte, hat man sich außer an Geburtstagen oder Weihnachten nicht getroffen. Nun wollen die Großeltern ihre Enkeltochter regelmäßig sehen und erwarten, dass sie mindestens jedes zweites Wochenende bei ihnen verbringt. Vanessa befürchtet, dass Verena damit aus ihrer Entwicklung herausgeworfen wird, dass sie durch die vielen Hinweise der Großeltern auf den verstorbenen Vater immer wieder neu verunsichert wird und ihr mühselig gefundenes Gleichgewicht aus den Bahnen läuft.

Das den Großeltern von Gesetzes wegen zustehende allgemeine Umgangsrecht mit ihrem Enkelkind knüpft nicht an besondere Voraussetzungen an. Es kommt nur auf das Kindeswohl an, eine spezielle sozial-familiären Beziehung muss nicht bestehen. Im gerichtlichen Verfahren prüft das Familiengericht von sich aus, ob und wie weit der Umgang mit den Großeltern dem Kindeswohl dient, § 26 FamFG.

Kindeswohl

- rechtliches Verwandtschaftsverhältnis allein nicht ausreichend (vgl. OLG Braunschweig, FamRZ 2010, 1991)
- positiv sind bereits bestehende positive, für das Kind förderliche Beziehung zwischen Großeltern und Enkel (vgl. OLG Köln, FamRZ 2008, 2147)
- gegen Kindeswohl, wenn die Großeltern den grundsätzlich vorrangigen Erziehungsvorrang der Eltern missachten (vgl. OLG Brandenburg, FamRZ 2008, 2303)
- gegen Kindeswohl, wenn zwischen Großeltern und Eltern so massive Spannungen bestehen, dass das Kind dadurch in einen Loyalitätskonflikt gerät (vgl. OLG Brandenburg, FamRZ 2010, 1991)

Für den oben geschilderten Beispielsfall treffen die in der Aufzählung genannten Punkte eher nicht zu. Es müsste sich wohl um stärkere Zerwürfnisse handeln, um damit eine Einschränkung des Umgangs zu erreichen. Vanessa hat allerdings die Möglichkeit, auf die Art und die Häufigkeit des Kontakts der Schwiegereltern mit ihrer Tochter Verena Einfluss zu nehmen. Sie könnte zum Beispiel bei einem Treffen von ihnen immer dabei sein. Da sie im Beispielsfall aber nicht mehr in der Nähe der Großeltern wohnt, könnte sie anbieten, dass man sich gemeinsam in regelmäßigen, aber größeren Abständen einmal bei ihr und das andere Mal bei den Schwiegereltern trifft. Vanessa hat jedenfalls Möglichkeit, den Umgang mit zu gestalten und Einschränkungen vorzunehmen, sie kann ihn jedoch nicht völlig auszuschließen (vgl. OLG Brandenburg, FamRZ 2008, 2301).

Das Umgangsrecht der Großeltern kann nicht so weit gehen, dass Vanessa deswegen in ihren sonst üblichen Lebensabläufen behindert und eingeschränkt wird. Das Umgangsrecht kann nicht dazu führen, sie daran zu hindern in eine andere Stadt zu ziehen. Die zwischen den Umgangsberechtigten und den Eltern bestehende Loyalitätspflicht bedeutet nicht die Notwendigkeit der Akzeptanz aller Wünsche.

Wohlverhaltensklausel

Eltern und Großeltern als umgangsberechtigte Personen müssen alles unterlassen, was das Verhältnis des Kindes zum jeweils anderen beeinträchtigt oder was die Erziehung erschwert, §§ 1685 Abs. 3 S. 1, 1684 Abs. 2 BGB.

Diese Wohlverhaltensklausel bezieht sich auf die Zeit während der Ausübung des Umgangsrechts. Sie legt die Pflicht zum wechselseitigen loyalen Verhalten während des Zusammenseins mit dem Kind fest.

Kosten

Die Großeltern tragen als Umgangsberechtigte die Kosten des Umgangs.

Wenn den Großeltern also ein Umgangsrecht eingeräumt wurde, müssen sie für die entstehenden Fahrtkosten aufkommen. Üblicherweise sollten sie ihr Enkelkind von zuhause abholen.

Umgangsrecht ist Holschuld

Wenn die Entfernung zu groß ist, kann das auch heißen, dass die Großeltern das Kind vom Bahnhof oder vom Flughafen abholen müssen. In diesen Fällen haben die Eltern eine Mitwirkungsverpflichtung, sie müssen dann ihrerseits das Kind in das Flugzeug oder in den Zug setzen.

Problematisch wird es, wenn sich die Eltern trennen oder scheiden lassen. Eigentlich sollten die Großeltern in diesen Fällen nicht Partei ergreifen. Sie sollten allen hilfreich zur Seite stehen und vor allem für das betroffene Enkelkind da sein. Trotzdem entstehen die meisten Konflikte in einer solchen Ausgangssituation. Die Gründe für oder die Probleme mit der Trennung werden oft auf die jeweiligen Schwiegereltern projiziert. Dies führt zu vielfältigen Streitigkeiten und zu dem Wunsch, dass die Eltern des getrennten oder geschiedenen Partners nicht weiteren Einfluss auf das Kind haben sollen. Die oben dargelegten Grundsätze gelten für diese Fälle gleichermaßen.

Hinweis

Die Entscheidung darüber, ob den Großeltern ein Umgangsrecht mit dem Enkelkind zusteht, ist unabhängig von der Lebenssituation der Eltern. Es kommt also nicht darauf an, ob die Eltern des Kindes getrennt leben oder nicht.

Die meisten gerichtlich entschieden Streitfälle in dieser Angelegenheit beziehen sich auf derartige Situationen. Die Gerichte orientieren sich aber auch bei Trennung der Eltern ausdrücklich nur am Prinzip des Kindeswohls. Dazu passen die nachfolgenden Beispiele.

Hinweis

Hatte das Kind auch vor der Trennung der Eltern regelmäßig Kontakt mit seinen Großeltern, dann kann ein weiterer Kontakt nur aus vernünftigen, am Kindeswohl orientierten Gründen verweigert werden. Ein zwischen den Eltern und den Großeltern bestehender Konflikt reicht hierfür nicht aus, denn es kann erwartet werden, dass das Kind aus dem Konflikt herausgehalten wird (vgl. AG Langen (Niedersachsen) vom 21.12.98 – 11F 462/98 – FF 2001, 28).

Hinweis

Dient die Aufrechterhaltung von Besuchskontakten zu den Großeltern dem Kindeswohl kann der Umstand, dass zwischen Eltern und Großeltern erhebliche Spannungen bestehen nicht als Grund her halten, die gewachsene Beziehung des Kindes zu den Großeltern aufzugeben. Den Großeltern, die bislang durch tägliche Kontakte zu dem Kind eine feste Beziehung zu ihm aufgebaut haben, ist ein angemessenes Umgangsrecht einzuräumen (vgl. OLG Celle vom 22.4. 99 – 18 UF 4/99 – FF 2001, 28).

Beispiel

Nach der Trennung seiner Eltern wohnt der gemeinsame Sohn Max bei der Mutter. Einen Tag in der Woche und zusätzlich alle 14 Tage am Wochenende ist Max bei seinem Vater. Beide Großelternpaare wollen ihren Enkelsohn auch jeweils einen Nachmittag in der Woche treffen. Die Mutter von Max hat grundsätzlich nichts dagegen, findet aber, dass das Leben von Max mit allen diesen Festlegungen zu sehr verplant und er damit überlastet wäre.

Eine passende Entscheidung bei dieser Problemfrage kann sich hier nur am Wohl und an der Interessenlage von Max orientieren, denn grundsätzlich steht den Großeltern ein Umgangsrecht mit ihrem Enkelkind zu. Da sich Max mit den Großeltern gut versteht und gerne mit ihnen zusammen ist, widerspricht der Kontakt mit ihnen sicherlich nicht den Interessen des Kindes. Allerdings muss bei der Frage nach dem Kindeswohl die gesamte Lebenssituation von und für Max betrachtet werden. Der Vater ist für seine Entwicklung sehr wichtig, die Großeltern gehören auch in sein Leben. Aber er braucht zusätzlich auch Zeit für seine Freunde, für die Schule, für allgemeine Freizeitaktivitäten. Hier wäre es ratsam, zu Regelungen zu gelangen, die zeitlich bei allen Kontaktvariationen einige Abstriche vorsehen, damit dem Kind noch Luft und Freiraum für seine eigenen Aktivitäten bleibt.

3. Kapitel

3

Einzelfragen im Alltag

I. Finanzen

1. Darf das Kind selbst Einkäufe tätigen?

Junge Menschen sind bis zum 7. Geburtstag kraft Gesetzes geschäftsunfähig. Das bedeutet, dass alle ihre rechtlichen Erklärungen, ihre Willenserklärungen nichtig sind, sie haben keinerlei rechtliche Bedeutung oder Verbindlichkeit, §§ 104 Ziff. 1, 105 Abs. 1 BGB.

Ab Vollendung des dem 7. Lebensjahres bis zur Vollendung des 18. Lebensjahres werden Kinder gesetzlich als beschränkt geschäftsfähig definiert, § 106 BGB. Nach dem 7. Geburtstag können sie daher in kontrollierter und kontrollierbarer Weise am Geschäftsleben teilnehmen.

§

Beschränkte Geschäftsfähigkeit (7–18 Jahre)

- *Einwilligung der Eltern als gesetzliche Vertreter oder nachträgliche Genehmigung*
- *Ausnahme: Geschäft beinhaltet lediglich „rechtlichen Vorteil", § 107 BGB*
- *Taschengeldregelung (siehe dazu unter 2.)*
- *Geschäfte im Rahmen eines selbständigen Betriebes (bereits von den Eltern genehmigt), § 112 BGB*
- *Verpflichtungen im Rahmen eines Arbeitsverhältnisses (bereits von den Eltern genehmigt), § 113 BGB*

Diese klaren rechtlichen Begrenzungen dienen dem Zweck, junge Menschen die noch keine abgeschlossenen Ausbildung und keine ökonomische Erfahrung haben vor wirtschaftlicher Ausbeutung zu schützen. Am Geschäftsleben nehmen nicht nur „redliche Kaufleute" teil, sondern auch eine Vielzahl von Personen und Unternehmen deren Geschäftsgebaren gerade darauf abzielt die Unerfahrenheit der Konsumenten für ihren Geschäftserfolg auszunützen. Solange sie nicht nachweislich betrügen, sind die Verträge mit diesen Geschäftspartnern verbindlich. Vor dieser Übervorteilung will der Gesetzgeber wenigstens Kinder und Jugendliche schützen.

Die gesetzliche Abstufung berücksichtigt gleichzeitig die Tatsache, dass Kinder schon sehr früh und alltäglich mit der gesellschaftlichen Bedeutung von Geld als nahezu ausschließliches Tauschmittel konfrontiert werden. Der qualifizierte Umgang mit Geld ist erforderlich damit Minderjährige bis zum Erreichen der vollen Geschäftsfähigkeit, also mit Eintritt der Volljährigkeit am 18. Geburtstag, ausreichend viele entsprechende geschäftliche Erfahrungen machen können.

Merke!

Kinder sind bis zum 7. Geburtstag geschäftsunfähig. Wenn sie trotzdem eine Willenserklärung abgeben, die eine rechtliche Wirkung haben soll, ist diese nichtig. Weder die Kinder noch die Eltern können für solche Erklärungen haftbar gemacht werden.

2. Inwieweit können Eltern auf das Taschengeld des Kindes Einfluss nehmen?

Eltern sind zwar im Rahmen der elterlichen Sorge für alle Rechtshandlungen ihres Kindes zuständig, trotzdem enthält das Gesetz ausdrückliche Bestimmungen, inwieweit das Kind im Rahmen seines Taschengeldes eigene Handlungsbefugnisse hat, ohne dass eine weitere Einwirkung durch die Eltern erforderlich wird. Kinder sollen auf diese Weise bereits im jugendlichen Alter den Umgang mit Geld erlernen, denn völlig unerfahrene Personen wären sonst als junge Erwachsene im allgemeinen Geschäftsverkehr leicht zu übervorteilen. Diesen Umgang zu erlernen und einzuüben ist daher der vorrangige gesetzgeberische Zweck der Taschengeldregelung, § 110 BGB.

Dieser sogenannte Taschengeldparagraf setzt voraus, dass es üblich und erforderlich ist, dass Kindern Taschengeld zur Verfügung steht. Was Taschengeld ist und wie hoch der Geldbetrag sein soll wird an dieser Stelle nicht definiert. Vielmehr regelt der Taschengeldparagraf, wie und mit welchen rechtlichen Folgen ein Kind mit seinem Taschengeld Einkäufe tätigen kann.

§

Taschengeld

- *Geldbetrag, der dem Kind zur freien Verfügung überlassen ist*
- *Von den Eltern oder von anderen Personen mit Zustimmung der Eltern*
- *Kind muss mindestens sieben Jahre alt sein*

Die Konsequenz aus der Tatsache, dass es sich um Taschengeld handelt ist, dass das Kind nunmehr mit diesem Geld selbst „Geschäfte des täglichen Lebens schließen", also letztlich Einkäufe tätigen kann. Das Kind kauft sich ein Eis oder eine Packung Sammelbilder oder Getränke oder eine Musik CD. Die Reichweite ist altersabhängig und kann bei älteren Minderjährigen auch Kaufverträge mit einen Kaufpreis von über 100,00 € umfassen.

Merke!
Mit dem Taschengeld darf das Kind nur einen einfachen Kauf eines Gegenstandes tätigen.

Diese Voraussetzung ist entscheidend ist. Mit dem Taschengeld darf nur ein einzelnes, damit abgeschlossenes Kaufgeschäft getätigt werden. Ausgeschlossen sind Verträge die eine Verpflichtung für den Kauf weiterer Gegenstände vorsehen. Gemeint sind damit zum Beispiel Abonnements von Zeitschriften oder ähnlichem.

Zulässig sind aber nicht nur Kaufverträge, sondern auch Verträge über eine einzelne Dienstleistung, wie die Bestellung eines Getränks oder einer Mahlzeit in einem Restaurant, der Kauf einer Kino- oder Konzertkarte oder auch ein Friseurbesuch.

Merke!
Dauerschuldverhältnisse sind ausgeschlossen.

Dauerschuldverhältnisse sind, wie bereits oben dargelegt, jede Form von Abonnementverträgen oder zum Beispiel Handyverträge. Zu den Dauerschuldverhältnissen zählt jegliche Form eines Vertrages mit der

Pflicht über einen bestimmten Zeitraum immer wieder Gegenstände zu kaufen oder eine Dienstleistung in Anspruch zu nehmen.

Zielsetzung der Taschengeldregelung

- Beteiligung des Kindes am täglichen Wirtschaftsleben wird ermöglicht
- seine ökonomische Kompetenz wird geschult

Das Kind erlangt über das Taschengeld die Möglichkeit selbstständig am Geschäftsleben teilzunehmen. Die Regelung ist so gestaltet, dass sie mit ihren bereits dargestellten Einschränkungen die Schutzfunktion für das beschränkt geschäftsfähige Kind weiter aufrechterhält.

Höhe des Taschengeldes

– ist gesetzlich nicht geregelt

– Richtwerte als Empfehlungen der Jugendämter

Da es keinerlei gesetzlichen Regelungen gibt, hängt es ausschließlich von den pädagogischen Vorstellungen der Eltern ab, wieviel Taschengeld sie ihrem Kind geben wollen. Viele Eltern sind aber unsicher zu entscheiden, welche Höhe, welcher Geldbetrag für ihr Kind passend ist, also ab wann und in welcher Höhe sie ihrem Kind Taschengeld zur Verfügung stellen sollen. Dazu gibt es ganz unterschiedliche Ratschläge etwa von wirtschaftlich interessierter Seite aber auch die Empfehlungen der Jugendämter.

www.taschengeldtabelle.org

In diesen Empfehlungen finden sich jährlich aktualisierte Beträge für die Altersstufen vom 4. bis zum 18. Lebensjahr.

- für Kinder von vier bis fünf Jahren wird dort aktuell ein Betrag von € 0,50 pro Woche empfohlen
- für Kinder von sechs bis sieben Jahren bereits € 1,50–2 pro Woche
- für die Kinder von acht bis neun Jahren € 2–3 pro Woche
- für die zehn bis elfjährigen € 13–16 monatlich
- für die 12 bis 13-jährigen € 18–22 monatlich

- für die 14 bis 15-jährigen € 25–30 monatlich
- für die 16 bis 17-jährigen € 35–45 monatlich.

Ab dem 10. Lebenslahr wechselt die Empfehlung zu einer monatlichen Zahlung, weil ab diesem Alter von einer Ausweitung des zeitlichen Planungshorizonts des Kindes ausgegangen wird und dies auch pädagogisch angestrebt wird.

Dabei handelt es sich um Richtwerte, die zwar einen qualifizierten sozialpädagogischen Hintergrund haben, trotzdem aber ohne jegliche Verbindlichkeit sind.

Grundsatz

Es liegt in der Verantwortung der Eltern die „angemessene" Höhe des Taschengeldes festzulegen.

Bei ihrer Entscheidung darüber werden die finanziellen Verhältnisse der Familie und speziell das soziale Umfeld des Kindes, also die Verhältnisse in seiner Peergroup eine bestimmende Rolle spielen.

3. Müssen Eltern für die Telefonrechnungen des Kindes aufkommen?

Kinder können bis zu ihrem 7. Geburtstag keinerlei rechtlichen Handlungen vornehmen. Ab ihrem 7. Geburtstag sind sie dann beschränkt geschäftsfähig und damit unter Mitwirkung ihrer Eltern oder im Rahmen des Taschengeldes (siehe dazu 3. Kapitel I. 2.) allein befähigt, einfache Verträge abzuschließen. Bei Handyverträgen, bei jeder Art von Telefonverträgen handelt es sich aber nicht um einfache Verträge sondern um sogenannte Dauerschuldverhältnisse.

Telefonverträge sind Dauerschuldverhältnisse!

§

Mit den Telefonrechnungen sind immer wiederkehrende Leistungen monatlich zu begleichen. Deswegen sind Telefonverträge auf jeden Fall Dauerschuldverhältnisse.

Solche Geschäfte dürfen Minderjährige ohne Zustimmung der Eltern nicht abschließen und zwar auch dann nicht, wenn sie diese Verträge mit ihrem Taschengeld bezahlen wollen oder aus dem Geld, das sie sich bei einem Job mit Zustimmung der Eltern verdient haben. Der

Grund dafür ist, dass solche Verträge typische Verschuldungsfallen begründen vor denen die gesetzlichen Regelungen der beschränkten Geschäftsfähigkeit die Minderjährigen gerade schützen sollen.

Das bedeutet, dass solche Verträge im nachhinein nur durch die Genehmigung der Eltern als gesetzliche Vertreter des Kindes wirksam werden können. Eltern sind selbstverständlich in keiner Weise verpflichtet, diese Genehmigung zu erteilen, das heißt, für den Vertragspartner des Kindes besteht kein Anspruch auf diese Genehmigung des mit dem Kind getätigten Geschäftes. Insofern hat er auch keinen Anspruch auf Zahlung einer Telefonrechnung, weder gegen die Eltern noch gegen das minderjährige Kind.

Immer wieder kommt es vor, dass Kinder entgegen den gesetzlichen Regelungen trotzdem derartige Verträge abschließen, da sich ein Telefonanbieter darauf einlässt. Diese Verträge sind dann schwebend unwirksam, § 108 BGB. Die Wirksamkeit des Vertrages hängt somit von der Genehmigung der gesetzlichen Vertreter, also der Eltern ab.

§ **Schwebend Unwirksame Verträge**

werden nur durch nachträgliche Genehmigung wirksam.

Eine Ausnahme gilt nur, wenn der Vertragspartner bei Abschluss des Vertrags in strafbarer Weise getäuscht wurde.

Man könnte rechtlich auch zu der Beurteilung gelangen, dass solche Verträge in Zeitabschnitte eingeteilt werden können und mit Zahlung für einen bestimmten Zeitabschnitt – unter dem Gesichtspunkt der Teilerfüllung – insoweit dann für diesen bezahlten Zeitraum wirksam sind. Da diese Verträge aber im Übrigen insgesamt schwebend unwirksam sind, haben es die Eltern jederzeit in der Hand den Vertrag für die Zukunft zu beenden.

i **Merke**

Wenn die gesetzlichen Vertreter die Genehmigung für das Rechtsgeschäft nicht erteilen ist der Vertrag rechtlich nicht wirksam.

Die Eltern müssen ihre Genehmigung aktiv erklären. Äußern sich die Eltern überhaupt nicht zu dem Rechtsgeschäft, das von dem Kind getätigt wurde, dann wird der Vertrag nicht etwa automatisch rechtlich wirksam. Verweigern also die Eltern die Genehmigung des von ihrem Kind abgeschlossenen Handyertrages, dann ist der Vertrag von Anfang an rechtlich unwirksam. Der Vertrag kann deshalb rückabgewickelt werden.

Rückabwicklung des unwirksamen Handyvertrages

- ☐ *Handy muss an den Händler zurückgegeben werden*
- ☐ *Telefongebühren entfallen, da durch Nutzung erledigt*

4. Kann das Kind ein eigenes Konto eröffnen?

Auch Kinder kommen wenn sie etwas älter werden in die Situation, ein eigenes Konto zu benötigen. Wenn Minderjährige neben dem Taschengeld eigenes Geld verdienen stellt sich die Frage, wie sie dieses Geld verwalten sollen. Dazu ist die Einrichtung eines Sparkontos sinnvoll. Ein solches Konto kann mit Zustimmung der Eltern für das Kind eingerichtet werden.

Taschengeldkonto

- gebührenfrei
- reines Guthabenkonto

Die Banken bezeichnen derartige Konten als Taschengeldkonten. Sie sind gebührenfrei und werden ausschließlich im Guthabenbereich geführt. Eine Verschuldung über einen Dispokredit ist damit ausgeschlossen.

Wenn das Kind aber beispielsweise in einem Ferienjob arbeitet, um sich dabei zusätzliches Geld zu verdienen wird der Arbeitgeber meist das Entgelt nicht in bar auszahlen wollen, sondern nach einer Kontonummer fragen. Dafür wäre dann die Einrichtung eines Girokontos notwendig, damit dort die Abwicklung seines Lohnes sinnvoll erfolgen kann.

Tipp!

Mit Zustimmung der Eltern kann das Kind ein eigenes Konto errichten.

Da die Eltern dem Kind zunächst erlauben müssen, sich sein eigenes Geld zu verdienen, also irgendwo nebenbei oder in der Ferienzeit zu arbeiten, kann man auch der Standpunkt vertreten, dass das Kind damit in diesem Umfeld voll eigenständig rechtlich handlungsfähig sein soll und zwar so weitgehend, selbst auch ein solches Konto ohne Dispokredit selbst einrichten zu können. Die Banken sind in diesem Bereich aber sehr vorsichtig und besonders rechtsgenau.

Achtung!
Banken fordern für die Kontoeinrichtung eines Kindes generell die Zustimmung der Eltern.

Mit einem Girokonto ist üblicherweise eine Kreditkarte auf Guthabenbasis verbunden. Da Kreditkarten im heutigen Geschäftsverkehr eine Selbstverständlichkeit darstellen ist der Umgang damit auch für Minderjährige naheliegend und mit dem Zweck der gesetzlichen Ausnahmeregelungen zur beschränkten Geschäftsfähigkeit vereinbar. Wenn die Eltern daher die Einrichtung eines Girokontos für sinnvoll erachten so ist die Gestattung der Nutzung einer Kreditkarte nur konsequent. Allerdings nur auf der Basis des auf dem Konto vorhanden Guthaben, um auch hier nicht die Gefahr der Verschuldung zu generieren.

Achtung!
Hat das Kind ein eigenes Girokonto, dann darf es auch eine Kreditkarte nutzen.

5. Welchen Einfluss können Eltern auf eine Nebenbeschäftigung des Kindes nehmen?

Häufig arbeiten Kinder, Jugendliche in ihrer Freizeit, etwa als Zeitungsausträger oder als Statisten beim Theater oder sie üben in den Ferien Jobs in einfachen Tätigkeiten aus, um sich auf diesem Weg zusätzlich etwas Geld zu verdienen.

Im Grundsatz hat gemäß Artikel 15 der Charta der Grundrechte der Europäischen Union „jede Person das Recht zu arbeiten“. Nach Artikel 32 ist aber Kinderarbeit ausnahmslos verboten. Dieses Verbot betrifft Kinder bis zu ihrem 7. Geburtstag.

Diese grundlegenden Regelungen werden im Jugendarbeitsschutzgesetz (JArbSchG) konkretisiert.

§5 Abs. 1 JArbSchG

„Die Beschäftigung von Kindern ist verboten."

§2 Abs. 1 JArbSchG

„Kind … ist, wer noch nicht 15 Jahre alt ist."

Wie so häufig gibt es aber auch zu diesen Regelungen Ausnahmen.

Kinderarbeit

Nicht jede Beschäftigung eines Kindes ist unzulässig. Kinderarbeit ist zwar grundsätzlich verboten, aber eine angemessene Nebentätigkeit ist zulässig.

Die Ausnahmen dazu finden sich in den weiteren Regelungen von § 5 JArbSchG.

So dürfen Kinder zum Beispiel im Rahmen einer Beschäftigungstherapie oder in einem Ausbildungspraktikum beschäftigt werden.

§ 5 Abs. 3 JArbSchG lässt außerdem zu, dass Kinder ab 13 Jahren leichte und für Kinder geeignete Beschäftigungen ausüben dürfen.

Für Kinder geeignete Beschäftigungen

Keine nachteilige Beeinflussung

- *auf Sicherheit, Gesundheit und Entwicklung des Kindes,*
- *auf Schule und Ausbildung.*

Der Abschluss eines Arbeitsvertrags über eine wie auch immer geartete Nebentätigkeit des Kindes hängt immer von der Zustimmung der Eltern als gesetzliche Vertreter des Kindes ab. Ein minderjähriges Kind darf einen Ferienjob oder eine Beschäftigung in einem Supermarkt oder auch als Zeitungsausträger nur dann ausüben, wenn es von seinen gesetzlichen Vertretern, also den Eltern, ermächtigt wurde diese Nebenbeschäftigung aufzunehmen. Wenn Eltern eine solche Ermächtigung erteilen, dann ist dieses minderjährige Kind für alle mit dieser Tätigkeit verbundenen rechtlichen Erklärungen wie ein voll Geschäftsfähiger zu behandeln, § 113 BGB. Die Eltern können diese Ermächtigung aber jederzeit zurücknehmen oder einschränken, § 113 Abs. 2 BGB. Die Eltern haben es daher in der Hand ob der Minderjährige neben der Ausbildung bzw. Schule überhaupt eine Nebentätigkeit übernehmen darf und wie lange das Kind eine solche Beschäftigung ausüben darf. Sollten die Leistungen in der Schule unter dem Job leiden, so wäre das ein guter Grund die Fortsetzung der Tätigkeit zu untersagen.

Tipp!

Die Erlaubnis der Eltern zu einem Nebenjob kann jederzeit zurückgenommen oder beschränkt werden.

Eine einmal erteilte Ermächtigung für einen bestimmten Job gilt aber nach § 113 Abs. 4 BGB „im Zweifel" dann für alle weiteren Tätigkeiten der gleichen Art.

Beispiel

Die Eltern erlauben ihrer Tochter Tanja dreimal in der Woche abends bei der Nachbarin Else als Babysitterin zu arbeiten. Nach drei Monaten sucht eine weitere Nachbarin, Ariane, ebenfalls eine Schülerin als Babysitterin. Sie bietet für diesen Job mehr Geld an als Else. Tanja wechselt daraufhin von Else zu Ariane. Als die Eltern erfahren, dass Tanja nicht mehr bei Else, die sie gut kennen, arbeitet, wollen sie, dass Tanja ihre Tätigkeit sofort beendet, da ihnen die Angelegenheit sehr peinlich ist.

Hier hatte die Eltern ihrer Tochter Tanja bereits erlaubt, als Babysitterin zu arbeiten. Tanja hat zwar die Stelle gewechselt, aber an ihrer Tätigkeit hat sich ansonsten nichts verändert. Die Erlaubnis der Eltern gilt also weiter fort und sie können ihr den Job bei der weiteren Nachbarin Ariane nicht deswegen untersagen, weil ihnen aus nachbarschaftlichen Gründen die ganze Angelegenheit peinlich ist.

Bei allen Arbeitstätigkeiten von Kindern sind zudem die weitern Vorgaben bzw. Einschränkungen des JArbSchG zu beachten.

Kinderarbeit nur erlaubt, § 5 Abs. 3 S. 3 JArbSchG

- ☐ *2 Stunden täglich*
- ☐ *nicht zwischen 18 und 6 Uhr*
- ☐ *nicht vor und während dem Schulunterricht*

- ☐ *allgemeine Regelungen sind zu beachten: 5-Tage-Woche, Samstags-, Sonntags-, Feiertagsruhe, Urlaubszeiten usw., §§ 15–31 JArbSchG*

Die gleichen Regelungen gelten, wenn das Kind eine selbständige also unternehmerische Tätigkeit beginnt. Dafür ist aber zusätzlich, also neben der Zustimmung des gesetzlichen Vertreters, auch noch die Genehmigung des Familiengerichts erforderlich, § 112 BGB.

Das Entgelt, das das Kind mit seiner Tätigkeit verdient, steht ihm grundsätzlich selbst und persönlich zu. Das bedeutet, das Kind kann über dieses Geld, das es sich selbst verdient hat, wie Taschengeld in eigener Verantwortung verfügen (siehe dazu 3. Kapitel I. 2.). Die Handlungsfähigkeit des Kindes wird ausgedehnt, der Umfang der zulässigen Geschäfte wird der Höhe nach erweitert. Verträge, die eine längerfristige Bindung bedeuten bleiben aber weiter ausgeschlossen, dürfen also von einem minderjährigen Kind auch in diesem Rahmen nicht getätigt werden.

6. Muss das Kind im Haushalt oder im Geschäft der Eltern mitarbeiten?

Trotz des Verbots von Kinderarbeit gibt es für den Bereich innerhalb der Familie eine Ausnahme. Dort gilt mit § 1619 BGB eine Sonderregelung. Danach besteht für Kinder – ohne irgendeine Alterseinschränkung – grundsätzlich eine Dienstleistungspflicht innerhalb des Haushalts und in einem Geschäft der Eltern.

§

Mitarbeitsverpflichtung im Haushalt und im Geschäft der Eltern

- *solange das Kind dem elterlichen Haushalt angehört*
- *solange das Kind von den Eltern Unterhaltsleistungen erhält*
- *andere notwendige Einbindungen nicht zu groß*

Für den zulässigen Umfang der Mitarbeit des Kindes kommt es allerdings auch darauf an, wie alt das Kind ist und wie seine körperlichen und geistigen Kompetenzen sind. Außerdem muss Rücksicht genommen werden, soweit das Kind sich in einer Ausbildung befindet oder es noch der Schulpflicht unterliegt.

Achtung!
Verpflichtungen in Schule und Ausbildung gehen vor!

Nach einem Urteil des Bundesgerichtshofs darf von einem 14-jährigen Mädchen eine Dienstleistung im Haushalt von sieben Stunden pro Woche verlangt werden (BGH FamRZ 73, 536).

Diese Entscheidung stammt allerdings aus dem Jahr 1973, sie ist also schon 40 Jahre alt. Möglicherweise würde diese Entscheidung heute nicht mehr so weitgehend getroffen, da die Rechtsstellung des Kindes gestärkt ist und sein Recht auf eigene Entwicklung einer solchen Entscheidung möglicherweise begrenzend entgegenstehen würde.

Achtung!
Zu beachten ist aber auch, dass heutzutage dadurch dass oftmals beide Elternteile berufstätig sind, auf das Kind eine gesteigerte Mitwirkungspflicht zu kommt (so ebenfalls bereits 1972 vom Bundesgerichtshof entschieden, BGH NJW 72, 1718).

Die Pflicht zur Dienstleistung steht aber auch unter dem Vorbehalt der Pflicht zur gegenseitigen Rücksicht der Familienmitglieder untereinander, § 1618a BGB. Das Kind darf daher von der Tätigkeit nicht überfordert werden.

Achtung!
Eine Ausbeutung der Arbeitskraft eines Kindes würde dessen Wohl gefährden und wäre ein Verstoß gegen die Sorgepflicht der Eltern (siehe dazu 2. Kapitel I. 3.).

7. Welche Pflichten kommen auf Eltern zu, wenn sie für das Kind ein Tier kaufen?

Tiere sind nach den gesetzlichen Bestimmung zwar keine „Sachen", § 90a S. 1 BGB. Darum gilt für sie ein besonderes Gesetz, nämlich das Tierschutzgesetz. Trotzdem ist der Halter eines Tieres im Sinne von privatrechtlichen Bestimmungen der Eigentümer seines Tieres. Die Konsequenz daraus ist, dass er voll für sein Tier verantwortlich ist.

§ 833 BGB

„Der Eigentümer des Tieres haftet für Schäden, die das Tier verursacht."

Es handelt sich dabei immer um eine sogenannte Gefährdungshaftung. Das bedeutet, die Haftung des Tierhalters ergibt sich unmittelbar, direkt aus dem Schadensereignis selbst. Es kommt dabei nicht darauf an, ob der Eigentümer des Tieres den Schaden verschuldet hat oder nicht.

Achtung!

Derjenige, der ein Tier hält, hat das Risiko der von diesem Tier ausgehenden Gefahren zu tragen.

Schaffen Eltern also für ihr 12-jähriges Kind einen Hund an und schenken diesen Hund ihrem Kind, dann wird das Kind Eigentümer des Tieres. Dieses Kind ist dann als Eigentümer, als der rechtmäßige Halter des Hundes für jeglichen durch das Tier entstehenden Schaden verantwortlich.

Demgegenüber steht aber die gesetzliche Regelung, dass die Haftung Minderjähriger grundsätzlich beschränkt ist, das heißt, dass ein 12-jähriges noch minderjähriges Kind generell nicht voll zur Verantwortung gezogen werden kann, § 828 BGB. Dieser Regelung widerspricht aber die Regelung über die Gefährdungshaftung des Eigentümers bei Tierschäden.

Bei den meisten Tierarten stellt das kein Problem dar, da die von den Tieren ausgehende Gefahr wenig relevant ist. Anders ist das insbesondere dann, wenn das Kind einen Hund geschenkt bekommt. Es kann nicht ausgeschlossen werden, dass der Hund Schäden an Sachen oder an Personen verursacht, dass also von ihm eine Gefahr für Andere ausgeht.

Die Eltern haben generell eine Aufsichtspflicht gegenüber ihrem Kind (siehe dazu 2. Kapitel I. 4.). Haben sie ihrem Kind einen Hund geschenkt, dann erstreckt sich die Aufsichtspflicht der Eltern quasi mit auf den Hund, nämlich auf die Art und Weise wie das Kind mit dem Hund umgeht und ihn von Schädigungen anderer Personen oder von Sachbeschädigungen abhält. In einem solchen Fall sind die Anforderungen an die Aufsichtspflicht der Eltern also nochmal gesteigert. Eltern müssen wissen und beachten, dass von einem Hund, besonders von einem größeren Hund, immer eine erhöhte Gefahr ausgeht. Dies darf von ihnen nicht ignoriert werden.

Wenn es dennoch zu einem Schaden kommt, weil der Hund einen Menschen angreift oder auch nur andere Hunde oder Nachbars Katze verletzt, so wird es für Eltern sehr schwierig werden nachzuweisen, dass sie ihrer Aufsichtspflicht genügt haben. Es hilft also nichts, dass das Kind in der Haftung beschränkt ist, denn letztlich werden wieder die Eltern wegen Verletzung ihrer Aufsichtspflicht in Bezug auf das Kind für den Schaden, den der Hund verursacht hat, verantwortlich gemacht.

Tierhalterversicherung abschließen

Wenn ein Kind ein Tier geschenkt bekommt sind die Eltern über ihre Aufsichtspflicht für das Kind für den Schaden, den das Tier anrichtet, verantwortlich und sie müssen dafür haften.

Es ist daher zu empfehlen eine Tierhalterhaftpflichtversicherung abzuschließen.

II. Freunde und Freizeit

1. Dürfen Eltern vorschreiben, welche Freunde das Kind haben darf?

In den verschiedenen Lebensphasen eines Kindes werden irgendwann die Freunde wichtiger als die eigene Familie. Ihr Wort zählt in diesen Zeiten meist mehr als das der Eltern. Eltern haben häufig Angst, dass ihr Kind an die falschen Freunde gerät und wollen dann am liebsten jeglichen Umgang mit Freunden kontrollieren und verbieten.

Eltern sind im Rahmen ihres Erziehungsrechts grundsätzlich für alle das Kind betreffenden Fragen zuständig und verantwortlich (siehe dazu 2. Kapitel I. 1. und 2.). Die Eltern sind im Rahmen ihres Sorgerechts für die Pflege und die Erziehung des Kindes verantwortlich, das bedeutet auch, dass sie für die persönlichen Angelegenheiten des Kindes zuständig sind. Insofern ist es auch Pflicht der Eltern, darauf zu achten, mit welchen Personen das Kind Kontakt hat, mit wem das Kind umgeht, mit wem es sich trifft. Dieses Umgangsbestimmungsrecht der Eltern, § 1632 Abs. 2 BGB, gilt nicht grenzenlos (siehe dazu 2. Kapitel I. 3.). Kinder dürfen letztlich nicht von allen Kontakten außerhalb der Familie abgeschnitten werden, dies würde zu einer Gefährdung ihrer persönlichen und sozialen Entwicklung führen. Kinder müssen und sollen ihre Erfahrungen im Umgang mit anderen Menschen sammeln. Dies ist ein wichtiger Bestandteil von Lebenserfahrung, die notwendig ist, um soziale Kompetenzen zu erlangen.

Eltern müssen nicht alle Freunde mögen

Direkte Umgangsverbote können insofern nur bei einer offensichtlichen Gefährdung des Kindeswohls erlaubt sein. Es müssen wesentliche, dringende Gründe vorliegen, die ein Umgangsverbot für ein Kind rechtfertigen können. Persönliche Ablehnung der Person oder seiner Familie durch die Eltern reicht als zulässige Grundlage für ein Umgangsverbot nicht aus.

Aus Rechtsprechung und Praxis lassen sich einige Gründe zusammenstellen, die den Eltern erlauben, ihrem Kind gegenüber ein Umgangsverbot im Blick auf seine Freunde auszusprechen.

Wesentliche Gründe für ein Umgangsverbot mit Freunden

- ☐ *Clique des Kindes verübt Straftaten*
- ☐ *Freunde verleiten das Kind zu Drogenkonsum*
- ☐ *Schulleistungen sinken rapide seitdem das Kind ständig mit speziellem Freund zusammen ist*

Die Eltern haben das Sorgerecht für ihr Kind, aber sie haben auch eine Sorgepflicht. Sie sollten also darauf achten, was ihrem Kind letztlich gut tut.

Beispiel

Die 14-jährige Annika hat seit kurzem einen Freund, mit dem sie sich täglich nach der Schule für mehrere Stunden trifft. Die Mutter hat Angst, dass die Beziehung zu eng wird und dass Annika ihren schulischen Aufgaben durch die dauernde Ablenkung nicht mehr gewachsen ist.

Die Mutter ist im Rahmen ihrer Erziehungsaufgabe nur generell um ihre Tochter besorgt. Sie befürchtet, dass sich die Beziehung zwischen ihrer Tochter und deren Freund negativ auf die Entwicklung ihrer Tochter auswirkt. Ein konkreter Anlass, eine direkte Gefährdung des Kindeswohls lässt sich in dem beschriebenen Beispiel aber nicht erkennen. Insofern gelten die allgemeinen Regeln für die Ausübung des Erziehungsrechts durch die Eltern auch hier: Sie müssen bei ihren Erziehungsentscheidungen auf den Entwicklungsstand des Kindes die gebotene Rücksicht nehmen und die Entscheidung sollte mit dem Kind besprochen werden. Die Eltern sollten versuchen, dem Kind ihr Verbot, bestimmte Freunde weiterhin zu treffen, verständlich zu begründen (siehe dazu 2. Kapitel I. 2.).

Ratgeber im Umgang mit „falschen" Freunden

- www.kindergartenpaedagogik.de1263.html
- www.familienhandbuch.de/erziehungsfragen/erziehungsfragen-im-jugendalter/wenn-kinder-die-falschen-freunde-haben

2. Dürfen Eltern den Freund der Tochter bei ihr übernachten lassen?

Eltern haben immer wieder Bedenken, sie könnten sich des Verdachts der Kuppelei aussetzen, wenn sie den Freund oder die Freundin ihres Kindes bei sich übernachten lassen. Die aktuelle Rechtslage lässt dazu aber einigen Spielraum. Der Gesetzgeber geht davon aus, dass ein Jugendlicher ab dem 14. Lebensjahr in der Lage ist, in einem gewissen Rahmen seine Sexualität selbstbestimmt zu leben.

13-jährige hatte Sex mit 16-jährigem Freund

Die Eltern der 13-jährigen Manuela wurden gerichtlich verurteilt eine Geldbuße von 3.000 € zu zahlen (weitere Strafverfahren wurden in diesem Fall eingestellt), weil sie nicht verhindert haben, dass ihre Tochter mit ihrem 16 Jahre alten Freund Lias geschlafen hat.

Die Eltern hatten dafür gesorgt, dass eine Frauenärztin ihrer Tochter die Pille verschrieben hat.

Sex unter Kindern bis 14 Jahren ist bei uns, selbst dann, wenn er einvernehmlich geschieht, nicht erlaubt. Aber natürlich darf die 13-jährige Tochter einen Freund haben.

§

Strafbarkeit nach §§ 176 und 176a StGB

Alle sexuellen Handlungen vor, an und mit einem Kind unter 14 Jahren gelten als sexueller Missbrauch und sind verboten. Sie werden je nach der Schwere Falles mit Freiheitsstrafe bestraft.

Was aber versteht man unter Sex oder sexuellen Handlungen, fällt bereits jeder Kuss darunter, jede Umarmung oder Berührung? Wie lässt sich feststellen, ob dies bereits eine sexuelle Handlung oder eher eine freundschaftliche Begrüßung ist?

§

Sex/sexuelle Handlungen

- *alle sexuell motivierten, auf sexuelle Befriedigung gerichteten Handlungen*
- *diese Handlungen müssen „von einiger Erheblichkeit“ sein, § 184g Ziffer 1 StGB*

Verboten sind also alle Arten von sexuellen Handlungen. Es ist damit nicht nur Geschlechtsverkehr gemeint, sondern auch alle sonstigen Formen sexueller Berührungen. Wenn, wie im Beispiel oben, die Eltern ausdrücklich die Antibabypille besorgen, wird daraus klar, dass sie dies tun, weil ihre Tochter eine sexuelle Beziehung hat. Sie erlauben damit der Tochter, mit ihrem Freund sexuell zusammen zu sein und machen sich durch dieses Verhalten strafbar. Die Eltern hätten der Tochter den sexuellen Kontakt mit ihrem Freund ausdrücklich verbieten müssen.

Die Zielsetzung der strafrechtlichen Bestimmungen liegt darin, Kindern einen Schutz für ihre ungestörte sexuelle Entwicklung zu bieten.

Sexuelle Handlungen zwischen Kindern

Wenn Kinder unter 14 Jahren untereinander sexuelle Handlungen wie zum Beispiel Doktorspiele vornehmen machen sie sich nicht strafbar.

Strafbar machen sich im Zweifel die Eltern.

i

Achtung!

Die Strafgesetze gelten gleichermaßen für alle Strafmündigen.

Das bedeutet für den Beispielsfall oben, dass sich neben den Eltern auch der 16-jährige Freund Lias nach § 176 StGB strafbar gemacht hat, weil er mit seiner 13-jährigen Freundin Manuela Geschlechtsverkehr hatte.

Erst wenn das Kind 14 Jahre alt ist, ist es den Eltern erlaubt, die Freundin, den Freund bei dem Kind übernachten zu lassen.

Merke!

Eltern sind nicht dazu verpflichtet, dem bereits 14-jährigen Kind zu erlauben, mit dem Freund oder der Freundin Geschlechtsverkehr zu haben.

Das Recht den Umgang des Kindes zu bestimmen, liegt gemäß § 1632 Abs. 2 BGB, bis zur Volljährigkeit des Kindes weiter bei den Eltern. Ihnen steht außerdem das Aufenthaltsbestimmungsrecht für ihr Kind zu, § 1631 Abs. 1 BGB. Dies gibt ihnen die Befugnis zu bestimmen, an welchem Ort sich das Kind aufhalten darf und wo es nicht sein soll. Sie können also im Rahmen ihres Erziehungsrechts untersagen, dass ihr Kind bei seinem Freund oder Freundin übernachtet und sie können die Übernachtung der Freunde innerhalb des eigenen Familienhaushalts verbieten. Ob sie sich mit derartigen Verboten erzieherisch sinnvoll verhalten, soll dahin gestellt bleiben. Ein derartiges Verbot überschreitet jedenfalls nicht das Erziehungsrecht der Eltern, denn es führt sicherlich nicht zu einer Gefährdung des Kindeswohls.

3. Können Eltern verhindern, dass ihr minderjähriger Sohn seine Freundin heiratet?

Im Allgemeinen kann nur derjenige heiraten, der volljährig, also 18 Jahre alt ist. Die Eltern des Kindes haben ab diesem Zeitpunkt in Blick auf die Handlungen und Entscheidungen des Kindes nichts mehr zu sagen. Sie können sich in die Entscheidung ihres Kindes nicht einmischen und sie können die geplante Eheschließung rechtlich nicht verhindern.

Wenn das Kind jünger ist, sind die Eltern im Rahmen ihrer elterlichen Sorge noch zuständig für alle rechtsrelevanten Entscheidungen ihres Kindes. Dazu gehört sicherlich die Entscheidung zu einer Eheschließung.

Die gesetzlichen Bestimmungen zum Eherecht – geregelt in den §§ 1303 ff. BGB – ermöglichen es einem Kind aber bereits ab dem 16. Lebensjahr zu heiraten. Voraussetzung dafür ist allerdings, dass der Ehepartner bereits volljährig ist und dass das Familiengericht der geplanten Eheschließung ausdrücklich zustimmt. Das Gericht hat dabei zu prüfen, ob der noch nicht volljährige Verlobte, der künftige Ehepartner, über die erforderliche Reife verfügt und die Ehe Aussicht auf Bestand hat.

Mögliche Gründe gegen eine Eheschließung

– sehr großer Altersunterschied

– mangelnde wirtschaftliche Leistungsfähigkeit

– unterschiedliche Kulturkreise

Das Familiengericht muss mit seiner Entscheidung für die Eheschließung letztlich eine Prognose darüber erstellen, ob die geplante Ehe Bestand haben wird. Dies ist Voraussetzung für eine positive Entscheidung des Gerichts.

Kommt das Familiengericht bei einer Prüfung der Angelegenheit zu einem positiven Ergebnis, so kann es Befreiung vom Eheverbot wegen Minderjährigkeit erteilen, § 1303 Abs. 2 S. 1 BGB.

Zunächst muss aber ein Antrag an das Familiengericht gestellt werden und zwar durch den Minderjährigen selbst. Das Gericht wird auch prüfen, ob dieser 16-jährige Minderjährige die erforderliche charakterliche Reife besitzt und sich der Tragweite einer Ehe hinreichend bewusst ist.

Musterantrag – Befreiung vom Erfordernis der Ehemündigkeit

über die Amtsgerichte unter www.amtgericht.de

Die Chancen für eine Befreiung stehen aber meist eher schlecht, denn naturgemäß werden die Paare schon aufgrund ihres Alters noch nicht lange zusammen sein, was im Zweifel gegen den Bestand einer Ehe auf Dauer spricht. Der minderjährige Antragsteller und seine künftige Ehepartnerin benötigen folglich gute Gründe, warum sie unbedingt jetzt heiraten müssen und nicht bis zur Volljährigkeit abwarten können.

Formulierungsbeispiel aus dem Musterantrag eines Amtsgerichts

(www.amtsgericht-blumenthal.bremen.de)

„Neben der Gewissheit einer gesicherten Existenzgrundlage für unsere künftige Ehe fühle ich mich auch reif genug, eine Ehe zu führen.

Mir ist bekannt, dass ich an allen vermögensrechtlichen Angelegenheiten weiterhin bis zur Vollendung meines 18. Lebensjahres auf die Mitwirkung meiner sorgeberechtigten Eltern angewiesen bin ...“

Kommt das Familiengericht nach alledem doch zu einer positiven Entscheidung, dann ist die Heirat auch gegen den Willen der Eltern möglich. Wenn Eltern sich also gegen die Heirat ihres minderjährigen Kindes aussprechen, kann sich das Gericht letztlich sogar über die Entscheidung der Eltern hinwegsetzen. Nur wenn die Eltern „triftige Gründe“ im Sinne von § 1303 Abs. 3 BGB vortragen, werden diese die Entscheidung des Familiengerichts einfließen. Gleichzeitig darf die Entscheidung des Familiengerichts sich nicht gegen das Wohl des Kindes richten.

§

Triftig *können nur solche Gründe sein, die dem wohlverstandenen Interesse des Minderjährigen und nicht den Interessen der Eltern oder anderer Personen dienen.*

Insofern sollten sich Eltern bei ihrer Begründung gegen die Heirat ihres minderjährigen Kindes genau auf die oben bereits angesprochenen Punkte beziehen:

- Auf die noch nicht weit genug ausgeprägte charakterliche Reife ihres Kindes,
- auf das Alter des Ehepartners,
- auf eine von ihm ausgehende besonders negative Beeinflussung für das Kind,
- auf sein problematisches Vorleben,
- auf die mangelnde wirtschaftliche Absicherung der künftigen Ehepartner.

Fazit

- Es kommt nicht auf die Zustimmung der Eltern zur Heirat ihres minderjährigen Kindes an.
- Wesentlich sind die von ihnen vorgebrachten Gründe gegen die Eheschließung.
- Letztlich entscheidet das Familiengericht
- Wesentliches Kriterium: Wohl des Kindes

Sollte die Eheschließung des minderjährigen Kindes zustande kommen, verändert sich parallel die Rechtsposition für die Eltern. Sie sind zwar weiterhin Inhaber der elterlichen Sorge (siehe dazu unter 1. Kapitel I. 4.), ihre Personensorge wird aber automatisch eingeschränkt. Das verheiratete Kind ist ab dem Zeitpunkt der Eheschließung in allen alltäglichen Angelegenheiten für sich selbst verantwortlich. Der Aufgabenkreis der Eltern erstreckt sich nur noch auf die gesetzliche Vertretung, das heißt auf rechtliche Entscheidungen mit Außenwirkung, §§ 1633, 1629 BGB.

4. Was müssen Eltern beachten, wenn ein Freund des Kindes mit ihnen verreist?

Eltern nehmen auf Reisen gerne ein mit ihrem eigenen Kind befreundetes anderes Kind mit – sie sind dann entlasteter, die beiden können gemeinsam spielen, zusammen etwas unternehmen, die Eltern schaffen sich dadurch mehr Freiräume für sich selbst. Eigentlich ist das alles easy und rechtlich problemlos. Erst dann, wenn dem anderen Kind etwas passiert, können sich Probleme ergeben.

a) Beaufsichtigung

Die anderen Eltern haben ihr Kind den Reisenden zur Beaufsichtigung anvertraut. Sie haben ihr Kind für den Zeitraum der Reise in die Obhut und Gesamtverantwortung der reisenden Eltern gegeben. Diese übernehmen also für diesen Zeitraum die Verpflichtungen, die sonst die eigenen Eltern hätten. Vor allem sind sie verpflichtet, das Kind in angemessener Weise zu beaufsichtigen. Wie weit eine solche Aufsichtsführung notwendig ist, hängt wie immer im Zusammenhang mit der Ausübung der Aufsichtspflicht (siehe zum Thema Aufsichtspflicht unter 2. Kapitel I. 4.) von vielerlei Faktoren ab, z.B.

vom Alter des Kindes, von seiner individuellen Entwicklung und vor allem, ob es sich um eine gefahrbringende Situation handelt.

Spielen und Schwimmen

Der zehnjährige Arne fährt mit der die Familie seines gleichaltrigen Freundes in den Urlaub. Die Kinder spielen viel im Pool oder gehen an und in den See.

1. Arne ist ein super Schwimmer und ist im Schwimmverein einer der Besten.
2. Arne hat bisher nicht richtig Schwimmen gelernt und kann sich kaum über Wasser halten.

Im 1. Fall ist keine besondere Beaufsichtigung notwendig, wenn die Kinder im Wasser spielen. Anders im 2. Fall: Hier sind die (betreuenden) Eltern verpflichtet, Arne beim Spielen im Wasser dauernd konkret zu beaufsichtigen, denn sie können nicht davon ausgehen, dass er den möglicherweise auftretenden Gefahren für ihn gewachsen ist. Eine Übertragung ihrer Aufsichtspflicht auf ihren erst zehn Jahre alten eigenen Sohn kann nicht in Frage kommen, da er einer solchen Verantwortung noch nicht gewachsen sein kann.

Generelle Regeln zur Aufsichtsführung

- Warnung der Kinder vor Gefahren
- Nachprüfen, ob die Warnungen verstanden wurden
- Kontrollieren
- Ständige Beaufsichtigung: Abhängig vom Alter des Kindes und von der konkreten Gefahrensituation

b) Formalien

Bei Reisen mit fremden Kindern können Probleme bei Grenzkontrollen entstehen, weil vermutet werden könnte, das Kind solle entführt werden. Außerdem könnte eventuell eine ärztliche Behandlung für das Kind notwendig werden. Dann müssen sich die Ärzte vergewissern können, ob und wie sie mit dem Kind umgehen dürfen. Deshalb sollten sich die reisenden Eltern von den Eltern des mitreisenden Kindes eine Vollmacht geben lassen, mit der deutlich gemacht wird, dass ihnen für den Reisezeitraum das Personensorgerecht für das Kind übertragen wird.

Erziehungsvollmacht für die Dauer der Reise

Diese Vollmacht sollte enthalten:

- ☐ *Name, Anschrift, Telefon der sorgeberechtigten Eltern*
- ☐ *an wen wird die Erziehungsvollmacht übertragen*
- ☐ *wohin geht die Reise und wie lange dauert sie*

Musterformular: www.kids-on-cruise.de

Die reisenden Eltern sollten außerdem darauf achten, dass sie nicht nur für sich und ihr Kind, sondern ebenfalls für das fremde Kind alle notwendigen Papiere dabei haben.

Notwendige Papiere

- ☐ *Innerhalb Deutschlands brauchen Kinder keinen eigenen Personalausweis*
- ☐ *In den Ländern der EU müssen auch die unter 16-jährigen Kinder einen Personalausweis mit sich führen*
- ☐ *Außerhalb der EU benötigen Kinder unter 12 Jahren einen Kinderreisepass, ältere Kinder brauchen einen elektronischen Pass sowie die evtl. erforderlichen Visa*
- ☐ *Bei Reiseantritt müssen die Pässe noch Minimum 6 Monate gültig sein*
- ☐ *Reisen in USA: Elektronischer Reiseantrag ESTA (www. Esta.usbotschaft.de)*
- ☐ *Impfpass*
- ☐ *Krankenversicherungskarte*
- ☐ *Auslandkrankenschein*

Wenn Eltern, die ein fremdes Kind mit auf Reisen nehmen, alle diese Vorgaben beachten, besteht kein Grund, den Freund oder die Freundin des Kindes nicht mit auf ihre Urlaubsreise zu nehmen.

5. Welche Regelungen gelten für das Kind im Straßenverkehr?

Die wichtigsten rechtlichen Regeln für das Verhalten im Straßenverkehr finden sich in der Straßenverkehrs-Ordnung (StVO).

Dieses Gesetz enthält im Wesentlichen Regelungen für den Autofahrer. Es enthält aber auch wichtige Aspekte, die sich speziell auf Kinder beziehen. Diese Besonderheiten sollen hier betrachtet werden.

Zur Reisezeit stellt sich die Frage ob Kinder oder auch Erwachsene sich während der Fahrt in einem Wohnanhänger aufhalten dürfen um dort zu schlafen oder auch zu spielen.

§21 Abs. 1 S. 2. Ziff. 3 StVO

Es ist gesetzlich ausdrücklich verboten, „in Wohnanhängern hinter Kraftfahrzeugen Personen mitzunehmen".

Die gleiche Vorschrift regelt in Abs. 1a, dass Kinder bis zum vollendeten 12. Lebensjahr, die kleiner als 150 cm sind, in Kraftfahrzeugen auf Sitzen, für die Sicherheitsgurte vorgeschrieben sind, nur mitgenommen werden dürfen, wenn behördlich für Kinder zugelassene Gurtsysteme benutzt werden. Solche sogenannten „Rückhalteeinrichtungen für Kinder" sind vom TÜV auf ihre technische Tauglichkeit und ihre Eignung für den Schutz von Kindern getestet und haben eine entsprechende und auf der Verpackung ersichtliche Zulassung. Andere Systeme dürfen nicht verwendet werden und sollten aus Sicherheitsgründen auch nicht eingebaut werden.

In „Kraftomnibussen" mit einer zulässigen Gesamtmasse von mehr als 3,5 t gilt das allerdings nicht. Diese Ausnahme gilt für Schulbusse und die Busse der allgemeinen öffentlichen Verkehrsmittel, da diese üblicherweise schwerer als 3,5 Tonnen sind.

Merke!

Keine Gurtpflicht im Schulbus.

Auch für Taxen gelten Ausnahmen.

Achtung!

Im Taxi dürfen Kinder nur auf dem Rücksitz befördert werden.

Taxifahrer dürfen nicht mehr als zwei Kinder gleichzeitig transportieren – beschränkt auf ein Gewicht ab 9 kg, wobei wenigstens für ein Kind mit einem Gewicht zwischen 9 und 18 kg eine Sicherung möglich sein muss, § 21 Abs. 1a StVO.

Die Mitnahme von Kindern auf Fahrrädern ist ebenfalls sehr präzise geregelt.

§21 Abs.3 S.1 StVO

„Auf Fahrrädern dürfen nur Kinder bis zum vollendeten siebten Lebensjahr von mindestens 16 Jahre alten Personen mitgenommen werden, wenn für die Kinder besondere Sitze vorhanden sind und durch Radverkleidungen oder gleich wirksame Vorrichtungen dafür gesorgt ist, dass die Füße der Kinder nicht in die Speichen geraten können."

Häufig werden Kinder, meist mehrere Kinder, auch in Fahrradanhängern transportiert. Diese Fahrradanhänger müssen ausdrücklich zugelassen sein. Auch hier macht die StVO genaue Vorgaben und setzt ausdrücklich Grenzen.

§21 Abs.3 S.2 StVO

„Hinter Fahrrädern dürfen in Anhängern, die zur Beförderung von Kindern eingerichtet sind, bis zu zwei Kinder bis zum vollendeten siebten Lebensjahr von mindestens 16 Jahre alten Personen mitgenommen werden.

Eine besondere Ausnahmeregelung gilt hier für behinderte Kinder. Diese dürfen auch über das vollendete siebte Lebensjahr in derartigen Anhängern transportiert werden.

Die Regelungen der StVO sind sehr komplex und müssen sehr genau gelesen werden, um sie zuverlässig verstehen zu können. Weil mit diesen Transporten auch ein erhebliches Risiko verbunden ist, gibt es hierzu qualifizierte Informationen von den Trägern der Gesetzlichen Unfallversicherung.

Broschüre der Unfallkasse des Landes Nordrhein-Westfahlen:

https://www.unfallkasse-nrw.de/fileadmin/server/download/praevention_in_nrw/praevention_nrw_12.pdf

Alles bisher Beschriebene bezieht sich auf die passive Teilnahme von Kindern am Straßenverkehr. Kinder sind aber auch aktive Teilnehmer als Fahrradfahrer oder Fußgänger. Damit fallen sie unter die differenzierten Regelungen des § 23 StVO.

Danach ist es verboten sich mit einem Fahrrad an andere Fahrzeuge, insbesondere Autos anzuhängen. Es ist auch untersagt freihändig zu fahren. Und sogar für die Füße gibt es die Vorgabe, dass diese „nur dann von den Pedalen oder den Fußrasten genommen werden" dürfen, „wenn der Straßenzustand das erfordert".

Kinder sind aber nicht nur auf dem Fahrrad oder zu Fuß unterwegs. Genauso wichtig ist daher für Kinder welche Regelungen für „Roller, Kinderfahrräder, Inline-Skates, Rollschuhe und ähnliche nicht motorbetriebene Fortbewegungsmittel" gelten. Dazu sagt § 24 StVO, dass solche „besondere Fortbewegungsmittel", zu denen nach der Vorschrift auch Rodelschlitten und Kinderwagen zählen und die auch für Rollstühle gelten, dass es sich dabei nicht um Fahrzeuge im Sinne der StVO handelt.

§

§ 24 Abs. 1 StVO

„Für den Verkehr mit diesen Fortbewegungsmitteln gelten die Vorschriften für den Fußgängerverkehr entsprechend."

Es ist also gleich, ob das Kind zu Fuß unterwegs ist oder auf einem Kinderfahrrad oder mit Inline-Skates. In all diesen Fällen ist das Kind Fußgänger im Sinne der StVO. Fußgänger dürfen nicht nur, sie müssen den Gehweg benützen.

i

Achtung!

Kinder gelten auch dann als Fußgänger wenn sie auf Rollern, Kinderfahrrädern, Inline-Skates, Rollschuhen und ähnliche Fortbewegungsmitteln (ohne Motor) unterwegs sind.

Die Verhaltensregeln für Fußgänger in § 25 StVO normiert.

§

§ 25 Abs. 1 S. 1 und 2 StVO

„Wer zu Fuß geht, muss die Gehwege benutzen. Auf der Fahrbahn darf nur gegangen werden, wenn die Straße weder einen Gehweg noch einen Seitenstreifen hat."

Das Kind muss also zu Fuß oder auf einem Kinderfahrrad oder auch auf einem Skateboard, das ein ähnliches nicht motorbetriebene Fortbewegungsmittel im Sinne von § 25 StVO ist, den Gehweg benützen. Das wird von anderen Fußgängern gelegentlich anders gesehen. Diese Missbilligung kindlichen Verhaltens ist jedenfalls unberechtigt und die Fußgänger, die Kinder auf Kinderfahrrädern oder eben auch auf Skateboards vom Gehweg verdrängen oder ihnen die Nutzung ihrer zulässigen Fortbewegungsmittel untersagen wollen, verhalten sich rechtswidrig.

Hervorzuheben ist noch, dass alle Fußgänger und auch die Kinder auf Kinderfahrrädern oder Ähnlichem auf Straßen ohne Fußweg außerhalb geschlossener Ortschaften grundsätzlich am linken Fahrbahnrand gehen bzw. fahren müssen und, falls es die Verkehrslage erfordert – etwa wenn sich ein Auto nähert – nicht nebeneinander sondern einzeln hintereinander.

Bekannt ist, dass Fußgänger an „Zebrastreifen", rechtlich als Fußgängerüberwege bezeichnet, „Vorfahrt" haben, die Kraftfahrzeuge also anhalten müssen um den Wartenden ein gefahrloses Überqueren der Straße zu ermöglichen. Dies gilt allerdings nicht für Straßenbahnen. Das ergibt sich aus § 26 StVO der für „Schienenfahrzeuge" eine Ausnahme von dieser Regel macht.

Achtung!

Straßenbahnen haben auch auf Zebrastreifen Vorfahrt vor den Fußgängern.

Besonderheiten ergeben sich auch für Gruppen von Kindern und Jugendlichen. Bei Ausflügen von Gruppen von Kindern- und Jugendlichen, die mindestens 16 „Radfahrende" zählen, handelt es sich um „geschlossene Verbände". Für solche größere Gruppen gibt es eine Sonderregelung: Sie dürfen gemäß § 27 StVO auf der Straße zu zweit nebeneinander auf der Fahrbahn fahren.

Für Kinder- und Jugendgruppen zu Fuß gilt aber, dass sie, soweit möglich und vorhanden, die Gehwege benutzen müssen.

Wichtig ist dabei, dass die Personen für andere Verkehrsteilnehmer als Gruppe erkennbar sind.

§ 27 StVO sagt dazu: „Geschlossen ist ein Verband, wenn er für andere am Verkehr Teilnehmende als solcher deutlich erkennbar ist."

Ab 1.1.2016 sind folgende Änderungen geplant:

- Kinder auf Kinderfahrrädern dürfen auf Gehwegen von Erwachsenen auf einem Fahrrad begleitet werden.
- E-Bikes werden auch für den Betrieb auf Radwegen zugelassen.

Auch für Spaziergänger mit einem Hund gelten besondere Regelungen. Eltern sind mit ihrem Kind häufig mit einem Hund unterwegs.

Nach § 28 StVO sind Haustiere, die den Verkehr gefährden können, von der Straße fernzuhalten.

Solche Tiere, also im allgemeinen Hunde, sind auf der Straße „ nur zugelassen, wenn sie von geeigneten Personen begleitet sind, die ausreichend auf sie einwirken können“, § 28 Abs. 1 S. 2 StVO.

Es ist daher nicht zulässig ein Kind, das einen Hund nicht zuverlässig an der Leine halten kann, mit diesem in den öffentlichen Verkehr zu lassen. Eine solche Erlaubnis wäre eine Verletzung der Aufsichtspflicht.

Gemäß § 28 StVO ist es zusätzlich gestattet, Hunde von Fahrrädern aus zu führen.

Schließlich ist es gemäß § 31 StVO im Straßenverkehr grundsätzlich untersagt „auf der Fahrbahn, den Seitenstreifen und auf Radwegen Sport und Spiel“ zu betreiben.

Ausnahmen dazu sind die „Spielstraßen“, die aber ausdrücklich als solche gekennzeichnet werden müssen.

Ausführliche Informationen zur Rechtslage von Radfahrern:

http://www.radfahrtraining.at/stvo.shtml

6. Darf das Kind rauchen und Alkohol trinken?

Kinder oder Jugendliche unterscheiden sich in ihren Motivationen zum Rauchen oder Trinken von alkoholischen Getränken nicht wesentlich vom Verhalten Erwachsener. Jugendliche trinken Alkohol überwiegend aus Spaßgründen und Alkohol soll bei der Bewältigung von Stress und anderen Problemen helfen. Wie in allen anderen

Fragen und Problemfeldern liegt es in der Entscheidung der Eltern, was sie ihren Kindern im Rahmen ihres Erziehungsrechts, ihrer gesamten elterlichen Sorge für das Kind (siehe im Einzelnen dazu in diesem Kapitel unter I.), erlauben wollen. Innerhalb des privaten Rahmens, also zuhause, bei Freunden, gelten für das Verhalten von Kindern und Jugendlichen keine weiteren gesetzlichen Regelungen. Verantwortlich bleiben allein die Eltern.

Zu Hause oder sonst im privaten Rahmen ist alles erlaubt

- Eltern sind für ihre Kinder verantwortlich (§§ 1626, 1631 BGB).
- Sie entscheiden im Rahmen ihrer elterlichen Sorge, was sie dem Kind erlauben und was nicht.

Hält sich das Kind in der Öffentlichkeit auf, gelten die Verbote des Jugendschutzgesetzes (JuSchG). Das Jugendschutzgesetz dient dem Schutz von Kindern in der Öffentlichkeit. Hier ist im Einzelnen geregelt, ab welchem Alter ihnen in der Öffentlichkeit Tabakwaren und Alkohol ausgehändigt werden dürfen.

a) Alkohol

Nach den Bestimmungen im JuSchG ist der Verkauf branntweinhaltiger Produkte (Spirituosen, branntweinhaltige Mischgetränke) an unter 18-Jährige grundsätzlich verboten. Das beinhaltet auch, dass Kinder und Jugendliche diese Produkte in der Öffentlichkeit nicht zu sich nehmen dürfen.

Für Kinder im Alter von 16 Jahren ist schon Einiges erlaubt: Ab diesem Alter dürfen sie bereits Bier, Wein, Sekt und entsprechende Mischgetränke erwerben und in der Öffentlichkeit zu sich nehmen, § 9 JuSchG. Diese Regelungen gelten auch für ein bereits 14 Jahre altes Kind, allerdings nur, wenn die Eltern zustimmen und wenn sie dabei sind.

Hinweis

In Begleitung der Eltern darf das Kind ab 14 Jahren in der Öffentlichkeit Bier, Wein und Sekt trinken.

✔ **15-jähriges Mädchen trinkt regelmäßig zum Abendessen zwei Flaschen Bier**

- ☐ *im privaten Umfeld kein Problem – wenn die Eltern das erlauben,*
- ☐ *in der Öffentlichkeit, in einer Gaststätte nur möglich, wenn die Eltern dabei sind,*
- ☐ *der Hinweis des Kindes, das haben die Eltern bisher immer so erlaubt, reicht nicht aus.*

Die Wirte machen sich nach dem JuSchG strafbar, wenn sie gegen diese Regelungen verstoßen. Ein Gastwirt darf auch nicht tolerieren, dass minderjährige Kinder in seinem Lokal Branntwein wie Whisky oder Likör oder entsprechende Mix-Getränke zu sich nehmen oder dass sie rauchen. Darum müssen sich in jedem Lokal an sichtbarer Stelle die Hinweise auf das Jugendschutzgesetz finden lassen. Die nachfolgende Tabelle zeigt, was ab welchem Alter erlaubt ist.

unter 14 = alles verboten	**14 bis 16**	**16 bis 18**	**ab 18**
Bier	verboten	in Begleitung der Eltern: erlaubt	erlaubt
Wein/Sekt	verboten	in Begleitung der Eltern: erlaubt	erlaubt
Mix-Getränke mit Wein oder Bier	verboten	in Begleitung der Eltern: erlaubt	erlaubt
Mix-Getränke mit Spirituosen (Alkopops)	verboten	verboten	erlaubt
Spirituosen	verboten	verboten	erlaubt

Die Bestimmungen in § 9 Abs. 1 Ziff. 1 JuSchG sind sehr weitgehend gefasst. Danach sind nicht nur Spirituosen an sich verboten, sondern diese Regelung erstreckt sich auch auf Lebensmittel, „die Branntwein in nicht nur geringfügiger Menge enthalten".

Achtung!

Der Verzehr von Schnapspralinen ist für Jugendliche ebenfalls verboten.

Es geht bei allen diesen Regelungen, wie es an anderer Stelle auch immer wieder deutlich wird, um das Wohl des Kindes, um seine gesundheitliche und psychische Entwicklung. Aus diesem Grund werden den Eltern mit derartigen Bestimmungen sinnvollerweise Grenzen für ihr Erziehungsrecht gesetzt.

b) Rauchen

Da minderjährigen Kindern nach den Regelungen des JuSchG das Rauchen ebenfalls untersagt ist, sind Zigarettenautomaten technisch so ausgestattet, dass die Entnahme von Zigaretten durch unter 18-jährige technisch nicht möglich ist, § 10 JuSchG.

Elektrische Zigaretten (E-Zigaretten)

sind keine „Tabakwaren“ wie in § 10 JuSchG vorausgesetzt, sie sind für Kinder und Jugendlich also nicht verboten!

§

Trotzdem sollten sich Eltern bewusst machen, dass die in diesen Zigaretten enthaltenen Stoffe wie Nikotin oder Prophylenglykol ebenfalls zu langfristigen Gesundheitsschäden führen können.

§4 Nichtraucherschutz Gesetz

In Einrichtungen des Bundes und im öffentlichen Personennahverkehr ist der Konsum von E-Zigaretten nicht zulässig.

i

Gegenwärtig gibt es einen Trend zum Konsum von Wasserpfeifen, die häufig mit aromatisierten Fruchttabaken geraucht werden. Das öffentliche Rauchverbot für Kinder und Jugendliche unter 18 Jahren gilt auch hier, denn es bezieht sich generell auf den Erwerb und den Konsum von Tabakwaren, also auch auf die Fruchttabake in der Wasserpfeife.

Infos zum Thema Jugendschutz unter

www.jugenschutz-info.de

✔

7. Wie lange darf das Kind abends ausgehen?

Grundsätzlich entscheiden die Eltern selbst, wie lange ihr Kind abends außer Haus sein darf. Das gilt aber nur für den privaten Bereich, für den Besuch bei Freunden oder für das allgemeine „Sich draußen Aufhalten", hierfür macht das Gesetz keine Vorgaben, es gibt keinerlei Ausgehzeiten vor. Vielmehr zieht es Zeitgrenzen für ganz bestimmte, möglicherweise jugendgefährdende Orte. Für den Besuch des Kindes in einer (öffentlichen) Disco oder bei anderen „öffentlichen Tanzveranstaltungen", für das Aufsuchen normaler Lokale und für den Aufenthalt in Spielhallen gelten ähnlich klare Regelungen wie für den Verzehr von Alkohol und für das Rauchen.

a) Aufenthalt in einer Gaststätte

Die Formulierung in § 4 JuSchG spricht vom Aufenthalt des Kindes in „Gaststätten". Welche Einrichtungen und Lokalitäten darunter fallen wird nicht gesagt.

Allerdings erfolgt quasi eine negative Abgrenzung zu bestimmten Gaststätten, in denen sich Kinder und Jugendliche ganz generell überhaupt nicht aufhalten dürfen.

Aufenthalt für Kinder und Jugendliche nicht erlaubt, §4 Abs.3 JuSchG

- Nachtclub
- Nachtbar
- Vergleichbare Vergnügungsbetriebe

Bei den sonstigen Gaststätten wird darauf abgestellt, ob dort gewerbsmäßig Lebensmittel oder Getränke zum Verzehr angeboten werden. Insofern fallen viele Varianten von Lokalitäten unter diesen Begriff.

§ **Gaststätten**

- *Restaurant*
- *Café*
- *Hotel*
- *Imbissbude*
- *Vereins- und Sportgaststätten*

Nicht unter den Begriff der Gaststätte fallen demnach normale Kioske mit Fensterverkauf, da es sich bei den Angeboten dort regelmäßig nur um einen Verkauf handelt. Die Getränke oder Nahrungsmittel werden nicht zum Verzehr vor Ort angeboten.

Grundsätzlich legt das Jugendschutzgesetz fest, dass sich Kinder unter 16 Jahren überhaupt nicht in einer solchen Gaststätte aufhalten dürfen.

Dazu gibt es allerdings Ausnahmen:

- das Kind ist in Begleitung der Eltern,
- das Kind ist Begleitung einer von den Eltern beauftragen Person,
- das Kind nimmt zwischen 5 und 23 Uhr eine Mahlzeit oder ein Getränk zu sich.

Für Kinder ab 16 Jahre gilt

– der Aufenthalt in einer Gaststätte ist von 5 bis 24 h erlaubt

– nach 24 h in Begleitung der Eltern oder einer von ihnen beauftragten Person

Tipp!

Diese Regelungen gelten nicht, wenn sich das Kind bei einer Veranstaltung eines anerkannten Trägers der Jugendhilfe (Jugendverband) befindet.

Eltern haben immer die Möglichkeit ihr Kind in die Obhut eines anderen zu geben. Es ist dabei selbstverständlich, dass Eltern nur einer für die Erziehung ihres Kindes geeignete Person eine Vollmacht für die Übernahme von Erziehungsaufgaben erteilen werden. Das Gesetz nimmt diesbezüglich in § 1 Abs. 1 Ziff. 4 JuSchG ausdrücklich eine Eingrenzung vor und legt fest, wer in diesem Zusammenhang Erziehungsfunktionen für das Kind wahrnehmen darf.

§

Erziehungsbeauftragte Person

– *Mindestalter 18 Jahre*

– *Übernahme von Erziehungsaufgaben auf Dauer oder zeitweise*

– *Betreuer im Rahmen einer Ausbildung*

Der 18-jährige Andy will mit seiner 16-jährigen Freundin Zita als erziehungsbeauftragte Person in einer Kneipe den Abend verbringen.

Hier könnten sich deshalb Schwierigkeiten ergeben, weil ein Beziehungsverhältnis zwischen Andy und Zita besteht. Andy kann nicht zusätzlich der Erziehungsbeauftragte für seine Freundin Zita sein. Um Unklarheiten zu vermeiden, muss er im Zweifel eine schriftliche Beauftragungs-Vollmacht der Eltern von Zita vorlegen, § 2 JuSchG. Außer den Personalien der Eltern als Erziehungsberechtigten und den des Kindes sollten in der Vollmacht die Personalien der Begleitperson festgehalten werden. Die beauftragenden Eltern sollten klar erklären, wie ihre Beauftragung zu verstehen ist und wie weit sie gehen soll. Sie sollten genau überlegen, wem sie eine solche Beauftragung erteilen.

Beispiel: „Muttizettel"

= Einverständniserklärung des Erziehungsberechtigten:

„Ich erkläre hiermit, dass die oben angegebene Begleitperson für den einmaligen Besuch die Erziehungsaufgaben gegenüber unserer Tochter ... wahrnimmt.

Ich kenne die Begleitperson und vertraue ihr. Zwischen ihr und unserem Kind besteht ein gewisses Autoritätsverhältnis. Sie hat genügend erzieherische Kompetenz, um unserer Tochter Grenzen zu setzen zu können (Alkohol). Wir sind ausdrücklich damit einverstanden, dass die Gaststätte xy besucht wird."

(siehe dazu Muster-Vollmacht unter www.elco-sicherheit.de oder www.partyzettel.de)

b) Aufenthalt in einer Disco

Wie bei Gaststätten gibt es auch für die Teilnehme an „Tanzveranstaltungen", also zum Beispiel für den Aufenthalt in Diskotheken, klare gesetzliche Zeitvorgaben, siehe dazu § 5 JuSchG. Es geht dabei immer nur um „öffentliche" Veranstaltungen. Öffentlich bedeutet in Abgrenzung zu einer privaten Veranstaltung oder Einladung, dass zu dieser Veranstaltung jeder Zutritt hat.

Ein weiteres wesentliches Kriterium findet sich in dem Teilbegriff „Tanz“. Es geht also nicht um irgendeine Veranstaltung an sich, sondern es geht um das Tanzen. Bei Tanzturnieren steht klar das Tanzen im Vordergrund. Bei vielen Veranstaltungen steht aber die Darbietung von Musik im Vordergrund und es wird nebenbei auch getanzt. Das bedeutet:

Hinweis

Für Vortragsabende oder Konzertveranstaltungen gelten die Bestimmungen des Jugendschutzes nicht!

Allerdings scheint es sinnvoll, dass Eltern genauer hinschauen, wenn ihr Kind in ein Popkonzert gehen will. Häufig wird auch hier getanzt und es gelten eher die Maßstäbe, die für den Besuch in der Disco zählen.

Erlaubt ist die Teilnahme

- *ab 16 Jahre bis 24 Uhr*
- *unter 16 Jahre mit entsprechender Begleitperson ebenfalls bis 24 Uhr*

Eltern haben üblicherweise kein Interesse daran, ihr Kind in die Disco zu begleiten – und das Kind wird auch keine Lust haben, mit den Eltern dorthin zu gehen. Insofern wird es für diese Fälle generell notwendig sein, eine geeignete erziehungsbeauftragte Person zur Begleitung des Kindes zu finden und ihr diesen konkreten Erziehungsauftrag zu erteilen. Letztlich übernimmt diese Person den ganzen Abend über die Verantwortung für das Kind, sie muss also für diese Aufgabe geeignet sein.

Beispiel 1

Die 17-jährige Anka besucht mit ihrem 19-jährigen Freund Boris regelmäßig die Diskothek im benachbarten Stadtteil. Die bisherige Vereinbarung mit ihrer Mutter Susanne, bis 24 h Nachts zu Hause zu sein, hat Anka immer eingehalten. An diesem Samstag feiert nun ihre Freundin Sarah in ihren 18. Geburtstag hinein, darum vereinbart Susanne mit ihrer Mutter, dass sie ausnahmsweise etwas länger bleiben darf und die Diskothek um 1 h in Begleitung ihres Freundes Boris verlassen wird.

Alleine und ohne eine entsprechend beauftrage Begleitperson darf Anka nicht länger als 24 Uhr in der Disko bleiben. Dabei spielt es keine Rolle, was sie tatsächlich mit ihrer Mutter vereinbart hat. Für dieses eine Mal und die eine Stunde könnte in diesem besonderen Fall Boris als erziehungsbeauftragte Person für Anka fungieren. Dafür müsste er dann aber von ihrer Mutter Susanne ausdrücklich (besser: schriftlichen!) beauftragt worden sein.

Ausnahmeregelungen gelten auch hier meist für Tanz-Veranstaltungen, die von einem Träger der Jugendhilfe veranstaltet werden oder wenn es sich, wie bei Faschingsbällen, um die Brauchtumspflege handelt. An solchen Veranstaltungen dürfen Kinder auch unter 14 Jahren bis 22 Uhr und unter 16 Jahren bis 24 Uhr teilnehmen, selbst dann, wenn die Eltern nicht dabei sind und sie auch sonst nicht offiziell begleitet werden.

c) Spielhallen und Glücksspiele

Für diesen Bereich besteht für Kinder und Jugendliche ein klares Verbot: Solange sie minderjährig sind dürfen sie sich in Spielhallen nicht aufhalten und sie dürfen sich generell an Glücksspielen nicht beteiligen. Als einzige Ausnahme dazu nennt § 6 Abs. 2 JuSchG die Teilnahme bei Glücksspielen mit Gewinnmöglichkeiten auf Volksfesten, Jahrmärkten und ähnlichen öffentlichen Veranstaltungen.

Die Eingrenzung erfolgt dabei über die Art des Gewinns.

Gewinne auf Jahrmärkten

- keine Geldbeträge
- nur Waren von geringem Wert

d) Allgemein gefährliche Orte

Beispiel 2

Susanne findet heraus, dass sich Anka zusammen mit ihren Freunden nach der Schule regelmäßig im städtischen Parkbereich aufhält. Dieser Park ist als Treffpunkt für den Alkohol- und Drogenkonsum unter Jugendlichen bekannt. Susanne macht sich große Sorgen um das Wohl ihrer Tochter und möchte gerne etwas dagegen unternehmen. Die vielfältigen Hinweise an ihre Tochter Anka bewirken nichts.

Susanne könnte sich gegenüber der zuständigen Stelle der Stadt oder der Polizei auf eine Regelung im JuSchG berufen, wonach Jugendlichen Schutz vor Beeinträchtigungen durch „jugendgefährdende Orte“ geboten werden muss.

Jugendgefährdende Orte, §8 S.1 JuSchG

„Hält sich ein Kind oder eine jugendliche Person an einem Ort auf, an dem ihm oder ihr eine unmittelbare Gefahr für das körperliche, geistige oder seelische Wohl droht, hat die zuständige Behörde oder Stelle die zur Abwendung der Gefahr erforderlichen Maßnahmen zu treffen.“

§

Wenn Alkohol (gemeint sind Spirituosen) und Drogen unter den Jugendlichen konsumiert werden, stellt dieser Ort für Anka eine unmittelbare Gefahr dar und bedroht ihr körperliches, seelisches und geistiges Wohl. In diesem Fall kann Susanne die zuständige Behörde informieren, die wiederum die zur Abwendung der Gefahren erforderlichen Maßnahmen treffen muss, indem sie Anka (und deren Freunde) zum Verlassen des Ortes anhält oder im Zweifel zu ihrer Mutter Susanne bringt, § 8 S. 2 JuSchG.

8. Welche Filme darf das Kind anschauen?

Kinofilme, Kinowerbung, Videofilme oder Filme auf DVD – für alle gilt das Gleiche: Es kommt auf die Altersfreigabe des Films an, ob ein Kind und ab welchem Alter das Kind den konkreten Film anschauen darf.

Ein Kind darf demnach bei öffentlichen Filmvorführungen nur teilnehmen, wenn der Film für Kinder seines Alters freigegeben ist. Die zuständigen Institutionen sind verpflichtet, jeden Film entsprechend zu kennzeichnen.

Tipp!

Findet sich auf einem Videofilm keinerlei Hinweis auf eine altersmäßige Begrenzung oder Gesamtfreigabe ist davon auszugehen, dass dieser Film für Kinder und Jugendliche nicht geeignet ist.

Bei öffentlichen Filmvorführungen im Kino wird üblicherweise auf die vorgegebene Altersregelung geachtet. Bei gekauften Filmen sollten Eltern genau hinschauen und sich im Zweifel auch daran halten, denn die Alterskennzeichnung hat die Zielsetzung, Gefahren für das Kind im Sinne des Kindeswohls zu vermeiden.

§ 14 Abs. 1 JuSchG

„Filme …, die geeignet sind, die Entwicklung von Kindern und Jugendlichen oder ihre Erziehung zu einer eigenverantwortlichen und gemeinschaftsfähigen Persönlichkeit zu beeinträchtigen, dürfen nicht für ihre Altersstufe freigegeben werden."

Die Altersabgrenzungen sind wie nachfolgend aufgezeigt altersmäßig oder inhaltsorientiert gestaffelt.

Kennzeichnung von Filmen, § 14 JuSchG

- ☐ *Freigegeben ohne Altersbegrenzung*
- ☐ *Freigegeben ab sechs Jahren*
- ☐ *Freigegeben ab 12 Jahren*
- ☐ *Freigegeben ab 16 Jahren*
- ☐ *Keine Jugendfreigabe*
- ☐ *Infoprogramm oder Lehrprogramm (gelten als freigegeben)*

Diese klaren Regelungen bedeuten, dass einem Kind bei einer öffentlichen Filmvorführung der Zutritt nur erlaubt ist, wenn das Kind das für diesen Film notwendige Alter erreicht hat.

Beispiel

Lena ist 16 Jahre alt. Sie will sich gemeinsam mit ihrer 17-jährigen Freundin Viola den aktuellen Horrorfilm in der Spätvorstellung eines Kinos anschauen. Die Vorstellung beginnt um 22.30 Uhr und dauert 110 Minuten. Der Film ist laut Aushang ab 18 Jahren freigegeben.

In diesem Beispielsfall ist auf zwei Stolpersteine hinzuweisen: Der Film wurde den Angaben entsprechend mit „Keine Jugendfreigabe" gekennzeichnet, demnach ist dieser Film für die Altersstufe der beiden Mädchen nicht zulässig und sie dürfen sich ihn schon deswegen nicht anschauen. Außerdem endet diese späte Filmvorführung erst nach 24 Uhr. Auch dazu gibt es gesetzliche Regelungen, klare Vorgaben: Um diese späte Uhrzeit dürfen Jugendliche nur in Begleitung ihrer erziehungsberechtigten Eltern oder einer entsprechend beauftragten Person ins Kino gehen.

Begleitung der Eltern erforderlich, § 11 JuSchG

- ☐ *Kind unter sechs Jahren immer*
- ☐ *Kind ab sechs Jahren, obwohl Film erst ab 12 Jahren freigegeben*
- ☐ *Kind zwischen 6 und 14 Jahren, wenn Film länger als bis 20 Uhr*
- ☐ *zwischen 14 und 16 Jahren, wenn Film länger als bis 22 Uhr*
- ☐ *ab 16 Jahren, wenn Film länger als bis 24 Uhr*

Die Rechtsposition der Eltern soll also über die Regelungen des Jugendschutzgesetzes nicht völlig ausgehebelt werden. Insofern sieht das Gesetz mit diesen Vorschriften eine so genannte Parental-Guidance-Regelung vor.

Parental-Guidance-Regelung

Den Eltern ist es damit zum einen erlaubt, gemeinsam mit ihren Kindern in Filme zu gehen, die erst für eine spätere Altersgruppe freigegeben sind oder sie ermöglichen ihrem Kind mit ihrer Begleitung, am Abend länger im Kino zu bleiben.

Die Entscheidung über die Auswirkungen auf das Wohl ihres Kindes bleibt also bei den für die Erziehung und Entwicklung ihres Kindes verantwortlichen Eltern selbst. Das Angebot dieser Parental-Guidance-Regelung, also der Möglichkeit, mit dem erst 6-jährigen Kind gemeinsam einen Film mit der Freigabegrenze ab 12 Jahren anzuschauen, zielt letztlich auf den Kinobesuch mit der ganzen Familie und stärkt damit das Elternrecht. Deshalb gilt diese Regelung auch ausdrücklich nur für „personensorgeberechtigte Personen", § 11 Abs. 2 JuSchG.

Personensorgeberechtigt

sind immer die Eltern selbst (siehe 1. Kapitel I. 4.).

– Ausnahme: Pfleger oder Vormund

– Autorisierung durch die Eltern reicht nicht aus

Die Eltern können folglich nicht von sich aus andere mit der Übernahme der Personensorge beauftragen. Weder die Großeltern noch ältere Geschwister oder der Lehrer dürfen, trotz Einverständnis der Eltern, mit dem noch nicht 12 Jahre alten Kind in einen Film mit der Altersfreigabe erst ab 12 Jahren gehen.

Beispiel

Der achtjährige Adrian will an seinem 8. Geburtstag mit seine Freunden (alle zwischen acht und neun Jahren) im Kino einen Film ansehen, der erst ab 12 Jahre freigegeben ist. Adrians Mutter Ina steht voll hinter der Idee und will die Kinder selbstverständlich begleiten.

Im Rahmen der Parental-Guidance-Regelung bewirkt die Begleitung von Mutter Ina, dass Adrian mit seinen acht Jahren den erst für 12-Jährige freigegebenen Film anschauen darf. Diese besondere Regelung gilt aber eben nur für die eigenen Kinder, die Eltern der Freunde von Adrian können ihr Erziehungsrecht für diesen Einzelfall nicht auch auf Ina übertragen. Das bedeutet, die Kinder können nur dann einen solchen Film anschauen, wenn jedes einzelne Kind von einer personensorgeberechtigten Person, also einem Elternteil begleitet wird.

Wenn es nur darum geht, dass das Kind einen seinem Alter entsprechenden Film zu einer späteren Uhrzeit anschauen möchte, haben die Eltern die Möglichkeit, eine Person zur Begleitung ihres Kindes zu beauftragen. Wie dies erfolgen kann und wer dafür in Frage kommt, wurde bereits unter Punkt 7. in diesem Kapitel erläutert. Wenn es also darum geht, dass eine Vorstellung abends länger dauert, könnten zum Beispiel volljährige Geschwister oder Freunde für diesen Abend als Erziehungsbeauftragte fungieren.

Tipp!

Wichtig ist, dass der Erziehungsbeauftragte konkret beauftragt wurde und diese Beauftragung im Zweifel schriftlich nachweisen kann.

Beispiel

Die 16-jährige Iris will mit ihrer Mutter Irinja gemeinsam eine DVD anschauen. Sie entscheiden sich für einen Actionfilm, den Iris anschließend problemlos im Kiosk um die Ecke kauft. Beim Ansehen des Films stellen sie fest, dass es sich dabei um einen kriegsverherrlichenden Film mit Mordszenen handelt. Irinja ist entsetzt und versteht nicht, wie es möglich war, dass ihre Tochter Iris so einen Film überhaupt kaufen konnte. Auf der DVD findet sich weder eine Altersgrenze, noch eine Beschreibung des Films.

Die Antwort für dieses Fallbeispiel ist einfach: Der Film war nicht gekennzeichnet, vermutlich also für Kinder und Jugendliche nicht freigegeben. Diese DVD durfte deshalb an Iris als jugendliche Person nicht verkauft werden. Obendrein handelt es sich inhaltlich um einen kriegsverherrlichenden Film mit Mordszenen, Darstellungen, die das Wohl des Kindes auf jeden Fall gefährden können. Der Film hätte deswegen nicht an Iris ausgehändigt werden dürfen. Der Verkäufer war verpflichtet, sich über das Alter von Iris zu informieren – z.B. per Personalausweis – und hätte ihr daraufhin den Verkauf des Films verweigern müssen, vgl. §§ 12, 14, 15, 2 JuSchG. Das JuSchG sieht bei derartigen Verstößen gegen gesetzliche Regelungen Bußgeld oder Geldstrafen vor, §§ 27, 28 JuSchG. Der gewerbliche Handel und öffentliche Veranstalter müssen sich an die gesetzlichen Vorschriften halten. Innerhalb der Familie, also für die Eltern, bleiben der Erziehungsauftrag und die damit verbundene Verantwortung bei den Eltern. Das gilt ebenfalls für die Auswahl von Filmen: Die Eltern müssen darauf achten, welche Filme sich ihre Kinder anschauen und ob diese Filme für sie geeignet sind. Lassen sie die Kinder ohne jedes Eingreifen gewähren, greifen die gesetzlichen Bestimmungen nicht. Das Jugendschutzgesetz sieht keine Sanktionen gegen die Eltern vor. Und trotzdem könnte die Verantwortung der Eltern hinterfragt werden, wenn deutlich würde, dass das betreffende Kind nach dem Konsum gewaltverherrlichender Filme immer wieder Auffälligkeiten zeigt (siehe dazu 2. Kapitel I. 3.).

Allgemeine Informationsbroschüren zum Jugendschutz

- www.bmfsfj.de
- www.bag-jugendschutz.de
- www.drei-w-verlag.de

Nachfolgende Tabelle zeigt zusammenfassend wann und wie lange ein Kind ausgehen darf.

Ort	Alter	Uhrzeit	Zusatz
Disco	unter 16 Jahre	offen	immer in Begleitung eines Erziehungsberechtigten
Disco	ab 16 Jahre	bis 24 Uhr	auch wenn ein volljähriger Freund dabei ist
Disco	ab 18 Jahre	keine Begrenzung	
Konzerte	keine offizielle Beschränkung		Erlaubnis der Eltern notwendig
Jugendtreff, Vereine, Kirchen	unter 14 Jahre	bis 22 Uhr	
Jugendtreff, Vereine, Kirchen	Von 14 bis 16 Jahre	bis 24 Uhr	zuständige Behörde kann Ausnahmen genehmigen
Kino	unter 14 Jahre	bis 20 Uhr	Film muss um 20 Uhr zu Ende sein
Kino	14 bis 16 Jahre	bis 22 Uhr	Film muss um 22 Uhr zu Ende sein
Kino	bis 18 Jahre	bis 24 Uhr	Film muss um 24 Uhr zu Ende sein

III. Online-Kommunikation

Von vielen Eltern wird mit Besorgnis betrachtet wie intensiv ihre Kinder den häuslichen Computer für die Kommunikation und auch für Spiele nutzen und wieviel Zeit sie mit dieser Beschäftigung verbringen. Die Nutzung des Internet ist in den letzten Jahren in den meisten Familien für Eltern und für die Kinder gleichermaßen zunehmend zu einem Alltagsphänomen geworden. Die Nutzung jeder Form von Online-Kommunikation ist immer stärker in den privaten Bereich vorgedrungen und sie erstreckt sich vor allem auf immer jüngere Menschen.

1. Müssen Eltern die Internetnutzung des Kindes zulassen?

Ab Vollendung der Geburt sind Kinder bereits Träger von Rechten, § 1 BGB. Kinder und Jugendliche haben daher grundsätzlich die gleichen Grundrechte wie Erwachsene. Hinzu kommt das Recht auf Informationsfreiheit aus Art. 11 Abs. 1 S. 2 der Charta der Grundrechte der EU. Danach umfasst das Recht der Meinungsfreiheit, das auch Kindern zusteht, auch die „Freiheit, Informationen und Ideen ohne behördliche Eingriffe und ohne Rücksicht auf Staatsgrenzen zu empfangen und weiterzugeben“- Minderjährige haben daher grundsätzlich das Recht der Nutzung des Internet genauso wie sie Zeitungen lesen, Nachrichten hören oder Fernsehprogramme konsumieren dürfen.

Informationsfreiheit von Kindern

Kinder haben grundsätzlich das Recht der Nutzung aller Medien. Sie dürfen davon nur soweit ausgeschlossen werden wie dies zu ihrem Schutz erforderlich ist.

a) Grenzen der Informationsfreiheit

Die Grenzen dieser Nutzung ergeben sich aus dem Schutz des Kindes vor Gefahren, also im Falle einer Gefährdung des Kindeswohls. Es ist Aufgabe und Verpflichtung der Eltern ihre Kinder im Rahmen ihres Sorgerechts vor möglichen Gefährdungen zu schützen (siehe 2. Kapitel I. 1.). Wie Eltern ihre Kinder erziehen liegt letztlich bei ihnen. Ihnen können vom Gesetzgeber keine Vorschriften gemacht werden, wie diese Erziehung im Einzelnen aussehen soll.

Kinder sind nach den gesetzlichen Regelungen bis zu ihrem 7. Geburtstag geschäftsunfähig. Dieses Alter kann für Eltern von daher ein Anhaltspunkt sein, wie Eltern das Kind langsam, aber kontrolliert an eine Internetnutzung heranführen. Dies entspricht dem Recht des Kindes auf Entwicklung, § 1 Abs. 1 SGB VIII und der Rechtspflicht der Eltern bei der Erziehung die wachsende Fähigkeit und das wachsende Bedürfnis des Kindes zu selbständigem und verantwortungsbewusstem Handeln zu berücksichtigen, § 1626 Abs. 2 BGB.

Vor Vollendung des 7. Lebensjahres des Kindes ist es sinnvoll, dass Eltern nur gemeinsam die medialen Medienangebote nutzen. Im Alltag kann aber eine eigenständige Mediennutzung durch das Kind ohne die direkte Kontrolle durch die Eltern nicht völlig ausgeschlossen werden. Dies könnte zu für das Kind möglicherweise gefährlichen Surfergebnissen führen.

Jugendschutzsoftware

Zur angemessenen Überwachung der Aktivitäten des Kindes im Netz sollte eine geeignete Schutzsoftware installiert werden.

Angebote dazu liefert das Bundesministerium für Familie, Senioren, Frauen und Jugend.

Fachliche Informationen für Eltern

Die folgenden Adressen bieten einen dauernd aktualisierten Einstieg in die Informationen die Eltern für die Unterstützung ihrer Kinder bei der Internetnutzung brauchen.

http://www.sicher-online-gehen.de/jugendschutzsoftware.html

http://www.jugendschutzprogramm.de/download.php

Mit einem solchen Programm können Eltern wie mit einem Filter untaugliche, also nicht kindgerechte Angebote im Netz blockieren. Die meisten Programme bieten die Möglichkeit der individuellen altersgerechten Einstellung.

Dabei stehen zwei verschiedene Programmtypen zur Verfügung. Eine Art blockiert grundsätzlich alle Webseiten und lässt eine Verbindung ausschließlich zu den Websites zu die in einer Liste, einer so genannten Positivliste eingetragen werden (Whitelist-Prinzip). Die andere Filterlösung geht den umgekehrten Weg. Sie lässt grundsätzlich alle Inhalte zu und blockiert nur solche Websites die in einer Liste als ungeeignet aufgeführt sind (Blacklist-Prinzip). Beide Ansätze haben Vor- und Nachteile. Daher werden bei fortschrittlicher Jugendschutzsoftware beide Optionen kombiniert.

Die Eltern entscheiden welche Software sie wählen wollen, wobei für Kinder unter sieben Jahren wohl die Software nach dem Whitelist-Prinzip und mit zunehmendem Alter des Kindes Software nach dem Blacklist-Prinzip angemessen sein wird. Die Jugendschutzprogramme werden dauernd fortentwickelt und die Informationen die beim zuständigen Ministerium unter der angegebenen Adresse online abrufbar sind, ergeben ein zutreffendes Bild des aktuellen Entwicklungsstandes der Programme und der Fachdiskussion der Medienpädagogen.

b) Schutz des Kindes

Der Schutz des Kindes beim Konsum von Medieninhalten und bei der Kommunikation im Netz ist aber nicht allein Aufgabe der Eltern. Der Staat hat die Pflicht Inhalte, die geeignet sind das Kindeswohl zu gefährden zu kontrollieren und, falls erforderlich, entsprechend zu kennzeichnen. Um diese staatliche Aufgabe zu vollziehen haben die Bundesländer, in deren rechtlicher Verantwortung die Medien liegen den Staatsvertrag über den Schutz der Menschenwürde und den Jugendschutz in Rundfunk und Telemedien (Jugendmedienschutz-Staatsvertrag – JMStV) geschlossen.

§

Zielsetzung Jugendmedienschutz

„... der einheitliche Schutz der Kinder und Jugendlichen vor Angeboten in elektronischen Informations- und Kommunikationsmedien, die deren Entwicklung oder Erziehung beeinträchtigen oder gefährden, sowie der Schutz vor solchen Angeboten in elektronischen Informations- und Kommunikationsmedien, die die Menschenwürde oder sonstige durch das Strafgesetzbuch geschützte Rechtsgüter verletzen." – § 1 JMStV.

In § 4 JMStV wird detailliert aufgelistet, welche Sendungen für Kinder und Jugendliche verboten sind.

✔

Verbotene Sendungen, §4 JMStV

- ☐ *die den Krieg verherrlichen*
- ☐ *die gegen die Menschenwürde verstoßen*
- ☐ *die Kinder oder Jugendliche in unnatürlich geschlechtsbetonter Körperhaltung darstellen*
- ☐ *pornografische Darstellungen*
- ☐ *Gewaltdarstellungen*
- ☐ *die den sexuellen Missbrauch von Kindern oder sexuelle Handlungen von Menschen mit Tieren zum Gegenstand haben*

Generell gelten diese Verbote auch bei virtuellen Darstellungen oder bei solchen Sendungen, die offensichtlich geeignet sind, die Entwicklung des Kindes oder auch seine Erziehung durch die Eltern schwer zu gefährden. Als Maßstab gilt hier wiederum allgemein das Kindeswohl und die im Gesetz ausdrücklich normierte Erziehungsverpflichtung der Eltern, das Kind zu einer eigenverantwortlichen und gemeinschaftsfähigen Persönlichkeit zu erziehen, § 1626 BGB (siehe dazu unter 2. Kapitel I. 1. und 2.).

Ausnahmen zum Sendeverbot

Anbieter stellt sicher, dass die Sendung nur für Erwachsene zugänglich ist.

Es ist also möglich und zulässig, dass eine bestimmte Sendung nur für eine „geschlossene Benutzergruppe" zugänglich ist, das bedeutet, der Anbieter dieser Sendung stellt sicher, dass diese bestimmte Sendung nur von einer bestimmten Gruppe von erwachsenen Zuschauern gesehen werden kann.

Zur Beobachtung ob sich die Anbieter an diese gesetzlichen Verbote halten wurde mit dem Staatsvertrag das „jugendschutz.net" gegründet. Dabei handelt es sich um einen Verein, dessen Aufgabe es ist, die Angebote der Telemedien kontinuierlich zu überprüfen. Auf der Grundlage der so gewonnenen Expertise nimmt „jugendschutz.net" auch Aufgaben der Beratung und Schulung bei Telemedien wahr. Stellt „jugendschutz.net" Verstößen gegen Bestimmungen des Staatsvertrages fest, weist er den betroffenen Anbieter darauf hin und informiert gleichzeitig die Einrichtungen der Freiwilligen Selbstkontrolle und die Kommission für Jugendmedienschutz. Es können dann Sanktionen gegen den Anbieter verhängt werden.

Informationen für Eltern

Unter der Adresse „jugendschutz.net" finden Eltern umfassende, und dauernd aktualisierte Informationen zum Schutz von Kindern und Jugendlichen im Netz. Die Informationen sind zuverlässig, denn sie stammen von einer Einrichtung die von den Bundesländern zur Kontrolle der Webangebote auf ihre Vereinbarkeit mit den gesetzlichen Regelungen des Kinder- und Jugendschutzes gegründet wurde.

c) Glücksspiele

Kinder werden durch entsprechende gesetzliche Bestimmungen auch vor der Teilnahme an Online-Angeboten für Glücksspiele geschützt. Die Einzelheiten dazu finden sich im Staatsvertrag zum Glücksspielwesen (Glücksspielstaatsvertrag – GlüStV). Für Kinder und Jugendliche gilt ein striktes Verbot der Teilnahme an Glücksspielen, § 4 Abs. 3 GlüStV.

Glücksspiele
Teilnahme von Minderjährigen an Glücksspielen ist nicht zulässig.

Generell bleibt zur Mediennutzung der Kinder noch anzumerken, dass die Eltern zwar ein weitgehendes Erziehungsrecht in Blick auf ihr Kind haben, dass aber auch hier die allgemeinen Begrenzungen gelten (siehe 2. Kapitel I. 3.).

Achtung!
Eltern dürfen den Medienzugang ihres Kindes nicht einfach verbieten.

Sie müssen bei allen Verboten und Eingrenzungen immer das Wohl des Kindes beachten und gleichermaßen das Recht des Kindes auf seine Entwicklung, § 1 Abs. 1 SGB VIII. Bei der schwierigen erzieherischen Aufgabe der Gestaltung und der Kontrolle des Zugangs zum Internet sind die Eltern aber nicht nur auf ihre eigene Einschätzung angewiesen. Von staatlicher Seite gibt es ein breites und qualifiziertes medienpädagogisches Angebot an Beratung. Zusätzlich kontrolliert der Staat von sich aus kontinuierlich die im Netz vorhanden Angebote auf ihre medienpädagogische Eignung und kindgerechte Tauglichkeit.

2. Wer haftet bei Online-Käufen des Kindes?

Immer weiter ausgeweitet wird auch der Umsatz der Online-Einkäufe, besonders zu Lasten der Buchhändler und der Reisebüros aber auch der Musikindustrie.

a) Besondere Vertragsform

Es handelt sich beim Kauf von Reisen, Büchern, Flug- und Bahntickets, aber insbesondere beim Kauf von Musik und Filmen um sogenannte „Fernabsatzverträge“. Für diese besondere Form von Verträgen gibt es spezielle rechtliche Regelungen, die gleichzeitig mit den europarechtlichen Vorgaben abgestimmt sind. Diese Verträge werden immer mit Fernkommunikationsmitteln abgeschlossen. Wesentliches

Kriterium für einen solchen Vertrag ist, dass „die Vertragsparteien (nicht) gleichzeitig körperlich anwesend sind", § 312c Abs. 2 BGB.

§

Fernkommunikationsmittel

- *Briefe*
- *Kataloge*
- *Telefonanrufe*
- *Telekopien*
- *Emails*
- *SMS*
- *Teleshopping/ Telemedien*
- *Rundfunk*

Für den Inhalt der Verträge gelten keine Besonderheiten, sie unterscheiden sich nicht von Verträgen die im direkten persönlichen Kontakt geschlossen werden. Kinder tätigen online im Internet ganz normale, klassische Geschäfte wie den Kauf von Waren. Für diese gilt nichts anderes als wenn sie diese in einem Ladengeschäft bei physischer Präsenz der Vertragspartner schließen würden. Es gilt auch hier der Taschengeldparagraf, der Geschäfte des täglichen Lebens die von Minderjährigen geschlossen werden als verbindlich anerkennt. Bei Dauerschuldverhältnissen gilt, dass solche Geschäfte ohne die Genehmigung des gesetzlichen Vertreters, also ohne Zustimmung der Eltern, nicht wirksam sind (siehe dazu 3. Kapitel I. 1. und 2.).

Kinder sind oft auch auf der Handelsplattform eBay aktiv, sei es als Käufer oder Verkäufer. Insbesondere Auktionen erfreuen sich besonderer Beliebtheit. Auch hier gilt für die Kaufverträge grundsätzlich das gleiche wie für Kaufverträge die in einem Ladengeschäft mit einem physisch vorhandenen Verkäufer geschlossen werden.

i

Merke!

Für Online-Geschäfte gelten keine anderen Regeln als für Geschäfte die im allgemeinen Geschäftsverkehr abgeschlossen werden.

Die Inhalte der Verträge sind also gleich, egal ob Online-Verträge oder nicht, aber die Art des Vertragsabschlusses ist auf Grund der technischen Vorgaben anders.

Vertrag durch Mausklick
Die Erklärung einen Vertrag schließen zu wollen (Willenserklärung) kann bei Fernabsatzverträgen verbindlich durch Mausklick erfolgen (BGH NJW 02, 363).

b) Abo-Verträge

In vielen Familien hat jedes Familienmitglied ein eigenes Handy und eine eigene Telefonnummer. Die Handyverträge der Kinder werden dabei von den Eltern geschlossen. Rechtlicher Inhaber aller Nummern ist daher der gesetzliche Vertreter des Kindes, also die Eltern. Sie haften damit für die Kosten der Nutzung aller Nummern, das heißt die Eltern müssen die Kosten übernehmen und alle Rechnungen zahlen. Wie die Eltern als Rechnungsempfänger die Kosten innerhalb der Familie aufteilen ist für den Telefonanbieter nicht von Bedeutung. Diese Art von Rechnungen ist aber wegen der meist angebotenen und weit verbreiteten Telefon- und Internet-Flatrate der Höhe nach vorhersehbar und von daher monatlich weitgehend gleichbleibend.

Beispiel
Familie Müller hat einen Telefongesamtvertrag für alle Familienmitglieder, Vater, Mutter, Tochter und Sohn. Jedes Familienmitglied hat seine eigene Telefonnummer. Die monatlichen Telefonrechnungen belaufen sich üblicherweise monatlich auf etwa 25 €.

Im Monat Mai weicht die Rechnung in ihrer Höhe von 75 € plötzlich wesentlich von den bisher üblichen Rechnungsbeträgen ab.

Die Familie sollte zunächst diese Rechnung besonders anschauen. Wenn sie plötzlich von dem bisherigen und dem erwarteten Betrag abweicht und die Prüfung der Rechnung ergibt, dass Kosten auftauchen, die nicht zu dem Mobilfunkanbieter gehören sondern die einer anderen Firma zuzurechnen sind, sollten weitere Prüfungen angestellt werden.

Der Rechnungsbetrag kann immer genau einer Telefonnummer zugeordnet werden. Handelt es sich dabei um die Telefonnummer der minderjährigen Tochter, die sich die Kosten nicht erklären kann und nichts von einer Bestellung weiß, dann sollten die Eltern dieser Angelegenheit unbedingt nachgehen.

Achtung!
Vorsicht bei Spielen u.ä. wegen möglicher Abo-Fallen!

Die Tochter ist im Zweifel Opfer einer Abo-Falle geworden. Es gibt im Geschäftsverkehr eine Vielzahl von Dienstleistungsunternehmen, die etwa Klingeltöne oder andere ähnliche Dienstleistungen anbieten.

Das Geschäftsmodell geht dahin, in Spiele, die unentgeltlich geladen werden können, Anzeigen zu schalten und diese so in die Spielfläche zu integrieren, dass im Eifer des Spiels gelegentlich diese Fläche versehentlich angeklickt wird. Dann gehen diese Anbieter von einer Bestellung eines Abonnements aus, einer sogenannten TV-Flatrate für eben diese Produkte.

Achtung!
Abo-Kosten werden über die Telefon-Rechnung abgerechnet.

Die Anbieter solcher Abo-Geschäfte haben Verträge mit den Telefon-Gesellschaften. Diese nehmen die geltend gemachten Beträge als „Fremdleistungen" oder „Leistungen von Drittanbietern" in die monatlichen Telefon-Rechnungen auf ohne diese auf ihre Berechtigung zu prüfen. Dieses System des „WAP-Billing" ist auch für die Telefon-Anbieter lukrativ, denn sie erhalten dafür hohe Provisionen, etwa 20–40 % der Kosten.

Die entstehenden Kosten sind im Einzelfall gering, selten mehr als € 2,99 monatlich, sie fallen dem Verbraucher insofern nicht sofort auf. Das Geschäftsmodell dieser Anbieter geht aber von einer großen Zahl von „Bestellern" aus, einschließlich derer die versehentlich auf die Werbung tippen.

Es gibt letztlich keinen rechtlichen Grund diese Beträge zu bezahlen. Eine Reklamation beim Telefonanbieter führt allerdings zu dem Hinweis auf die Zuständigkeit des Drittanbieters.

Möglichkeiten für die Eltern

- Schriftlicher Widerspruch gegenüber Telefonanbieter und Drittanbieter
- Widerruf der Einziehungsermächtigung bei der Bank

- Rückholung des gesamten Rechnungsbetrages
- Bezahlung des üblichen Betrages an den Telefonanbieter

Um von solchen Belästigungen für die Zukunft verschont zu werden, sollte dann in einem weiteren Schritt der Telefonanbieter aufgefordert werden sofort eine Drittanbietersperre einzurichten. Der Telefonanbieter ist dazu verpflichtet, Kosten darf er dafür keine geltend machen.

§

BGH-Urteil zu Abo-Falle

(Urt. v. 5.3.2014 – 2 StR 616/12)

Der Betreiber einer Abo-Fallen-Website wurde wegen einer Täuschungshandlung, § 263 StGB, rechtskräftig wegen versuchten Betrugs zu einer Freiheitsstrafe von zwei Jahren verurteilt.

Der Sachverhalt:

Er betrieb verschiedene kostenpflichtige Internetseiten, die jeweils ein nahezu identisches Erscheinungsbild aufwiesen, unter anderem einen sogenannten Routenplaner. Die Inanspruchnahme des Routenplaners setzte voraus, dass der Nutzer zuvor seinen Vor- und Zunamen nebst Anschrift und E-Mail-Adresse sowie sein Geburtsdatum eingab. Aufgrund der vom Angeklagten gezielt mit dieser Absicht vorgenommenen Gestaltung der Seite war für flüchtige Leser nur schwer erkennbar, dass es sich um ein kostenpflichtiges Angebot handelte. Die Betätigung der Schaltfläche „Route berechnen" führte nach einem am unteren Seitenrand am Ende eines mehrzeiligen Textes klein abgedruckten Hinweis zum Abschluss eines kostenpflichtigen Abonnements, das dem Nutzer zum Preis von 59,95 € eine dreimonatige Zugangsmöglichkeit zu dem Routenplaner gewährte. Dieser Fußnotentext konnte in Abhängigkeit von der Größe des Monitors und der verwendeten Bildschirmauflösung erst nach vorherigem „Scrollen" wahrgenommen werden.

Begründung des Gerichts:

Die Erkennbarkeit der Täuschung sei bei sorgfältiger Lektüre die Strafbarkeit nicht ausschließe, denn die Handlung sei gerade im Hinblick darauf unternommen worden, die bei einem – wenn auch nur geringeren – Teil der Benutzer vorhandene Unaufmerksamkeit oder Unerfahrenheit auszunutzen.

Es sei auch ein Vermögensschaden gegeben. Dieser liege in der Belastung mit einer bestehenden oder auch nur scheinbaren Verbindlichkeit, da die Gegenleistung in Form einer dreimonatigen Nutzungsmöglichkeit für den Nutzer praktisch wertlos sei.

Abo-Fallen sind insgesamt ein beliebtes Geschäftsmodell im Internet und insbesondere bei Handys. Die ersten Geschäfte dieser Art wurden mit Routenplanern gemacht, dann kamen Firmen dazu die Software anboten die beim Hersteller direkt unentgeltlich angeboten wird. Sie verschleierten dabei, dass ihr Angebot nur gegen Entgelt, meist ein Jahresabonnement, erhältlich war. Opfer dieser unseriösen Anbieter sind Kinder genauso wie Erwachsene.

Abo-Fallen

Dienste auf Mobiltelefonen werden von „Drittanbietern" gezielt mit Werbung ausgestattet, die Abo-Fallen enthalten Die Abo-Gebühren werden über die Telefonrechnung geltend gemacht. Häufig handelt es sich dabei um Betreiber von Abo-Fallen.

Wenn ein Betreiber einer Abo-Falle, auf seiner Täuschung beharrt und wie in dem vom BGH entschiedenen Fall auch noch mit einem SCHUFA-Eintrag droht und einen Anwalt einschaltet, könnte es Eltern erforderlich erscheinen, gerichtlich gegen den Betreiber vorzugehen. Dies ist keine Besonderheit bei der Nutzung digitaler Medien, sondern ein allgemein anerkanntes Vorgehen. Eltern sollten sich in diesen Fällen an einen Rechtsanwalt wenden. Die Kosten dafür müssen im Zweifel von dem Unternehmer übernommen werden (AG Osnabrück, Urt. v. 19.10.2010 – 66 C 83/10).

c) Widerruf von Verträgen

Eine Besonderheit bei Online-Verträgen ist die für den Beginn und die Dauer der Widerrufsfrist erforderliche Widerrufsbelehrung des Vertragsanbieters, § 355 Abs. 2 BGB. Der Vertragspartner, also der Käufer, muss diese „unverzüglich" erhalten. Bei Auktionen z.B. bei eBay kann von einem Anbieter nicht erwartet werden, dass er jedem Bieter eine entsprechende Belehrung sendet. Der Kaufvertrag kommt letztlich nur mit dem am Ende erfolgreichen Bieter zustande. Also muss auch nur dieser nach den gesetzlichen Vorgaben ausdrücklich über die Widerrufsregelungen belehrt werden. Damit beginnt die

Bewertung dessen, was „unverzüglich" ist, also wann der Käufer die Widerrufsbelehrung erhalten muss, erst mit Auktionsende.

Wann ist Widerrufsbelehrung „unverzüglich"?

Die Belehrung ist auch dann noch unverzüglich ist, wenn sie erst kurz nach Ablauf von 48 Stunden per email beim erfolgreichen Bieter eingeht, obwohl eigentlich ein Zeitraum von mehr als 24 Stunden die Unverzüglichkeit in Frage stellt (OLG Hamm Urt. v. 10.1.2012 – I-4 U 145/11).

Widerrufsrecht bei Online-Käufen

Beim Kauf von CDs, DVDs mit Musik oder Filmen oder anderen Waren im Internet besteht grundsätzlich ein Widerrufsrecht (§ 321g Abs. 2 Ziff. 6 BGB). Dieses Recht gilt 14 Tage vom Vertragsschluss an (§ 355 BGB), bei CDS, DVDS aber nur, wenn die Versiegelung der Packung nicht entfernt wurde.

d) File-Sharing

Als Nutzer des Internet verhalten sich auch Kinder gelegentlich nicht ganz entsprechend der vorgegeben Regeln.

So kommt es vor, dass Kinder ihre Musik in Internet-Tauschbörsen anbieten, das sogenannte File-Sharing und dadurch das Urheberrecht an der Musik verletzen. Solche Aktionen führen häufig zu Abmahnungen seitens der Rechteinhaber, das sind die entsprechenden Musikverlage. Die Kosten für solche Abmahnungen sind oft sehr hoch.

Die Haftung für die Kosten der Abmahnungen trifft grundsätzlich den Inhaber des Anschlusses, das sind dann immer die Eltern des Kindes. Sie können sich nicht darauf berufen, dass auch andere Familienmitglieder den Internetanschluss nutzen (OLG Köln Urt. v. 23.12.2009 – 6 U 101/09).

Beispiel

Ein 13 Jahre altes Kind hatte illegales File-Sharing vom Anschluss seiner Eltern aus betrieben. Die Eltern hatten das Kind über Internetfallen belehrt und ihm verboten, an Internettauschbörsen teilzunehmen (BGH Urt. v. 15.11.2012 – I ZR 74/12).

Hier stellt sich vor allem die Frage wie weit die Aufsichtspflicht der Eltern geht (siehe dazu 2. Kapitel I. 4.) Das Gericht kam zu dem Ergebnis, dass die Eltern ihrer Aufsichtspflicht über ihr 13-jähriges Kind genügen, wenn sie dem Kind die Teilnahme an Internettauschbörsen verbieten und über deren Rechtswidrigkeit belehren, so wie sie es im vorliegenden Beispielsfall gemacht haben. Hinzukommt, dass das Kind bisher im Wesentlichen die erzieherischen Geboten und Verboten der Eltern befolgt hat.

Fazit

Eine Verpflichtung der Eltern, die Nutzung des Internet durch das Kind permanent zu überwachen, den Computer des Kindes zu überprüfen oder ihm den Zugang zum Internet teilweise zu verwehren, besteht erst dann, wenn die Eltern konkrete Anhaltspunkte für eine rechtswidrige und anweisungswidrige Nutzung des Internetanschlusses durch das Kind haben.

3. Welche Rechte haben Eltern gegen Betreiber sozialer Netzwerke und gegen Suchmaschinen?

In der Entwicklung noch relativ neu und dadurch rechtlich noch nicht ausreichend geklärt, ist die Intensivierung der Kommunikation über das soziale Internet. Die Bildung von Netzen innerhalb des Internets, die nur bestimmten Nutzern zugänglich sind, wurde zuerst im beruflichen Bereich eingerichtet. Firmen und Institutionen arbeiten mit sogenannten Intra-Netzen, deren Nutzung auf die Mitarbeiter der jeweiligen Firma oder Behörde beschränkt ist. Diese Netze dienen daneben zusätzlich der allgemeinen Kommunikation von Kollegen untereinander.

a) Soziale Netzwerke

Diese Idee wurde dann auf die Schulen ausgeweitet, damit darüber eine intensive Kommunikation der Schüler untereinander und mit der Schule erfolgen kann. Diese Netze, wie z.B. „Schüler VZ“ waren einige Jahre erfolgreich. Sie wurden aber inzwischen wie andere interne Kommunikationsportale auch, von dem alle diese Netzwerke verdrängenden Netzangebot der Firma Facebook abgelöst.

Hinweis
Facebook hat als soziales Netzwerk quasi eine Monopolstellung.

Die Teilnahme an diesem sogenannten sozialen Netzwerk wird von immer mehr und immer jüngeren Menschen als unverzichtbar für ihre Kommunikation mit Anderen angesehen. Kinder sammeln über ihre Eltern oder andere Bezugspersonen sehr früh erste Erfahrungen mit einer Kommunikation über Facebook.

Hinweis
Der „Like Button" ist aus der Welt der sozialen Kommunikation im Internet nicht mehr wegzudenken!

Das Kind, der Jugendliche, der sich der aktiven Teilnahme an diesem oder einem ähnlichen Netzwerk wie z.B. LinkedIn verweigert, hat in seiner Peergroup zunehmend einen schweren Stand. Die Tatsache, dass die von der Fa. Facebook zur Verfügung gestellten Leistungen in nahezu gleicher Weise mit einer eigenen Webseite und einem gut ausgestatteten und funktionierenden Email Account direkt über das Internet erreicht werden können, wird übersehen und nicht beachtet.

Die Kommunikation innerhalb sozialer Netzwerke entzieht sich meist der elterlichen Kontrolle. Eltern können nicht permanent jeden Kommunikationsvorgang des Kindes beobachten und kontrollieren (siehe dazu 2. Kapitel I. 1. und 2.). Geschlossene Zirkel in dem zum Facebook-Konzern gehörenden WhatsApp sind auch für Sicherheitsbehörden kaum zugänglich. Dort aber findet die Kommunikation statt, die für Kinder besonders gefährlich ist, da dort die pädophilen Erwachsenen ebenso wie die Anwerber radikaler Organisationen agieren.

Informationen zu Verträgen mit sozialen Netzwerken
„Das Nutzungsverhältnis bei sozialen Netzwerken. Zivilrechtlicher Austausch von IT-Leistung gegen personenbezogene Daten", Peter Bräutigam, MMR 2012, 635.

b) Speziell: Facebook

Facebook bietet in seinem Netzwerk die Einrichtung von Fan-Pages an. Besucher solcher Fan-Pages hinterlassen dort unvermeidlich Informationen über ihre Person.

Fallbeispiel: Fan-Page

Eine Behörde verlangte von einem Betreiber die Schließung einer Fan-Page, da die dort eingehenden personenbezogenen Daten im System des Facebook-Netzwerks verarbeitet werden und damit das Datenschutzrecht verletzt wird (OVG Schleswig Urt. v. 4.9.2014 – 4 LB 20/13).

Das Gericht hat in diesem Fall festgestellt, dass mit dieser Fan-Page tatsächlich eine Verarbeitung der Daten stattfindet und dass eine Verletzung des Datenschutzrechts gegeben ist. Der Anspruch der Behörde wurde trotzdem zurückgewiesen, die Behörde hatte also mit ihrer Klage keinen Erfolg. Als Begründung führte das Gericht an, dass die Verarbeitung der Daten nicht unmittelbar durch den Betreiber der Fan-Page erfolgte, sondern dass diese Verarbeitung durch das Netzwerk also durch die Firma Facebook erfolgte. Facebook hat Zugriff auf alle Daten. Die einzelnen Benutzer haben, aber genauso wie der Betreiber einer Facebook-Fan-Page, keinen Einfluss auf die Verarbeitung ihrer Daten. Der Betreiber des sozialen Netzwerkes kann daher für diese Datenverarbeitung datenschutzrechtlich nicht in Anspruch genommen werden.

Achtung!

Betreiber von sozialen Netzwerken können rechtlich nicht für die von den Nutzern hochgeladenen Inhalte verantwortlich gemacht werden, denn sie stellen mit ihrem Angebot nur eine Plattform zur Kommunikation zur Verfügung.

Kinder sind sehr schnell bereit, ein soziales Netzwerk wie die Firma Facebook zu nutzen, ohne dass ihnen dabei bewusst ist, mit welchen Problemen sie im Laufe der Zeit konfrontiert werden können. Der Vertrag mit Facebook ist unentgeltlich. Darüber wird im Allgemeinen nicht nachgedacht und reflektiert, dass möglichweise irgendwelche Risiken für die Nutzer des Systems der Firma Facebook entstehen könnten. Facebook hat sich als führender Anbieter mit ca. 1,4 Milliarden Usern durchgesetzt. Der Grund für diesen Erfolg ist vermutlich die Bequemlichkeit und Einfachheit mit der das System genutzt werden kann und selbstverständlich das Versprechen der Unentgeltlichkeit dieser Nutzung.

Die Informationen die von den Nutzern „gepostet", also in dieses Netz geladen werden, sind keineswegs vor Missbrauch und Drittnutzung geschützt. Zu unterscheiden ist hier zwischen den Gefahren, die von anderen Nutzern ausgehen und denen, die jedem Nutzer durch das Unternehmen Facebook drohen.

Risiken eingrenzen

Risiken, die von den anderen Nutzern ausgehen, können durch entsprechende Einstellungen der Privatsphäre, durch Begrenzung der Sichtbarkeit auf mehr oder weniger viele konkrete „Freunde" weitgehend und technisch zuverlässig beschränkt werden.

Dabei ist allerdings nicht ausgeschlossen, dass einer der „Freunde" eine ihm zugesandte und damit zugänglich gemachte Information unverändert oder auch bearbeitet, an andere Nutzer des Netzwerks weitergibt, bei denen diese Daten dann keiner Beschränkung der Datenweitergabe mehr unterliegen. Die darin liegende Dynamik sollte nicht unterschätzt werden, denn bereits die Weitergabe einer Information an einen einzelnen anderen Nutzer birgt die Gefahr einer Veröffentlichung an eine nicht mehr kontrollierbare Vielzahl von Nutzern.

Weitere Gefahren bei der direkten Nutzung des Internets gehen durch die Betreiberfirma Facebook selbst aus. Generell entstehen bei der Nutzung des Internets immer Gefahren betreffend den Schutz der eigenen Daten. Beim Versandt einer E-Mail an einen individuellen Empfänger durch einen Provider wie z.B. T-Online werden Daten versandt, die technisch diesem Netzbetreiber zugänglich sind. Es besteht also die Gefahr, dass die Vertraulichkeit verletzt wird. Das Gleiche gilt für die traditionelle Kommunikationsform durch einen Brief.

Daneben nutzt man das Internet direkt, indem man in einer Website/Homepage Informationen öffentlich und allgemein zugänglich macht, von denen man will, dass viele Personen diese zur Kenntnis nehmen. In beiden Fällen entscheidet der Nutzer grundsätzlich selbst, welche Daten er veröffentlicht. Die Risiken, die durch andere Nutzer entstehen können, sind hier ebenfalls relevant, sie sind aber quantitativ erheblich geringer als die bei Facebook bestehenden Gefahren durch andere Nutzer.

Achtung!

Bei der Nutzung eines normalen Providers, hat dieser keinen rechtlich zulässigen Zugriff auf die Daten seiner Kunden.

Der Provider stellt lediglich eine Plattform zur Verfügung und leitet die Daten weiter an denjenigen, den der Kunde ausgesucht hat. Er speichert die Daten zwar, aber die Speicherung erfolgt für den Kunden und dieser entscheidet auch über die Löschung seiner Website. Wenn also eine solche Entscheidung getroffen wird, dann ist der Provider rechtlich verpflichtet, die Website auch tatsächlich zu löschen. Er darf die dort vorhandenen Daten nicht für seine eigenen Zwecke aufbewahren.

Bei der Nutzung eines sozialen Netzwerkes gilt das nicht. Das soziale Netzwerk wie die Firma Facebook ist angesiedelt zwischen dem Internet und dem Nutzer, also ist es nach dem ersten Anschein wie ein Provider einzuordnen. Dieser Eindruck täuscht, Facebook ist strukturell nicht mit einem Provider vergleichbar, denn alle Daten werden direkt an Facebook „geliefert". Alle dort geposteten Daten, auch die, die nur für einen einzelnen weiteren oder die an wenige Nutzer freigegebenen Daten, gehen der Firma Facebook zu und können von deren Mitarbeitern eingesehen und verarbeitet werden.

Hinweis

Jede Information die in Facebook gepostet wird, wird damit automatisch zum Datenbestand der Firma Facebook.

Mit der Firma Facebook hat damit jeder Nutzer zwangsweise einen weiteren „Freund", den man nicht aus der Kommunikation ausschließen kann, egal welche Inhalte das betrifft. Die Inhalte sind oft sehr intimer Art. Kinder sollten auf diese Probleme und Gefahren durch die Eltern immer wieder hingewiesen werden, denn sie können diese Problematik nicht von sich aus durchschauen.

Achtung!

Die Betreiber von Facebook haben unbeschränkten Zugriff auf die gesamte Kommunikation jedes einzelnen Nutzers des Netzwerkes. Dieser Zugriff kann technisch nicht ausgeschlossen werden.

Angesichts dieser Situation erscheint es sinnvoll sich mit den Vertragsbedingungen zu befassen auf die man sich mit der Nutzung eingelassen hat. Das Lesen des „Kleingedruckten" ersparen sich die meisten Konsumenten beim Abschluss von Verträgen. Ein Grund ist, dass es mühsam ist die juristischen Formulierungen zu verstehen und ein anderer, dass es egal ist ob man den Text gelesen hat oder nicht, denn es bleibt faktisch keine Wahl, wenn man ein Angebot annehmen will. Wenn man „Ablehnen" anklickt, kommt der Vertrag den man ja gerade schließen will, nicht zustande.

Eltern, deren Kinder über Facebook kommunizieren, sollten unbedingt einen näheren Blick auf die Allgemeinen Geschäftsbedingungen (AGB) der Firma Facebook werfen.

Vertragsbedingungen von Facebook

(Auszug aus den AGB)

- Mit deiner Nutzung der Facebook-Dienste oder dem Zugriff darauf stimmst du dieser Erklärung in ihrer jeweils gemäß nachfolgendem Abschnitt 13 aktualisierten Fassung zu.
- Du wirst Facebook nicht verwenden, wenn du unter 13 Jahre alt bist.
- Du wirst Facebook nicht verwenden, wenn du ein verurteilter Sexualstraftäter bist.
- Du erteilst uns deine Erlaubnis zur Nutzung deines Namens, Profilbilds, deiner Inhalte und Informationen im Zusammenhang mit kommerziellen, gesponserten oder verwandten Inhalten (z.B. eine Marke, die dir gefällt), die von uns zur Verfügung gestellt oder aufgewertet werden. Dies bedeutet beispielsweise, dass du einem Unternehmen bzw. einer sonstigen Organisation die Erlaubnis erteilst, uns dafür zu bezahlen, deinen Namen und/oder dein Profilbild zusammen mit deinen Inhalten oder Informationen ohne irgendeine Entlohnung für dich anzuzeigen. Wenn du eine bestimmte Zielgruppe für deine Inhalte oder Informationen ausgewählt hast, werden wir deine Auswahl bei deren Nutzung respektieren.
- Du wirst jedweden Anspruch, Klagegegenstand oder Streitfall (Anspruch), den du uns gegenüber hast und der sich aus dieser Erklärung oder in Verbindung mit dieser bzw. mit Facebook ergibt, ausschließlich vor dem für den nördlichen Bezirk von Kalifornien zuständigen US-Bezirksgericht oder vor einem Staatsgericht in San Mateo County klären bzw. klären lassen, und du stimmst zu, dass du dich bei einem Prozess hinsichtlich aller derartigen Ansprüche der personenbezogenen Gerichtsbarkeit dieser Gerichte unterwirfst. Diese Erklärung sowie alle Ansprüche, die möglicherweise zwischen dir und uns entstehen,

unterliegen den Gesetzen des Bundesstaats Kalifornien, und zwar unter Ausschluss der Bestimmungen des internationalen Privatrechts.

- Wenn jemand einen Anspruch bezüglich deiner Handlungen, deiner Inhalte oder deiner Informationen auf Facebook gegen uns erhebt, wirst du uns von sämtlichen Schäden, Verlusten und Ausgaben (einschließlich angemessener Anwaltshonorare und Rechtskosten) im Zusammenhang mit einem derartigen Anspruch schadlos halten.
- UND DU ENTBINDEST UNS, UNSERE DIREKTOREN, LEITENDEN ANGESTELLTEN, MITARBEITER UND VERTRETER VON JEDWEDER HAFTUNG FÜR ANSPRÜCHE UND SCHÄDEN JEGLICHER ART, OB BEKANNT ODER UNBEKANNT, DIE SICH AUS EINER FORDERUNG DEINERSEITS GEGENÜBER DRITTEN ERGEBEN ODER DAMIT IN VERBINDUNG STEHEN. WIR ÜBERNEHMEN DIR GEGENÜBER KEINE HAFTUNG FÜR ENTGANGENE GEWINNE ODER ANDERE FOLGE-, SONDER-, INDIREKTE ODER NEBENSCHÄDEN, DIE SICH AUS DIESER ERKLÄRUNG ODER AUS FACEBOOK ODER IN VERBINDUNG DAMIT ERGEBEN, SELBST WENN WIR VON DER MÖGLICHKEIT DERARTIGER SCHÄDEN IN KENNTNIS GESETZT WURDEN. UNSERE GESAMTHAFTUNG, DIE SICH AUS DIESER ERKLÄRUNG ODER AUS FACEBOOK ERGIBT, IST AUF EINHUNDERT US-DOLLAR (100 $) …BEGRENZT…(Im Original in Großbuchstaben gedruckt).
- Wir bemühen uns, eine globale Gemeinschaft mit einheitlichen Standards für alle Mitglieder zu schaffen. Allerdings sind wir dabei auch bestrebt, die lokalen Gesetze zu berücksichtigen. Die folgenden Bestimmungen gelten für Nutzer sowie Nicht-Nutzer, die mit Facebook außerhalb der USA interagieren:
- Du bist damit einverstanden, dass deine persönlichen Daten in die USA weitergeleitet und dort verarbeitet werden.
- Sämtliche Rechte und Pflichten, die wir im Rahmen dieser Erklärung haben, sind durch uns in Verbindung mit einer Fusion, einer Akquisition, dem Verkauf von Vermögenswerten oder kraft Gesetzes oder anderweitig frei abtretbar.
- Mit deiner Nutzung der Facebook-Dienste oder dem Zugriff darauf stimmst du zu, dass wir solche Inhalte und Informationen

im Einklang mit der Datenrichtlinie in ihrer jeweils geänderten Fassung sammeln und verwenden können.

- Wir behalten uns sämtliche Rechte vor, die dir nicht ausdrücklich gewährt werden.
- ....

Der weitere Hinweis in den AGB: „Dir gehören alle Inhalte und Informationen, die du auf Facebook postest“ klingt sehr erfreulich. Tatsächlich ist diese Aussage aber trivial, eine reine Selbstverständlichkeit, die hier irreführend als Besonderheit hervorgehoben wird. Im Wettbewerbsrecht ist eine Werbung mit Selbstverständlichkeiten verboten, nicht dagegen bei Allgemeinen Geschäftsbedingungen. Diese Klausel ist letztlich sachlich belanglos.

Nicht belanglos sondern zentral ist folgende entscheidende Passage in den AGB: „Du gibst uns eine nicht-exklusive, übertragbare, unterlizenzierbare, gebührenfreie, weltweite Lizenz zur Nutzung jeglicher IP-Inhalte, die du auf oder im Zusammenhang mit Facebook postest („IP-Lizenz“). Diese IP-Lizenz endet, wenn du deine IP-Inhalte oder dein Konto löschst; es sei denn, deine Inhalte wurden mit anderen geteilt und diese haben die Inhalte nicht gelöscht.“

Damit erhält die Firma Facebook auf Dauer den vollständigen Zugriff auf alles, was die Nutzer irgendwann gepostet haben. Den Nutzervertrag zu kündigen und das Konto sowie die Inhalte löschen hilft nichts, denn man kann fast sicher davon ausgehen, dass irgendein anderer Nutzer, einer der „Freunde“ die ihm zugegangenen Daten nicht gelöscht hat. Damit bleiben sie auch für die Firma Facebook über die bei Vertragsabschluss erteilte IP-Lizenz verfügbar. Der kündigungswillige Nutzer, der die Löschung seiner Daten fordert, muss den Beweis führen, dass kein anderer Nutzer die Daten noch gespeichert hat. Diese Beweisführung ist faktisch unmöglich.

Durch diese Allgemeinen Geschäftsbedingungen, deren Anerkennung durch einen einfachen Klick Bedingung für die Nutzung des Netzwerks ist, schließt jeder Nutzer einen Nutzervertrag mit der Firma Facebook. Der Vertrag wird geschlossen mit der Firma „Ireland Limited, 4 Grand Canal Square, Dublin 2, Irland“, einer Tochterfirma von Facebook. Die Firma Facebook hat ihr Zentrum vermutlich nicht zufällig in Irland außerhalb der USA eingerichtet, sondern es ist davon auszugehen, dass ein wichtiger Grund dafür im niederen Niveau des Datenschutzes in diesem Staat zu finden ist.

Achtung!

Daten die von einem Nutzer bei Facebook hochgeladen wurden können faktisch nicht mehr gelöscht werden. Das gilt auch dann, wenn der Vertrag gekündigt wurde. Der Firma Facebook stehen die Daten auch dann weiter zur Verfügung.

Sollte ein Nutzer damit nicht einverstanden sein, dann könnte er Klage erheben. Als Nutzer hat man aber bei Vertragsabschluss mit dem Klick auf „Akzeptieren" in den AGB eine Klausel akzeptiert, wonach man ausschließlich vor dem für den „nördlichen Bezirk von Kalifornien zuständigen US-Bezirksgericht oder vor einem Staatsgericht in San Mateo County" klagen darf und zwar „ausschließlich auf der Grundlage der Gesetze des Bundesstaats Kalifornien", und das auch noch „unter Ausschluss der Bestimmungen des internationalen Privatrechts", so dass eine Verweisung an ein deutsches oder mindestens europäisches (irisches) Gericht damit ausgeschlossen ist.

Das ist offensichtlich eine sehr unerfreuliche weil beschränkte Rechtsposition, insbesondere für ein Kind, das mit mindestens 13 Jahren noch minderjährig ist.

Als Nutzer nimmt man auch unwidersprochen hin, dass Facebook mit seinen Erklärungen in den AGB die „lokalen Gesetze" relativiert, also deutsches Recht in seiner Geltung nicht als verbindlich anerkennt und nur die vereinbarten Gesetze von Kalifornien gelten.

Der Nutzer erklärt sich auch verbindlich unbegrenzt einverstanden, „dass deine persönlichen Daten in die USA weitergeleitet und dort verarbeitet werden". Das bedeutet, diese Verbreitung kann unmittelbar erfolgen, nicht nur durch die Nutzung der Facebook Dienste. Bereits durch den schlichten Zugriff auf diese Dienste „stimmst du zu, dass wir solche Inhalte und Informationen im Einklang mit der Datenrichtlinie in ihrer jeweils geänderten Fassung sammeln und verwenden können.".

Das Unternehmen Facebook kann nach alledem alle Daten, die von Usern gepostet wurden, frei verwerten. Es kann beliebige Teile der Daten an eine andere neu zu gründende juristische Person übertragen oder an andere Firmen verkaufen. Beliebige Teile sind dabei z.B. die gesammelten Daten eines Geburtsjahrgangs oder alle weiblichen User unter 18 in einem bestimmten Land.

Schließlich stellt man mit der Nutzung das gesamte Management des Unternehmens von jeglicher Haftung frei und verpflichtet sich „sämtliche Schäden, Verlusten und Ausgaben (einschließlich angemessener Anwaltshonorare und Rechtskosten) „ des Unternehmens zu tragen, falls ein anderer User „einen Anspruch bezüglich deiner Handlungen, deiner Inhalte oder deiner Informationen auf Facebook gegen uns erhebt".

Ergänzend und vorsorglich behält sich das Unternehmen auch noch „sämtliche Rechte vor, die dir nicht ausdrücklich gewährt werden."

Für Eltern ist in diesem Zusammenhang insbesondere von Relevanz, dass das Unternehmen in seinen AGB fordert: „Du wirst Facebook nicht verwenden, wenn du unter 13 Jahre alt bist" und „Du wirst Facebook nicht verwenden, wenn du ein verurteilter Sexualstraftäter bist." Damit soll gerade im Hinblick auf den Schutz Minderjähriger jegliche Verantwortung des Unternehmens für psychische Gesundheitsschäden, die aus der Nutzung durch Minderjährige von Seiten von Sexualstraftätern entstehen können, abgewendet werden. Die von den Nutzern zur Person angegebenen Daten werden und können nicht überprüft werden.

Achtung!
Bei Abschluss des Nutzungsvertrages mit Facebook wird die Altersangabe des Nutzers nicht überprüft.

Achtung!
Wer Facebook nutzen will kann dies nur zu den von der Firma Facebook einseitig diktierten Bedingungen tun, andernfalls wird die Nutzung von Facebook verweigert. Der Nutzer erklärt mit dem einen zustimmenden Mausklick die umfassende und uneingeschränkte Anerkennung der Allgemeinen Geschäftsbedingungen des Unternehmens. Danach erklärt der Nutzer automatisch, dass er mindestens 13 Jahre alt ist und dass er kein verurteilter Sexualstraftäter ist.

Mit dieser Formulierung in den AGB will sich das Unternehmen jeglicher Haftung gegenüber den Opfern für die Machenschaften von pädophilen Nutzern zu entziehen.

Eltern können es eigentlich nicht wünschenswert finden, dass ein vom Ausland aus agierendes Unternehmen die gesamte virtuelle

Darstellung ihres Kindes einschließlich aller intimen Details und aller Photographien speichert und ohne jede Kontrolle durch eine staatliche Ordnung für die eigenen rein kommerziellen Zwecke verwenden kann, einschließlich der Verwertung durch Verkauf dieser Daten. Eltern, die ihren Kindern die Kommunikation über Facebook ermöglichen, kommen damit an die Grenzen ihres Erziehungsrechts, Art. 6 Abs. 2 GG (siehe dazu 2. Kapitel I.3.).

Es ist also für Eltern sehr wichtig, dass sie ihren Kindern die Tragweite von Useraktivitäten, insbesondere im Hinblick auf den unbegrenzten zeitlichen Horizont der Datenverwendung durch Facebook, bewusst machen, damit sie evtl. selbst davon Abstand nehmen.

Tipp!
Die Geschäftsbedingungen eines Vertragspartners sollten immer gelesen werden bevor man sich zum Abschluss eines Vertrags entschließt.

Für Eltern ergibt sich die Frage, ob es einen wirksamen rechtlichen Schutz gegen diesen Datengebrauch durch soziale Netzwerke geben kann und wie sich dieser praktisch umsetzen lässt.

Es gibt zum einen selbstverständlich immer die Option, die Teilnahme an diesem System aufzukündigen und über die eigene Webseite oder unter der eigenen Email im Internet zu kommunizieren, um sich wenigstens für die Zukunft dem Zugriff von Facebook zu entziehen. Das nützt aber nichts im Hinblick auf die dort schon gesammelten Daten und deren zukünftige Verwendung bzw. wirtschaftliche Verwertung durch den Betreiber des Netzwerks.

Also wäre zu ist zu prüfen, ob der von dem Kind geschlossene Vertrag wirksam ist.

Die Anwendung der Taschengeldregelung, § 110 BGB (siehe dazu 3. Kapitel I. 2.), kommt hier nicht in Betracht, denn mit dem sozialen Netzwerk wird ein Dauervertrag geschlossen, der nicht unter die Regelungen zum Taschengeld für Minderjährige fällt.

Die Wirksamkeit der Willenserklärung eines minderjährigen Kindes, mit dem ein solcher Nutzervertrag geschlossen wird, ist daher von der Zustimmung der gesetzlichen Vertreter abhängig, § 107 BGB (siehe dazu 3. Kapitel I. 1.).

§ 107 BGB

„Der Minderjährige bedarf zu einer Willenserklärung, durch die er nicht lediglich einen rechtlichen Vorteil erlangt, der Einwilligung seines gesetzlichen Vertreters."

Die entscheidende Frage ist also, ob das Kind, das mit Facebook einen Nutzervertrag abschließt, „lediglich einen rechtlichen Vorteil erlangt".

Von rechtlicher Bedeutung ist hier zuallererst die vom Unternehmen werbemäßig ganz besonders hervorgehobene Unentgeltlichkeit des Vertrags, denn damit wäre der Vertrag wie eine Schenkung zu beurteilen.

Grundsatz

Schenkungen an Minderjährige sind grundsätzlich zustimmungsfrei wirksam (BGH 15, 168).

Diese Betrachtung als Schenkung versucht das Unternehmen gegenüber den Verbrauchern zu vermitteln. Genau dem dient der Hinweis auf die Unentgeltlichkeit und gerade damit wird unternehmerisch darauf abgezielt, bei Kindern und Jugendliche den Anreiz der Teilnahme zu schaffen.

Allerdings ist auch zu berücksichtigen, dass die Anmeldung zur Nutzung des Netzwerks, die Zustimmung zur Datennutzung durch das Unternehmen bedeutet. Eine Nutzung ohne Zustimmung zur Datennutzung wird vom Unternehmen nicht akzeptiert. Das Angebot der Firma Facebook lautet daher: Die Firma Facebook gewährt jedem die Nutzung des von ihr betriebenen sozialen Netzwerks, der sich verpflichtet, der Firma Facebook die wirtschaftliche Nutzung seiner in diesem Netzwerk publizierten Daten zu gewähren.

Diese Datennutzung ist also eine Gegenleistung, die zwar nicht in Geld besteht, aber in der Freigabe der Daten des Nutzers des Netzwerks zu kommerziellen Zwecken des Unternehmens. Bei Annahme dieses Vertragsangebots durch einen Verbraucher kommt ein Vertrag mit wechselseitigen Leistungen zustande, die in einem synallagmatischen Verhältnis stehen und deshalb untrennbar verbunden sind.

Vertrag mit Facebook

Der Vertrag mit einem sozialen Netzwerk wie Facebook ist ein gegenseitiger Tauschvertrag, § 480 BGB. Er bringt einem minderjährigen Kind also nicht nur einen rechtlichen Vorteil. Daher ist die Wirksamkeit des Vertrages von der Genehmigung durch den gesetzlichen Vertreter abhängig.

Alle Verträge von Minderjährigen mit Facebook sind von Anfang an unwirksam.

Die Verträge müssen vollständig rückabgewickelt werden sobald die Eltern ausdrücklich erklären, dass sie die Genehmigung verweigern.

Daraus ergibt sich die Feststellung, dass es sich bei der Anmeldung zur Nutzung des sozialen Netzwerks „Facebook" nicht um eine Willenserklärung handelt, „durch die der Minderjährige lediglich einen rechtlichen Vorteil erlangt". Er „bezahlt" der Firma Facebook die Nutzung ihres Systems vielmehr mit seinen Daten, mit der Freigabe seiner virtuellen Persönlichkeit zu beliebiger kommerzieller Verwertung durch das Unternehmen Facebook. Rechtlich handelt es sich um einen gegenseitigen Vertrag bei dem unterschiedliche Leistungen ausgetauscht werden. Das Fehlen eines Kaufpreises ist belanglos. Es handelt sich um einen relativ einfach strukturierten Tauschvertrag gemäß § 480 BGB. Eine Abschlusserklärung zu einem solchen Vertag, gerade bei der vom Unternehmen geforderten Dauerbindung in die Zukunft und die für das Unternehmen freie und beliebige wirtschaftliche Verwertbarkeit, ist offensichtlich nicht lediglich rechtlich vorteilhaft.

Das minderjährige Kind benötigt also die Einwilligung der gesetzlichen Vertreter, das bedeutet im Rechtssinne die vorherige Zustimmung, § 183 BGB. Liegt diese nicht vor, haben die Eltern also nicht ausdrücklich in den Abschluss des Vertrages mit Facebook eingewilligt, so ist der Vertrag schwebend unwirksam, § 108 Abs. 1 BGB. Verweigern Eltern als gesetzliche Vertreter des Kindes jetzt die Genehmigung, bleibt die Willenserklärung des minderjährigen Kindes auf Abschluss eines Vertrages ohne Wirkung. Der Vertrag ist dann von Anfang an unwirksam.

Grundsatz

Auch eine jahrelange Nutzung des Netzwerks durch den Minderjährigen steht der Verweigerung der Genehmigung nicht entgegen.

Die Rechtsbeziehung muss dann rückabgewickelt werden. Auf diesem Weg können die Eltern als gesetzliche Vertreter des Kindes die Löschung bzw. Herausgabe aller Daten verlangen.

c) Suchmaschinen

Kinder agieren im Internet genauso wie Erwachsene über Suchmaschinen wie z.B. Google, Ecosia, Yahoo oder Ixquick. Die Suchmaschinen dienen den einzelnen Nutzern zur effektiven Suche von passenden Angeboten nach von ihnen selbst formulierten und bestimmten Kriterien. Diesem Zweck dienen die Suchmaschinen auch nach ihrem Selbstverständnis. Trotzdem handelt es sich um private kommerzielle Unternehmen, die sich deshalb nicht darauf beschränken, Daten nur zwischen den Usern weiterzuleiten, sondern sie verarbeiten diese Daten – insbesondere die der User – auch selbst zu eigenen kommerziellen Zwecken.

Achtung!

Die zentrale Bedeutung, die bei der unübersehbaren Zahl von Websites den einzelnen Anbietern für die Netzverfügbarkeit des Einzelnen zukommt, schafft eine Reihe von rechtlichen Problemen, von denen viele noch gar nicht gesehen werden und viele noch nicht geklärt sind.

Tipp!

Eltern müssen sich zunächst selbst mit den Gefahren im Internet vertraut machen, um dadurch kompetenten Einfluss auf das Netzverhalten des Kindes nehmen zu können.

Viele Suchmaschinen finanzieren sich überwiegend durch Werbung, so auch die Firma Google. Dazu werden die Suchanfragen analysiert und dem anfragenden Nutzer werden entsprechend adäquate Werbeangebote gemacht. Die Analyse der Daten der anfragenden Nutzer geht aber noch weit darüber hinaus. Diese Anfragen werden in immer mehr Fällen ergänzt durch vom Anbieter antizipierte Ergänzungen, die dieser aus der Häufung solcher kombinierter Anfragen generiert.

Dazu hat Google ein Rechenprogramm erarbeitet – einen sogenannten Algorithmus – der dazu dient aus dem gesamten Bestand der Suchanfragen Verbindungen zu anderen Begriffen zu finden und nach ihrer Bedeutung aufzulisten, um dann dieses Kombinationsergebnis den Nutzern zur Auswahl anzubieten. Es handelt sich dabei um das Programm „Autocomplete". Die Funktion dieses Programm liegt in der automatischen Ergänzung der Suchanfrage, die grundsätzlich nützlich sein kann, weil sie die Suchanfrage möglicherweise im Sinne des Nutzers effektiv konkretisiert. Die genaue Rechenvorschrift dieses Algorithmus ist nicht öffentlich bekannt, aber die so ermittelten Ergänzungen beziehen quantitativ und qualitativ die aktiv eigegebenen Ergänzungen anderer Nutzer in die Erweiterung der eingegebenen Suchanfragen ein.

Das ist aber, obwohl der Anbieter zweifellos nicht darauf, sondern auf die Optimierung der Nutzersuche abzielt, im Einzelfall möglicherweise sehr unerfreulich und eventuell geschäftsschädigend.

Wenn z.B. bei der Eingabe eines Namens die Ergänzung „Porno", erscheint, so werden nicht alle Namensträger dies als angemessen und zutreffend ansehen und eventuell ihren Ruf geschädigt sehen, auch wenn diese negative Ergänzung beim vollständigen Namen nicht mehr angezeigt wird. Ähnliches gilt für Firma bei deren Bezeichnung z.B. die Ergänzungssuchangebote „Betrug" oder „Fake" oder beliebige ähnlich diskreditierende Zusätze erscheinen. Auch hier ist eine Rufschädigung mit Einbußen an Kunden und damit an Gewinnen naheliegend, jedenfalls nicht auszuschließen. Die Betroffenen haben aber keine technischen, und kaum rechtliche Möglichkeiten diese diskriminierenden Zusatzangebote, die ihr Bild im Internet verzerren, zu unterbinden.

„Autocomplete"-Funktion

(BGH Urt. v. 14.5.2013 – VI ZR 269/12)

In einem vom BGH entschiedenen Fall führte die Eingabe des konkreten Namens dazu, dass die „Autocomplete"-Funktion Ergänzungen mit „Betrug" und „Scientology" vorschlug. Es ist naheliegend, dass die betroffenen Namensträger ein erhebliches persönliches und/oder wirtschaftliches Interesse haben derartige diskriminierende Ergänzungen zu verhindern oder mindestens für die Zukunft auszuschließen.

Das Gericht ist insbesondere der Frage nachgegangen, ob mit dieser Aktion durch die Autocomplete-Funktion die Persönlichkeitsrechte des Nutzers verletzt wurden. Es wurde geprüft und dabei festgestellt, dass dem Betroffenen keine Verbindung zu Scientology nachgewiesen werden kann und dass es keinen sachlichen Grund gibt ihn des Betrugs zu bezichtigen oder auch nur zu verdächtigen.

Die Frage war nun außerdem, ob ein Unterlassungsanspruch gegen Google besteht, dass diese Ergänzungen für die Zukunft zu unterlassen sind und ob für die Vergangenheit Schadensersatz für die bereits eingetretenen Schäden am Persönlichkeitsrecht des Betroffenen zu zahlen sind.

Fazit

Diskriminierende Ergänzungen in den Suchanfragen verletzen das Persönlichkeitsrecht der betroffenen Gesuchten (siehe BGH Urt. v. 14.5.2013 – VI ZR 269/12).

Dieses Ergebnis ist allerdings nur für die Fälle passend, in denen willkürlich über die Autocomplete-Funktion hinzugefügte Ergänzungen unrichtig sind. Zutreffende Ergänzungen muss der Gesuchte hinnehmen, auch wenn sie für ihn unerfreulich sind.

Tipp!

Der Nutzer einer Suchmaschine muss es nicht hinnehmen, dass mit seinem Namen durch die Autocomplete-Funktion diskriminierende Wortverbindungen erzeugt werden.

Handelt es sich dabei um eine Verletzung des Persönlichkeitsrechts, besteht ein Anspruch gegen den Betreiber der Suchmaschine, diese Verbindung für die Zukunft zu verhindern.

Zur weiteren Information über die gesamten rechtlichen Zusammenhänge kann noch hinzugefügt werden:

Der BGH hat in dem genannten Urteil auch entschieden, dass die Firma, die die Suchmaschine betreibt, für solche Persönlichkeitsverletzungen durch die Autocomplete-Funktion haftet. Dieser Unternehmer hat den entsprechenden Algorithmus selbst geschaffen, so dass dessen Ergebnisse als Urheber und Verwender der Software auch von ihm zu verantworten sind. Das Unternehmen hat beim Einsatz von Software eine Pflicht zu prüfen, ob mit dem Einsatz Rechte Dritter, wie hier die über die Suchmaschine gesuchten Personen – verletzt werden können.

Tipp!
Es liegt in der Verantwortung jedes einzelnen Nutzers im Internet zu prüfen welche Ergänzungen von einer Suchmaschine bei der Eingabe seines Namens angeboten werden.

Insofern ist es also ein sinnvolles Nutzerverhalten, wenn gelegentlich ein „Egosurf" durchgeführt wird. Entsprechend sollten sich Eltern in Blick auf ihre Kinder verhalten und sie auf diese Problematiken immer wieder hinweisen.

d) Recht auf Vergessen

Für Eltern stellt sich auch immer wieder die Frage, wie im Netz mit Informationen, die sie selbst oder die Kinder betreffen, auf Dauer umzugehen ist. Es finden sich immer wieder – letztliche sachlich richtige Informationen – im Netz, die die Betroffenen aber nicht auf Dauer im Netz verbreitet haben möchten. Es geht also um die Frage, ob man belastende Informationen aus der näheren oder ferneren Vergangenheit „loswerden" kann. Das ist die Frage nach dem sogenannten „Recht auf Vergessen".

§ **„Recht auf Vergessen"**
Bezeichnet das Recht auf Löschung von „sensiblen" Verlinkungen.

Fallbeispiel zum Recht auf Vergessen
Bei Eingabe des Namens des Klägers erschien ein Link, der auf eine Veröffentlichung in einer Zeitung hinwies, die mehr als 10 Jahre alt war. Sie enthielt eine Notiz über eine damals laufende Zwangsversteigerung gegen das Haus des Betroffenen.

Die Angelegenheit ist inzwischen längst erledigt. Der Betroffene muss aber damit rechnen, dass Nutzer, die nach seinem Namen suchen, zeitlich nicht klar differenzieren und deshalb der Information in diesem alten Link noch eine aktuelle Bedeutung zumessen.

(Europäischer Gerichtshof Rechtssache C-131/12).

Der EuGH hat dazu verbindlich festgestellt, dass die Betreiber von Suchmaschinen Unternehmen sind, die Daten verarbeiten. Mittels komplexer Rechenprogramme werden den Nutzern bei der Eingabe eines Suchbegriffs die damit kompatiblen und relevanten Websites mehr oder weniger vollständig angezeigt. Dabei können eben auch Verlinkungen mit Informationen erscheinen, die zwar sachlich zutreffend sind, bei denen der gesuchte Nutzer aber gerade nicht will, dass andere diese Informationen erhalten, er würde diese Informationen gerne „vergessen".

Dieses Interesse des einzelnen Nutzers ist zwar ein verständliches Interesse, es würde aber dazu führen, dass das Internet seine freie Verfügbarkeit nahezu vollständig einbüßen würde.

Merke!
Ein allgemeiner Anspruch auf Löschung individuell unerwünschter aber zutreffender Informationen wäre Zensur.

Im obigen Fallbeispiel hat der EuGH aber den Betreiber verpflichtet, den beanstandeten Link zu löschen, da nur ein untergeordnetes Interesse der Öffentlichkeit an dieser längst überholten Information besteht. Es wird aber nur die Verlinkung gelöscht, nicht gelöscht wird die eigentliche Information. Sie bleibt weiter zugänglich und kann von Nutzern bei sogfältiger Suche immer noch gefunden werden. Allerdings wird die Information nicht mehr mit der aktuellen Priorität angezeigt wie bisher.

Merke!
Suchmaschinen sind als Daten-Verarbeiter für die auf Grund ihrer Software gefundenen Ergebnisse verantwortlich.

Der Nutzer einer Suchmaschine kann in engen Grenzen die Löschung von Verlinkungen verlangen. Es kommt dabei auch nicht darauf an aus welchem Land die Information stammt, zu der die Verlinkung führt.

Rechtlich noch nicht geklärt ist, ob die Löschung des beanstandeten Links nach der Rechtsprechung des EuGH nur in den europäischen Sites zu erfolgen hat oder weltweit. Die Fa. Google steht auf dem Standpunkt, dass die Löschung bei google.com mangels Kompetenz eines einzelnen Landes oder auch der EU nicht gefordert werden kann.

Tipp!
Der Nutzer einer Suchmaschine kann von deren Betreiber verlangen, dass ein Link, der bei der Namenseingabe auftaucht, gelöscht wird, obwohl dieser nicht fehlerhaft ist. Voraussetzung dafür ist, dass der Aussagegehalt dieses Links wirtschaftlich oder persönlich nachteilig sein kann und kein Interesse der Öffentlichkeit an dem Link besteht.

Wann und ob diese Situation gegeben ist, wird in jedem Einzelfall gesondert und sorgfältig geklärt werden.

4. Dürfen Fotos von Kindern in sozialen Netzwerken veröffentlicht werden?

Filme und Fotografien herzustellen ist seit Jahrzehnten eine Selbstverständlichkeit. Die technische Entwicklung hat aber dazu geführt, dass diese nicht mehr in traditioneller Weise analog auf Fotopapier aufgenommen und in einer Dunkelkammer entwickelt werden müssen, sondern digital aufgenommen werden und damit sofort verfügbar sind. Diese sofortige Verfügbarkeit bedeutet auch, dass die Bilder beliebig vermehrbar sind. Die Entwicklung ist damit aber nicht erschöpft. Hinzu kommt auch noch das Internet, das jedem Nutzer eine beliebig weite Verbreitung jedweder Filme und Bilder ermöglicht. Ein dritter Aspekt, der die Dynamik noch erheblich verstärkt ist die alltägliche Selbstverständlichkeit der Nutzung von Mobiltelefonen, ganz selbstverständlich auch von Kindern und Jugendlichen. Diese Mobiltelefone verfügen fast alle über eine Kamera. Kinder werden dadurch zu einer tagtäglichen Nutzung motiviert.

Zusätzlich sind die Geräte in den meisten Fällen durch die zusätzliche Frontkamera so ausgestattet, dass sie die Aufnahme des fotografierenden Nutzers selbst als wesentliches Motiv im Vordergrund ermöglichen. Die so hergestellten „Selfies“ erfreuen sich insbesondere bei Kindern und Jugendlichen außerordentlicher Beliebtheit. Diese technischen Möglichkeiten und ihre allgemeine Verfügbarkeit führen zu einer wachsende Bilderflut, bei der wiederum die Gefahr besteht, dass eine Verfügbarkeit der Bilder für eine unbegrenzte Öffentlichkeit nur einen Klick entfernt ist.

Schon immer gibt es in unserer Gesellschaft eine Personengruppe mit einer mehr oder weniger gesteigerten Affinität zu sexuellen Abbildungen von Kindern. Diese Menschen haben angesichts der digitalen Entwicklungen einen breiten Zugriff auf solche Darstellungen.

Der Gesetzgeber versucht missbräuchliches Nutzen persönlicher Fotos durch entsprechende strafrechtliche Regelungen einzudämmen und den gesellschaftlichen Verhältnissen anzupassen.

§

Verletzung des höchstpersönlichen Lebensbereichs durch Bildaufnahmen

§ 201a Abs. 1 StGB

„... mit Freiheitsstrafe bis zu zwei Jahren oder mit Geldstrafe wird bestraft, wer

1. *von einer anderen Person, die sich in einer Wohnung oder einem gegen Einblick besonders geschützten Raum befindet, unbefugt eine Bildaufnahme herstellt oder überträgt und dadurch den höchstpersönlichen Lebensbereich der abgebildeten Person verletzt,*
2. *eine Bildaufnahme, die die Hilflosigkeit einer anderen Person zur Schau stellt, unbefugt herstellt oder überträgt und dadurch den höchstpersönlichen Lebensbereich der abgebildeten Person verletzt."*

Es ist also nicht einfach zulässig z.B. auf einer Party Aufnahmen von anderen Gästen zu machen und diese für die Freunde bei Facebook hochzuladen. Erforderlich ist vielmehr, dass der Aufgenommene bereits der Herstellung der Fotografie zustimmt. Sonst erfolgt bereits die Aufnahme „unbefugt", § 201a Abs. 1 Ziff. 1 StGB.

Die Regelung in § 201a Abs. 1 Ziff. 2 StGB bezieht sich beispielsweise auf Aufnahmen von Betrunkenen oder von Unfallopfern. Bei der Abbildung derartig hilfloser Personen kommt es nicht mehr darauf an ob sie sich im Zeitpunkt der Aufnahme in ihrem Privatbereich, also in einer Wohnung oder in der Öffentlichkeit befinden. In solchen Fällen wird man praktisch immer davon ausgehen können, dass mit Fotos der höchstpersönliche Lebensbereich der abgebildeten Person verletzt wird.

Nach der gleichen Strafvorschrift ist die Weitergabe einer solchen Aufnahme an Dritte verboten, also insbesondere die Veröffentlichung in sozialen Netzwerken, auch wenn der Empfängerkreis dort begrenzt ist. Strafbar ist bereits die Weitergabe an nur eine einzige weitere Person, § 201a Abs. 1 und 2 StGB.

§ **Recht am eigenen Bild**

Es ist verboten

- *Bilder herzustellen, die den höchstpersönlichen Lebensbereich der abgebildeten Person verletzen,*
- *ohne Einwilligung der fotografierten Person, also unbefugt, eine Aufnahme zu machen, wenn diese Bildaufnahme geeignet ist, dem Ansehen der abgebildeten Person erheblich zu schaden und dieses Bild einer dritten Person zugänglich gemacht wird.*

Der Gesetzgeber will damit einen konsequenten Schutz des Rechts am eigenen Bild verwirklichen. Es geht dabei vorrangig um die Abschreckung. Gleichzeit führt das Wissen über diese Strafvorschrift aber vielleicht auch zu einem kritischeren Umgang mit den eigenen Abbildungen und den Fotos anderer Menschen in sozialen Netzwerken.

Eine besondere Regelung hat die sexuelle Darstellung von Kindern und Jugendlichen erfahren. Auch in diesem Zusammenhang droht dem Täter eine Freiheitsstrafe bis zu zwei Jahren oder eine Geldstrafe

§ **Sexuelle Darstellung von Kindern und Jugendlichen**

„… wer eine Bildaufnahme, die die Nacktheit einer anderen Person unter achtzehn Jahren zum Gegenstand hat

1. *herstellt oder anbietet, um sie einer dritten Person gegen Entgelt zu verschaffen, oder*
2. *sich oder einer dritten Person gegen Entgelt verschafft“.*

Bestraft wird also sowohl das aktive Tun als auch das passive Erwerben von kinderpornografischen Fotos. Allerdings muss immer eine Geldleistung mit im Spiel sein, denn das unentgeltliche Verschaffen solcher Fotos ist nicht mit einbezogen, obwohl der Schutzzweck der Norm und der Vorrang der Interessen von Kindern und Jugendlichen dies erfordern würde.

Positiv an dieser Ausweitung des strafrechtlichen Schutzes ist es, dass nicht bei jeder einzelnen Aufnahme die strafrechtliche schwierige Bewertung beginnen muss ob es sich dabei um Pornografie handelt oder nicht.

Achtung!

Bei Nacktdarstellungen von Kindern und Jugendlichen kommt es nicht darauf an, ob diese Fotos pornografischen Inhalt haben.

Es reicht es aus, dass die Abbildung die „Nacktheit einer anderen Person unter achtzehn Jahren zum Gegenstand hat“. Das ist zwar auch noch relativ unklar und lässt im Einzelfall einen breiten Interpretationsspielraum zu, ist aber sicher weit im Vorfeld der Pornographie angesiedelt.

Beispiel

Armin wird sieben Jahre alt. Seine Eltern Nina und Klaus haben zur nachmittäglichen Geburtstagsfeier zehn Kinder aus der Nachbarschaft eingeladen. Alle zusammen spielen im Garten, planschen im Pool und verbringen ein fröhliches Fest. Vater Klaus bedient den Grill und ist „zuständig“ die Szenen des Festes, die spielenden Kinder in allen Abläufen zu fotografieren. Eine Auswahl der schönsten Fotos schicken Nina und Klaus über WhatsApp später an die Eltern der anderen Kinder. Einige Eltern sind empört darüber, dass Fotos ihrer Kinder an andere Eltern weitergegeben wurden.

Diese Eltern haben durchaus Recht. Nina und Klaus hätten vorher nachfragen müssen, ob sie die Fotos an alle Eltern weiterleiten dürfen. Mit der Weitergabe dieser Fotos wird wie in § 201a Abs. 1 Ziff. 1 StGB formuliert, der „höchstpersönliche Lebensbereich“ des abgebildeten Kindes verletzt. Ob bei derartigen privaten Einladungen oder wie einem Kindegeburtstag oder bei einer Kindergartenfeier oder bei einer Schulfeier – die Grundproblematik ist die Gleiche. Und dies gilt ganz besonders dann, wenn die Absicht besteht diese Bilder über ein soziales Netzwerk mit anderen zu teilen.

Verbotene Fotos von Kindern

Es ist unzulässig

- fremde Kinder ungefragt zu fotografieren, die Zustimmung der Eltern ist erforderlich.
- Aufnahmen von Kindern und Jugendlichen, die nackt oder nur leicht bekleidet sind, zu verkaufen oder zu kaufen, dabei muss es sich nicht um Pornographie handeln.

Aus diesen Ausführungen wird deutlich, dass Eltern auch selber generell vorsichtig mit den Fotos ihrer Kinder umgehen sollten. Das Hochladen der Bilder der eigenen Kinder in sozialen Netzwerken sollte nur mit besonderer Vorsicht betrieben werden. Die Gefahr geht dabei einerseits von „Facebook-Freunden" aus, die diese Bilder weiterleiten und beliebig öffentlich machen können. Probleme können aber auch vom Betreiber des Netzwerks selbst ausgehen, da alle Inhalte, die hochgeladen werden, für den Betreiber auf Dauer beliebig verfügbar bleiben (siehe dazu unter 3. Kapitel III. 3).

5. Dürfen Eltern E-Mails oder Post des Kindes lesen?

Für Kinder gelten die in der Verfassung normierten Grundrechte genauso wie für Erwachsene. Kinder sind mit der Geburt rechtsfähig, § 1 BGB. Für Kinder gilt von daher das grundrechtlich geschützte Brief-, Post- und Fernmeldegeheimnis, Art. 10 Abs. 1 GG. Generell ist die Verletzung dieses Grundrechts also das Öffnen und Lesen eines fremden Briefes sogar strafbar, § 202 StGB. Das gilt aber nur wenn dies unbefugt geschieht.

Demgegenüber haben aber Eltern gleichfalls ihr elterliches Sorgerecht, § 1626 BGB. Die Eltern können aus diesem Sorgerecht allerdings keine generelle Befugnis ableiten, die Kommunikation ihres Kindes im Internet oder auf dem traditionellen Weg des Brief- und Postverkehrs zu überwachen, obwohl das Elternrecht ebenfalls ein Grundrecht ist, das damit gleichrangig neben dem Grundrecht des Kindes steht.

Eltern haben aber nicht nur ein Sorgerecht, sondern auch eine Sorgepflicht, §§ 1626 Abs. 1 und 1631 Abs. 1 BGB. Insofern könnte sich daraus in bestimmten Fällen eine Befugnis der Überwachung der Kommunikation des Kindes ergeben. Eltern müssen im Rahmen ihrer Sorgeverpflichtung immer darauf achten, dass das Wohl des Kindes nicht gefährdet wird (siehe dazu 2. Kapitel I. 3).

Merke!

– Nur im Falle einer Gefährdung des Kindeswohls sind Eltern im Rahmen ihres Sorgerechts zur Kontrolle der Kommunikation des Kindes befugt.

Jeder Verdacht auf eine Kindeswohlgefährdung muss Eltern zu erhöhter Aufmerksamkeit in Blick auf das Kind veranlassen.

Indizien für mögliche Kindeswohlgefährdung

- ☐ *Beobachtung einer Veränderung im Verhalten des Kindes*
- ☐ *deutliche Distanzierung und Entfremdung gegenüber den Eltern*
- ☐ *Benutzung von bisher nicht verwendeten Ausdrücken*
- ☐ *Veränderung der Interessen*

Auch eine auffällige zeitliche Ausweitung der Internetnutzung kann ein Indiz für eine Kindeswohlgefährdung sein. Entscheidend und vorrangig ist hier die Einschätzung der Eltern, bei denen eine entsprechende „Besorgnis" entsteht.

Sobald dies der Fall ist sollten die Eltern das Gespräch mit dem Kind suchen und erst wenn dies nicht gelingt kann aus dieser Situation die Befugnis entstehen, die Kommunikation des Kindes zu kontrollieren. Dabei sollte die Subjektstellung des Kindes, also seine eigene Persönlichkeit, seine Vorstellungen und Wünsche, so weit wie möglich respektiert werden. Es sollte vorrangig ein offener Umgang mit dem Kind gesucht werden. Die Lektüre der Briefwechsel oder Emails könnte gemeinsam mit dem Kind durchgeführt werden, um darüber möglicherweise doch noch in einen Dialog mit dem Kind kommen zu können. Erst als letztes Mittel sollte die Kontrolle heimlich erfolgen.

Kontrolle der Online-Kommunikation?

Nach Erkenntnis der Sicherheitsbehörden sind im Jahr 2015 etwa 70 minderjährige Mädchen heimlich in die Krisengebiete des Nahen Ostens ausgereist. Dabei handelt es sich um eine Gefährdung des Kindeswohls. Vorausgegangen ist dieser Ausreise ein Wandel in der Haltung der Minderjährigen, die – jedenfalls von den Eltern – wohl in der Entwicklung erkannt werden konnte.

Die Eltern mussten in diesen Fällen zu Recht vermuten, dass Dritte einen steigenden Einfluss auf das Denken ihres Kindes ausgeübt haben. Wenn solche Dritte nicht im sozialen Umfeld des Kindes, der Peergroup oder der Schule identifiziert werden können, ist es naheliegend, dass das Kind vermutlich von Onlinebekanntschaften beeinflusst wurde. In derartigen Fällen sind die Eltern auf der Grundlage ihrer Sorgepflicht befugt, die Kommunikation ihres Kindes im Internet und beim klassischen Briefverkehr zu kontrollieren.

Fazit
Es obliegt der verantwortlichen erzieherischen Entscheidung der Eltern ob sie es zum Schutz des Kindeswohls für dringend erforderlich halten in das Briefgeheimnis ihres Kindes einzugreifen.

Kommen sie zu dem Ergebnis, dass dies erforderlich ist, dann sind sie auf der Grundlage ihres Sorgerechts und ihrer Sorgepflicht auch rechtlich dazu befugt. Sie können sich daher dann auch nicht strafbar nach § 202 StGB machen. Sie kontrollieren nämlich die Kommunikation ihres Kindes nicht mehr „unbefugt", sondern im Rahmen ihrer elterlichen Sorgeverpflichtung.

6. Was können Eltern gegen Mobbing und sexuelle Belästigung des Kindes im Netz unternehmen?

Eltern wissen, dass das Internet, besonders in der Form der Kommunikation in den sozialen Netzwerken, einen wesentlichen und prägenden Teil der Freizeitgestaltung ihrer Kinder darstellt. Diese virtuellen Aktivitäten verdrängen dann oft die reale Lebensentfaltung innerhalb und mit der Peergroup und überlagern alle sonstigen Formen des miteinander Kommunizierens. Es ist naheliegend, dass so wie in der Wirklichkeit auch, bei dieser virtuellen Kommunikation Probleme von Ausgrenzung und Missachtung auftreten. Die üblichen sozialen Differenzen zwischen den Kindern werden in die virtuelle Welt verlegt oder zumindest dort weiter ausgelebt.

Die qualitative Breite und die quantitative Reichweite sowie die optischen Möglichkeiten der Herabwürdigung Anderer sind in der virtuellen Welt allerdings ganz andere als im realen Umgang miteinander. Auch die schon immer vorhandenen Pädophilen, die sogenannten „bösen Onkel", haben sich schnell auf die neuen technischen Möglichkeiten des Internet und der sozialen Netzwerke eingestellt und nutzen diese intensiv und mit mindestens der gleichen kriminellen Energie wie schon bisher im realen Leben.

Diese dunkle Seite der Internetnutzung hat eine ganze Reihe von Begriffen hervorgebracht, die aber nicht klar definiert und abgrenzbar sind. Die Bandbreite reicht vom „Cybermobbing" über das „Cybergrooming" bis zum „Sexting" oder „Anti-Frogging". Für diese Begriffe gibt es keine passenden deutschen Formulierungen und „Mobbing" ist ein Begriff der längst ohne den Bezug auf das Internet selbstverständlich im allgemeinen Sprachgebrauch verwendet wird.

Es hat sich hier nicht das asoziale Verhalten der Mobber geändert, sondern nur das Medium in dem diese Aktivitäten entfaltet werden.

Alle Arten von Mobbing – Aktivitäten stellen eine Verletzung des Allgemeinen Persönlichkeitsrechts des Opfers dar. In der „Schulfamilie“ insbesondere im Klassenverband finden sich häufig Täter, die einen Mitschüler „hänseln“ oder auch körperlich angreifen. Diese Aktionen erfolgen meist heimlich, denn den Tätern ist die Rechtswidrigkeit ihres Tuns oder zumindest ihr moralisches Fehlverhalten durchaus bewusst.

Es ist dabei nicht wesentlich, ob sich ein Verhalten nur auf simple Belästigungen beschränkt oder ob die Vorgehensweise für das betroffene Opfer deutlich beeinträchtigend ist. Auszugehen ist vielmehr allein von der Opferperspektive und dem Recht auf Schutz der Persönlichkeit. Mobbing sind danach einfach unerwünschte Verhaltensweisen, egal ob physisch, psychisch, sexistisch oder in anderer Weise diskriminierend.

Mobbing

§

- *systematische Anfeindungen und Schikanen, die meist von mehreren Personen gegen eine einzelne Person gerichtet werden.*
- *Verhaltensweisen, die für das Opfer physisch, psychisch oder sexistisch diskriminierend sind.*
- *Verschieden Formen: Cybermobbing, Cybergrooming, Sexting, Anti-Frogging*

Das Allgemeine Gleichbehandlungsgesetz (AGG), das klar von der allein relevanten Opferperspektive ausgeht, beschreibt daher auch nicht kasuistisch oder relativierend einzelne Aktivitäten, sondern formuliert, orientiert am Persönlichkeitsrecht der Betroffenen den Begriff der Belästigung als eine vom Opfer unerwünschte Verhaltensweise.

Belästigung

§

§ 3 Abs. 3 AGG:

„Eine Belästigung ist eine Benachteiligung, wenn unerwünschte Verhaltensweisen, … , bezwecken oder bewirken, dass die Würde der betreffenden Person verletzt und ein von Einschüchterungen, An-

feindungen, Erniedrigungen, Entwürdigungen oder Beleidigungen gekennzeichnetes Umfeld geschaffen wird."

Abs. 4:

„Eine sexuelle Belästigung ist eine Benachteiligung … , wenn ein unerwünschtes, sexuell bestimmtes Verhalten, wozu auch unerwünschte sexuelle Handlungen und Aufforderungen zu diesen, sexuell bestimmte körperliche Berührungen, Bemerkungen sexuellen Inhalts sowie unerwünschtes Zeigen und sichtbares Anbringen von pornographischen Darstellungen gehören, bezweckt oder bewirkt, dass die Würde der betreffenden Person verletzt wird, insbesondere wenn ein von Einschüchterungen, Anfeindungen, Erniedrigungen, Entwürdigungen oder Beleidigungen gekennzeichnetes Umfeld geschaffen wird."

Mit diesem Verständnis von Mobbing aus der Opferperspektive ist auch das Cybermobbing zu betrachten und zu bewerten.

a) Cybermobbing

Wenn eine Beleidigung ausgesprochen wird, oder wenn falsche Tatsachen verbreitet werden, so kommt es nicht darauf an in welchem Medium das geschieht. Eine mündliche Beleidigung ist von gleicher Gewichtigkeit wie eine geschriebene. Daher macht es auch keinen Unterschied, ob derartige kriminelle Verhaltensweisen in sozialen Netzwerken praktiziert werden. Besonders risikoarm erscheint es vielen Tätern, soziale Netzwerke für die Persönlichkeitsverletzung Anderer zu nutzen. Genau das ist dann Cybermobbing.

Das Internet ist kein rechtsfreier Raum und dort begangene strafbare Taten können genauso verfolgt werden. Das Strafgesetzbuch hält eine Reihe von Strafvorschriften bereit, nach denen Mobbingtäter möglicherweise bestraft werden können.

§ **Bestrafung bei Mobbing**
wegen

- *Beleidigung, § 185 StGB*
- *Üble Nachrede, § 186 StGB*
- *Verleumdung, § 187 StGB*

Die relevante Besonderheit des Internet und der Nutzung der sozialen Netzwerke ist die Öffentlichkeit, die an allen Äußerungen im Netz beteiligt wird.

Beispiel Mobbing 1

Der 15-jährige Artus hat sich in die 13-jährige Sina verliebt, die aber nichts von ihm wissen will. Aus Enttäuschung und Wut darüber schreibt Artus täglich „Liebesbriefe“ über Facebook an Sina. Er bedankt sich zunächst für die wunderbaren Nächte mit ihr, dann beschreibt er alle Details ihres angeblichen sexuellen Zusammenseins, er lobt ihre Erfahrung, die sie von den vielen Beziehungen zuvor mitbringt, er beschreibt ihren Körper in jedem Detail usw. Die ganze Schulklasse der beiden verfolgt jedes Detail der Äußerungen. Sina wird immer mehr zur Außenseiterin, sie wird von den Mitschülern nicht mehr ernst genommen, sondern wie ein „Flittchen“ behandelt. Sina leidet sehr unter dieser Situation und weiß nicht wie sie sich wehren soll.

Wenn Nutzer im Internet insbesondere in sozialen Netzwerken Bemerkungen oder Erklärungen über einen anderen Menschen tätigen und an andere Nutzer weitergeben, die geeignet sind die Würde der betreffenden Person zu verletzten und die für diesen ein von Einschüchterungen, Anfeindungen, Erniedrigungen, Entwürdigungen oder Beleidigungen gekennzeichnetes Umfeld schaffen, so verletzen sie damit dessen Persönlichkeitsrecht. Im Beispielsfall kommt die 13-jährige Sina genau in diese Situation.

In derartigen Mobbingfällen besteht für das Opfer die Möglichkeit, einen Schadensersatzanspruch gegen den Mobbingtäter geltend zu machen.

Verpflichtung zum Schadensersatz

„Wer … ein sonstiges Recht eines anderen widerrechtlich verletzt, ist … zum Ersatz des daraus entstehenden Schadens verpflichtet“, § 823 Abs. 1 BGB.

Diese gesetzliche Regelung ermöglicht es also demjenigen, dessen nach Art. 2 GG bestehendes Persönlichkeitsrecht als „sonstiges Recht“ durch das Mobbingverhalten eines anderen verletzt ist, einen Anspruch auf Schadensersatz geltend zu machen, § 823 Abs. 1 BGB.

Es entsteht damit also das Recht Schmerzensgeld für diesen immateriellen Schaden zu verlangen, § 253 BGB.

Beispiel Mobbing 2

Schüler einer Hauptschule hatten über YouTube ein selbst produziertes Rap-Video hochgeladen. Sie bezogen sich darin auf die schwarze Hautfarbe des Mitschülers und äußerten sich deutlich rassistisch und sexistisch. Der Betroffene wurde von anderen Mitschülern angesprochen, da es für sie klar war, dass es sich bei ihm um den in dem Video Gemeinten handelte (LG Bonn – 9 O 433/12).

Das Gericht hat in diesem Fall die Täter bzw. ihre Eltern zur Zahlung eines Schmerzensgeldes verpflichtet. Außerdem wurde ihnen auferlegt, eine Unterlassungserklärung abzugeben, also die offizielle Verpflichtung, dass sie das beanstandete Verhalten nicht fortsetzen werden.

Gerade unter Bezug auf die Definition des Allgemeinen Gleichbehandlungsgesetzes bestehen gute Chancen Schmerzensgeldansprüchen gegen entsprechende Täter durchzusetzen.

Bei Mobbing Schmerzensgeld

- Mobbing ist ein asoziales Verhalten, das sich gegen das Allgemeine Persönlichkeitsrecht des Opfers richtet.
- Eine Verletzung dieses Rechts begründet einen Anspruch auf Schmerzensgeld, § 823 Abs. 1 und § 253 BGB.
- Betroffene sollten nicht zögern diese Rechte geltend zu machen.

Unerwünschtes Verhalten kann für die Täter aber auch noch deutlichere Konsequenzen haben. Durch Mobbingaktionen gegen einen Mitschüler wird immer auch der Schulfrieden tangiert, eventuell gestört. Da solche Aktivitäten keine seltenen Ausnahmen sondern Alltag sind, sollte nicht nur die Schulleitung entsprechend aufmerksam sein, sondern das Schulforum präventiv tätig werden.

Tipp!

Eltern sollten sich bei Mobbing in der Schule an die Schulleitung und die Schulgremien wenden.

(siehe dazu 4. Kapitel II. 4.)

Mobbingverhalten unter Schülern führen häufig zu Eskalationen und stören damit den Schulfrieden insgesamt. In derartigen Fällen kann es soweit kommen, dass der Täter mit der in allen Schulgesetzen der Länder vorgesehenen Sanktion des Schulausschlusses für einen bestimmten Zeitraum belegt wird.

Beispiel Mobbing 3

Ein Schüler hatte – ohne Namensnennung – einen Mitschüler auf seinem Facebookaccount in eindeutig beleidigender und herabwürdigender Weise als asozial beschrieben. Da der Betroffene von anderen Mitschülern entsprechend erkannt wurde, half es dem Täter nichts, dass er auf die Namensnennung verzichtet und auf Anonymität gehofft hatte.

(VGH Baden-Württemberg Beschl. v. 12.5.2011 – 9 S 1056/11)

Die Schulleitung verhängte als Strafe den vorübergehenden Schulausschluss. Das Gericht sah dies in diesem konkreten Fall als unverhältnismäßig an. Allerdings ist jeder Einzelfall anders zu beurteilen, es kommt immer auf die konkrete Situation an. Wichtig ist, dass „unerwünschte Verhaltensweisen" von der Schule sehr wohl sanktioniert werden können und auch sanktioniert werden dürfen.

b) Cybergrooming

Besonders gefährlich wird die Nutzung des Internet aber durch den hierdurch gesteigerten Kontakt zu einer besonderen Gruppe von Kriminellen, die sich der Anonymitätsoptionen des Internet bedienen, um Kontakt zu Kindern und Jugendlichen zu suchen. In diesen Fällen handelt es sich dann um das sogenannte Cybergrooming.

Die Täter sind Erwachsene mit pädophilen Neigungen, die den Kontakt zu Kindern suchen, um sich selbst sexuell zu stimulieren. Sie missbrauchen damit in egoistischer Weise Kinder als Objekte zur Befriedigung ihrer Sexualität. Diese Täter handeln selbstverständlich auch im realen Leben. Dort allerdings sind sie bei entsprechender Umsicht der Eltern erkennbar und Kontakte können entsprechend unterbunden werden.

Im Internet ist dies ungleich schwieriger. Die Täter sind meist erfahrenen Internetnutzer, die sich in den Facebook Profilen der Kinder ihre Opfer suchen.

Dabei wählen sie selbstverständlich nach ihren persönlichen Präferenzen aus. Allerdings suchen sie sich in diesem Rahmen dann meist die Kinder aus, bei denen sie sich einen schnellen Erfolg versprechen. Opfer werden hier, genauso wie im realen Leben, vorrangig Menschen mit einem viktimogenen Profil.

Das bedeutet, dass besondere Aufmerksamkeit von Eltern gefordert ist, deren Kind bereits Opfer einer Mobbingattacke wurde. Gerade diesen Kindern gegenüber treten die Cybergroomer als verständnisvolle Erwachsene auf. Sie verbalisieren Mitgefühl und bieten Hilfe an, um damit das Vertrauen der Opfer zu erschleichen. Wenn sie damit Erfolg haben gehen sie zu dem sie allein interessierenden Thema des sexuellen Kontakts über.

i

Erhöhte Aufmerksamkeit der Eltern

- Wenn ein Kind Opfer einer Mobbingaktion in einem sozialen Netzwerk wurde, ist es für Cybergroomer ein bevorzugtes Opfer.
- Nach einer Mobbingattacke ist besondere Aufmerksamkeit bei der Internetnutzung des Kindes erforderlich.

Es ist praktisch nicht möglich zu verhindern, dass sich diese Täter in den sozialen Netzwerken bewegen, nur durch aufmerksame Kontrolle der Eltern kann verhindert werden, dass ein Kind zum Opfer wird.

Allerdings hat das Strafrecht inzwischen ein Instrumentarium zur Verfügung gestellt, um diese Täter immerhin nachträglich zu verfolgen und zu bestrafen, § 176 StGB. Bei dieser Regelung geht es um den sexuellen Missbrauch von Kindern unter 14 Jahren und den Versuch dazu, ein Verhalten, das zunächst ganz allgemein unter Strafe gestellt wird.

Speziell wird mit dieser Regelung auch die Internetnutzung der Täter beachtet.

§

Wegen sexuellem Missbrauch wird bestraft, wer

- *auf ein Kind mittels ... Informations- oder Kommunikationstechnologie einwirkt, um das Kind zu sexuellen Handlungen zu bringen, die es an oder vor dem Täter oder einer dritten Person vornehmen oder von dem Täter oder einer dritten Person an sich vornehmen lassen soll,*

– *auf ein Kind durch Vorzeigen pornographischer Abbildungen oder Darstellungen, durch Abspielen von Tonträgern pornographischen Inhalts, durch Zugänglichmachen pornographischer Inhalte mittels Informations- und Kommunikationstechnologie oder durch entsprechende Reden einwirkt.*

§ 176a StGB verschärft die Strafbarkeit noch deutlich wenn „der Täter das Kind durch die Tat in die Gefahr einer schweren Gesundheitsschädigung oder einer erheblichen Schädigung der körperlichen oder seelischen Entwicklung bringt".

Außerdem sanktioniert § 184b StGB die Verbreitung, den Erwerb und den Besitz kinderpornographischer Schriften.

Eine Schrift ist dann kinderpornografisch, §

„wenn sie zum Gegenstand hat:

a) sexuelle Handlungen von, an oder vor einer Person unter vierzehn Jahren (Kind),

b) die Wiedergabe eines ganz oder teilweise unbekleideten Kindes in unnatürlich geschlechtsbetonter Körperhaltung oder

c) die sexuell aufreizende Wiedergabe der unbekleideten Genitalien oder des unbekleideten Gesäßes eines Kindes."

Für die Strafbarkeit des Mobbingtäters kommt es allerdings entscheidend darauf an, ob die Abbildung das Kind in „unnatürlich geschlechtsbetonter Körperhaltung" zeigt.

Schließlich bestraft § 184c StGB die Verbreitung, den Erwerb und den Besitz jugendpornographischer Schriften auch dann, wenn sie die Wiedergabe einer ganz oder teilweise unbekleideten vierzehn, aber noch nicht achtzehn Jahre alten Person, zum Gegenstand hat.

§ 184d StGB erweitert die Bestrafung auf das Zugänglichmachen pornographischer Inhalte mittels Rundfunk oder Telemedien für Personen unter 18 Jahren und den Abruf kinder- und jugendpornographischer Inhalte mittels Telemedien.

Trotz dieser vielfältigen strafrechtlichen Bestimmungen, die vor allem dem Schutz der Opfer dienen sollen, bleibt es Aufgabe der Eltern die Nutzung sozialer Medien durch ihre Kinder zu beobachten.

Tipp!

Eltern sollten das Kind bei der Nutzung sozialer Netze

- emphatisch und kritisch begleiten und
- auf Anzeichen von Unsicherheit oder Verstörung achten.

Verhalten sich Eltern in diesem Umfeld des Kindes besonders achtsam, haben sie eher die Chance zu erkennen, ob das Kind möglicherweise Kontakt mit einem entsprechenden Täter hat oder vermutlich in eine Mobbingaktion verwickelt ist.

c) Sexting

Das Sexting gehört auch in diesen Zusammenhang der verschiedenen Formen von Cyber-Mobbing. Es bedeutet aber nur, dass Kinder und Jugendliche innerhalb ihrer Peergroup und meist in Paarkonstellationen erotische Texte oder Bilder austauschen. Der Unterschied zum Austausch herkömmlicher Liebesbriefe und entsprechender Fotografien ist nur ein gradueller. Hinzukommt, dass Sexting überwiegend von Personen, die schon über 18 Jahre alt sind praktiziert wird.

Das Problem ist aber auch hier, dass die Texte und Bilder eben nicht vertraulich bleiben und nur zwischen den Menschen ausgetauscht werden, die es angeht. Diese Texte und Bilder werden zum dauerhaften Datenbestand der Betreiber sozialer Netzwerke und können von diesen jederzeit weiter verwendet werden (siehe dazu 3. Kapitel III. 3.)

Weitere Informationen

Gewalt im Netz, Sexting, Cybermobbing & Co (Hrsg. Bundesarbeitsgemeinschaft Kinder- und Jugendschutz e.V. Berlin 2015).

IV. Spezielle Lebenssituationen

Zwischen Eltern und ihren Kindern entstehen immer wieder Konfliktfelder, die in ihren Dimensionen die alltäglichen Kleinigkeiten, die typischen Erziehungsprobleme, das übliche Hin und Her von Durchsetzungs- und Abnabelungsbemühen übersteigen.

1. Können Eltern die Tochter zur Abtreibung zwingen?

Situationen wie die Schwangerschaft der noch schulpflichtigen Tochter können Eltern an die Grenzen ihrer Erziehungsfähigkeiten bringen.

Fallbeispiel Betty (1)

Die 13-jährige Betty ist von ihrem 15-jährigen Schulfreund Bernd schwanger. Die kurze Beziehung mit ihm hat sie längst beendet und sie ist entsetzt, als ihr klar wird, dass sie ein Kind erwartet. Das Kind will sie nicht behalten und sie will auch ihre Eltern nicht über ihre Schwangerschaft informieren. Sie überlegt, was sie tun kann und was sie darf.

Grundsätzlich sind Schwangerschaftsabbrüche verboten. Die generellen Regelungen dazu finden sich in den §§ 218 ff. StGB. Ein Schwangerschaftsabbruch widerspricht den verfassungsrechtlich garantierten Grundrechten der Menschenwürde und des Persönlichkeitsschutzes, Art. 1 und 2 GG. Auch das werdende Leben unterliegt den Grundrechtsprinzipien. Deshalb ist ein Schwangerschaftsabbruch generell rechtswidrig und wird deswegen unter Strafe gestellt.

Strafandrohung wegen Schwangerschaftsabbruch

– Geldstrafe

– Freiheitsstrafe bis zu drei Jahren

– in besonders schweren Fällen bis zu fünf Jahren

Auch wenn das Strafrecht den Abbruch einer Schwangerschaft generell unter Strafe stellt, bietet es gleichzeitig in Verbindung mit den Regelungen im Schwangerschaftskonfliktgesetz (SchKG) detailliert festgelegte Ausnahmeregelungen.

Ausnahme vom Abtreibungsverbot,

wenn der Schwangerschaftsabbruch

☐ *durch einen Arzt*

☐ *mit Einwilligung der Schwangeren*

vorgenommen wird.

Das bedeutet, die Beratungs- und Indikationsregelungen in den §§ 218 ff. StGB machen einen Schwangerschaftsabbruch generell zulässig, es handelt sich also bei diesen Regelungen um eine Ausnahme zum eigentlichen Abtreibungsverbot.

Die Ausnahmeregelungen stellen klar:

- Die Schwangere darf nicht selbst abtreiben.
- Gegen ihren Willen darf kein Schwangerschaftsabbruch vorgenommen werden.

Die hier relevanten strafrechtlichen Regelungen sprechen immer nur von der Schwangeren an sich. Nach dem Alter der schwangeren Frau wird nicht gefragt. Es wird also nicht unterschieden, ob die Frau die ein Kind erwartet, bereits volljährig oder etwa noch minderjährig ist. Die Konsequenz aus dieser Tatsache ist, das auch die 13-jährige Betty, obwohl sie als Minderjährige üblicherweise keine rechtlichen Entscheidung ohne die Zustimmung ihrer Eltern als gesetzliche Vertreter treffen kann (siehe dazu 3. Kapitel I.), in diesem Fall alleinentscheidungsfähig ist. Bei der Entscheidung darüber, wie eine Frau mit der eigenen Schwangerschaft umgehen will, handelt es sich schon vom Inhalt her folgerichtig um eine höchstpersönliche Angelegenheit. Höchstpersönliche Entscheidungen können immer nur von der betroffenen Person selbst abgegeben werden. Keine andere Person, auch nicht die für die Erziehung und die gesetzliche Vertretung ihres Kindes nach §§ 1626, 1629, 1631 BGB zuständigen Eltern, können dem schwangeren Mädchen diese persönliche Entscheidung abnehmen. Betty ist demnach im Beispielsfall 1 nicht verpflichtet, ihre Eltern über die Situation zu informieren.

Vor jede Ausnahmeentscheidung für einen Schwangerschaftsabbruch sind vom Gesetzgeber verschieden Beratungsstufen verpflichtend vorgesehenen. Diese Beratungen sind nachvollziehbar insbesondere für noch sehr junge schwangere Frauen wie bei der 13-jährigen Betty besonders wesentlich und tatsächlich notwendig.

Die nachfolgende Liste führt auf, an welche Institutionen sich die Betreffende, je nachdem in welchem Bundesland sie lebt, wenden kann.

Hilfsangebote

Baden-Württemberg: Stiftung „Familie in Not“

Bayern: Landesstiftung „Hilfe für Mutter und Kind“

Berlin: Stiftung „Hilfe für die Familie“

Brandenburg: Stiftung „Hilfe für Familien in Not – Stiftung des Landes Brandenburg“

Bremen: Caritasverband Bremen e.V.

Hamburg: Caritasverband für Hamburg e.V.

Hessen: Diakonisches Werk in Kurhessen-Waldeck

Mecklenburg-Vorpommern: Stiftung „Hilfen für Frauen und Familien“

Niedersachsen: Stiftung „Familie in Not“

Nordrhein-Westfalen: Caritasverband für die Diözese Münster e.V.

Rheinland-Pfalz: Stiftung „Familie in Not“

Saarland: Caritasverband für Saarbrücken und Umgebung e.V.

Sachsen: Stiftung „Hilfe für Familie, Mutter und Kind“

Sachsen-Anhalt: Stiftung „Familie in Not“ – Sachsen-Anhalt

Schleswig-Holstein: Stiftung „Familie in Not“

Thüringen: Thüringer Stiftung Hand in Hand „Hilfe für Kinder, Schwangere und Familien in Not“

Beratungsleistungen dieser Einrichtungen sind alle kostenlos. Die Schwangere selbst, bei minderjährigen Schwangeren auch deren Eltern können sich auch an die zentrale Beratungsstelle für ungewollt Schwangere bei Pro Familia wenden.

Pro Familia

– Tel.: 08000606767

– Mail: info@profemina.org

Fallbeispiel Betty (2)

Betty will das Kind auf jeden Fall behalten. Sie weiß, dass ihre Eltern eine Abtreibung befürworten. Die Eltern versuchen sie mit allen Mitteln und vielen Argumenten umzustimmen. Der Streit eskaliert und die Eltern setzen Betty immer mehr unter Druck. Sie drohen ihr an, sie „rauszuschmeißen", falls sie das Kind behalten würde.

Eltern können und dürfen ihre Tochter nicht zu etwas zwingen. Mit einem solchen Verhalten könnten sich Eltern einer schweren Nötigung strafbar machen.

§ **Nötigung**

nach § 240 Abs. 1 StGB liegt vor, wenn ein „Mensch … durch Drohung mit einem empfindlichen Übel zu einer Handlung …, Unterlassung (ge)nötigt" wird …

§ **Schwere Nötigung**

ist nach § 240 Abs. 4 Ziff. 2 StGB, „wenn der Täter … eine Schwangere zum Schwangerschaftsabbruch nötigt." …

Die Strafandrohung liegt für diese Fälle, also im Falle der Nötigung zu einem Schwangerschaftsabbruch, bei einer Freiheitsstrafe zwischen sechs Monaten und fünf Jahren. Die Eltern bringen Betty mit ihren Drohungen genau in diese Situation: Sie hat Angst, mit ihrem Kind dann „auf der Straße zu sitzen", kein Dach über den Kopf zu haben und genau mit dieser Angst kalkulieren die Eltern, die den Schwangerschaftsabbruch erzwingen wollen.

Die im Falle einer schweren Nötigung vorgesehene Strafandrohung klingt auf den ersten Blick sehr hoch. Zu bedenken ist aber, dass es um den Schutz des höchsten Rechtsgutes, nämlich um den Schutz des (noch ungeborenen) Lebens geht. Die strafgesetzlichen Regelungen in den §§ 218 ff. und 240 StGB werden stimmig und nachvollziehbar vor dem Hintergrund der in den Art. 1 und 2 GG geschützten Rechte, also des Rechts auf Menschenwürde und das Persönlichkeitsrecht.

Fazit

- Minderjährige Schwangere benötigen keine Einwilligungserklärung ihrer Eltern in eine Abtreibung.
- Eltern haben rechtlich keine Möglichkeit, auf die Entscheidung ihrer Tochter Einfluss zu nehmen.

Die Antwort auf die Ausgangsfrage ist damit eindeutig:

- Eltern können auch ihre minderjährige Tochter nicht zu einer Abtreibung zwingen
- Nötigung zum Schwangerschaftsabbruch ist verboten und strafbar, § 240 StGB.

2. Können Eltern Piercing und Tätowierungen verbieten?

Der Vorgang des Piercen oder Tätowierens bedeutet letztlich, dass ein anderer bei demjenigen, der tätowiert oder gepierct werden soll, bewusst, also vorsätzlich einen körperlichen Eingriff vornimmt. Wenn diese Person mit diesem körperlichen Eingriff nicht einverstanden ist, macht sich der Handelnde wegen Körperverletzung strafbar.

Körperverletzung, § 223 StGB

„Wer eine andere Person körperlich misshandelt oder an der Gesundheit schädigt, wird mit Freiheitsstrafe bis zu fünf Jahren oder mit Geldstrafe bestraft."

Einwilligung, § 228 StGB

„Wer eine Körperverletzung mit Einwilligung der verletzten Person vornimmt, handelt nur dann rechtswidrig, wenn die Tat trotz der Einwilligung gegen die guten Sitten verstößt."

Es kommt also zunächst darauf an, ob das Kind selbst mit seiner Tätowierung einverstanden ist. Spezielle gesetzlichen Regelungen, die sich auf derartige körperliche Eingriffe beziehen oder ausdrückliche Altersregelungen, ab wann es erlaubt sein soll, sein eigenes Äußeres mit einer Tätowierung oder einem Piercing zu verändern, finden sich nirgendwo in den gesetzlichen Bestimmungen. Es wäre auch schwierig, formal allgemein festzulegen, ab welchem Alter Kinder in der Lage sein können, die möglicherweise kurzfristigen und ebenso die langfristigen Risiken und Folgen einer derartigen „mutwilligen Körperverletzung" einzuschätzen.

Es fragt sich also, ob Kinder diese ihren Körper betreffende Entscheidung auch ohne ihre Eltern vornehmen können. Grundsätzlich sind die Eltern als gesetzliche Vertreter für jede Entscheidung, die die Gesundheit ihres Kindes betrifft zuständig. Eltern können Rahmen ihrer elterlichen Sorge in der gebotenen Ausübung ihres Erziehungsrechts (siehe dazu im Einzelnen 1. Kapitel I. 4., 2. Kapitel I.) den körperlichen Eingriff, den ein Piercing oder eine Tätowierung mit sich bringt, untersagen, also nicht einwilligen. Derjenige, der die Tätowierung oder das Piercing durchführt ist vor einer strafrechtlichen Verfolgung wegen möglicher Körperverletzung nur durch die Einwilligung der Eltern geschützt.

Eltern sollten allerdings bedenken, ob sie mit ihrer Einwilligung in diesen körperlichen Eingriff bei dem Kind nicht möglicherweise an die Grenzen ihres Erziehungsrechts kommen (siehe dazu 2. Kapitel I. 3.).

✔ **Hilfsangebote**

Es erscheint angebracht, dass Eltern dem Kind eine Tätowierung oder ein Piercing verbieten.

Risiken und Dauerauswirkungen des körperlichen Eingriffs bleiben auch mit einer Einwilligung der Eltern bestehen.

Das mit 18 Jahren volljährige Kind kann dann selbst, eigenverantwortlich seine Entscheidung über diesen weitegehenden Eingriff treffen.

Allerdings bleibt zu bedenken, dass das Gesetz keine besondere Altersgrenze vorschreibt. Die Einwilligung des betreffenden wenn auch noch minderjährigen Kindes kann insofern selbst ausreichend sein. Abzustellen ist auf den persönlichen Reifegrad und die Einsichts- und Urteilsfähigkeit dieses Kindes. Wird das Kind über die Folgewirkungen und Risiken des Eingriffs ausreichend aufgeklärt und ist es sich über die Auswirkungen seiner Entscheidung mit den damit verbundenen langfristigen Folgen im Klaren, dann verstößt die (nur)-Einwilligung des Kindes zumindest nicht gegen die guten Sitten.

Einwilligung in eine Körperverletzung, § 228 StGB

„Wer eine Körperverletzung mit Einwilligung der verletzten Person vornimmt, handelt nur dann rechtswidrig, wenn die Tat trotz der Einwilligung gegen die guten Sitten verstößt".

Nach dieser Regelung reicht dann die Einwilligung des Kindes ohne die ausdrückliche Zustimmung der Eltern aus, um den mit einem Piercing oder Tattoo verbundenen körperlichen Eingriff zu rechtfertigen.

Fazit

Piercing oder Tattoo bei unter 18-jährigen sind eine Grauzone.

- mit Erlaubnis der Eltern steht den Kindern alles frei
- ohne Erlaubnis kann jedes Studio, das den Eingriff vornimmt, selbst entscheiden

3. Welche Möglichkeiten haben Eltern, wenn das Kind suchtkrank ist?

Eltern stehen der Suchterkrankung ihres Kindes meist hilflos gegenüber. Das familiäre Leben gerät aus den üblichen Bahnen, der Umgang aller Familienmitglieder miteinander wird vielfach von Streit geprägt, alle leiden unter der Suchterkrankung des einen Familienmitglieds.

Suchtkrankheiten

Verschiedene Arten von Abhängigkeiten:

- *Alkohol*
- *Drogen*
- *Essstörungen*
- *Spielsucht*
- *Computersucht*

Das Erziehungsrecht hilft den Eltern nicht viel weiter. Eltern sollten sich insbesondere zur psychischen Unterstützung an Beratungsstellen, Elternkreise, Suchtinformationsstellen wenden. Zuständig sind auch die Jugendämter, die den betroffenen Eltern Hinweise auf die verschiedenen Unterstützungseinrichtungen und auf mögliche rechtliche Begleitmaßnahmen geben können.

Für die betroffenen Kinder können möglicherweise Eingliederungshilfen nach den Regelungen des Sozialhilferechts – SGB XII – in Anspruch genommen werden.

§

Aufgabe der Eingliederungshilfe

§ 53 SGB XII

- *drohende Behinderung verhindern*
- *bestehende Behinderung mindern*
- *Folgen einer Behinderung beseitigen*
- *Behinderte Menschen in die Gesellschaft eingliedern*

Dass auch eine Suchtabhängigkeit eine Form von Behinderung ist ergibt sich aus den Bestimmungen und Definitionen im Gesetz über die Rehabilitation und Teilhabe behinderter Menschen (SGB IX).

§

Behinderung, § 2 Abs. 1 SGB IX

„Menschen sind behindert, wenn ihre körperliche Funktion, geistige Fähigkeit oder seelische Gesundheit mit hoher Wahrscheinlichkeit länger als sechs Monate von dem für das Lebensalter typischen Zustand abweichend und daher ihre Teilhabe am Leben in der Gesellschaft beeinträchtigt ist. Sie sind von Behinderung bedroht, wenn die Beeinträchtigung zu erwarten ist.“

Woraus die Leistungen der Eingliederungshilfe im Einzelnen bestehen können, ergibt sich aus den §§ 6 – 20 der Eingliederungshilfe-Verordnung (Verordnung nach § 60 des Zwölften Sozialgesetzbuches). Für suchtkranke Jugendliche werden hier Hilfen für eine angemessene Schulbildung und zur schulischen Ausbildung für einen Beruf angeboten. Als weitere Leistungsangebote bieten diese Regelungen Möglichkeiten zur Ausbildung für sonstige angemessene Tätigkeiten, allgemeine Bildungsangebote, Eingliederungshilfen in das Arbeitsleben und eine mögliche Anleitung durch Betreuungspersonen an.

Form der Eingliederungshilfe

- Kostenübernahme für alle Maßnahmen
- Beschaffung von notwendigen Hilfsmitteln

Neben den rechtlichen Leistungsangeboten hat sich im Suchtbereich ein breitgefächertes psychosoziales Hilfesystem entwickelt, das sich neben den vielen Beratungseinrichtungen in unterschiedlich organisierten Selbsthilfegruppen ausprägt (z.B. Al-Anon-Gruppen für Erwachsene oder die Alateen-Gruppen für Kinder und Jugendliche).

Informationsmaterial

- www.bvek.org
- www.eltern-selbsthilfe-freiburg.de
- www.bzga.de
- www.dhs.de
- www.bapk.de
- www.der-paritaetische.de

4. Dürfen Eltern Zwangsmaßnahmen gegenüber dem Kind veranlassen?

a) Zwangsernährung

In den verschiedenen Entwicklungsphasen des Kindes erleben Eltern immer wieder, dass ihr Kind bestimmte Gerichte nicht essen mag oder dass es überhaupt die Nahrungsaufnahme verweigert. Hält eine solche Verweigerungshaltung länger an und sind die Eltern überzeugt, dass es sich nicht nur um ein vorübergehendes typisch kindgemäßes Verhalten handelt, sondern dass ihr Kind krankhaft immer mehr abmagert, sollten die Eltern zunächst ärztlichen Rat einholen. Kommt der Arzt zu dem Ergebnis, dass es sich tatsächlich um eine krankhafte Essstörung handelt, sollten die Eltern die für eine Suchterkrankung angebrachten Hilfsangebote in Anspruch nehmen (siehe unter 3. Kapitel IV. 3.).

Nur in ganz außergewöhnlichen Extremfällen kann eventuell die Möglichkeit einer Zwangsernährung des Kindes in Betracht gezogen werden. Dies ist nur möglich, wenn erkennbar ist, dass das Kind immer weiter schwere körperliche Auswirkungen erleiden wird, die durch den Entzug jeglicher Nahrungsmittel bis zum Tod des Kindes führen könnten und wenn dies durch eine entsprechende ärztliche Begutachtung diagnostiziert ist.

Als Personensorgeberechtigte können Eltern aufgrund ihrer medizinischen Sorge und aufgrund des ihnen zustehenden Aufenthaltsbestimmungsrechts für das Kind, §§ 1626, 1631 BGB (siehe dazu unter 1. Kapitel I. 4.) in derartigen Ausnahmefällen beim Familiengericht eine Zwangsunterbringung und Zwangsbehandlung für ihr Kind beantragen. Sie sind in diesen Fällen in Ausübung ihrer elterlichen Sorge, ihres Personensorgerechts im Falle einer vitalen Lebensbedrohung für das Kind im Sinne des Kindeswohls zum Handeln verpflichtet. Die UN-Kinderrechtskonvention betont in Art. 3 ausdrücklich den Vorrang des Kindeswohls und definiert zudem, wie auf die Rechte der Eltern Rücksicht zu nehmen ist.

§

Achtung der Elternrechte, Art. 5 UN-Kinderrechtskonvention

„Die Vertragsstaaten achten die Aufgaben, Rechte und Pflichten der Eltern ..., das Kind bei der Ausübung der in diesem Übereinkommen anerkannten Rechte in einer seiner Entwicklung entsprechenden Weise angemessen zu leiten und zu führen.“

Bereits die Zwangsunterbringung eines Kindes bedarf nach § 1631b BGB der Genehmigung des Familiengerichts. Wichtigster Leitbegriff ist auch hier das Kindeswohl.

§

Zulässigkeit der Unterbringung eines Kindes, § 1631b BGB

Wenn sie „... insbesondere zur Abwendung einer erheblichen Selbst- oder Fremdfährdung erforderlich ist und der Gefahr nicht auf andere Weise, auch nicht durch andere öffentliche Hilfen, begegnet werden kann.“

Zur Durchführung einer Zwangsbehandlung wie einer Zwangsernährung finden sich in Regeln über das elterliche Sorgerecht keine speziellen Hinweise. Beachtet man die Grenzen, die den Eltern im

Rahmen des Erziehungsrechts auch durch die Mitwirkungsrechte des Kindes gesetzt werden, § 1626 Abs. 2 BGB (siehe dazu unter 2. Kapitel, I. 3.), muss der Wille des Kindes ganz besondere Beachtung finden. Das bedeutet, dass, ebenso wie bei der zwangsweisen Unterbringung des Kindes nach § 1631 b BGB, erst Recht bei einer Maßnahme von Zwangsbehandlung ganz klare Grenzen zu ziehen sind. Die in § 1906 BGB für die Zwangsbehandlung von Erwachsenen geltenden sehr eng gezogenen Regelungen können hier in Analogie gedanklich mit heran gezogen werden. Danach ist eine Zwangsbehandlung eines Menschen nur unter den nachfolgend aufgelisteten Bedingungen zulässig. Die gleichen Voraussetzungen müssen für die Zwangsbehandlung eines Minderjährigen mindestens auch gelten.

Zulässigkeit von Zwangsbehandlung

- ☐ *Kind erfasst krankheitsbedingt die Situation nicht oder kann sich nicht entsprechend verhalten,*
- ☐ *es wurde ausreichend versucht, das Kind zum Essen zu bringen,*
- ☐ *Zwangsmaßnahme ist notwendig, um drohende erhebliche Gesundheitsgefahr abzuwenden,*
- ☐ *es ist kein milderes Mittel verfügbar,*
- ☐ *der zu erwartende Nutzen überwiegt die zu erwartende Beeinträchtigung.*

Schon wegen der grundgesetzlich garantierten Freiheit der Person, Art. 2 GG, ist es selbstverständlich, dass an die Verhältnismäßigkeit der ärztlichen Zwangsbehandlung hohe Anforderungen gestellt werden müssen. Die Eltern bedürfen hier wie ein Betreuer bei einer volljährigen Person der Mitwirkung des Familiengerichts.

§ 1631 Abs. 3 BGB

„Das **Familiengericht** hat die Eltern auf Antrag bei der Ausübung der Personensorge in geeigneten Fällen zu unterstützen."

Vernachlässigen die Eltern ihre Pflichten und wird die Gefährdung des Kindes weiter fortgesetzt, ist das Jugendamt verpflichtet, geeignete Maßnahmen für das Kind einzuleiten. In Eilfällen könnte das Kind vom Jugendamt in Obhut genommen werden, § 42 SGB VIII. Das Jugendamt müsste dann eine Entscheidung des Familiengerichts über das weitere Vorgehen beantragen, um damit das Kind vor zusätzlichen Gefährdungen zu schützen (siehe 2. Kapitel I. 2.).

b) Sterilisation und Beschneidung

Es gibt zwei wichtige Abweichungen von der grundsätzlich freien Sorgerechtskompetenz der Eltern. Diese beiden Situationen könnten nicht unterschiedlicher sein. Die eine betrifft die Sterilisation, die andere die Beschneidung des männlichen Kindes.

Das Grundgesetz unterstellt, dass das Wohl des Kindes grundsätzlich den Eltern anvertraut ist.

§ **Pflichten der Eltern, Art. 6 Abs. 2 S. 1 GG**

„Pflege und Erziehung der Kinder sind … die ihnen zuvörderst obliegende Pflicht."

Die Verfassung und damit unsere Rechtsordnung unterstellt damit ausdrücklich, dass die Eltern mit ihrer Verpflichtung für das Wohl des Kindes Sorge zu tragen in verantwortungsvoller Weise umgehen. Gerade im Bereich von Eingriffen in die körperliche Integrität, die objektiv immer Körperverletzungen darstellen, § 223 StGB, hat das Gesetz für besondere Extremfälle extra Regelungen geschaffen.

§ **Sterilisation, § 1631c BGB**

Es ist den Eltern ausnahmslos verboten ihr Kind sterilisieren zu lassen.

Um zu vermeiden, dass dieses Verbot auf irgendeine Weise umgangen wird, hat der Gesetzgeber zusätzlich klargestellt, dass die Regelungen, nach denen im Rahmen der Ausübung elterlicher Sorge ein Ergänzungspfleger für die Durchführung bestimmter Handlungen bestellt werden kann, § 1909 BGB, für nicht anwendbar erklärt.

Um ganz sicher zu gehen, dass auch sonst keine Umgehung dieses Verbotes ermöglicht wird, enthält § 1631c BGB, der das Verbot der Sterilisation regelt, noch die Bestimmung: „Auch das Kind selbst kann nicht in die Sterilisation einwilligen."

Hinsichtlich der Beschneidung des männlichen Gliedes ist der Gesetzgeber den umgekehrten Weg gegangen und hat einen Körperverletzungstatbestand für eine nicht medizinische – sondern religiöse

– Indikation geöffnet und konstatiert, dass dieser Vorgang unter bestimmten Voraussetzungen nicht als Köperverletzung einzustufen ist.

Grundsätzlich stellt jeder Eingriff in die körperliche Integrität, die durch Art. 2 Abs. 2 GG grundrechtlich geschützt ist, eine strafrechtlich relevante Körperverletzung dar. Diese kann allerdings durch die Einwilligung in den Eingriff gerechtfertigt werden. Bei ärztlichen Behandlungen ist dies regelmäßig der Fall. Also stellt auch die Vorhaut-Beschneidung männlicher Kinder einen erheblichen Eingriff in die körperliche Integrität dar.

Beschneidung des männlichen Kindes, § 1631d BGB

Zulässiger, von dem Recht der Eltern auf Personensorge gedeckter medizinischer Eingriff.

Merke!

Die Beschneidung muss grundsätzlich nach den Regeln der ärztlichen Kunst durchgeführt werden und steht unter dem Vorbehalt der Kindeswohlgefährdung.

Erfolgt die Beschneidung des Kindes wie üblicherweise innerhalb der ersten 6 Lebensmonate wird eine zulässige Erweiterung des elterlichen Sorgerechts unterstellt.

Beschneidung nicht durch einen Arzt

„In den ersten sechs Monaten nach der Geburt des Kindes dürfen auch von einer Religionsgesellschaft dazu vorgesehene Personen Beschneidungen gemäß Abs. 1 durchführen, wenn sie dafür besonders ausgebildet und, ohne Arzt zu sein, für die Durchführung der Beschneidung vergleichbar befähigt sind.“

Die geltende rechtliche Regelung dient dem Frieden mit den betroffenen Religionsgesellschaften, aber das Problem des Widerspruchs zwischen der Religionsfreiheit der Eltern und der Religionsfreiheit des Kindes und seinem Grundrecht auf körperliche Unversehrtheit ist damit nicht gelöst.

Kritische Kommentierung

Eine fachlich vertiefte, bisweilen auch leicht polemische, sehr kritische Kommentierung der Problematik aus der Perspektive des Strafrechts bei der auch die Zirkumzision (Genitalverstümmelung – „Beschneidung" von Mädchen und Frauen) in die Argumentation einbezogen wird, findet sich bei:

Kindhäuser/Neumann/Paeffgen, Strafgesetzbuch § 228 StGB Rn. 103a bis 103d

Die neueste Rechtsprechung zu § 1631d BGB zieht sich bei der Lösung der Konflikte auf die Prüfung der Grenze der Kindeswohlgefährdung und der qualifizierten Aufklärung der Eltern über den Eingriff zurück. Die Einwilligung der Eltern setzt ausdrücklich eine qualifizierte Aufklärung über den Eingriff voraus. Ohne eine solche Aufklärung ist die Einwilligung unwirksam, § 630d BGB.

Auszug aus der Begründung des „Beschneidungsurteils"

LG Köln Urt. v. 7.5.2012 –151 Ns 169/11

„Gemäß § 1627 S. 1 BGB sind vom Sorgerecht nur Erziehungsmaßnahmen gedeckt, die dem Wohl des Kindes dienen. Nach wohl herrschender Auffassung ... entspricht die Beschneidung des nicht einwilligungsfähigen Knaben weder unter dem Blickwinkel der Vermeidung einer Ausgrenzung innerhalb des jeweiligen religiös gesellschaftlichen Umfeldes noch unter dem des elterlichen Erziehungsrechts dem Wohl des Kindes. Die Grundrechte der Eltern aus Artikel 4 Abs. 1, 6 Abs. 2 GG werden ihrerseits durch das Grundrecht des Kindes auf körperliche Unversehrtheit und Selbstbestimmung gemäß Artikel 2 Abs. 1 und 2 S. 1 GG begrenzt. Das Ergebnis folgt möglicherweise bereits aus Artikel 140 GG i.V.m. Artikel 136 Abs. 1 WRV, wonach die staatsbürgerlichen Rechte durch die Ausübung der Religionsfreiheit nicht beschränkt werden (so: Herzberg JZ 2009, 332, 337; derselbe Medizinrecht 2012, 169, 173). Jedenfalls zieht Artikel 2 Abs. 2 S. 1 GG selbst den Grundrechten der Eltern eine verfassungsimmanente Grenze. Bei der Abstimmung der betroffenen Grundrechte ist der Verhältnismäßigkeitsgrundsatz zu beachten. Die in der Beschneidung zur religiösen Erziehung liegende Verletzung der körperlichen Unversehrtheit ist, wenn sie denn erforderlich sein sollte, jedenfalls unangemessen. Das folgt aus der Wertung des § 1631 Abs. 2 S. 1 BGB. Zudem wird der Körper des Kindes durch die Beschneidung dauerhaft und irreparabel verändert. Diese Veränderung läuft dem Interesse des Kindes später selbst über seine Religionszugehörigkeit entscheiden zu können zuwider. Umgekehrt wird das Erziehungsrecht der Eltern nicht unzumutbar beeinträchtigt, wenn sie gehalten sind abzuwarten, ob sich der Knabe später, wenn er mündig ist, selbst für die Beschneidung als sichtbares Zeichen der Zugehörigkeit zum Islam entscheidet (zu den Einzelheiten vgl.: Schlehofer a.a.O.; a.A. im Ergebnis Fischer, 59. Aufl., § 223 Rn. 6 c; inzident wohl auch: OLG Frankfurt NJW 2007, 3580; OVG Lüneburg NJW 2003, 3290; LG Frankenthal Medizinrecht 2005, 243, 244; ferner Rohe JZ 2007, 801, 802)".

5. Was kommt auf Eltern zu, wenn das Kind eine Straftat begeht?

Für Eltern ist es meistens beschämend, wenn ihr Kind bei einer Straftat erwischt wird. Die Erkenntnis: „Mein Kind hat eine Straftat begangen", bedeutet für alle Beteiligten eine große Belastung, im ersten Moment ist dies ein großer Schock für die Eltern.

Eltern sollten wissen, dass unsere Rechtsordnung neben dem Erwachsenen- ein eigenes Jugendstrafrecht vorsieht, das in den Bestimmungen des Jugendgerichtsgesetzes (JGG) seinen Ausdruck findet.

Ziel des Jugendstrafrechts

- es wird berücksichtigt, dass die Entwicklung des Jugendlichen noch korrigiert werden kann,
- es besteht noch eine Chance zu lernen, sich den gesellschaftlichen Werten und Normen anzupassen,
- der betreffende Jugendliche ist noch „erziehbar".

Wichtig ist es also zu erkennen, ob es sich bei der von dem Kind begangenen Straftat um einen einmaligen Ausrutscher handelt oder ob es Anzeichen gibt, die auf eine beginnende, gefährliche Entwicklung bis hin zu einer Verfestigung von Fehlverhalten hinweisen. Genau nach diesen Kriterien richtet sich auch die strafrichterliche Beurteilung einer von einem Jugendlichen begangenen Straftat.

Eine Straftat zu begehen heißt, gegen Vorschriften und Gesetze zu verstoßen, die von der Gesellschaft zum Schutz aller aufgestellt wurden. Kinder und Jugendliche begehen meist sichtbare, leichter nachweisbare Delikte wie Diebstähle, Beleidigungen, Gewalttaten und Sachbeschädigungen oder Verstöße gegen die Straßenverkehrsordnung wie Schwarzfahren. Der Hintergrund für strafrechtlich relevantes Verhalten von Kindern und Jugendlichen ist oft auf die Entwicklung des Betroffenen zurückzuführen.

Hintergrund für Straftaten Jugendlicher

- *Abenteuerlust*
- *Mutprobe oder eine Art Sport*
- *Bedingung für Aufnahme in eine bestimmte Gruppe*
- *Zielsetzung: Aufmerksamkeit (z.B. der Eltern) auf sich zu lenken*

Strafrechtlich relevantes Verhalten von Kindern und Jugendlichen kann also immer auch Hinweis auf eine Entwicklungsgefährdung sein. Jugendstrafrecht ist insofern ein Sonderstrafrecht für junge Täter, die sich zum Tatzeitpunkt noch in einem kritischen Übergangsstadium ihrer Entwicklung vom Kind zum Erwachsenen befinden.

Tipp!

Rat und Hilfe für Eltern bieten:

- Jugendamt
- Erziehungsberatungsstellen

a) Strafrechtliche Konsequenzen für das Kind

Begeht ein Kind unter 14 Jahren eine Straftat, dann hat dies strafrechtlich keine Folgen, § 1 Abs. 2 JGG. Weist das Delikt in seiner Schwere allerdings auf eine beginnende Gefährdung hin, sollten öffentliche Hilfen (Jugendamt, Erziehungsberatung) unbedingt in Anspruch genommen werden, um das Kind rechtzeitig vor einem möglichen weiteren Abgleiten auf die „schiefe Bahn“ zu bewahren. Das Jugendamt kann auch von sich aus tätig werden und es werden möglicherweise über das Familiengericht Maßnahmen gemäß den Bestimmungen zur Gefährdung des Kindeswohls angeordnet werden, §§ 1631 Abs. 3, 1666, 1666a BGB (siehe dazu 2. Kapitel I. 3.).

Maßnahmen des Familiengerichts bei „Straftaten" von Kindern unter 14 Jahren

- Ermahnungen
- Verwarnung
- Verweise
- Vorladungen zur Besprechung
- Unterbringung in einer anderen Familie oder sonstigen Erziehungseinrichtung

Wer eine Straftat begeht und noch nicht 14 Jahre alt ist, kann also nicht in einem Jugendstrafverfahren von einem Jugendrichter deswegen verurteilt werden. Das Jugendamt wird in den meisten Fällen eine Akte über das betreffende Kind anlegen, in der die Straftat festgehalten wird. Bei vielleicht weiterem Fehlverhalten des Kindes kann dann auf diese Dokumentation zurückgegriffen werden.

Wird ein Jugendlicher, der älter als 14 Jahre alt ist bei einer Straftat erwischt, unterliegt er den strafrechtlichen Regelungen nach § 1 JGG. Nicht alle Kinder ab dem 14. Lebensjahr werden schematisch gleich behandelt, sondern es wird ausdrücklich differenziert und geprüft und genau festgehalten, wie der tatsächliche Reifegrad des betreffenden 14-jährigen Kindes ist. Es muss festgestellt werden, ob das Kind für die von ihm begangene Tat bereits zur Verantwortung gezogen werden kann, § 3 JGG.

Verantwortlichkeit des Jugendlichen

- ☐ *ethische und verstandesmäßige Reife*
- ☐ *Einsichtsfähigkeit*
- ☐ *Handlungs- und Steuerungsfähigkeit*

Das normale Erwachsenenstrafrecht nach dem Strafgesetzbuch (StGB) kennt zwei Strafformen: Geldstrafe und Freiheitsstrafe. Das Jugendstrafrecht legt für Jugendliche andere Straffolgen fest.

Sanktionen im Jugendstrafrecht

- Erziehungsmaßregeln, §§ 9–12 JGG
- Zuchtmittel, §§ 13–16 JGG
- Jugendstrafe, §§ 17–19 JGG

Maßregeln der Besserung und Sicherung

- Unterbringung in einem psychiatrischen Krankenhaus oder einer Entziehungsanstalt, § 7 JGG, §§ 61, 63, 64 StGB
- Führungsaufsicht, § 7 JGG, §§ 61, 68 ff. StGB
- Entziehung der Fahrerlaubnis, § 7 JGG, §§ 61, 69 ff. StGB

Straftaten von Jugendlichen werden zunächst nur mit einem leichten „Denkzettel" belegt.

Erziehungsmaßregeln sind die aus Anlass der Straftat anzuwendenden Maßnahmen, deren Zweck nicht in der Ahndung der Tat, sondern in der Erziehung des Täters zu einem Verhalten besteht, das ihn weitere Straftaten vermeiden lässt. Im Fokus der Anordnung von Erziehungsmaßregeln steht also nicht die Vergeltung der Tat, sondern die Erziehung des Jugendlichen als positive Einflussnahme auf seine weitere Lebensführung.

Erziehungsmaßregeln

☐ *Weisungen: „…Gebote und Verbote, welche die Lebensführung des Jugendlichen regeln und dadurch seine Erziehung fördern und sichern sollen", § 10 Abs. 1 JGG*

- Annahme einer Arbeitsstelle
- Erbringung von Arbeitsleistung
- Betreuungshelfer
- sozialer Trainingskurs
- Anti-Gewalt-Training
- Verkehrsunterricht,
- Täter-Opfer-Ausgleich

- ☐ *Hilfen zur Erziehung, § 12 JGG*
  - – Erziehungsbeistand
  - – betreutes Wohnen

Erst wenn diese Erziehungsmaßregeln nicht ausreichen, kommen Zuchtmittel in Betracht, § 13 JGG, sie sollen dem Jugendlichen das Unrecht seiner Tat bewusst machen.

Zuchtmittel

- ☐ *Verwarnung, § 14 JGG*
  - – „Eindringliches Vorhalten" der Tat (durch den Jugendrichter)
- ☐ *Auflagen, § 15 JGG*
  - – Wiedergutmachung des Schadens
  - – Bußgeld an gemeinnützige Einrichtungen
  - – Arbeitsleistung
  - – persönliche Entschuldigung beim Verletzten
- ☐ *Jugendarrest, § 16 JGG*
  - – Freizeitarrest
  - – Kurzarrest
  - – Dauerarrest

In dieser Gesamtreihenfolge ist Jugendarrest die schwerste Sanktion einer Straftat eines Jugendlichen. Der längste Zeitraum für diese Strafe ist ein vierwöchiger Dauerarrest.

Die Verhängung einer Jugendstrafe ist das letzte, das äußerste Mittel, also die schwerste Sanktion gegen einen jugendlichen Täter in einem Jugendstrafverfahren.

✔ **Jugendstrafe: Freiheitsentzug in einer Jugendstraf-anstalt**

- ☐ *Minimum sechs Monate – Maximum fünf Jahre*
- ☐ *Ausnahme zehn Jahre bei besonders schweren Taten (Verbrechen, die auch nach allgemeinem Strafrecht mit Höchststrafe von mehr als zehn Jahre Freiheitsstrafe geahndet werden – z.B. Mord)*

Jugendstrafe bedeutet also Freiheitsentzug für einen genau festgelegten Freiraum. Sie wird deshalb nur bei extremen Taten oder besonders schwierigen jugendlichen Tätern angeordnet und das auch nur dann, wenn Erziehungsmaßregeln und Zuchtmittel für diesen Jugendlichen nicht mehr ausreichen, § 17 ff. JGG.

✔ **Voraussetzung für die Verhängung der Jugendstrafe, § 17 Abs. 2 JGG**

- ☐ *„schädliche Neigung" des Täters*

oder

- ☐ *„Schwere der Schuld"*
- ☐ *Erziehungsmaßregeln und Zuchtmittel reichen nicht aus.*

Die Jugendstrafe kann im Rahmen des Jugendstrafverfahrens auch zur Bewährung ausgesetzt werden, §§ 21–30 JGG.

§ **Bewährung**

Der zu einer Jugendstrafe verurteilte Jugendliche muss die Strafe nicht antreten.

Ihm wird die Chance gegeben zu zeigen, dass er sich bessern wird.

Die Bewährungszeit ist also der Zeitraum, der dem Jugendlichen ausdrücklich auferlegt wird, um zu zeigen, dass er sich in keinerlei Hinsicht mehr strafrechtlich relevant verhält. Dieser Zeitraum beträgt zunächst mindestens zwei Jahre und höchstens drei Jahre.

Dem jugendlichen Täter wird für den vom Gericht festgelegten Bewährungszeitraum ein Bewährungshelfer zur Seite gestellt, § 24 JGG.

Bewährungshelfer, §24 Abs.3 JGG

„Der Bewährungshelfer steht dem Jugendlichen helfend und betreuend zur Seite. Er überwacht ... die Erfüllung der Weisungen und Auflagen."

Zu den ausdrücklich vom Gesetzgeber fixierten Aufgaben des Bewährungshelfers gehört es auch, „vertrauensvoll" mit den Eltern des Jugendlichen zusammenzuarbeiten, um damit die Erziehung des Jugendlichen sinnvoll zu fördern.

Eine Reihe von kleineren Delikten Jugendlicher wird nicht im Rahmen eines Gerichtsprozesses, also nicht im Rahmen einer Hauptverhandlung verhandelt. Stattdessen kann die Staatsanwaltschaft im Zusammenwirken mit dem Jugendrichter das Verfahren einstellen Die Möglichkeiten dieser sogenannten Diversion ergeben sich aus den §§ 45, 47 JGG.

Diversion

- Bestrebung bei Bagatelldelikten ein Strafverfahren zu vermeiden
- Alternative: Informelle Sanktionen
- möglichst keine Kriminalisierung und Stigmatisierung

Es geht bei diesem Verfahren also nicht darum, den noch jugendlichen Täter zu schonen, sondern es sollen Überreaktionen und Abstempelungen vermieden werden, die möglicherweise noch zu einer Festigung der negativen Verhaltensweisen dieses Jugendlichen führen könnten. Ziel ist es den Jugendlichen so zu maßregeln, dass er künftig nicht mehr straffällig wird. Der Jugendliche kann also im Rahmen dieses Diversionsverfahrens zu diversen Auflagen verpflichtet werden, gemeint sind auch hier z.B. Sozialstunden, eine Geldbuße oder die Schadenswiedergutmachung.

b) Heranwachsende

Eltern sollten auch wissen, dass ihr schon volljähriges, also mindestens 18 Jahre altes Kind im Falle einer Straftat noch die Chance hat nach Jugendstrafrecht und nicht nach Erwachsenenstrafrecht strafrechtlich beurteilt und verurteilt zu werden. Das Jugendgerichtsgesetz enthält für die Altersstufe zwischen 18 und 21 Jahren in den §§ 105 ff. JGG eine Sonderregelung bereit, in dem es in dieser Altersstufe auf die individuelle Reifeentwicklung des Betreffenden abstellt. In jedem Einzelfall muss ausdrücklich und intensiv geprüft werden, ob es für diesen Täter angemessen ist, aufgrund seines etwas zurückgebliebenen Entwicklungsstandes doch das Jugendstrafrecht anzuwenden. Kommt das Gericht am Ende dieser Prüfung zum gegenteiligen Ergebnis, findet Erwachsenenstrafrecht Anwendung, die Regelungen des JGG können dann nicht angewendet werden.

Kriterien, ob Heranwachsender (18–21 Jahre)

- ☐ *Gesamtwürdigung der Persönlichkeit des Täters*
- ☐ *Berücksichtigung der Bedingungen des sozialen Umfelds*
- ☐ *nach sittlicher und geistiger Entwicklung noch wie ein Jugendlicher*
- ☐ *Tat ist eher eine Jugendverfehlung*

Diese besondere Regelung soll den auch mit 18–21 Jahren noch jugendlichen Tätern eine Chance geben und weiteren Schutz bieten. Die Abgrenzung wird für die entscheidenden Gerichte oft schwierig. In Zweifelsfällen neigen sie eher dazu im Sinne des Beschuldigten davon auszugehen, dass auch der über 18-jährige Täter eher noch als Jugendlicher nach den Vorschriften des JGG zu behandeln ist. Etwa zwei Drittel der angeklagten Heranwachsenden werden derzeitig nach Jugendstrafrecht verurteilt.

Beispiel

Die Geschwister Anton (19 Jahre), Anja (13 Jahre), Melissa (14 Jahre) und Prado (17 Jahre) gehören zu einer großen Jugendbande, die inzwischen mehrfach beim Aufbrechen von Automaten erwischt wurden.

Nach allem bisher Erläuterten wird klar, dass die an der gleichen Tat beteiligten Jugendlichen wegen ihres unterschiedlichen Alters möglicherweise auch unterschiedlich rechtlich behandelt werden.

Die beiden Jüngsten, Anja und Melissa, haben bei dem Gesamtvorgang „nur Schmiere“ gestanden, ihre Beteiligung an der Gesamttat ist insofern bereits von der Handlung her geringer einzustufen. Außerdem sind beide noch sehr jung und es ist zu hoffen, dass sie sich in einer positiveren Entwicklung verfestigen können. Anja ist mit ihren nur 13 Jahren noch nicht strafmündig, wird aber möglicherweise mit familiengerichtlichen Anordnungen genauso belegt werden wie ihre ein Jahr ältere Schwester Melissa, die diese Erziehungsmaßregeln über eine Entscheidung des Jugendgerichts auferlegt erhalten wird.

Beim 17-jährigen Prado wird der Richter näher hinschauen, welche der möglichen Sanktionen nach dem JGG für ihn geeignet sind.

In Blick auf den 19-jährigen Anton muss zunächst abgewogen und entschieden werden, ob er im Alter eines Heranwachsenden noch nach Jugendstrafrecht oder bereits nach Erwachsenenstrafrecht zu beurteilen ist.

c) Vorbestraftsein

Vorbestraft ist im Allgemeinen derjenige, der zu einer Strafe verurteilt wurde, die nach den Regeln des Bundeszentralregistergesetzes (BZRG) dort vermerkt wird und entsprechend im Führungszeugnis erscheint. Werden bei einem Jugendlichen Erziehungsmaßregeln oder Zuchtmittel angeordnet, gilt dieser Jugendliche nicht als vorbestraft. Die angeordneten Maßnahmen – allerdings nicht diejenigen, die dem Jugendlichen im Zusammenhang mit einem Diversionsverfahren auferlegt wurden – werden allerdings in das Erziehungsregister eingetragen. Einblick haben dort aber nur die Justiz- und die Jugendbehörden. Der Jugendliche gilt in diesen Fällen nicht als vorbestraft. Das ist besonders wichtig, da der Inhalt des Erziehungsregisters nicht in das Führungszeugnis gehört und damit der Makel des Vorbestrafseins entfällt.

Nach § 4 BZRG werden allerdings die Verurteilungen zu einer Jugendstrafe oder zu einer Maßregel der Sicherung und Besserung in das allgemeine Zentralregister eingetragen. Falls die Strafe zu Bewährung ausgesetzt wurde erscheint dieser Hinweis ebenfalls, aber die Strafe darf im Führungszeugnis nicht erwähnt werden, § 32 BZRG. Der betroffene Jugendliche darf sich weiterhin als „unbestraft" bezeichnen, § 53 BZRG.

d) Eltern im Strafverfahren

Grundsätzlich ist jeder verpflichtet, in einem Strafverfahren vor Gericht auszusagen. Sonderregelungen gibt es allerdings für Familienangehörige. Nach § 52 Strafprozessordnung (StPO) haben Eltern, Kinder und sonstige nahe Angehörige des Beschuldigten ein Zeugnisverweigerungsrecht.

Zeugnisverweigerungsrecht
der Eltern im Strafverfahren gegen ihr Kind.

Sinn dieser Regelung ist es, dass mögliche Zeugen, also zum Beispiel die Eltern des straffällig gewordenen Kindes, nicht in eine Situation gebracht werden sollen, durch die sie sich selbst oder das Kind in die Gefahr bringen würden, wegen einer Straftat verfolgt zu werden. Bei einer Falschaussage vor Gericht kann der Zeuge nach den §§ 153, 154 StGB bestraft werden.

Achtung!
Eltern haben trotz ihres Zeugnisverweigerungsrechts die Pflicht bei einer Ladung zur Vernehmung zu erscheinen.

Werden die Eltern also zum Beispiel zum Staatsanwalt zur Vernehmung geladen, so müssen sie den Termin wahrnehmen. Sie können dann dort auf ihre besondere Rechtsstellung verweisen, sich also vor jeder Aussage auf ihr Zeugnisverweigerungsrecht berufen.

Eltern haben bei der Zeugenvernehmung ihres Kindes als gesetzliche Vertreter ein Anwesenheitsrecht bei polizeilichen Vernehmungen, § 67 JGG. Soll dieser Jugendliche als Tatverdächtiger vernommen werden, steht den Eltern diese Rechtsposition ebenfalls zu.

Eltern sollen nach den Regelungen im JGG im Hauptverfahren gegen ihr Kind teilnehmen können. Sie sind deshalb gemäß § 50 JGG zu laden. Nur unter den in § 51 JGG aufgeführten engen Voraussetzungen (Gefährdung des Kindeswohls und Erschwerung der Strafverfolgung) können die Eltern von der Hauptverhandlung ausgeschlossen werden.

Als Personensorgeberechtige haben die Eltern im Rahmen des Gerichtsverfahrens dieselben Rechte wie ihr Kind als Beschuldigter in diesem Verfahren, § 67 JGG.

Rechte der Eltern im Hauptverfahren gegen das Kind

- Teilnahmerecht
- Frage- und Antragsrecht
- Fragerecht an Zeugen und Sachverständige
- Stellen von Beweisanträgen

- Stellen von Befangenheitsanträgen
- Recht auf Stellungnahme
- abschließende Stellungnahme vor Urteilsverkündung
- Rechtsmittelbefugnis

e) Jugendgerichtshilfe

Immer dann, wenn ein über 14 Jahre altes Kind eine Straftat begangen hat, wird der Jugendgerichtshelfer tätig. Der Jugendgerichtshelfer ist beim Jugendamt angesiedelt ist, §§ 38 JGG, 52 SGB VIII. Seine Aufgabe liegt einmal darin, dem straffälligen Jugendlichen helfend zur Seite zu stehen. Auf der anderen Seite ist er als Unterstützer für das Jugendgericht tätig.

Aufgabe Jugendgerichtshelfer

- *Begleitung des Jugendlichen in der Jugendgerichtsverhandlung*
- *Darstellung der erzieherischen und sozialen Gesichtspunkte*
- *Beurteilung der Persönlichkeitsentwicklung und aktuellen Lebenssituation*
- *Entscheidungshilfe für die Urteilsfindung*

Eltern und das straffällig gewordene Kind werden also immer von einem Jugendgerichtshelfer unterstützend begleitet.

Weitere Informationen über:

- www.bag-s.de
- www.polizei.nrw.de

4. Kapitel

4

Lebensalltag außerhalb der Familie

I. Kitaphase

Nicht erst in der Schule, auch schon in den Jahren zuvor, verbringen die meisten Kinder viele Stunden am Tag außerhalb ihres Elternhauses. Kinderkrippen dienen der Betreuung des Kindes bis zum 3. Lebensjahr, Kindergärten werden von 95 Prozent der Eltern für ihr Kind ab dem 3. Geburtstag bis zum Eintritt in die Schule halbtags oder ganztags in Anspruch genommen. Der Oberbegriff für alle diese Einrichtungen lautet Kindertagesstätte, in Kurzform „Kita" genannt.

1. Können Eltern den Kitaplatz selbst auswählen?

Die allgemeinen gesetzlichen Regelungen in Blick auf Kindertagesstätten finden sich im Kinder und Jugendhilfegesetz, SGB VIII.

Der staatliche Rechtsanspruch auf eine Kinderbetreuung außerhalb der Familie wurde in den letzten Jahren auf immer jüngere Kinder ausgeweitet. Alle Kinder haben danach einen öffentlich-rechtlichen Anspruch auf Betreuung in einer Kindertagesstätte oder in einer Kindertagespflege. Dieser Anspruch gilt bereits vor dem 1. Geburtstag, also schon während des 1. Lebensjahres. Dieses Recht gilt dann ohne Unterbrechung weiter bis zum Eintritt in die Grundschule.

Ziel dieser Ausweitung der Kinderbetreuung ist es, den Eltern zu helfen, Erwerbstätigkeit und Kindererziehung besser miteinander vereinbaren zu können.

a) Betreuung in einer Einrichtung der öffentlichen Kinder- und Jugendhilfe

Merke!

Grundsätzlich haben alle Kinder einen Rechtsanspruch auf Förderung in einer Kita.

Dieser Rechtsanspruch des Kindes auf einen Betreuungsplatz in einer Kindertagesstätte richtet sich auf eine Einrichtung der öffentlichen Kinder-und Jugendhilfe. Es handelt sich dabei meist um eine Einrichtung in kommunaler oder kirchlicher Trägerschaft. Alle diese Einrichtungen bedürfen einer speziellen Erlaubnis, das bedeutet, es wird nach bestimmten Kriterien geprüft, ob bei diesen Einrichtungen die für die Betreuung von Kindern üblichen geltenden Standards erfüllt sind, § 45 SGB VIII.

Der Anspruch auf einen Platz in einer solchen Kita gilt für jedes Kind bis zum Eintritt in die Grundschule bzw. bis zum Beginn der Schulpflicht. Das Gesetz kennt keinerlei Differenzierungen, weder nach der Staatsangehörigkeit noch nach einem eventuell bestehenden Förderbedarf des Kindes.

Grundsätzlich haben alle Kinder ein Recht auf Förderung ihrer Entwicklung und auf Erziehung zu einer eigenverantwortlichen und gemeinschaftsfähigen Persönlichkeit, § 1 Abs. 1 SGB VIII. Die Kinder sind selbst Träger dieses Rechtes, denn alle Menschen sind ab Geburt rechtsfähig, § 1 BGB, und sie werden damit als Rechtsubjekte anerkannt.

Kinder sollen aber in den Kindertagesstätten nicht nur betreut werden. Neben der klassischen, der notwendigen Betreuung gerade bei Kleinkindern, beinhaltet die Kinderbetreuung in öffentlichen Einrichtungen ab dem 1. Lebensjahr des Kindes auch die frühkindliche Bildung und Erziehung als spezielle frühkindliche Förderung, § 24 Abs. 2 SGB VIII.

§

Grundsätze der Förderung, § 22 SGB VIII

„(2) Tageseinrichtungen für Kinder und Kindertagespflege sollen

1. *die Entwicklung des Kindes zu einer eigenverantwortlichen und gemeinschaftsfähigen Persönlichkeit fördern,*

2. die Erziehung und Bildung in der Familie unterstützen und ergänzen,

3. den Eltern dabei helfen, Erwerbstätigkeit und Kindererziehung besser miteinander vereinbaren zu können.

(3) Der Förderungsauftrag umfasst Erziehung, Bildung und Betreuung des Kindes und bezieht sich auf die soziale, emotionale, körperliche und geistige Entwicklung des Kindes. Er schließt die Vermittlung orientierender Werte und Regeln ein. Die Förderung soll sich am Alter und Entwicklungsstand, den sprachlichen und sonstigen Fähigkeiten, der Lebenssituation sowie den Interessen und Bedürfnissen des einzelnen Kindes orientieren und seine ethnische Herkunft berücksichtigen."

Ab dem 3. Lebensjahr befindet sich das Kind im Kindergartenalter und hat genau wie das jüngere Kind einen „Anspruch auf Förderung in einer Tageseinrichtung", § 24 Abs. 3 S. 1 SGB VIII.

Zusätzlich existieren vielfältige Angebote für die die Nachmittagsbetreuung von Schulkindern.

Schulkinder, § 24 Abs. 4 S. 1 SGB VIII §

„Für Kinder im schulpflichtigen Alter ist ein bedarfsgerechtes Angebot in Tageseinrichtungen vorzuhalten."

b) Entfernung vom Wohnort

Die gesetzliche Ausweitung des Anspruchs auf einen Platz in einer Kindertagesstätte auf Kinder bereits unter dem 3. Lebensjahr hat trotz erheblicher Anstrengungen der Kommunen in einer Reihe von Städten zu Engpässen geführt. Nicht in allen Einzelfällen können bedarfsgerechte und zumutbare Einrichtungen angeboten werden. Die meisten Probleme gibt es damit, dass Ganztagsplätze nicht in ausreichender Zahl zur Verfügung stehen oder dass keine geeigneten Räumlichkeiten zu finden sind, so dass eine Versorgung in zumutbarer Entfernung zur Wohnung nicht gewährleistet ist. Gerade in dicht besiedelten Stadtteilen trifft die Absicht der Kommune eine Einrichtung zur Kinderbetreuung zu errichten immer wieder auf den Widerstand der Anwohner, die solche Kindertagesstätten zwar meist nicht verhindern, ihre Eröffnung aber doch erhebliche Zeit verzögern können.

Im Ergebnis ist die Gemeinde dann im Einzelfall nicht im Stande den gesetzlichen Anspruch auf einen Platz in einer Kindertagesstätte zu befriedigen.

Tipp!

- Jedes Kind hat einen gesetzlichen **Rechtsanspruch auf einen Kitaplatz**.
- Das Kind kann vertreten durch seine Eltern **Klage gegen die Kommune** auf Verschaffung eines solchen Platzes erheben.

Der Versuch den Anspruch auf einen Platz in einer Kindertagesstätte geltend zu machen trifft in der Realität immer wieder auf das Problem, dass keine ausreichende Zahl an Plätzen vorhanden ist. So kann es in größeren Städten durchaus vorkommen, dass Eltern auf eine Kindertagesstätte verwiesen werden, die nicht die nächste zur Wohnung ist, sondern eventuell fünf Kilometer oder noch weiter entfernt liegt. Gerade bei einem Antrag auf einen Ganztagsplatz ist dies nicht selten der Fall.

Ein solches Angebot müssen Eltern nicht immer annehmen.

Tipp!

Eltern müssen einen weiter entfernten Kitaplatz nur annehmen, wenn der Weg dorthin zumutbar ist.

Das Gericht prüft also, ob die Kommune im Stande ist einen zumutbaren Platz anzubieten. Die Frage was „zumutbar" ist kann nur im Einzelfall entschieden werden. Was diese Zumutbarkeit aber im Einzelnen bedeutet, wie sie zu definieren ist, wird von den Gerichten ganz unterschiedlich gesehen. Es kommt darauf an, ob der Weg den Eltern mit ihrem Kind in ihrer speziellen Lebenssituation zumutbar ist.

Beispiele für Zumutbarkeit der Entfernung = wohnortnah

- 30minütiger Weg mit öffentlichen Verkehrsmitteln mit einem einmaligen Umsteigen von der U-Bahn zur Straßenbahn ist den Eltern eines Kindes im Alter von 18 Monate zumutbar. (VG Frankfurt Beschl. v. 29.8.2013 – 7 L 2889/13.F).

- In einem städtischen Bereich darf die Kita in einer Entfernung von nicht mehr als 5 km Wegstrecke vom Wohnort des Kindes entfernt sein.
(VG Köln Beschl. v. 18.7.2013 – 19 L 877/13).
- Im innerstädtischen Bereich sollte ein Kitaplatz zu Fuß erreichbar sein und der Weg nicht mehr als 20 Minuten in Anspruch nehmen, nur dann wird die Wohnortnähe bejaht.
(z.B. OVG Rheinland-Pfalz Urt. v. 25.10.2012 – 7 A 10671/12).

Das Gericht hat in einem der Fälle zusätzlich den Standpunkt vertreten, dass die Eltern nicht von der Gemeinde als Alternative zu einem Platz in einer Kita auf eine Kindertagespflegestelle verwiesen werden dürfen. Die Entscheidung in welche Art von Einrichtung Eltern ihr Kind geben liegt allein bei den Eltern (siehe VG Köln in der Auflistung oben).

In einem Fall wurde mit dem den Eltern zustehenden Wunsch- und Wahlrecht argumentiert, § 5 SGB VIII. Die Eltern wollten in diesem Fall erreichen, dass ihr Kind nicht unmittelbar in ihrem Wohnort, sondern in einer anderen Kommune betreut werden sollte. Die Eltern wollten also genau umgekehrt eine gerade nicht wohnortnahe Betreuung ihres Kindes durchsetzen (VG Stuttgart, Beschl. v. 9.9.2013 – 12 K 3195/13). Das Gericht hat in diesem Fall dem Anliegen der Eltern entsprochen. Es hat dies mit dem Hinweis begründet, dass dem Wunsch- und Wahlrecht der Eltern grundsätzlich entsprochen werden soll. Zusätzlich wurde in diesem Fall das Wohl des Kindes mit herangezogen. Das Gericht hat außerdem erklärt, dass den Wünschen der Eltern immer dann entsprochen werden soll, wenn die Wunscherfüllung nicht mit unverhältnismäßigen Mehrkosten verbunden ist, § 5 Abs. 2 SGB VIII. Solche Mehrkosten sind hier nicht entstanden.

Eltern haben Wunsch- und Wahlrecht, § 5 SGB VIII §

– *Wahl zwischen Einrichtungen verschiedener Träger*

– *Auch Einrichtungen verschiedener Gemeinden*

– *Wahl bezüglich der konkreten Gestaltung der Hilfen*

– *Grenze: „unverhältnismäßige Mehrkosten“.*

c) Privat organisierter Kita-Platz

Neben den öffentlichen Einrichtungen der frühkindlichen Förderung bei kommunalen oder kirchlichen Trägern sind private, kommerzielle Einrichtungen genauso zulässig, wenn sie den allgemein vorgegebenen Standards entsprechen und demgemäß eine Erlaubnis für den Betrieb ihrer Einrichtung haben, § 45 SGB VIII. Auch Kinderkrippen, die möglicherweise von Eltern selbst organisiert und betrieben werden, können darunter fallen. Die Jugendämter sind ausdrücklich verpflichtet, derartige Elterninitiativen zu unterstützen und zu beraten.

§

Selbst organisierte Förderung von Kindern, §25 SGB VIII

„Mütter und Väter und andere Erziehungsberechtigte, die die Förderung von Kindern selbst organisieren wollen, sollen beraten und unterstützt werden.“

Wenn das Gericht im Einzelfall zu dem Ergebnis kommt, dass die Gemeinde keinen zumutbaren Platz anbieten kann, stellt sich die Frage wie diese Situation rechtlich zu behandeln ist. Einerseits hat die Gemeinde meist alle Anstrengungen unternommen, um auch im konkreten Streitfall einen geeigneten Platz zu schaffen, andererseits kann das betroffene Kind nicht auf die Zuweisung eines Platzes in mehreren Jahren, nicht einmal erst in mehreren Monaten warten. Es muss daher in jedem Fall eine Lösung gefunden werden, die ohne Verzögerung wirksam wird.

Die Verwaltungsgerichte stehen dazu auf dem Standpunkt, dass in dem Fall, dass die Gemeinde keinen zumutbaren Platz anbieten kann, der faktisch nicht durchsetzbare Rechtsanspruch des Kindes auf einen solchen Platz zu einem Rechtsanspruch auf Erstattung der Kosten für einen alternativen, von den Eltern selbst organisierten, Platz bei einer privaten Kindertagesstätte wird.

Die Eltern können daher verlangen, dass die Gemeinde die Kosten erstattet, die über die für einen Platz in einer Kita der Kommune entstehenden Gebühren hinausgehen (z.B. Verwaltungsgericht Mainz, Urt. v. 10.5 2012 – 1 K 981/11.MZ).

i

Merke!

Kann die Kommune keinen geeigneten Platz in einer Kita anbieten, besteht ein Anspruch auf Erstattung der Mehrkosten für eine von den Eltern selbst ausgewählte Alternative, etwa einen Platz in einer privaten Kindertagesstätte.

d) Verdienstausfall der Eltern

In Großstädten, jedenfalls in Vierteln mit sehr hoher Bevölkerungsdichte, kann durchaus die Situation eintreten, dass einzelne Kinder trotz intensiver Bemühung der Eltern keinen geeigneten Platz in einer Kindertagesstätte oder bei einer Tagesmutter oder einer privaten Kita finden. In solchen Fällen bleibt dem Elternteil, der persönlich für die Betreuung des Kindes verantwortlich ist, eventuell keine Wahl als seine Berufstätigkeit einzuschränken oder, jedenfalls vorübergehend, ganz aufzugeben. Das Problem tritt meist bei Alleinerziehenden auf.

Es stellt sich dann die Frage, wer das Risiko trägt, dass die Kommune es nicht geschafft hat dem Rechtsanspruch entsprechend jedes Kind mit einem geeigneten Platz in einer Kindertagesstätte zu versorgen.

Beispiel

Die alleinerziehende Frau M. hatte ihr Kind unmittelbar nach der Geburt für einen Platz in einer Kita angemeldet. Sie wollte das Kind nach Vollendung des ersten Lebensjahres dorthin zur Betreuung geben, um dann selbst wieder zur Arbeit gehen zu können. Nachdem sie trotz dieser rechtzeitigen Anmeldung keinen geeigneten Platz bekommen hatte, hat sie ihren Verdienstausfall, der durch die eigene Betreuung ihres Kindes entstanden ist, bei der Kommune als Schaden geltend gemacht und eine Erstattung gefordert (LG Leipzig Urt. v. 2.2.2015 – 7 O 1455/14).

Die zuständige Gemeinde wies diesen Anspruch zurück. Daraufhin verklagte das Kind, vertreten durch seine Mutter Frau M., die Kommune auf Zuteilung eines geeigneten Betreuungsplatzes. Diese konnte dem Kind trotz vielfältiger Bemühungen keinen geeigneten Platz anbieten. Frau M. stellte daraufhin ihre berufliche Tätigkeit ein und übernahm persönlich die Betreuung. Sie erlitt dadurch einen erheblichen Verdienstausfall und forderte die Gemeinde auf diesen zu erstatten. Als die Gemeinde dies zurückwies erhob sie Klage gegen die Kommune auf Schadensersatz.

Das Gericht hat in diesem Fall entschieden, dass die Gemeinde zum Schadensersatz in voller Höhe des Verdienstausfalls verpflichtet ist. Zur Begründung hat das Gericht u.a. angeführt, dass die Gemeinde lange genug Zeit hatte auf der Grundlage einer angemessenen Bedarfsplanung hinreichend viele Betreuungsplätze zu schaffen. Wenn eine Gemeinde es trotzdem nicht schafft ausreichend viele Plätze für alle anspruchsberechtigten Kinder zu schaffen, so ist nach Ansicht des Gerichts darin eine Pflichtverletzung zu sehen. Die Folgen der Verletzung einer solchen „Amtspflicht" bewirken, dass ein zivilrechtlicher Anspruch auf Schadensersatz eines Kindes, das trotz eines entsprechenden Anspruchs und einer entsprechend rechtzeitigen Anmeldung keinen Betreuungsplatz erhält, entsteht, § 839 BGB. Das betroffene Kind hat aber keinen Schaden, denn es wurde in dem vorliegenden Fall von seiner alleinerziehenden Mutter betreut.

Daher ist das Gericht noch einen Schritt weiter gegangen und hat den Schadensersatzanspruch nicht nur für das unmittelbar berechtigte Kind, sondern diesen auch für seine Mutter als bestehend angesehen, mit der Begründung, die gesetzliche Regelung sei „drittschützend". Das Gericht hat sich dafür auf die Zielsetzung in § 22 Abs. 2 Ziff. 3 SGB VIII berufen, wonach Tageseinrichtungen für Kinder und Kindertagespflege auch dazu dienen „den Eltern dabei (zu) helfen, Erwerbstätigkeit und Kindererziehung besser miteinander vereinbaren zu können". Die 2. Instanz hat das Urteil aufgehoben. Die Entscheidung des BVerwG steht noch aus.

Schadensersatzanspruch wegen Verdienstausfall

Kann die Kommune im Einzelfall den Eltern keinen angemessenen Platz in einer Kita anbieten und ein Elternteil muss deshalb zur Betreuung des Kindes seine Berufstätigkeit einschränken oder aufgeben, besteht ein Schadensersatzanspruch gegen die Gemeinde auf Zahlung des entstandenen Verdienstausfalls.

e) Ferien in der Kita

Beispiel

Die alleinerziehende Marion gibt ihre vierjährige Tochter Louisa während ihrer Arbeitszeit täglich für sechs Stunden in eine Kindertageseinrichtung. In der Hauptferienzeit im August schließt die Kita für vier Wochen. Marion hat gerade erst eine neue Arbeitsstelle angetreten und kann deswegen jetzt keinen Urlaub nehmen. Sie hat auch sonst in ihrem Umfeld niemanden, der in den Ferienwochen tagsüber auf Louisa aufpassen könnte.

In derartigen besonderen Ausnahmefällen besteht ausdrücklich eine Verpflichtung der Jugendhilfe, die Eltern zu unterstützen. Falls Eltern in den Ferienzeiten der Kita keine zumutbare Möglichkeiten haben für die Betreuung des Kindes zu sorgen, muss die Kita eine „anderweitige Betreuung“ sicherstellen, § 22a Abs. 3 S. 2 SGB VIII.

2. Wie weit gehen die Rechte der Fachkräfte in der Kita?

Die Aufgaben der Fachkräfte in den Kindertagesstätten sind in den letzten Jahren deutlich ausgeweitet worden. Zur reinen Betreuung ist die auch gesetzlich fixierte Funktion getreten, die Erziehung und Bildung in der Familie zu unterstützen und zu ergänzen. Das betreute Kind steht dabei im Mittelpunkt.

Für Fachkräfte in der Kita besteht nach den gesetzlichen Vorgaben ein besonderer Förderauftrag, der Erziehung, Bildung und Betreuung des Kindes umfasst. Die Betreuungsaufgabe gegenüber dem Kind wird dabei an letzter Stelle, erst nach Erziehung und Bildung des Kindes genannt. Dieser Förderauftrag ist umfassend angelegt.

§

Förderungsauftrag in der Kita, §22 Abs.3 SGB VIII

Fachkräfte sollen berücksichtigen,

- *„... soziale, emotionale, körperliche und geistige Entwicklung des Kindes“*
- *„... Vermittlung orientierender Werte und Regeln“*
- *„... Alter und Entwicklungsstand des Kindes“*
- *„... sprachliche und sonstige Fähigkeiten“*
- *„.... Lebenssituation, Interessen und Bedürfnisse“*
- *„... ethische Herkunft.“*

Diese Ausweitung der fachlichen Aufgaben geht einher mit einer Ausweitung der Ausbildung in den akademischen Bereich und einer sozialen Aufwertung des Erzieherberufes. Diese Entwicklungen bieten den Eltern neue, breit angelegte Ressourcen für die Entwicklung des Kindes.

a) Aufgaben

Die elterlichen Rechte und Pflichten werden durch die Erweiterung des Aufgabenfeldes der Fachkräfte in der Kita aber nicht aufgehoben. Die Erziehungsaufgabe der Eltern bleibt grundsätzlich vorrangig, aber mit dieser korrespondieren die Rechte und Pflichten der Fachkräfte in den Kindertagesstätten.

Diese haben in erster Linie die gesetzlichen Regelungen des Kinder- und Jugendhilfegesetzes, SGB VIII, zu beachten soweit es um das Wohl der ihnen persönlich anvertrauten Kinder geht. Der Arbeitgeber, also der Träger der Einrichtung, hat diese gesetzlichen Vorgaben zu respektieren, er kann seinen Fachkräften auch dienstvertraglich keine verbindlichen Vorschriften machen, die diesen vom Gesetzgeber vorgesehenen Kompetenzen widersprechen. Der Träger ist aber an der Erarbeitung des pädagogischen Konzepts beteiligt, in dessen Rahmen dann seine Fachkräfte die gesetzliche Aufgabe ihres Förderauftrags in Blick auf das Kind in eigener fachlicher Verantwortung umsetzen, §§ 1 Abs. 1, 22 Abs. 3 SGB VIII.

Fachkräfte haben aber im Rahmen einer individuellen Gesamtkonzeption für jedes einzelne Kind mit den Erziehungsberechtigten zu kooperieren. Deren Partizipation an der Erziehung und Bildung darf auch in der Kita nicht umgangen werden. Bei allen wesentlichen Fragen der Erziehung, Bildung und Betreuung sind die Personensorgeberechtigten daher zu beteiligen. Diese Beteiligung zu realisieren und zu organisieren ist gesetzliche Pflicht für die Fachkräfte in einer Kita.

i **Merke!**

- Fachkräfte in der Kita haben die Aufgabe die Kinder zu betreuen und ihre Erziehung und Bildung zu fördern.
- Eltern sind in wesentlichen Angelegenheiten der Erziehung, Bildung und Betreuung zu beteiligen.

Die Eltern haben also auch im Binnenbereich der Kindertagesstätten eine starke Stellung. Wichtige Entscheidungen dürfen nicht getroffen werden ohne sie in den Entscheidungsprozess einzubeziehen. Das Sorgerecht der Eltern bleibt der bestimmende Maßstab für die Erziehung auch bei der Betreuung, Erziehung und Bildung in der Kindertagesstätte.

Die klaren gesetzlichen Grundlagen für den breiten Förderungsauftrag einer Kindertageseinrichtung zeigt der nachfolgende Text.

Förderung in Tageseinrichtungen, § 22a SGB VIII

§

„(1) Die Träger … sollen die Qualität der Förderung in ihren Einrichtungen durch geeignete Maßnahmen sicherstellen und weiterentwickeln. Dazu gehören die Entwicklung und der Einsatz einer pädagogischen Konzeption als Grundlage für die Erfüllung des Förderungsauftrags …

(2) Die Träger … sollen sicherstellen, dass die Fachkräfte in ihren Einrichtungen zusammenarbeiten

1. *mit den Erziehungsberechtigten und Tagespflegepersonen zum Wohl der Kinder und zur Sicherung der Kontinuität des Erziehungsprozesses,*
2. *mit anderen kinder- und familienbezogenen Institutionen und Initiativen im Gemeinwesen, insbesondere solchen der Familienbildung und -beratung,*
3. *mit den Schulen, um den Kindern einen guten Übergang in die Schule zu sichern und um die Arbeit mit Schulkindern in Horten und altersgemischten Gruppen zu unterstützen.*

Die Erziehungsberechtigten sind an den Entscheidungen in wesentlichen Angelegenheiten der Erziehung, Bildung und Betreuung zu beteiligen.

(3) Das Angebot soll sich pädagogisch und organisatorisch an den Bedürfnissen der Kinder und ihrer Familien orientieren. …

(4) Kinder mit und ohne Behinderung sollen, sofern der Hilfebedarf dies zulässt, in Gruppen gemeinsam gefördert werden …“.

b) Kindeswohlgefährdung

Aus all diesen klaren gesetzlichen Vorgaben für die Erziehung in Kindertageseinrichtungen ergeben sich erhöhte Anforderungen und Pflichten für die Fachkräfte in Blick auf die von ihnen betreuten Kinder. Als Fachkräfte in einer Kita sind sie ebenfalls Teil der öffentlichen Jugendhilfe, die auch die Aufgabe hat, gegenüber dem Kind in Vertretung des Staates das sogenannte staatliche Wächteramt auszuüben, Art. 6 Abs. 2 GG. Die Fachkräfte in den Kindertageseinrichtungen müssen sich von daher bei all ihrem Tun immer am Kindeswohl orientieren.

Merke!
Fachkräfte in der Kita müssen sich immer am Kindeswohl orientieren.

Wenn einer Fachkraft an einem betreuten Kind ein ungewöhnliches Verhalten auffällt, so ist sie verpflichtet abzuwägen, ob dieses Verhalten, das von dem sonst üblichen Verhalten dieses Kindes abweicht, auf eine Gefährdung des Kindeswohls hindeutet.

Ein verändertes Verhalten des Kindes könnte möglicherweise auftreten, weil das Kind Probleme mit den Eltern hat. Die Fachkräfte werden einerseits das Jugendamt zur Beratungsunterstützung in Anspruch nehmen, § 8b Abs. 1 SGB VIII. Gleichzeitig werden sie die Eltern auf die Auffälligkeiten anzusprechen, um die Gründe für das Verhalten des Kindes aufzuklären. Die Fachkräfte sind dazu verpflichtet, da für sie rechtlich an erster Stelle das Wohl des Kindes steht.

Das Jugendamt könnte die Angelegenheit aber auch an sich ziehen und selbst tätig werden. Dann wird sich eine Fachkraft des Jugendamts mit den Eltern in Verbindung setzen.

Information des Jugendamtes durch die Kita

- Fachkräfte in Kindertagestätten haben das Recht sich an das Jugendamt zu wenden, wenn sie bei einem von ihnen betreuten Kind den Eindruck gewinnen, dass das Kindeswohl gefährdet sein könnte.
- Eine vorherige Information der Eltern ist daher nicht erforderlich.

Fachkräfte in den Jugendämtern haben zum Teil eine spezielle Ausbildung im Bereich des Kinderschutzes. Sie sind dann eine „insoweit erfahrenen Fachkraft“, §§ 8a und b, 72 SGB VIII. sie erwerben dadurch weitreichende Kompetenzen bis hin zu der Möglichkeit der Inobhutnahme eines Kindes, § 42 SGB VIII.

Inobhutnahme des Kindes, § 42 SGB VIII
- *akute, dringende Gefahr für das Wohl des Kindes*
- *Herausnahme des Kindes aus dem familiären Zusammenhang*

- *auch gegen den Widerstand der Eltern*
- *im Zweifel mit Gewalt = unter Einsatz von Polizeikräften*

Die wichtigste Aufgabe für das Jugendamt ist in jedem Einzelfall das Kindeswohl und die Interessen des Kindes zu schützen.

Es gibt aber eine Vielzahl von sonstigen gesetzlichen Möglichkeiten, die alle das Ziel haben, das Kindeswohl zu fördern und zu schützen. Dabei handelt es sich um eine breite Palette an Hilfsangeboten, die sich an Eltern richten, die mit der Erziehung des Kindes oder auf Grund einer familiären Krise akut überfordert sind.

Hilfsangebote des Jugendamtes an die Eltern

- ☐ *allgemeine Beratung, § 16 SGB VIII*
- ☐ *Beratung in Fragen der Partnerschaft, Trennung und Scheidung, § 17 SGB VIII*
- ☐ *Betreuung und Versorgung des Kindes in Notsituationen, § 20 SGB VIII*

Das Jugendamt ist also für Eltern vor allem unterstützend und helfend tätig. Die gesetzliche Aufgabe der Jugendhilfe ist es, die Interessen der Kinder und damit auch den Schutz der Familie zu fördern. Vorrangig ist also das Angebot von Hilfen zur Förderung und Aufrechterhaltung der Familie.

Die Frage, ob eine Inobhutnahme des Kindes notwendig ist, wird erst dann geprüft, wenn die bereits angebotenen Hilfen nicht erfolgreich sind oder wenn sie von den Eltern nicht angenommen werden und das Kindeswohl weiterhin akut bedroht ist.

Kompetenzen des Jugendamts

- Das Jugendamt hat weitreichende Kompetenzen, die bei der Gefährdung des Kindeswohls bis hin zur Inobhutnahme des Kindes geht.
- Das Jugendamt hat eine Vielzahl von Möglichkeiten eine Familie bei der Bewältigung einer Krisensituation zu unterstützen, um auf diesem Weg die Gefährdung des Kindeswohls abzuwenden.

– Das Jugendamt sollte von den Eltern daher vorrangig als eine Behörde gesehen werden, bei der sachverständige Beratung und professionelle Hilfe eingeholt werden kann.

3. Welche Rechte haben Eltern gegenüber Fachkräften der Kita?

Eltern sind und bleiben die verantwortlichen Sorgepflichtigen und Sorgeberechtigten für ihre Kinder. Das gilt auch für den Zeitraum während des Aufenthalts des Kindes in einer Kindertagesstätte.

Die Fachkräfte in der Kita übernehmen vom Augenblick der Übergabe des Kindes an ein Mitglied ihres Teams bis zur Übergabe der Kinder zurück an die Eltern oder einen anderen Erziehungsberechtigten die Aufsichtspflicht über die betreuten Kinder.

Die rechtliche Pflicht zur Aufsicht dient dem Schutz der Kinder vor Schädigungen und gleichzeitig dem Schutz Dritter vor Schädigungen durch unbedachte Handlungen des Kindes (siehe dazu 2. Kapitel I. 4.). Der genaue Umfang der dazu erforderlichen Aktivität des Aufsichtspflichtigen ergibt sich aus den Umständen des Einzelfalls und orientiert sich bei Fachkräften in einer Kindertagesstätte an deren fachlicher Erfahrung und an den Dienstanweisungen der Kita-Leitung und des Trägers der Kita.

Besondere Probleme ergeben sich zum Beispiel beim Einsatz von Spielgeräten. Die meisten marktüblichen Spielgeräte sind für Kinder ab drei Jahren getestet und zugelassen. Für jüngere Kinder, also für die Altersgruppe der unter Dreijährigen ergibt sich daraus eine erhöhte Intensität der Beaufsichtigung. Diese Verantwortung bleibt aber bei den Fachkräften der Kindertagesstätte.

i

Keine Vorgaben der Eltern an die Fachkräfte

Eltern können keine allgemeinen Vorgaben machen, wie die Beaufsichtigung und Erziehung gerade in Blick auf ihr Kind zu gestalten ist.

Im Einzelfall sind aber zusätzlich Besonderheiten jedes einzelnen Kindes wie etwa Allergien zu beachten. Diese speziellen Situationen führen dann zu einer Ausweitung der individuell erforderlichen Aufsicht.

Aufsichtspflicht

- *ist immer Teil der elterlichen Sorge, § 1631 Abs. 1 BGB,*
- *wird an die Fachkräfte in der Kita übertragen für den Zeitraum, in dem sich das Kind dort aufhält.*

§

Die Eltern haben aber auch innerhalb der Kita Einfluss auf die Erziehung ihres Kindes, denn sie bestimmen die Grundrichtung der Erziehung des Kindes und seine religiöse Erziehung, § 9 Ziff. 1 SGB VIII.

Wird das Kind in einer Kita betreut, sind die dort tätigen Fachkräfte an die grundsätzlichen Vorgaben durch die Eltern gebunden. Generell ergeben sich Grenzen des elterlichen Erziehungsrechts aus dem Recht des Kindes auf Entwicklung zu einer eigenverantwortlichen und gemeinschaftsfähigen Persönlichkeit, § 1626 Abs. 2 BGB, § 9 Ziff. 2 SGB VIII und den sonstigen gesetzlich vorgegebenen Grenzen des Sorgerechts, wonach Kinder ein Recht auf gewaltfreie Erziehung haben, § 1631 Abs. 2 BGB (siehe dazu 2. Kapitel I. 3.). Zur allgemeinen Grundrichtung der Erziehung gehört es auch, die Gleichberechtigung von Mädchen und Jungen zu beachten, § 9 Ziff. 3 SGB VIII. Ebenso wenig darf die altersangemessene emanzipatorische Entwicklung der Kinder eingeschränkt werden.

In diesem Rahmen bewegt sich auch die öffentliche Jugendhilfe. Kindertageseinrichtungen sind eben nicht nur für die Betreuung des Kindes, sondern auch für seine Bildung und Erziehung zuständig. Dazu muss jede Kita ein pädagogisches Konzept erarbeiten. Die Eltern sollen dabei in die Erarbeitung mit einbezogen werden.

Mitwirkung der Eltern, § 22a Abs. 2 SGB VIII

Eltern „sind (als) Erziehungsberechtigte an den Entscheidungen in wesentlichen Angelegenheiten der Erziehung, Bildung und Betreuung zu beteiligen."

§

Die Eltern haben zudem ein Recht auf Information über alle Vorgänge, die mit ihrem Kind in Zusammenhang stehen und für die Erziehung wichtig sind.

4. Welche Rechte haben Kinder in der Kita?

Die Kinder selbst sind nicht nur die Betreuten, über deren Wohl die Anderen bestimmen. Die deutlichste gesetzliche Regelung für die

Rechtsposition von Kindern findet sich auf europäischer Ebene in der EU-Grundrechte-Charta. Hier werden die grundlegenden Rechte aus der an anderer Stelle bereits zitierten UN-Kinderrechtskonvention in einem Artikel zusammengefasst, Art. 24 UN-Grundrechte Charta. Jedes Kind hat danach ein Recht auf Förderung, Partizipation und Schutz. Diese Rechtstellung darf nicht übergangen werden, weder von den Eltern noch von den Fachkräften in einer Kita.

§

Rechte des Kindes, Art. 24 EU-Grundrechte Charta

„(1) Kinder haben Anspruch auf den Schutz und die Fürsorge, die für ihr Wohlergehen notwendig sind. Sie können ihre Meinung frei äußern. Ihre Meinung wird in den Angelegenheiten, die sie betreffen, in einer ihrem Alter und ihrem Reifegrad entsprechenden Weise berücksichtigt.

(2) Bei allen Kinder betreffenden Maßnahmen öffentlicher oder privater Einrichtungen muss das Wohl des Kindes eine vorrangige Erwägung sein."

Die Konkretisierung und Ausdifferenzierung dieser Grundbestimmung findet sich im Kinder- und Jugendhilferecht. Dort wird ausdrücklich festgelegt, dass Kinder an allen sie betreffenden Entscheidungen der öffentlichen Jugendhilfe zu beteiligen sind, § 8 Abs. 1 S. 1 SGB VIII.

i

Subjektstellung des Kindes

- Jedes Kind hat ein Recht auf Förderung, auf Partizipation und auf Schutz.
- Diese Rechtstellung darf nicht übergangen werden (weder von den Eltern noch von den Fachkräften in einer Kita oder von sonstigen staatlichen Behörden).
- Kinder sind selbst Träger aller Grundrechte. Sie sind jedoch altersbedingt in der Ausübung einiger Grundrechte beschränkt, z.B. Eigentumsrecht Art. 14 GG.

Die hinreichende Qualität eines Kitakonzepts wird heute auch daran bemessen, ob die Kita die betreuten Kinder in einem qualifizierten Verfahren an strukturellen Entscheidungen in der Einrichtung beteiligt und ob sie ein effektives Beschwerdeverfahren in persönlichen Angelegenheiten etabliert hat, § 8b Abs. 2 Ziff. 2 SGB VIII.

5. Wer haftet bei Unfällen in der Kita?

Auch bei optimaler Gestaltung der Aufsicht ist es nicht möglich im Betrieb einer Kita Unfälle auszuschließen, es sei denn, man würde die Kinder nur im Sinne einer Verwahrung betreuen. Das aber würde dem gesetzlichen Auftrag offen zuwiderlaufen.

Es muss also immer damit gerechnet werden, dass gelegentlich Verletzungen auftreten. Diese kann sich ein Kind selbst beim Spielen zufügen. Weitere Ursache für eine Verletzung kann aber auch ein Spielgerät sein oder ein anderes Kind, eventuell auch eine Fachkraft. Auch der Fall, dass ein Kind eine Fachkraft verletzt ist nicht auszuschließen.

In all diesen Fallkonstellationen werden mehr oder weniger schwere Körperverletzungen verursacht, die möglicherweise ärztlicher Behandlung bedürfen und eventuell sogar zu bleibenden Schädigungen führen.

Damit stellt sich die Frage, wer für solche Gesundheitsschäden haftet, wer die Behandlungskosten bezahlt und wer ein Schmerzensgeld zu bezahlen hat.

a) Gesetzliche Unfallversicherung

Üblicherweise führten Unfallschäden zu zivilrechtlichen Auseinandersetzungen, die mit Haftpflichtversicherungen geführt werden und, weil es für die Haftung auf die Kausalität ankommt, häufig mit großer Härte geführt werden. Es ist leicht vorstellbar, dass solche Vorgänge geeignet sind, den Betrieb einer Kita nachhaltig zu stören und die weitre Zusammenarbeit in vielen Fällen unmöglich zu machen. Daher hat der Gesetzgeber die gesetzliche Unfallversicherung etabliert. Diese gilt in allen Wirtschaftsbetrieben also auch in den Kindertageseinrichtungen ebenso wie in den Schulen (siehe dazu unter 4. Kapitel II. 10.).

Die rechtlichen Regelungen dazu finden sich im Gesetz über die gesetzliche Unfallversicherung (SGB VII).

Zielsetzung Gesetzliche Unfallversicherung

- durch entsprechende Vorsichtsmaßnahmen „arbeitsbedingte" Gesundheitsgefahren zu verhüten

- bei trotzdem auftretenden Unfällen die dabei entstehenden Gesundheitsschäden wirtschaftlich angemessen zu versichern

Das gilt für alle Beschäftigten, also hier für alle Fachkräfte und sonstige Mitarbeiter in einer Kita.

Der Begriff „Beschäftigte“ ist weit formuliert und schließt auch Eltern ein, die in der Kita für Ausflüge oder Veranstaltungen als ergänzende Aufsichtspersonen eingesetzt werden. Die Besonderheit bei Kindertageseinrichtungen ist zusätzlich, dass dort auch die Kinder mit versichert sind.

§ **Beschäftigte**

Eltern und Kinder gelten ebenfalls als „Beschäftigte“.

i **Merke!**

- Bei Unfällen in einer Kindertageseinrichtung (oder auch bei einer Tagesmutter) gilt bei Verletzungen der Gesundheit für alle Beteiligten die Gesetzliche Unfallversicherung.
- Ausnahme: Vorsatz oder grobe Fahrlässigkeit

Diese Gesetzliche Unfallversicherung trägt also alle wirtschaftlichen Folgen des Unfalls. Eine Haftung der in der Kindertageseinrichtung Beschäftigten, der Tagesmutter, des Kindes oder seiner Eltern ist grundsätzlich ausgeschlossen, vgl. §§ 1, 2 SBG VII.

Die Gesetzliche Unfallversicherung gilt grundsätzlich für alle „Arbeitsunfälle“

§ **Arbeitsunfälle, § 8 Abs. 1, 2, 3 SGB VII**

- *alle Unfälle in der Kita*
- *während der „versicherten Tätigkeit“, also während des Aufenthalts in der Kita*
- *Unfälle: Zeitlich begrenzte, von außen auf den Körper einwirkende Ereignisse, die zu einem Gesundheitsschaden oder zum Tod führen.*

Ein Unfall im Sinne der gesetzlichen Unfallversicherung setzt also voraus, dass ein Gesundheitsschaden eintritt. Vom Versicherungsschutz prinzipiell ausgeschlossen sind alle Sachschäden. Dies gilt auch dann, wenn ein solches „Ereignis“ sowohl Gesundheits- als auch Sachschäden verursacht.

Umfang Versicherschutz

– versichert sind nur Gesundheitsschäden

– für Sachschäden haftet der Verursacher persönlich

Unfall in der Kita

- Es gilt nur und ausschließlich die Gesetzliche Unfallversicherung, SGB VII.
- Zusätzlich Abschluss einer privaten Haftpflichtversicherung notwendig und sinnvoll.

Wegen der Geltung der Gesetzlichen Unfallversicherung ist eine Haftung der Person, die den Unfall verursacht hat nach allgemeinen zivilrechtlichen Grundsätzen damit ausgeschlossen. Es gilt das gesetzliche Haftungsprivileg, §§ 105, 106 SGB VII. Eine zusätzliche Klage auf Schmerzensgeld ist also unzulässig. Das gilt gleichermaßen für Unfälle, bei denen Kinder einen Schaden erleiden, der von anderen Kindern verursacht wurde oder wenn Fachkräfte selbst für den Unfall verantwortlich sind. Nur bei vorsätzlichen Taten gibt es eine Ausnahme.

Ansprechpartner für die Eltern ist immer der Träger der Kindertageseinrichtung. An diesen wenden sich Eltern, wenn ihr Kind einen Schaden erleidet. Ob und inwieweit der Träger dann im Innenverhältnis gegen die Fachkraft Regress nimmt, ist für die Eltern nicht von Relevanz.

b) Schädigung Dritter

Die folgenden Überlegungen beziehen sich auf Gesundheitsverletzungen in den Fällen, wenn das Kind selbst Schäden bei Personen anrichtet, die mit der Kita unmittelbar nichts zu tun haben. Für diese Fälle gilt die Gesetzliche Unfallversicherung nicht.

Fallbeispiel Otto (1)

Der fünfjährige Otto spielt oft und gerne mit dem Fußball. Dabei schießt er den Ball manchmal versehentlich in hohem Bogen über den Zaun, der die Wiese des Kindergartens umgrenzt. Bisher ist nichts passiert. Aber an diesem Tag trifft der Ball eine ältere Dame, die an einem Stock geht. Durch die Wucht des Balles stolpert die Frau, fällt zu Boden und verletzt sich dabei erheblich.

Fallbeispiel Otto (2)

Nach diesem Unfall darf Otto bis auf weiteres im Kindergarten nicht mehr Fußball spielen. Otto ist so erbost darüber, dass er voller Wut einen dicken Stein über den Zaun wirft. Dadurch wird das davor parkende Auto stark beschädigt.

Fallbeispiel Otto (3)

Otto ist mit seiner Mutter beim Einkauf in einem Supermarkt. Er will unbedingt ein Cola haben und zieht deswegen aus einer Pyramide von Getränken die unterste Flasche heraus. Damit bewirkt er, dass mehrere Flaschen herunterfallen und dadurch kaputt gehen, eine daneben stehende Kundin wird von oben bis unten mit Cola bespritzt und eine kleines Kind tapst mit seinen nackten Füßen in die Scherben und verletzt sich dadurch.

Alle diese drei Fallbeispiele sind letztlich gleich zu beurteilen.

Otto ist mit seinen fünf Jahren noch geschäftsunfähig, § 104 Ziff. 1 BGB (siehe dazu 1. Kapitel II. 1.). Das hat zur Folge, dass Otto für einen Schaden, den er einem anderen zufügt, nicht verantwortlich gemacht werden kann, § 828 Abs. 1 BGB. Die Geschädigten erhalten damit grundsätzlich keinen Ersatz ihres Schadens, egal ob es sich um eine Sachschaden oder eine Körperverletzung handelt.

Jedes Kind steht aber unter Aufsicht, entweder der Aufsicht der Eltern oder zum Beispiel der von den Eltern abgeleiteten Aufsicht der Kita-Fachkräfte.

Der Geschädigte könnte deshalb einen Anspruch auf Schadensersatz haben, wenn er nachweisen kann, dass die Aufsichtspflicht in diesem konkreten Fallbeispiel verletzt wurde. Dann haftet nämlich der Aufsichtspflichtige, also im 3. Fallbeispiel die Mutter oder in den ersten beiden Fallbeispielen die zuständige Fachkraft im Kindergarten.

Haftung des Aufsichtspflichtigen, § 832 Abs. 1 S. 1 BGB

§

Der Aufsichtspflichtige ist „zum Ersatz des Schadens verpflichtet, den diese (zu beaufsichtigenden) Person einem Dritten widerrechtlich zufügt".

Es macht dabei rechtlich keinen Unterschied, ob die Aufsichtspflicht gesetzlich vorgeschrieben ist – dies gilt für die Eltern (siehe dazu 2. Kapitel I. 1. und 2.) – oder ob sie durch Vertrag übertragen wurde – wie bei den Fachkräften im Kindergarten.

Ein unter sieben Jahre altes Kind steht immer unter Aufsicht. Daher wird in Fällen der Schädigung durch ein Kind von dem Geschädigten immer geprüft werden, wer die Aufsichtspflicht zum Unfallzeitpunkt hatte und ob eine Verletzung dieser Aufsichtspflicht vorliegt.

Aufsichtspflichtiger haftet nicht, § 832 Abs. 1 S. 2 BGB

§

- *wenn er seiner Aufsichtspflicht genügt hat*
- *wenn der Schaden auch bei gehöriger Aufsichtsführung entstanden sein würde*
- *Aufsichtspflichtiger ist beweispflichtig.*

In all diesen Fällen kommt es für die Haftung und deren Umfang also immer auf den Einzelfall an. Es wird geprüft, ob die Aufsichtspflicht verletzt wurde. Hinzu kommt, dass oft auch ein Mitverschulden der Geschädigten eine Rolle spielt, wie etwa im 3. Fallbeispiel. Der Betreiber des Supermarktes hätte die Getränke möglicherweise anders aufbauen können.

Wenn sich im Einzelfall nun ergibt, dass die Aufsichtspflicht nicht verletzt wurde, oder der Schaden auch durch pflichtgemäße Aufsicht nicht hätte vermieden werden können, ergibt sich daraus die Situation, dass der Geschädigte ohne Entschädigung bleibt. Für diese Fälle bietet das Gesetz eine Ausnahmeregelung an, den Schadensersatz „aus Billigkeitsgründen"

Ersatzpflicht aus Billigkeitsgründen, § 829 BGB

§

„Wer … für einen von ihm verursachten Schaden … nicht verantwortlich ist, hat gleichwohl … den Schaden insoweit zu ersetzen, als die Billigkeit nach den Umständen, insbesondere nach den Verhältnissen

der Beteiligten, eine Schadloshaltung erfordert und ihm nicht die Mittel entzogen werden, deren er zum angemessenen Unterhalt sowie zur Erfüllung seiner gesetzlichen Unterhaltspflichten bedarf.“

Dem Gesetzgeber geht es hier um einen fairen Ausgleich der Interessen. Es werden wirtschaftliche Überlegungen angestellt und Fragen der Zumutbarkeit betrachtet.

Fazit

Es soll erreicht werden, dass ein wirtschaftlich bedürftiger Geschädigter nicht ohne Entschädigung bleibt, wenn das Kind das den Schaden angerichtet hat vermögend ist und ihm deshalb eine Schadensersatzleistung wirtschaftlich zugemutet werden kann.

c) Schädigung des Kindes

Wenn ein Kind im normalen, privaten Alltag verletzt wird, also außerhalb des Rechtsbereichs der Kindertageseinrichtung, so gibt es keine altersspezifischen Besonderheiten, sondern es gilt das für alle Bürger verbindliche Schadensrecht. Erleidet das Kind also bei der Teilnahme am Straßenverkehr als Fußgänger oder Radfahrer eine Verletzung, so haftet derjenige, der dem Kind den Schaden zugefügt hat bzw. bei einem Autofahrer seine Kfz-Haftpflichtversicherung.

Merke!

Erfährt das Kind eine Verletzung ohne eine Fremdeinwirkung, ist also seine eigene Unvorsichtigkeit die Ursache für den Schaden, dann wird die Behandlung von der Krankenversicherung des Kindes bzw. seiner Eltern bezahlt.

Damit ist der „Schaden“ aber in vielen Fällen nicht behoben und auch nicht kompensiert.

Kinder und Jugendliche sind durch eine Vielzahl körperlicher Aktivitäten einer erhöhten Verletzungsgefahr ausgesetzt. Das gilt nicht nur für Fahrradfahren, Fußballspielen und Handballspielen, sondern in noch viel höherem Maß für Skateboarden, Snowboarden oder auch Skifahren, ganz zu schweigen von Sportklettern und einigen anderen Sportarten, die nicht umsonst als „Risikosportarten“ bezeichnet werden. Bei diesen Aktivitäten ist die Unfallwahrscheinlichkeit stark erhöht und gerade diese Unfälle bergen die Gefahr bleibender Gesundheitsschäden bis hin zu schweren körperlichen und geistigen Beeinträchtigungen.

Das kann eine Unterbrechung, wenn nicht sogar einen Abbruch der bisherigen Ausbildung und die Notwendigkeit einer völligen Neuausrichtung der Lebensplanung des betroffenen verletzten Kindes einschließlich seiner Familie bedeuten. Solche Konsequenzen sind selten, aber im Einzelfall wirtschaftlich für die Betroffenen und ihre Familien kaum verkraftbar. Zwar werden die unmittelbaren Kosten, die mit der Behandlung der Unfallfolgen entstehen, von der gesetzlichen Krankenversicherung oder der privaten Krankenversicherung getragen, aber bei dauernden Schäden wie sie bei schweren Unfällen auftreten können, ergeben sich auch Betreuungs- und Pflegekosten, die von den Krankenversicherungen nicht abgedeckt werden.

Unfall in der Kita

- Eine Unfallversicherung für Kinder ist generell dringend zu empfehlen,

denn

- auch bei angemessener Aufsicht ist die Gefahr einer schweren und dauernden Gesundheitsbeeinträchtigung im Kindesalter nicht auszuschließen.

Gerade bei Kindern und Jugendlichen ist die Gefahr besonders hoch bei einem selbstverschuldeten Unfall schwerwiegende gesundheitliche Folgen mit Dauerschäden zu erleiden. Dieses Risiko kann wirtschaftlich nur durch eine private Unfallversicherung ausreichend abgefangen werden.

Da die Versicherungsgesellschaften sich der wirtschaftlichen Risiken dieses Geschäftsmodells genau bewusst sind, werden in vielen am Markt angebotenen Policen, genau die Risiken ausgeschlossen, deren Absicherung für die Versicherten besonders wichtig ist.

Empfehlung

- Sorgfältiger Vergleich der Versicherungsbedingungen
- Eintragung der bekannten Risiken in den Versicherungsantrag

Andernfalls kann der Versicherte im Schadensfall leer auszugehen, weil die Versicherung sich auf einen Haftungsausschluss oder eine

Obliegenheitsverletzung bei der Offenbarung von Risiken berufen kann, soweit diese dem Versicherten bei Abschluss des Vertrags aufgrund der allgemeinen Versicherungsbedingungen bekannt waren.

d) Wegeunfall

Die gesetzliche Unfallversicherung umfasst nicht nur die Unfälle innerhalb einer Kindertageseinrichtung oder einer Arbeitsstätte. Mit der Unfallversicherung werden generell auch solche Unfälle abgedeckt, die ein Beschäftigter auf dem Weg dorthin von zu Hause und zurück erleidet. Das sind dann „Wegeunfälle", § 8 Abs. 2 Ziff. 1 SGB VII.

Derartige Unfälle führen immer wieder zu aufwändigen gerichtlichen Verfahren, denn versichert ist nur der „unmittelbare Weg". Die Definition dieser Feststellung stößt auf vielerlei praktische Schwierigkeiten.

§

Unmittelbarer Weg:

- *unzulässig sind grundsätzlich Unterbrechungen für private Verrichtungen wie Einkaufen*
- *zulässig sind aber „geringfügige" Unterbrechungen des Weges*

Umwege für den Transport von Kindern in die Kita oder zur Tagesmutter sind in der Unfallversicherung des Beschäftigten mitversichert, ebenso wie die Umwege die zur Bildung einer Fahrgemeinschaft mit anderen Beschäftigten nötig sind.

Beispiel

Die Mutter Iris befindet sich auf dem Nachhauseweg von ihrem Büro. Sie ist mit dem Auto unterwegs, holt zunächst ihre Tochter in der Kita ab und geht dann mit ihr in den Supermarkt, um dort die Lebensmittel für das Abendessen zu kaufen. Beim Betreten des Supermarkts stürzt sie und bricht sich das Bein.

Diese Unterbrechung zum Einkauf des Abendessens zählt nicht mehr als „geringfügige" Unterbrechung, Iris steht also nicht unter dem Schutz der Gesetzlichen Unfallversicherung.

6. Kann die Kita ein Kind ablehnen, weil es nicht geimpft ist?

Von den Gesundheitsbehörden und den Kinderärzten werden für Kinder grundsätzlich verschiedene Impfungen gegen die sogenannten „Kinderkrankheiten“ empfohlen, z B. gegen Kinderlähmung, Masern, Diphtherie, Mumps, Röteln und Windpocken. Diese Auffassung wird von der ganz überwiegenden Mehrheit der Ärzteschaft vertreten. Die Mediziner, die sich grundsätzlich gegen Impfungen aussprechen, stellen innerhalb der Ärzteschaft eine kleine Minderheit dar und vertreten eine Außenseitermeinung, deren wissenschaftliche Tragfähigkeit stark im Zweifel steht.

Rechtlich gibt es aber, seit der Aufhebung der gesetzlichen Pflichtimpfung gegen Pocken, keine Zwangsimpfung mehr.

Merke!
Grundsätzlich keine Pflicht zu Schutzimpfungen, solange von den Gesundheitsbehörden keine Epidemie-Gefahr festgestellt wird.

Da auch die Regelungen zum Anspruch auf einen Kitaplatz im Kinder- und Jugendhilferecht Schutzimpfungen nicht zur Bedingung machen, kann gegenwärtig grundsätzlich keine Kita die Aufnahme nicht geimpfter Kinder ablehnen.

Mi diesem Problem wird sehr unterschiedlich umgegangen.

Als Beispiel sollen die rechtlichen Regelungen im Bundesland Hessen dienen. Darin wird den Eltern vorgeschrieben, vor der Aufnahme in eine Kindertageseinrichtung durch Vorlage einer ärztliche Bescheinigung nachzuweisen, dass das Kind alle seinem Alter und seinem Gesundheitszustand entsprechenden öffentlich empfohlenen Schutzimpfungen erhalten hat. Gleichzeitig lässt die gesetzliche Regelung zu, dass Eltern das Fehlen einer solchen Bescheinigung dadurch ersetzen, dass sie schriftlich erklären, dass sie keine Zustimmung zu den von ihnen geforderten Impfungen erteilen, § 2 Hessisches Gesetz- zur Verbesserung des Gesundheitsschutzes für Kinder.

Auch wenn einzelne Bundesländer derartige rechtliche Regelungen vorgenommen haben, gelten diese nicht ausnahmslos.

Beispiel

In Berlin hatten sich seit Oktober 2014 bis Februar 2015 mehr als 1.000 Menschen, meist Kinder, an Masern angesteckt. Dabei handelt es sich um eine übertragbare Krankheit bei der schwere Gesundheitsschäden auftreten können.

In derartigen Fällen, wenn nämlich die hohe Zahl der Ansteckungen von den Gesundheitsbehörden als Gefahr einer weiteren epidemischen Ausbreitung eingestuft wird, könnten nach den Bestimmungen im Gesetz zur Verhütung und Bekämpfung von Infektionskrankheiten beim Menschen (Infektionsschutzgesetz – IfSG) verpflichtende Schutzimpfungen angeordnet werden.

Danach kann aufgrund Ermächtigung durch das Bundesministerium für Gesundheit für „bedrohte Teile der Bevölkerung" die rechtliche Verpflichtung begründet werden, an Schutzimpfungen oder anderen Maßnahmen der spezifischen Prophylaxe teilzunehmen, § 20 IfSG.

In einem solchen Fall gilt dann die Impfpflicht für alle Personen, die dem vom Bundesgesundheitsministerium definierten „bedrohten Teile der Bevölkerung" angehören. Es obliegt dem Ministerium in der Verordnung festzulegen um welche Gruppe von Menschen es sich dabei handelt. Ausnahmen gibt es nur für solche Personen, die zwar grundsätzlich auch als impfpflichtig eingestuft werden, bei denen aber im Einzelfall nach ärztlicher Einschätzung durch die Impfung eine Lebens- oder Gesundheitsgefahr droht.

Von medizinischer Seite, der Deutschen Akademie für Kinder- und Jugendmedizin e. V. (DAKJ) , dem Dachverband der kinder- und jugendmedizinischen Gesellschaften und Fachverbände Deutschlands wird gefordert, die „Aufnahme von Kindern in Krippen, Kindergärten und Schulen von einem kompletten nach STIKO-Empfehlungen durchgeführten Impfschutz (Standardimpfungen für Säuglinge und Kleinkinder und entsprechende Auffrischungsimpfungen) abhängig zu machen".

Informationen zu Impffragen:

hhttp://dakj.de/pages/aktivitaeten/stellungnahmen-und-empfehlungen/infektionskrankheiten-und-impffragen.php

Gegenwärtig beschränkt sich die staatliche Aktivität aber meist auf die öffentliche Aufklärung über die Bedeutung von Schutzimpfungen. So wird jeweils im Herbst eine ausdrückliche amtliche öffentliche Empfehlung für die Impfung gegen die im Winter zu erwartenden Grippeviren ausgesprochen.

7. Dürfen Eltern zur Betreuung ihres Kindes zu Hause bleiben?

Immer wieder werden Eltern, deren Kind tagsüber in einer Kita untergebracht ist, ganz unerwartet oft über Nacht vor große Organisationsprobleme stellt. Das Kind wird plötzlich krank, die Eltern erkranken, die Kita schließt vorübergehend – all dies sind Situationen, die insbesondere berufstätige Eltern vor manchmal schier unlösbare Probleme stellt. Dann stellt sich die Frage, welche rechtlichen Möglichkeiten die Eltern haben, um diese plötzlich notwendig werdende Betreuung des Kindes mit ihrer Berufstätigkeit in Einklang zu bringen ohne dort Nachteile zu haben.

a) Krankheit des Kindes

Die Erkrankung eines Kindes ist zwar ein alltägliches Phänomen das für berufstätige Eltern aber häufig große Schwierigkeiten mit sich bringt. Eltern stehen bei einer akuten Erkrankung ihres Kindes vor der Entscheidung eine sofortige Fremdbetreuung für das Kind zu finden oder zumindest ein Elternteil muss seinem Arbeitsplatz ohne Vorankündigung fernbleiben. Dies wiederum wird normalerweise beim Arbeitgeber, schon wegen der plötzlichen Störung der Betriebsabläufe, auf wenig Verständnis stoßen.

Aber auch hier hat das Wohl des Kindes Vorrang vor allen anderen Erwägungen. Dieser Vorrang wirkt sich in der allgemeinen Fürsorgepflicht des Arbeitgebers aus. Er muss den Arbeitnehmer für die medizinisch notwendige Pflege eines akut erkrankten Kindes freistellen, ohne dass der Entgeltanspruch des Arbeitnehmers damit entfällt.

§

Vorübergehende Verhinderung, §616 BGB

„Der zur Dienstleistung Verpflichtete wird des Anspruchs auf die Vergütung nicht dadurch verlustig, dass er für eine verhältnismäßig nicht erhebliche Zeit durch einen in seiner Person liegenden Grund ohne sein Verschulden an der Dienstleistung verhindert wird.“

Der Normalfall dieses Rechts auf Fortzahlung des Entgelts bei Arbeitsausfall ist eine Erkrankung des Arbeitnehmers selbst. Die Rechtsprechung hat diese Regelung auf weitere Situationen ausgeweitet.

Entgelt bei Krankheit des Kindes

Fortzahlung des Entgelts auch bei der notwendigen Pflege eines erkrankten Kindes in der Regel für die Dauer von fünf Tagen (BAG NJW 80, 903).

Allerdings ist es rechtlich zulässig, dass die Geltung dieser Vorschrift durch Tarifvertrag oder auch durch den individuellen Arbeitsvertrag ausgeschlossen wird. Das bedeutet dann, dass der Anspruch auf das Arbeitsentgelt auch bei einer notwendigen Kinderbetreuung entfällt, (BAG NJW 83, 1078).

Dann aber gilt das Recht auf das „Kinderkrankengeld", § 45 Abs. 1 SGB V. Dieser Anspruch besteht bei ärztlich attestierter Erkrankung eines betreuten Kindes. Er ist mit 70 % des erzielten regelmäßigen Arbeitsentgelts allerdings niedriger als der Lohnanspruch gemäß § 616 BGB. Für die Dauer dieses Anspruchs haben die betroffenen Eltern gegen den Arbeitgeber einen Anspruch auf unbezahlte Freistellung von der Arbeitsleistung. Damit wird im Sinne des betroffenen Kindes die Gefahr ausgeschlossen, dass der Arbeitgeber die Freistellung für die Kinderbetreuung verweigert und er den Arbeitnehmer wegen Arbeitsverweigerung abmahnen oder sogar das Arbeitsverhältnis kündigen darf (BAG Urt. v. 31.7.2002 – 10 AZR 578/01).

Kinderkrankengeld, §45 SGB V

- Das Krankengeld bei Erkrankung eines Kindes gilt nur für Kinder bis zur Vollendung des 12. Lebensjahres.
- Der Anspruch entsteht nur, wenn ein ärztliches Attest die Erkrankung des Kindes bestätigt und feststellt, dass die häusliche Betreuung durch den berufstätigen Elternteil erforderlich ist.

b) Erkrankung der Eltern

Das ist die umgekehrte aber genauso alltägliche Situation. Häufig werden die Eltern oder jedenfalls der betreuende Elternteil von dem vorher erkrankten Kind angesteckt. Wenn dann der andere Elternteil die Betreuung nicht übernehmen kann, etwa wegen beruflich bedingter Abwesenheit, tritt auch hier ein Betreuungsproblem auf, das für die betroffene Familie kaum zu lösen ist.

Das Kinder- und Jugendhilfegesetz hat für diese Fälle eine Regelung getroffen und einen Anspruch auf eine unmittelbare Hilfe des Jugendamts vorgesehen. Dieses organisiert und finanziert die Betreuung in einer solchen Notsituation, § 20 SGB VIII.

Die Hilfe ist aber selbstverständlich nur möglich, wenn die Behörde, also das Jugendamt, überhaupt Kenntnis von der Situation der Familie erhält. Eltern sollten daher in einem solchen Fall umgehend beim örtlichen Jugendamt anrufen.

Tipp!
Eltern sollten sich bei akuten Problemen wegen der Betreuung des Kindes sofort an das Jugendamt wenden.

Betreuung und Versorgung des Kindes in Notsituationen, § 20 SGB VIII

„(1) Fällt der Elternteil, der die überwiegende Betreuung des Kindes übernommen hat, für die Wahrnehmung dieser Aufgabe aus gesundheitlichen oder anderen zwingenden Gründen aus, so soll der andere Elternteil bei der Betreuung und Versorgung des im Haushalt lebenden Kindes unterstützt werden, wenn

1. *er wegen berufsbedingter Abwesenheit nicht in der Lage ist, die Aufgabe wahrzunehmen,*
2. *die Hilfe erforderlich ist, um das Wohl des Kindes zu gewährleisten,*
3. *Angebote der Förderung des Kindes in Tageseinrichtungen oder in Kindertagespflege nicht ausreichen.*

(2) Fällt ein allein erziehender Elternteil oder fallen beide Elternteile aus gesundheitlichen oder anderen zwingenden Gründen aus, so soll unter der Voraussetzung des Abs. 1 Nr. 3 das Kind im elterlichen Haushalt versorgt und betreut werden, wenn und solange es für sein Wohl erforderlich ist.“

Das Jugendamt hat nach der Durchführung einer solchen Notmaßnahme grundsätzlich das Recht nachträglich einen Kostenbeitrag zu verlangen, § 91 Abs. 1 Ziff. 3 SGB VIII. Das sollte aber nicht dazu führen, dass die betroffenen Eltern keine Hilfe in Anspruch nehmen, denn der zu erwartende „Beitrag“ ist vom Einkommen abhängig und kann auch ganz erlassen werden. Dies ist in der Praxis häufig der Fall.

i **Merke!**
Wenn der betreuende Elternteil akut und überraschend erkrankt und privat keine alternative Betreuung für das Kind oder die Kinder organisiert werden kann, besteht ein Anspruch auf Hilfe durch das Jugendamt, das dann die Betreuung im elterlichen Haushalt organisiert.

c) Streik in der Kita

Angestellte sind auf Grund des Arbeitsvertrags grundsätzlich verpflichtet ihre Arbeitskraft dem Arbeitgeber zur Verfügung zu stellen. Das gilt auch für die Fachkräfte und die übrigen Mitarbeiter einer Kindertageseinrichtung.

Arbeitnehmer haben aber zur Durchsetzung ihrer Interessen gegen ihre Arbeitgeber mit dem Recht auf Streik grundsätzlich das verfassungsrechtlich geschützte Recht die Arbeit vorübergehend niederzulegen.

Wenn die Fachkräfte in der Kita streiken, trifft dies die Eltern in ihrer Alltagsplanung. Eltern sind in dieser Situation gezwungen eine alternative Betreuung für ihr Kind zu organisieren. Da ein Streik der Fachkräfte in einer Kita nicht nur einzelne Kinder und ihre Eltern betrifft, sondern eine Vielzahl, sind die gängigen Alternativen schnell ausgeschöpft. Eltern geraten also im Falle von Streik in der Kita schnell in die Situation, ihrem Arbeitsplatz fernbleiben zu müssen, um für ihr Kind da zu sein.

Für den Arbeitgeber macht es im Ergebnis keinen Unterschied ob das Kind erkrankt ist oder die Kita bestreikt wird. Für ihn ist nur relevant, dass ein Mitarbeiter ausfällt und dies zu einer Störung des Betriebsablaufs führt.

Wie im Falle der Erkrankung ihres Kindes (siehe dazu weiter oben) sind die betreuenden Eltern durch den Streik der Fachkräfte der Kindertageseinrichtung wegen der dadurch erforderlichen Kinderbetreuung vorübergehend – für die Dauer des Streiks – an der Dienstleistung verhindert.

Insofern ist der Gedanke naheliegend, auch hier zu einer Anwendung von § 616 BGB im Sinne der Eltern zu gelangen. Diese Regelung gilt aber nicht wenn die Verhinderung die Folge eines Streiks ist. Streikfolgen wirken kollektiv und sind nicht individuell. Für die Geltung von § 616 BGB muss der Verhinderungsgrund aber in der Person des Angestellten liegen, nämlich „sich speziell auf ihn beziehen" (zitiert aus Palandt BGB 73. Aufl. 2014 § 616 Rn. 8). Der allgemeine Vorrang den das Wohl des Kindes vor allen anderen Erwägungen genießt wird hier offenkundig nicht beachtet. Andererseits ist das Streikrecht grundgesetzlich garantiert. Streiks sollen gerade, um effektiv sein zu können, eine deutliche Störung des Alltags verursachen. Dieser Effekt würde unterlaufen, wenn die Streikfolgen auf andere als die bestreikten Arbeitgeber abgewälzt werden könnten.

Der anerkannte Vorrang des Kindeswohls wird aber insofern doch wirksam als der Arbeitgeber aus seiner allgemeinen Fürsorgepflicht gegenüber seinem Arbeitnehmer grundsätzlich verpflichtet ist, die betroffenen Eltern für die Dauer des Streiks von der Arbeit freizustellen. Sie haben jetzt aber keinen Anspruch auf Fortzahlung des Entgelts. Die Eltern könnten für die Dauer des Streiks auch einen Urlaubsantrag stellen, den der Arbeitgeber nur schwerlich ablehnen kann.

Achtung!

- Bei einem Streik in der Kita haben betroffene Eltern kein Recht auf bezahlte Freistellung von der Arbeit (§ 616 BGB gilt nicht für Streikfolgen).
- Es besteht aber in diesem Zeitraum wegen der Bedeutung des Kindeswohls ein Recht auf Freistellung ohne Entgelt und auf Urlaub.

8. Wie ist die Rechtslage, wenn Eltern das Kind zu einer Tagesmutter geben?

Manche Eltern geben das Kind zur täglichen Betreuung lieber in eine Kindertagespflege, also zu einer Tagesmutter, statt in eine Kita. In diesen Fällen wird das Kind von einer geeigneten Tagespflegeperson in ihrem Haushalt oder im Haushalt des Personensorgeberechtigten betreut.

§

Kindertagespflege, §24 SGB VIII.

- *„Ein Kind, das das erste Lebensjahr noch nicht vollendet hat, ist … oder in Kindertagespflege zu fördern“…*
- *Das Gleiche gilt für Kinder im Alter bis zu drei Jahren.*
- *„Der Umfang der Förderung richtet sich nach dem individuellen Bedarf“.*
- *Ist das Kind älter als drei Jahre alt kann das Kind im besonderen Bedarfsfall ergänzend (zur Tageseinrichtung) in Kindertagespflege gefördert werden.*

Für die Rechtsposition der Eltern gilt das Gleiche wie bei der Betreuung des Kindes in einer Kita (siehe dazu 4. Kapitel I. 2.–5.). Die Tagesmutter übernimmt die Aufsicht über das Kind solange es mit ihr zusammen ist.

Tagesmütter, gemeint sind damit die Tagespflegestellen, benötigen eine besondere Erlaubnis für die Übernahme der Betreuung von Kindern, § 43 SGB VIII. Diese Erlaubnis gilt in der Regel für die Betreuung von bis zu 5 gleichzeitig anwesenden fremden Kindern.

Kinder in einer Tagespflege sind ebenso wie die Tagesmutter auch in der gesetzlichen Unfallversicherung pflichtversichert.

Auch was den Weg zur Tagesmutter und von dort wieder nach Hause betrifft gilt das zum Wegeunfall im 4. Kapitel I. 5. Gesagte.

Nicht immer gehen Eltern diesen Weg der offiziellen Tagespflege.

Betreuung des Kindes durch die Nachbarin

Die alleinerziehende Maja gibt ihre zwei Jahre alte Tochter Luise gerne einmal in der Woche für einen Nachmittag zu ihrer freundlichen Nachbarin. Luise spielt gerne bei der Nachbarin und fühlt sich wohl bei ihr.

Als Maja einen Aushilfsjob als Kassiererin im Supermarkt annimmt, übernimmt die Nachbarin Luise dreimal in der Woche am Vormittag während der Arbeitszeit ihrer Mutter. Maja erledigt als Gegenleistung die Einkäufe für die Nachbarin und lädt sie immer wieder zum Essen ein.

Die Nachbarin übernimmt das Kind gerne und aus reiner Gefälligkeit gegenüber Maja. Die Betreuung des Kindes, die Aufsicht über Luisa, ist aber nur eine private Tätigkeit der Nachbarin, denn sie ist nicht offizielle „Tagesmutter“ mit einer entsprechenden Genehmigung durch das Jugendamt, § 45 SGB VIII. Die Betreuung bei der Nachbarin wird auch nicht durch die Regelmäßigkeit zu einer offiziellen Kindertagespflege.

Die Nachbarin hat insofern auch nicht die entsprechenden Pflichten wie eine Tagesmutter. Ein Schutz der gesetzlichen Unfallversicherung besteht ebenfalls nicht.

Rechtlich liegt ein reiner Gefälligkeitsvertrag vor. Solche Verträge sind „fremdnützig“ und unentgeltlich. In diesem Fall gelten nur die üblichen Haftungsregelungen nach dem BGB, das bedeutet normalerweise haftet die Nachbarin nur bei grober Fahrlässigkeit und bei vorsätzlichem Handeln.

Tipp!

- Die unentgeltliche Betreuung eines Kindes aus Gefälligkeit ist nicht zu empfehlen.
- Weder das betreute Kind noch die betreuende Person sind bei einem Unfall oder einem Schaden ausreichend versichert sind.
- Diese Betreuungsverhältnisse sind nicht in die gesetzliche Unfallversicherung einbezogen.

9. Welche Rechte haben Eltern, wenn das Kind in einer Pflegefamilie oder im Heim lebt?

Die Vollzeitpflege ist eine Erziehungsform die dann gewählt wird, „wenn eine dem Wohl des Kindes oder des Jugendlichen entsprechende Erziehung nicht gewährleistet ist und die Hilfe für seine Entwicklung geeignet und notwendig ist“ § 27 SGB VIII. Erforderlich ist also, dass die Erziehung des Kindes in seiner eigentlichen Familie, in der sogenannten Herkunftsfamilie nicht angemessen gesichert werden kann.

In derartigen Fällen wird das Kind in einer Pflegefamilie untergebracht.

Pflegefamilie (Vollzeitpflege), § 33 SGB VIII

ist

- ☐ *eine Hilfe zur Erziehung, § 27 SGB VIII,*
- ☐ *Erziehungshilfe in einer anderen Familie,*
- ☐ *zeitlich befristete oder auf Dauer angelegte Lebensform,*
- ☐ *orientiert am Alter und Entwicklungsstand des Kindes und seinen persönlichen Bindungen und den Möglichkeiten der Verbesserung der Erziehungsbedingungen in der Herkunftsfamilie.*

Wie lange das Kind in der Pflegefamilie verbleibt hängt vor allem vom Wohl des Kindes, von seinen individuellen Entwicklungsbedürfnissen ab. Zusätzlich wird darauf abgestellt, wie sich die Herkunftsfamilie in der Zeit, in der das Kind nicht bei ihr lebt, weiterentwickelt. Nach diesen Kriterien wird entschieden, wie lange das Kind in der Pflegefamilie verbleibt, je nach Bedarf des Kindes und der Entwicklung der Herkunftsfamilie ist diese spezielle Form Erziehung vorübergehend oder von Dauer.

Bei der Gewährung einer Hilfe zur Erziehung soll ausdrücklich das „engere soziale Umfeld des Kindes ... einbezogen werden". „Soll" bedeutet, dass die Einbeziehung der Herkunftsfamilie durch das Jugendamt erfolgen muss, es sei denn, dass wichtige Gründe die das Wohl des Kindes betreffen, einer solchen Einbeziehung entgegenstehen. Es geht dabei um die Gründe, die zu einem erheblichen Defizit in der Erziehungskompetenz der Herkunftsfamilie geführt haben und die deswegen die Unterbringung des Kindes in der Pflegefamilie notwendig gemacht haben. Eine dauerhafte Unterbringung in einer Pflegefamilie erfolgt ausnahmsweise nur dann, wenn die konkrete Situation des Kindes in der Herkunftsfamilie dies erfordert und weil nur auf diesem Wege dem Wohl des Kindes entsprochen werden kann.

Fazit

- Eltern haben einen Anspruch auf Hilfe zur Erziehung § 27 SGB VIII.
- Unterbringung in einer Pflegefamilie erfolgt üblicherweise mit Zustimmung der Eltern.

- Bei Gefährdung des Kindeswohls kann das Kind auch ohne Zustimmung der Eltern in einer Pflegefamilie untergebracht werden.
- In Ausnahmefällen, in besonderen Situationen von Kindeswohlgefährdung ist eine Unterbringung auf Dauer und gegen den Willen der Eltern möglich, § 1688 Abs. 3 BGB.

Für den Zeitraum, in dem das Kind in einer Pflegefamilie lebt, bleibt die elterliche Sorge so wie bisher bei den Eltern (siehe dazu 1. Kapitel I. 4.). Allerdings können und sollen die Pflegeeltern den Alltag des Kindes gestalten und müssen deswegen auch alltägliche Entscheidungen dafür selber treffen können, ohne jeweils die Eltern des Kindes fragen zu müssen.

Grundsätzlich gilt, (§ 1688 BGB)

– *die Pflegeperson ist berechtigt, „in Angelegenheiten des täglichen Lebens zu entscheiden“*

und

– *die Eltern „in solchen Angelegenheiten zu vertreten.“*

§

Die übrige Personensorge verbleibt demnach bei den bisherigen Sorgeberechtigten, also meist den Eltern.

In besonderen Ausnahmefällen kann das Familiengericht den Eltern das Sorgerecht auch entziehen und dies dann möglicherweise auf die Pflegeeltern übertragen. (siehe dazu 2. Kapitel I. 3.).

Wird das Kind im Rahmen einer Hilfe zur Erziehung durch das Jugendamt, § 27 SGB VIII, statt in einer Pflegefamilie in einem Heim untergebracht, gelten für die Rechtsposition der Eltern im Verhältnis zum Heim grundsätzlich die gleichen Regelungen wie bei der Unterbringung in einer Pflegefamilie, § 1688 Abs. 2 BGB.

Heimerziehung ist eine „Hilfe zur Erziehung in einer Einrichtung über Tag und Nacht“, § 34 SGB VIII. In welchen Fällen für das Kind eher eine Heimunterbringung anstelle der Unterbringung in einer Pflegefamilie in Betracht kommt, ergibt sich aus den in den gesetzlichen Bestimmungen ausdrücklich formulierten Zielsetzungen einer Heimerziehung.

§ **Heimerziehung, …, § 34 SGB VIII**

- *Förderung der Entwicklung des Kindes durch eine Verbindung von Alltagserleben mit pädagogischen und therapeutischen Angeboten.*
- *Förderung nach Alter und Entwicklungsstand des Kindes.*
- *Beachtung der Möglichkeiten der Verbesserung der Erziehungsbedingungen in der Herkunftsfamilie.*
- *Es soll versucht werden, eine Rückkehr in die Familie zu erreichen oder die Erziehung in einer anderen Familie vorbereiten.*

Wenn bei Eltern im Zusammenhang mit der der Heimunterbringung oder der Unterbringung in einer Pflegefamilie Fragen auftauchen, so haben sie das Recht auf eine entsprechende Beratung durch das zuständige Jugendamt.

10. Darf das Jugendamt das Kind beraten ohne die Eltern zu informieren?

Die rechtliche Anerkennung von Kindern als Rechtspersönlichkeit, ihre Subjektstellung, bedeutet auch, dass sie nicht nur als Teil einer Familie betrachtet, sondern trotz der Einbindung in die Familienstruktur als Individuen gesehen werden. Das wird dann relevant, wenn innerhalb der Familie Probleme entstehen. Dann kommt die soziale Asymmetrie zwischen den Eltern als Erwachsene und dem minderjährigen Kind, ohne rechtliche eigene Entscheidungsbefugnis, zum Tragen. Derartige Situationen führen häufig dazu, dass Probleme zu Lasten der im Familienverband relativ schwächeren Kinder gelöst werden. Es ist die Aufgabe der Jugendämter hier ordnend einzugreifen und durch staatliche Hilfen zu verhindern oder mindestens zu kompensieren, dass das Kind mit seinem Wollen und seiner Persönlichkeit hinten anstehen muss.

Der Staat, vertreten durch die Jugendämter, hat bei allen Handlungen ebenso wie die Eltern das Recht des Kindes zu respektieren. Wie diese Rechtsposition gestaltet ist ergibt sich aus den entsprechenden gesetzlichen Bestimmungen über den Inhalt und die Zielsetzung bei der Ausübung der Personensorge, (siehe dazu 2. Kapitel I.), §§ 1626 Abs. 2, 1631 Abs. 2 BGB, § 1 SGB VIII.

§ 1626 Abs. 2

„… berücksichtigen die Eltern die wachsende Fähigkeit und das wachsende Bedürfnis des Kindes zu selbständigem verantwortungsbewusstem Handeln. Sie besprechen mit dem Kind soweit es nach dessen Entwicklungsstand angezeigt ist, Fragen der elterlichen Sorge und streben Einvernehmen an."

§

§ 1631 Abs. 2 BGB

„Kinder haben ein Recht auf gewaltfreie Erziehung. Körperliche Bestrafungen, seelische Verletzungen und andere entwürdigende Maßnahmen sind unzulässig."

§

§ 1 Abs. 1 SGB VIII

„Jeder junge Mensch hat ein Recht auf Forderung seiner Entwicklung und auf Erziehung zu einer eigenverantwortlichen und gemeinschaftsfähigen Persönlichkeit."

§

Wenn nun die Eltern, ohne dass dies für Außenstehende erkennbar wird, gegen das Kind mit entwürdigenden Maßnahmen vorgehen oder seelische Verletzungen verursachen, so hat das betroffene Kind im Familienverband wegen der innerfamiliären Asymmetrie keine Möglichkeit sich zur Wehr zu setzen. Das Recht aus § 1631 Abs. 2 BGB wäre damit in der Praxis wirkungslos.

Daher hat das Gesetz dem Kind mit § 8 SGB VIII ein eigenes Beratungsrecht eingeräumt. Das Kind selbst hat damit einen Anspruch darauf, von einer entsprechend qualifizierten Fachkraft im Jugendamt beraten zu werden.

Beteiligung von Kindern und Jugendlichen, § 8 SGB VIII

„(2) Kinder und Jugendliche haben das Recht, sich in allen Angelegenheiten der Erziehung und Entwicklung an das Jugendamt zu wenden.

(3) Kinder und Jugendliche haben Anspruch auf Beratung ohne Kenntnis des Personensorgeberechtigten, wenn die Beratung auf Grund einer Not- und Konfliktlage erforderlich ist und solange durch die Mitteilung an den Personensorgeberechtigten der Beratungszweck vereitelt würde."

§

Allen Kindern wird damit die Option geboten, bei Problemen, die sie nicht innerhalb ihrer Familie ansprechen oder regeln können, das Jugendamt als externe und fachkundige Behörde einzuschalten und zu Rate zu ziehen. Auf dieser Rechtsgrundlage haben viele Jugendämter Telefonanschlüsse geschaltet an die sich Kinder auch anonym wenden können.

Die beratende Fachkraft des Jugendamts hat das Recht, den grundsätzlich bestehenden Anspruch der Eltern auf Information über diesen Vorgang und das Problem ihres Kindes solange nicht zu befriedigen, solange dies nach ihrer fachlichen Einschätzung erforderlich ist, um den Zweck der Beratung des Kindes nicht zu gefährden. Es gibt keine allgemeinen Regeln, die festhalten, wann die Information der Eltern sachgerecht ist und wann nicht. Die Fachkraft hat sich am konkreten Einzelfall zu orientieren. Sie muss dabei immer den grundsätzlichen Vorrang des elterlichen Sorgerechts mit bedenken.

Merke!

- Das Jugendamt muss die Eltern nicht immer über die Beratung des Kindes informieren.
- Die Information kann insbesondere dann unterbleiben, wenn sich gegen die Eltern der Verdacht einer Kindeswohlgefährdung ergibt.

Die Fachkraft im Jugendamt muss also genau abwägen, ob die Informationen des Kindes zunächst glaubwürdig sind und zudem schwerwiegend genug, um damit die Umgehung des sich aus ihres elterlichen Sorgerecht ergebenden Rechts der Eltern auf Information zu rechtfertigen.

11. Dürfen Ärzte beim Verdacht auf Kindeswohlgefährdung das Jugendamt informieren?

Den Medizinberufen wird in der Bevölkerung großes Vertrauen entgegengebracht. Wesentlicher Inhalt dieses Vertrauens ist die Überzeugung, dass man sich als Patient auf die Verschwiegenheit der Ärzte verlassen kann. Das gilt auch für den Berufsstand der Kinder- und Jugendärzte.

Der besonderen Bedeutung dieser Standespflicht zur Wahrung der Patientengeheimnisse entspricht es, dass die Verletzung dieser Schweigepflicht strafbar ist. Es gilt hier § 203 StGB, der als Strafe für die „Verletzung von Privatgeheimnissen" die Verurteilung zu einer Freiheitsstrafe bis zu einem Jahr oder die Verhängung einer Geldstrafe vorsieht. Hinzu kommen standesrechtliche Konsequenzen.

§

Verletzung von Privatgeheimnissen, § 203 StGB

(1) Wer unbefugt ein fremdes Geheimnis, namentlich ein zum persönlichen Lebensbereich gehörendes Geheimnis oder ein Betriebs- oder Geschäftsgeheimnis, offenbart, das ihm als

1. *Arzt, Zahnarzt, Tierarzt, Apotheker oder Angehörigen eines anderen Heilberufs, der für die Berufsausübung oder die Führung der Berufsbezeichnung eine staatlich geregelte Ausbildung erfordert, …*

anvertraut worden oder sonst bekanntgeworden ist,

wird mit Freiheitsstrafe bis zu einem Jahr oder mit Geldstrafe bestraft.

In diesem Paragrafen werden noch weitere „Geheimnisträger"-Berufe genannt. Dies sind Berufsbereiche, die über die Gesundheitsberufe hinausgehen, wie zum Beispiel Rechtsanwälte, Notare oder Steuerberater, bei denen aber eine Verschwiegenheitspflicht für den Rat Suchenden ebenfalls von Relevanz ist.

✔

„Geheimnisträger"-Berufe im Gesundheitsbereich

- ☐ *Ärztinnen und Ärzten*
- ☐ *Hebammen oder Entbindungspfleger*
- ☐ *Angehörigen aller anderen Heilberufe*
- ☐ *Berufspsychologinnen und -psychologen*
- ☐ *Ehe-, Familien-, Erziehungs- oder Jugendberaterinnen oder -berater*
- ☐ *Beraterinnen oder Berater für Suchtfragen in einer Beratungsstelle*
- ☐ *Mitglieder einer anerkannten Beratungsstelle nach den §§ 3 und 8 des SchwKG*
- ☐ *staatlich anerkannte Sozialarbeiterinnen oder -arbeiter oder staatlich anerkannte Sozialpädagoginnen oder -pädagogen*

Wenn ein Kinderarzt in Ausübung seiner beruflichen Tätigkeit, also bei der ärztlichen Untersuchung eines Kindes, Beobachtungen macht, die nach seiner medizinisch-fachlichen Einschätzung den Verdacht begründen, dass das Kind misshandelt oder vernachlässigt wurde, so ist er nach der strafrechtlichen Regelung in § 203 StGB grundsätzlich gehindert dies dem Jugendamt mitzuteilen. Es sein denn, es handle sich nicht mehr um einen Verdacht, sondern bereits um einen zuverlässigen Befund.

Dies war bisher unter dem Gesichtspunkt des Vorrangs des Kindeswohls ein unbefriedigender Zustand. Der Kinderschutz wird mit dieser Regelung behindert, denn die Jugendämter, die als öffentliche Träger der Jugendhilfe die schwierige Aufgabe haben das staatliche „Wächteramt" auszuüben, erfahren von einer möglichen Gefährdung des Kindeswohls erst zu einem Zeitpunkt, in dem die Verletzung des Kindeswohls schon länger andauert. Dann ist es aber für den Einsatz von Hilfen für die betroffene Familie meist zu spät und das Jugendamt muss das Kind in Obhut nehmen.

Deshalb gilt seit 2013 eine zusätzliche Rechtsregelung. Mit dem Gesetz zur Kooperation und Information im Kinderschutz (KKG) kann das Jugendamt früher, also bereits beim Bestehen eines medizinischen Verdachts, involviert werden um mit entsprechenden Hilfen für die Familie intervenieren zu können. Zielsetzung dieser Regelungen ist es, Fälle innerfamiliärer Gewalt gegen Kinder und Vernachlässigungsgeschehen zu verhindern oder jedenfalls bereits im Anfangsstadium der akuten sozialen Überforderung der Eltern staatliche Hilfen anbieten zu können.

Kinderschutz geht vor Datenschutz

Ärzte und auch alle anderen sozialen „Geheimnisträger"-Berufe sind befugt, gewichtige Anhaltspunkte für die Gefährdung des Wohls eines Kindes an das Jugendamt weiter zu geben.

Die Einzelheiten dazu sind in § 4 KKG geregelt.

Beratung und Übermittlung von Informationen durch Geheimnisträger bei Kindeswohlgefährdung, § 4 KKG

- Geheimnisträger haben Anspruch auf Beratung
- Beratung durch eine insoweit erfahrene Fachkraft im Jugendamt

- übermittelte Daten unter Pseudonym
- halten die Geheimnisträger ein Tätigwerden des Jugendamtes für erforderlich, um eine Gefährdung des Wohls eines Kindes abzuwenden, dürfen sie die Daten weitergeben
- die Betroffenen sind vorab darauf hinzuweisen
- Ausnahme: Wirksamer Schutz des Kindes wird in Frage gestellt

Kinderärzte müssen also nicht mehr mit Strafverfolgung rechnen, wenn sie sich im Einzelfall frühzeitig für die Abwendung der Gefahr einer Kindeswohlgefährdung einsetzen.

Tipp!
Sie dürfen dem Jugendamt allerdings den Namen des betroffenen Kindes erst dann nennen, wenn alle Beratungsversuche erfolglos waren oder von vornherein ein Erfolg der Beratung nicht erwartet werden konnte.

Merke!
- Lehrer gehören ebenfalls zu den „Geheimnisträger"-Berufen.
- Lehrer haben daher das Recht sich mit einer insoweit erfahrene Fachkraft des Jugendamts zu beraten.
- Lehrer haben damit die Befugnis das Jugendamt über die Einzelheiten in Blick auf das Kind zu informieren.

Geheimnisträger haben nach den gesetzlichen Regelungen das Recht zur Weitergabe von Informationen, sie haben aber keine Rechtspflicht einen Verdacht der Kindeswohlgefährdung an das Jugendamt zu melden. Die Angehörigen dieser Berufe entscheiden vielmehr selbst nach ihrer fachlichen Kompetenz über ihr Vorgehen beim Auftreten eines Verdachtsfalles.

Auf Länderebene gibt es zum Teil Ausnahmen mit strengeren Regelungen. Als Beispiel kann auf das Bayerische Gesundheitsdienst- und Verbraucherschutzgesetz (GDVG) verwiesen werden.

Dieses Gesetz regelt die Verpflichtung von Ärzten sowie Hebammen und Entbindungspflegern bei gewichtigen Anhaltspunkten für eine Misshandlung, Vernachlässigung oder einen sexuellen Missbrauch eines Kindes, zu einer unverzüglichen Meldung an das Jugendamt, Art. 14 Abs. 6 GDVG. Dabei müssen alle erforderlichen persönlichen Daten mit weiter gegeben werden. Hier geht die Rechtslage also über § 4 KKG hinaus indem das, was dort als Endstufe vorgesehen ist, zu einer direkten Verpflichtung gemacht wird.

Die gleiche Verpflichtung gilt in Bayern auch für das Gesundheitsamt, das für die Schuleingangsuntersuchung zuständig ist. Wenn dort die Nachweise über die Früherkennungsuntersuchungen bei Kindern, insbesondere für die U9 nicht vorgelegt werden können und von den Eltern auch eine amtsärztliche Untersuchung abgelehnt wird, so kann das ein Indiz für den Verdacht der Kindeswohlgefährdung sein (siehe dazu 4. Kapitel II. 8.).

§

Schutz der Gesundheit von Kindern und Jugendlichen, Art. 14 GDVG

(6) Ärztinnen und Ärzte, Hebammen und Entbindungspfleger sind verpflichtet, gewichtige Anhaltspunkte für eine Misshandlung, Vernachlässigung oder einen sexuellen Missbrauch eines Kindes oder Jugendlichen, die ihnen im Rahmen ihrer Berufsausübung bekannt werden, unter Übermittlung der erforderlichen personenbezogenen Daten unverzüglich dem Jugendamt mitzuteilen.

II. Schule und Ausbildung

1. Schulpflicht

a) Was bedeutet Schulpflicht?

Schulpflicht bedeutet, dass Kinder während eines zeitlich festgelegten Zeitraums ihres Lebens gesetzlich verpflichtet sind eine staatliche oder staatlich anerkannte Schule zu besuchen.

Grundsatz

Es besteht eine allgemeine Schulpflicht!

Historisch für ganz Deutschland verbindlich wurde dies bereits vor den Regelungen im heutigen GG in der Weimarer Verfassung (WV) in Art. 145 geregelt. Das Grundgesetz hat diese Verpflichtung nicht übernommen, aber in Art. 7 Abs. 1 GG festgehalten: „Das gesamte Schulwesen steht unter der Aufsicht des Staates“.

Diese Formulierung wiederholt wortgleich Art. 144 Halbs. 1 WV. Daraus ergibt sich direkt noch keine Schulpflicht. Das Bundesverfassungsgericht hat aber diese Regelung als Schulpflicht interpretiert in diesem Sinn ausgelegt (vgl. BVerfGE 34, 165 <181>; 93, 1 <21>). Das Gericht hat entschieden, dass sich aus Art. 7 GG ein dem Staat erteilter Erziehungsauftrag ergibt. Aus diesem Auftrag folgt, dass „das elterliche Erziehungsrecht durch die zur Konkretisierung dieses staatlichen Auftrags erlassene allgemeine Schulpflicht in grundsätzlich zulässiger Weise eine Beschränkung“ erfährt (vgl. BVerfG, Beschluss vom 21.4.1989 – 1 BvR 235/89 juris).

Das GG gibt den Bundesländern das Recht die Schulpflicht gesetzlich zu regeln. In allen Bundesländern enthalten die Landesschulgesetze eine entsprechende Regelung (vgl. z.B. Art. 35 Bayerisches Gesetz über das Erziehungs- und Unterrichtswesen – Bay. EUG). Die sich daraus ergebenden Einschränkungen des Erziehungsrechts der Eltern müssen auf der Grundlage dieser verfassungsrechtlichen Auslegung hingenommen werden, auch wenn sie sehr weitreichend sind.

Dauer der Schulpflicht

Üblicherweise beginnt die Schulpflicht mit dem 6. Lebensjahr und dauert neun oder zehn Jahre.

Wegen der Kultushoheit der Länder hat jedes Bundesland eigene Regeln mit der Folge, dass auch der Stichtag bis zu dem der 6. Geburtstag zählt nicht einheitlich ist, in den meisten Fällen ist es der 30. September.

Daten für den Beginn und die Dauer der Schulpflicht für jedes einzelne Bundesland siehe

- http://www.bildungsserver.de/innovationsportal/bildungplus.html?artid=846

Verletzung der Schulpflicht

Eine Verletzung der Schulpflicht wird von staatlicher Seite nicht nur als Gefährdung des Kindeswohls angesehen sondern auch als Verletzung des staatlichen Bildungs- und Erziehungsauftrags.

Die Schulpflicht wird daher von den Schulbehörden konsequent durchgesetzt.

Hier liegen eindeutig Grenzen im elterlichen Erziehungsrecht, die ausdrücklich gesetzlich normiert sind: Zu den ausdrücklichen Verpflichtungen der Eltern gehört es, für die Einhaltung der Schulpflicht zu sorgen.

Erfüllung der Schulpflicht

- Gerichtliche Maßnahmen bei Gefährdung des Kindeswohls: Gebote, für die Einhaltung der Schulpflicht zu sorgen, 1666 Abs. 3 Ziff. 2 BGB
- Beratung und Unterstützung der Eltern durch das Jugendamt bei anderweitiger Unterbringung des Kindes, § 21 SGB VIII

Für besondere Fälle sieht also auch das Kinder- und Jugendhilferecht eine Unterstützung der Eltern bei einer notwendigen anderweitigen Unterbringung des Kindes zur Erfüllung der Schulpflicht vor.

Hinzu kommt, dass die Verletzung der Schulpflicht strafbar ist und als Ordnungswidrigkeit verfolgt werden kann. Diese Regelung kann sogar zur Verhängung von Freiheitsstrafen führen.

Achtung!
Die Verletzung der Schulpflicht ist strafbar.

So hat beispielsweise das Oberlandesgericht Frankfurt in einem konkreten Fall ausgeführt:

„Ausgehend von der rechtlichen Legitimation der Schulpflicht ergibt sich, dass dieses höchstpersönliche Recht jedes einzelnen Kindes an jedem einzelnen Schultag neu entsteht, womit die Schulpflicht der Eltern jeden Tag, an dem Schule angeboten wird, neu begründet wird. Versagen die Eltern ihrem Kind die Teilnahme an der Schule, verstoßen sie aktiv gegen die Schulpflicht. … Die Eltern schulden aus ihrem Erziehungsrecht dem Kind die Teilnahme an der Schule, das bedeutet, sie haben alle Handlungen durchzuführen, die bis zur Übergabe des Kindes in schulische Obhut notwendig sind. Dabei spielt es für die Erfüllung des Tatbestandes keine Rolle, aus welchen Gründen die Eltern dies unterlassen.“ Die angeklagte Mutter wurde „wegen vorsätzlichen hartnäckigen Entziehens ihres Kindes von der

Schulpflicht“ in 37 Fällen zu einer Freiheitsstrafe von sechs Monaten verurteilt (siehe OLG Frankfurt Beschl. v. 18.3.2011 – 2 SS 413/10).

Ähnliche Strafvorschriften wie in dem diesem Beispiel zugrundeliegenden § 182 des Hessischen Schulgesetzes gibt es in den Schulgesetzen aller anderen Bundesländer ebenso.

Nachfolgend ist zum Verständnis der Argumentation des Bundesverfassungsgerichts dessen Begründung der Schulpflicht in wesentlichen Teilen abgedruckt.

Schulpflicht

(BVerfG, 1. Kammer des 2. Senats vom 31. Mai 2006 – 2 BvR 1693/04)

a) Die Verpflichtung der Beschwerdeführer, ihre Kinder an dem Unterricht einer nach dem Hessischen Schulgesetz anerkannten Schule teilnehmen zu lassen, stellt eine zulässige Beschränkung ihres Erziehungsrechts dar.

aa) Die allgemeine Schulpflicht dient als geeignetes und erforderliches Instrument dem legitimen Ziel der Durchsetzung des staatlichen Erziehungsauftrags. Dieser Auftrag richtet sich nicht nur auf die Vermittlung von Wissen und die Erziehung zu einer selbstverantwortlichen Persönlichkeit. Er richtet sich auch auf die Heranbildung verantwortlicher Staatsbürger, die gleichberechtigt und verantwortungsbewusst an den demokratischen Prozessen in einer pluralistischen Gesellschaft teilhaben. Soziale Kompetenz im Umgang auch mit Andersdenkenden, gelebte Toleranz, Durchsetzungsvermögen und Selbstbehauptung einer von der Mehrheit abweichenden Überzeugung können effektiver eingeübt werden, wenn Kontakte mit der Gesellschaft und den in ihr vertretenen unterschiedlichen Auffassungen nicht nur gelegentlich stattfinden, sondern Teil einer mit dem regelmäßigen Schulbesuch verbundenen Alltagserfahrung sind (vgl. BVerfGE 1, 141 <143>).

bb) Die Schulpflicht steht zudem in einem angemessenen Verhältnis zu dem Gewinn, den die Erfüllung dieser Pflicht für den staatlichen Erziehungsauftrag und die hinter ihm stehenden Gemeinwohlinteressen erwarten lassen.

Die Allgemeinheit hat ein berechtigtes Interesse daran, der Entstehung von religiös oder weltanschaulich motivierten „Parallelgesellschaften“ entgegenzuwirken und Minderheiten zu integrieren.

Integration setzt dabei nicht nur voraus, dass die Mehrheit der Bevölkerung religiöse oder weltanschauliche Minderheiten nicht ausgrenzt; sie verlangt auch, dass diese sich selbst nicht abgrenzen und sich einem Dialog mit Andersdenkenden und -gläubigen nicht verschließen. Für eine offene pluralistische Gesellschaft bedeutet der Dialog mit solchen Minderheiten eine Bereicherung. Dies im Sinne gelebter Toleranz einzuüben und zu praktizieren, ist eine wichtige Aufgabe der öffentlichen Schule. Das Vorhandensein eines breiten Spektrums von Überzeugungen in einer Klassengemeinschaft kann die Fähigkeit aller Schüler zu Toleranz und Dialog als einer Grundvoraussetzung demokratischer Willensbildungsprozesse nachhaltig fördern (vgl. BVerfGE 1, 141 <143 f.>).

Dem hohen rechtlichen Rang der Schulpflicht entspricht es, dass die Eltern rechtlich verpflichtet werden für die Umsetzung der Schulpflicht zu sorgen.

Auch im Bundesland Bayern etwa wird in Art. 76 Bay. EUG gesetzlich vorgeschrieben, dass die Erziehungsberechtigten dafür sorgen müssen, „dass minderjährige Schulpflichtige am Unterricht regelmäßig teilnehmen und die sonstigen verbindlichen Schulveranstaltungen besuchen."

b) „Schulzwang"

Die Schulpflicht darf sogar zwangsweise durchgesetzt werden. Dies ist z.B. in Bayern in Art. 118 des Bayerischen Gesetzes über das Erziehungs- und Unterrichtswesen (Bay. EUG) – unter dem Titel „Schulzwang" – geregelt.

Die Schulleitung kann bei der Gemeinde (Kreisverwaltungsbehörde) die Durchführung des Schulzwangs beantragen. Die Kreisverwaltungsbehörde kann dann sofort durch ihre Beauftragten das schulpflichtige Kind „der Schule zwangsweise zuführen".

Um diesen Schulzwang durchzusetzen, dürfen die Beauftragten der Verwaltungsbehörde – meist sind dies Polizisten – Wohnungen und Geschäftsräume betreten und dort „unmittelbaren Zwang ausüben". Das bedeutet nichts anderes, als dass sie befugt sind, das Kind, das die Schulpflicht verletzt, mit Gewalt aus der Wohnung zu holen und zum Unterricht in die Schule zu bringen. Das ist zwar kein alltäglicher Vorgang, aber auch keine sehr seltenen Ausnahme.

Grundsatz
Polizisten dürfen Kinder mit Gewalt aus der Wohnung holen und zur Schule bringen.

2. Können Eltern vorschreiben, in welche Schule das Kind gehen soll?

Bei der Grundschule haben weder die Eltern noch das Kind eine Wahl. Sie sind nach den Schulgesetzen der Länder verpflichtet die für ihren Wohnort (Schulsprengel) zuständige Schule zu besuchen. Ausnahmen hiervon setzen eine individuelle Begründung voraus, etwa wenn der Arbeitsplatz eines Personensorgeberechtigten weiter vom Wohnort entfernt ist und die Organisation des Schulbesuchs an der zuständigen Schule den Sorgeberechtigten an der Fortsetzung seiner Berufstätigkeit hindern oder diese mindestens erheblich erschweren würde.

Merke!
Das Kind besucht die Grundschule, die für den Wohnort zuständig ist.

Die Frage der Schulwahl stellt sich erst beim Übergang von der Grundschule in weiterführende Schulen. Dabei geht es zuerst um den zu wählenden Schultyp, Gymnasium, Realschule oder Hauptschule und, wenn diese Entscheidung getroffen ist, in zweiter Linie um die Wahl der konkreten Schule.

Grundsatz
Eltern entscheiden im Rahmen der Personensorge (§ 1626 Abs. 1 BGB) in welche Schule das Kind gehen soll.

Sie haben diese elterliche Sorgepflicht „in eigener Verantwortung und in gegenseitigem Einvernehmen zum Wohl des Kindes auszuüben“, bei Meinungsverschiedenheiten müssen sie versuchen sich zu einigen, §§ 1626 Abs. 2, 1627 BGB (siehe dazu 2. Kapitel I.).

Da das Kind aber dann bereits 10 Jahre alt ist, kann davon ausgegangen werden, dass auch das Kind eine eigene Position zu dieser Frage hat. Dessen Meinung darf von den Eltern nicht einfach übergangen werden. Ganz im Gegenteil, es wird von den Eltern erwartet, dass sie die Meinungsbildung ihres Kindes zu diesen Fragen fördern. Die Eltern haben „die wachsende Fähigkeit und das wachsende Bedürfnis des Kindes zu selbständigem verantwortungsbewusstem Handeln" zu berücksichtigen, § 1626 Abs. 2 BGB. Sie sind verpflichtet, „mit dem Kind, soweit es nach dessen Entwicklungsstand angezeigt ist, Fragen der elterlichen Sorge" zu besprechen und Einvernehmen mit dem Kind anzustreben. Wie weit diese Partizipation des Kindes geht bestimmen die Eltern.

Ergänzend und die Entscheidungsfreiheit der Personensorgeberechtigten auch einschränkend gilt hier noch § 1631a S. 1 BGB der vorsieht, dass die Eltern „in Angelegenheiten der Ausbildung und des Berufs" „insbesondere auf Eignung und Neigung des Kindes Rücksicht" nehmen. Die ausdrückliche Berücksichtigung der „Neigung" stärkt die Partizipation des Kindes, die zusätzliche Berücksichtigung der „Eignung" schränkt sie ein, indem die Auswahl orientiert wird an dem vom Gesetzgeber vorgegebenen Inhalt des Kindeswohls. Neben den Wünschen des Kindes soll damit für eine auch den Fähigkeiten des Kindes angemessenen Ausbildung gesorgt werden. Die Meinung der Eltern dazu und die Meinung des Kindes sind dabei zwangsläufig nicht immer übereinstimmend.

Daher sieht das Gesetz vor, dass bei Zweifeln, „der Rat eines Lehrers oder einer anderen geeigneten Person eingeholt werden" soll, § 1631a S. 2 BGB. Zweifel können sich auf eine unterschiedliche Meinung der Eltern hinsichtlich der Begabung oder der Gesundheit des Kindes beziehen. Zweifel können sich aber auch dann ergeben, wenn das Kind die Auffassung der Eltern ablehnen sollte und die Eltern dadurch unsicher in ihrer Entscheidung werden (siehe dazu 2. Kapitel I. 8.).

Wenn auch unter Einbeziehung des Sachverstandes einer Fachkraft in der Schule oder auch zum Beispiel eines Arztes kein Konsens zwischen den beiden Personensorgeberechtigten gefunden werden kann und damit der Versuch der Einigung im Sinne von § 1627 BGB trotz Bemühungen der Eltern gescheitert ist, so kann das Familiengericht auf Antrag eines Elternteils einem von beiden das alleinige Recht zur Entscheidung übertragen, § 1628 S. 1 BGB. Derartige Fälle kommen insbesondere bei der Wahl des Schultyps weniger bei der Wahl der konkreten Schule vor (siehe dazu 2. Kapitel I. 7.).

Hinweis

Es gibt eine Vielzahl von gerichtlichen Entscheidungen zur Wahl der Kita, des Schultyps, aber auch der konkreten Schule die immer am Einzelfall ausgerichtet sind (Palandt BGB, 74. Aufl. 2015, § 1628 BGB Rn. 7).

Allgemein lässt sich nur sagen, dass das Familiengericht seine Entscheidung daran orientieren muss, was dem Wohl des Kindes im Einzelfall am besten entspricht (Kindeswohlprinzip, § 1697a BGB).

Merke!

Einschätzungen von Fachkräften, die schon mit dem Kind zu tun hatten, haben für eine gerichtliche Entscheidung besonderes Gewicht.

Insbesondere der fachlich begründeten Empfehlung einer in der Grundschule für das Kind zuständigen Fachkraft zu der Frage, welcher Schultyp der für das Kind am besten Geeignete ist, wird ein Familiengericht besonderes Gewicht beimessen. Nur dann, wenn von den Eltern besonders gewichtige Argumente vorgetragen werden, wird man den Familienrichter zu einer von der Empfehlung der Fachkraft abweichenden Auflage motivieren können.

Die schulrechtlichen Regelungen des jeweiligen Bundeslandes sind zusätzlich besonders zu berücksichtigen, denn auch die Landesschulgesetze begrenzen die Wahl des schulischen Bildungswesens durch die Eltern.

Art. 44 Bay. EUG geht zwar im Grundsatz davon aus, dass ‚soweit nicht Pflichtschulen zu besuchen sind, die Erziehungsberechtigten und die volljährigen Schülerinnen und Schüler das Recht, haben, Schulart, Ausbildungsrichtung und Fachrichtung zu wählen". Der nachfolgende 2. Satz enthält dazu aber eine wesentliche Einschränkung.

Prinzip einer Schulentscheidung, Art. 44 S. 2 Bay. EUG

„Für die Aufnahme sind Eignung und Leistung der Schülerin bzw. des Schülers maßgebend."

Dazu dürfen die zuständigen Ministerien die Voraussetzungen der Aufnahme (einschließlich Altersgrenzen) und eine Probezeit in der

Schulordnung regeln. Es werden Altersgrenzen vorgegeben und die Aufnahme kann von einer Leistungsfeststellung abhängig gemacht werden.

Tipp!

- Für Eltern ist es besser die Entscheidung über die Schule selbst zu treffen,
- im Konsens untereinander,
- unter Einbeziehung des betroffenen Kindes,
- unter Berücksichtigung der professionellen Einschätzungen der Fachkräfte,
- im Zweifel auf der Grundlage einer fachlichen Beratung.

Aber auch wenn sich die Eltern geeinigt haben ist nicht gesichert, dass die ausgewählte Schule das Kind auch aufnimmt.

Allgemeine Regelungen der Schulgesetze:
Ein Rechtsanspruch auf Aufnahme in eine bestimmte Schule an einem bestimmten Ort besteht nicht.

Wenn später im Laufe der Schulzeit die Frage auftaucht, ob die Wahl des Schultyps oder die Wahl der Schule die richtige für das Kind war, ergibt sich die gleiche Entscheidungssituation.

Nach dem Ende der Schulpflicht kann dann sogar fraglich werden, ob überhaupt die schulische Ausbildung fortgesetzt werden soll oder ob eine Entscheidung hin zu einer Berufsausbildung den Interessen des Kindes besser entspricht. Diese Frage wird oft von dem betroffenen Kind selbst ausgehen, das von seinem Partizipationsrecht mit zunehmendem Alter stärker Gebrauch macht

Dann gilt auch für die Entscheidung zu einer beruflichen Ausbildung, die Berufswahl, einen Wechsel des Schultyps und den Wechsel an eine andere Schule, dass die Eltern das im Rahmen ihres Rechtes und ihrer Pflicht zur Personensorge unter Beteiligung des Kindes, und beraten durch die Schule, entscheiden müssen. Auch hier kann als letzte Möglichkeit wieder das Familiengericht angerufen werden, denn auch das ist eine Frage „deren Regelung für das Kind von erheblicher Bedeutung ist", § 1628 BGB.

Es ist aber ebenfalls wieder zu beachten, dass die Schulgesetze der Länder die Aufnahme in eine Ausbildungsstätte grundsätzlich von der Eignung und Leistung des Kindes abhängig machen und dadurch das Wahlrecht der Eltern ebenso begrenzt wird wie das des Kindes.

3. Welche Möglichkeiten haben Eltern, wenn sie mit den Schulnoten nicht einverstanden sind?

Die Schule hat die allgemeine Pflicht „die Erziehungsberechtigten möglichst frühzeitig über wesentliche, die Schülerin oder den Schüler betreffende Vorgänge, insbesondere ein auffallendes Absinken des Leistungsstands, schriftlich, zu unterrichten" und bei Nichtbestehen einer Jahrgangsstufe oder einer Abschlussprüfung „den Erziehungsberechtigten über den weiteren Bildungsweg der Schülerin oder des Schülers eine Beratung anzubieten" (so in Art. 75 Bay EUV).

Tipp!
Es ist Aufgabe der Schule auf die Eltern zuzugehen und nicht umgekehrt die Pflicht der Eltern in der Schule nachzufragen.

Die Bewertung im bestehenden Schulsystem beruht im Wesentlichen auf der Messung von relativer Leistung, die durch Noten ausgedrückt wird. Andere Kriterien wie etwa soziale Intelligenz oder künstlerische Begabung oder Kreativität bleiben demgegenüber nachrangig, nicht zuletzt deshalb, weil sich diese Kompetenzen einer Messbarkeit weitgehend entziehen.

Noten
sind Leistungsbewertungen, die von den Lehrerinnen und Lehrern in eigener pädagogischer Verantwortung vorgenommen werden.

Es handelt sich zwar um Bewertungen, diese müssen aber auf sachlichen Überlegungen beruhen. Wenn Eltern diese Bewertungen als unzutreffend ansehen, bedeutet das nicht, dass die Fachkräfte in der Schule dem nachgeben müssen. Es bedeutet allerdings, dass die Fachkräfte ihre Bewertungen nunmehr rechtfertigen müssen, sie also erklären müssen. Dafür sind fachliche Argumente notwendig, die so zu formulieren sind, dass sie auch für Nichtpädagogen verständlich sind und zusätzlich im Streitfall von Fachkollegen auf ihre fachliche Tauglichkeit geprüft werden können.

Wenn eine Intervention von Eltern bei der zuständigen Lehrkraft nicht zu einem befriedigenden Konsens führt und die Schule auf der beanstandeten Note beharrt, haben die Eltern soweit sie weiterhin von der Mangelhaftigkeit der Benotung ausgehen, die Möglichkeit, die Bewertung gerichtlich prüfen zu lassen.

Gerichtsverfahren wegen Schulbewertungen

- Einzelnoten können grundsätzlich nicht gerichtlich überprüft werden.
- Ausnahme: Note führt zu Rechtsnachteilen für das Kind

Rechtsnachteile für das Kind entstehen dann, wenn das Zeugnis wegen dieser Note das Nichtbestehen einer Klasse feststellt, die Jahrgangsstufe also wiederholt werden müsste oder wegen dieser Note der Übertritt auf das Gymnasium abgelehnt wird.

Hinweis

Zeugnisse sind Verwaltungsakte und können daher vor den Verwaltungsgerichten angegriffen werden.

Die Gerichte prüfen dann, ob die Beurteilung der Leistung durch die zuständige Lehrkraft fachlich vertretbar war. Diese Frage ist meist nicht einfach zu beantworten, denn einfache Beurteilungsfehler, wie etwa die irrtümliche Bewertung eines richtigen Rechenergebnisses als falsch oder die Beanstandung einer grammatikalisch richtigen Schreibweise als falsch, landen nicht vor Gericht sondern werden üblicherweise bereits schulintern korrigiert.

Konkret handelt es sich praktisch immer um Fälle, bei denen die pädagogische Beurteilung eine wichtige Rolle spielt. Da aber die Richter keine pädagogische Ausbildung besitzen und nicht die besseren Lehrkräfte sind, können sie solche Fragen nicht aus ihren eigenen Sachverstand beurteilen. Sie bedienen sich deshalb der Hilfe von Sachverständigen. Die von den klagenden Eltern beanstandete Note und die zugrunde liegende pädagogische Entscheidung werden vom Gericht durch einen pädagogischen Gutachter beurteilt. Dieser ist aber nicht befugt, seine pädagogische Einschätzung an die Stelle der Bewertung durch die zuständige Lehrkraft zu setzen. Er darf nur prüfen, ob die konkrete Beurteilung, über die vor Gericht gestritten wird, nach den fachlichen Grundsätzen der Pädagogik vertretbar ist.

Wenn das der Fall ist, wird das Gericht dieser Einschätzung meist folgen, wenn der Gutachter dies plausibel begründet.

Klagen gegen Noten sind erfolgreich

- wenn die zuständige Lehrkraft bei der Entscheidung über die Note fachfremde Überlegungen angestellt hat

oder

- wenn Teile der beurteilten Arbeit übersehen wurden.

4. Wie können sich Eltern gegen eine ungerechte Behandlung des Kindes wehren?

Schulen sind keine rechtlich abgeschotteten Räume aus denen die Eltern ausgeschlossen werden. Alle Schulgesetze der Bundesländer geben den Eltern Beteiligungsrechte. Als Beispiel wird hier wie in den Kapiteln zuvor die bayerische Rechtslage verwendet. Im bayerischen Unterrichts- und Erziehungsgesetz (Bay. EUG) gibt es eine gesonderte Regelung für die Zusammenarbeit der Schule mit den Erziehungsberechtigten, Art. 74 Bay. EUG.

Danach wird anerkannt, dass sich die Schule nicht an die Stelle der Eltern setzt und diese für den schulischen Bereich verdrängt. Es wird die gemeinsame Erziehungsaufgabe anerkannt, die Schule und Erziehungsberechtigte zu erfüllen haben, weshalb eine von gegenseitigem Vertrauen getragene Zusammenarbeit angestrebt und von beiden Seiten gefordert wird.

Von jeder Schule ist ein konkretes „schulspezifisches Konzept zur Erziehungspartnerschaft zwischen Schule und Erziehungsberechtigten" zu erarbeiten. Die Schule darf bei der Ausgestaltung der Zusammenarbeit mit den Eltern auch von den Regelungen der Schulordnungen zur Zusammenarbeit der Schule mit den Erziehungsberechtigten abweichen. Unter Hinweis auf diese Möglichkeit können Eltern auf eine entsprechende Gestaltung drängen, wenn in der konkreten Schule Besonderheiten dies nahelegen. Sie müssen sich dann nicht mit dem Hinweis auf die Allgemeinverbindlichkeit der Schulordnung abspeisen lassen.

Merke!
Eltern haben das Recht von der Schule ein konkretes „schulspezifisches Konzept zur Erziehungspartnerschaft zwischen Schule und Erziehungsberechtigten" zu fordern und an der Erarbeitung beteiligt zu werden.

5. Dürfen Eltern das Kind zu Hause lassen, wenn sie mit den Unterrichtsinhalten nicht einverstanden sind?

Die Unterrichtsinhalte stehen nicht im Belieben der Schulen, geschweige denn einzelner Lehrkräfte. Aber auch die personensorgeberechtigten Eltern, die grundsätzlich vorrangig für die Erziehung ihrer Kinder zuständig und befugt sind, müssen wegen des staatlichen Erziehungsauftrags wie ihn das Bundesverfassungsgericht formuliert hat (siehe hierzu Ziff. 4.1.), die Schulpflicht ebenso hinnehmen wie die Inhalte des Unterrichts.

Merke!
Die Lehrinhalte ergeben sich aus den von den Kultusministerien der einzelnen Bundesländer erarbeiteten Lehrplänen die für alle Schulen eines Bundeslandes verbindlich sind.

Die Länder sind aber auch im Rahmen der Kultushoheit nicht frei beliebige Inhalte für die staatlich erwünschte Schulbildung zu formulieren.

Die Länder sind dabei an das Recht jedes Kindes aus § 1 SGB VIII, „auf Förderung seiner Entwicklung und auf Erziehung zu einer eigenverantwortlichen und gemeinschaftsfähigen Persönlichkeit" gebunden. Dieses Recht auf individuelle Entfaltung bei gleichzeitiger Förderung der sozialen Kompetenz stellt letztlich den gesetzlichen Rahmen dar, an den sowohl die Eltern als auch der erziehende Staat gebunden sind.

Solange sich die Lehrinhalte der Schulen in diesem Rahmen bewegen, besteht kein Recht der Eltern diese Inhalte zu beanstanden und ihr Kind davor zu schützen.

Die Besonderheiten die sich aus religiösen oder weltanschaulichen Erwägungen ergeben und der Sexualkundeunterricht werden in diesem Kapitel unter II. 6. besprochen.

Auf dieser Grundlage haben alle Bundesländer in ihre Schulgesetze eine Verpflichtung der Eltern aufgenommen, diese staatliche Ausbildung zu fördern.

In Bayern regelt Art. 76 Bay. EUG unter der Überschrift „Pflichten der Erziehungsberechtigten“ als rechtlich verbindliche Aufgabe der Eltern „auf die gewissenhafte Erfüllung der schulischen Pflichten“ zu achten. Konkret wird auch als Pflicht der Erziehungsberechtigten geregelt, dass diese für die Umsetzung der Schulpflicht verantwortlich sind.

Pflichten der Erziehungsberechtigten, Art. 76 Bay. EUG §

„1. Die Erziehungsberechtigten sind verpflichtet, auf die gewissenhafte Erfüllung der schulischen Pflichten einschließlich der Verpflichtung nach Art. 56 Abs. 4 S. 4 und der von der Schule gestellten Anforderungen durch die Schülerinnen und Schüler zu achten und die Erziehungsarbeit der Schule zu unterstützen.“

a) Bildungs- und Erziehungsziele

Dem haben daher die Lehrpläne zu entsprechen. Die Länder haben sich in diesem Rahmen politisch weitgesteckte Ziele gesetzt, Art. 2 Bay. EUG.

Danach haben die Schulen insbesondere die Aufgabe, „Kenntnisse und Fertigkeiten zu vermitteln und Fähigkeiten zu entwickeln, zu selbständigem Urteil und eigenverantwortlichem Handeln zu befähigen, zu verantwortlichem Gebrauch der Freiheit, zu Toleranz, friedlicher Gesinnung und Achtung vor anderen Menschen zu erziehen, zur Anerkennung kultureller und religiöser Werte zu erziehen, zur Förderung des europäischen Bewusstseins beizutragen, im Geist der Völkerverständigung zu erziehen, die Bereitschaft zum Einsatz für den freiheitlich-demokratischen und sozialen Rechtsstaat und zu seiner Verteidigung nach innen und außen zu fördern, die Durchsetzung der Gleichberechtigung von Frauen und Männern zu fördern und auf die Beseitigung bestehender Nachteile hinzuwirken“, sowie „Verantwortungsbewusstsein für die Umwelt zu wecken.“

Weiter heißt es dort: „Inklusiver Unterricht ist Aufgabe aller Schulen.“

Diese allgemein gehaltenen Ziele werden in den Schulordnungen formal ausdifferenziert und in den Lehrplänen fachlich konkretisiert.

Achtung!

Eine Beanstandung dieser Ziele durch die Eltern, etwa bei der Förderung der Gleichberechtigung der Geschlechter oder beim inklusiven Unterricht, geben den Eltern kein Recht ihr Kind unter Berufung auf ihr vorrangiges Erziehungsrecht der schulischen Ausbildung zu entziehen.

Die Schule kann bei einer grundlosen Verweigerung des Schulbesuchs sogar so weit gehen, die Teilnahme an Unterricht mit polizeilicher Gewalt durchzusetzen.

Ein Grund das Kind nicht in die Schule zu schicken kann sich aber ausnahmsweise aus religiösen Überzeugungen der Eltern oder des Kindes ergeben.

Merke!

- Es reicht nicht aus, sich auf eine religiöse Überzeugung zu berufen und das Kind deswegen nicht zur Schule zu schicken.
- Nur in Ausnahmefällen können Eltern die Befreiung ihrer Kinder von einer Unterrichtsveranstaltung verlangen (BVerwG Urt. v. 11.9.2013 – 6 C 12/12).

Die Schulpflicht hat nämlich genauso wie die Religionsfreiheit auch Verfassungsrang.

Die obersten Gerichte haben sich schon mehrfach mit Fragen der Kollision des religiösen Erziehungsrechts der Eltern mit der Schulaufsicht auseinander gesetzt. Dabei haben sie festgestellt, dass sich das religiöse Erziehungsrecht der Eltern und das staatliche Bestimmungsrecht im Schulwesen gleichrangig gegenüber stehen (z.B. BVerfG Urt. v. 14. Juli 1998 – 1 BvR 1640/97 – BVerfGE 98, 218 <244>). Das Bundesverfassungsgericht und auch das Bundesverwaltungsgericht begründen das mit dem „Grundsatz praktischer Konkordanz“, der eine wechselseitige Begrenzung in einer Weise fordert, dass sich nicht eines dieser Rechte bevorzugt durchsetzt, sondern beiden Wirksamkeit verschafft wird und beide „möglichst schonend“ ausgeglichen werden (BVerwG Beschl. v. 8. Mai 2008 – BVerwG 6 B 64.07 – Buchholz 421 Kultur- und Schulwesen Nr. 132 Rn. 7).

Aus der verfassungsrechtlich begründeten Schulpflicht folgt, dass die Eltern es hinnehmen müssen, „dass der Staat als Bildungs- und

Erziehungsträger im Umfang des schulischen Wirkungsfeldes an ihre Stelle tritt, womit ihre Möglichkeit, unmittelbar in eigener Person pädagogisch auf ihre Kinder einzuwirken, auf den außerschulischen Bereich beschränkt wird.

Fazit

Für die Ausfüllung seiner Rolle ist der Staat darauf angewiesen, das Bildungs- und Erziehungsprogramm für die Schule grundsätzlich unabhängig von den Wünschen einzelner beteiligter Schüler oder ihrer Eltern anhand eigener inhaltlicher Vorstellungen bestimmen zu können.

(vgl. BVerfG Kammerbeschl. v. 9. Februar 1989 a.a.O. Rn. 4; BVerwG Urt. v. 25. August 1993 – BVerwG 6 C 8.91 – a.a.O. S. 84 bzw. S. 46)

Die verfassungsrechtlich anerkannte Bildungs- und Integrationsfunktion der Schule würde nur unvollkommen Wirksamkeit erlangen, müsste der Staat die Schul- und Unterrichtsgestaltung auf den kleinsten gemeinsamen Nenner der Vorstellungen der Beteiligten ausrichten (vgl. Urteil vom 3. Mai 1988 a.a.O. S. 302 bzw. S. 6; Stern, Staatsrecht, Bd. IV/1, 2006, S. 608). Die Schule wäre dann durch kollidierende Erziehungsansprüche Einzelner und grundrechtliche Vetopositionen vielfach blockiert“ (BVerwG Aktenzeichen 6 C 12/12 vom 11.09.2013).

Merke!

Der Staat ist aber im Gegenzug nicht befugt sich vollständig an die Stelle der Eltern zu setzen. Er hat „bei Ausgestaltung des Unterrichts Neutralität und Toleranz vor allem in religiöser und weltanschaulicher Hinsicht zu wahren, insbesondere jede Beeinflussung oder gar Agitation im Dienste einer bestimmten religiös-weltanschaulichen Richtung zu unterlassen.

Damit ist in solchen Fällen ein rechtlicher Abwägungsprozess erforderlich, der sich immer am Einzelfall orientiert und dessen Ausgang schwer vorherzusagen ist. Daher sollen hier zur Orientierung zwei wichtige Beispielsfälle aus der aktuellen Rechtsprechung betrachtet werden.

Spielfilm: Krabat

BVerwG Urt. v. 11.9.2013 – 6 C 12/12

Die Kläger gehören der Glaubensgemeinschaft der Zeugen Jehovas an. Ihr Sohn besuchte ein der Aufsicht des Beklagten unterstehendes Gymnasium in der 7. Klasse. Als von der Schule die Teilnahme der Klasse an der Vorführung des Spielfilms „Krabat" des Regisseurs Marco Kreuzpaintner beschlossen wurde – das zugrundeliegende Buch „Krabat" von Otfried Preußler war zuvor auszugsweise im Deutschunterricht behandelt worden -, schrieben die Kläger dem Deutschlehrer ihres Sohnes: „Aus religiösen Gründen möchten wir nicht, dass unser Sohn (...) den Film Krabat (...) ansieht. Wir möchten uns von bösen Geistermächten fernhalten, auch indem wir uns mystische Filme nicht ansehen."

Der Schulleiter erörterte die Angelegenheit in einem persönlichen Gespräch mit den Klägern. Diese bekräftigten unter Hinweis auf verschiedene Bibeltexte, sie könnten als Angehörige der Glaubensgemeinschaft der Zeugen Jehovas nicht zulassen, dass ihr Sohn an der Filmvorführung teilnehme. Sie müssten alle Berührungspunkte mit Spiritismus und jeglicher Form von Magie meiden. Der Schulleiter wies die Kläger darauf hin, dass die Teilnahme an der Filmvorführung lehrplankonform sei. Es handle sich um eine verbindliche Schulveranstaltung. Er sei nicht bereit, sich auf bibelexegetische Erörterungen einzulassen. Eine Befreiung von der Teilnahme an der Filmvorführung lehnte er ab. Daraufhin verhinderten die Kläger die Teilnahme ihres Sohnes aus eigenem Entschluss.

Die Schule kann nicht prinzipiell davon entbunden sein, auf religiöse Verhaltensgebote Rücksicht zu nehmen, denn sonst würde das religiöse Erziehungsrecht aus Art. 6 Abs. 2 S. 1 i.V.m. 4 Abs. 1 GG gegenüber dem staatlichen Bestimmungsrecht im Schulwesen aus Art. 7 Abs. 1 GG überspannt. Auch dieser Pflicht zur Rücksichtnahme sind wiederum Grenzen gesetzt. Eine kategorische Beachtlichkeit sämtlicher elterlicherseits vorgebrachter religiöser Verhaltensgebote liefe – entgegen dem oben aufgezeigten Ausgangspunkt – auf einen prinzipiellen Vorrang jedweder individuellen Glaubensposition vor dem staatlichen Bestimmungsrecht im Schulwesen hinaus.

Das staatliche Schulwesen müsste insoweit dann seinerseits leerlaufen. Die Schule hätte sich dann mit Unterrichtsgestaltungen zu begnügen, die von sämtlichen Glaubensstandpunkten aus akzeptabel erscheinen; sie wäre letztlich vom Konsens aller individuell Beteiligten abhängig. Dies kann in einer religiös pluralen Gesellschaft weder praktisch möglich noch, mit Blick auf die Integrationsfunktion der Schule, verfassungsrechtlich intendiert sein.

Merke!

Die integrative Wirksamkeit der Schule erweist sich nicht nur darin, Minderheiten einzubeziehen und in ihren Eigenarten zu respektieren. Sie setzt auch voraus, dass Minderheiten sich nicht selbst abgrenzen und sich der Konfrontation mit Unterrichtsinhalten, gegen die sie religiöse, weltanschauliche oder kulturelle Vorbehalte hegen, nicht stets von vornherein verschließen dürfen.

(vgl. BVerfG Kammerbeschl. v. 29. April 2003 a.a.O., vom 31. Mai 2006 a.a.O. S. 155 f. und vom 15. März 2007 – 1 BvR 2780/06 – BVerfGE 10, 423 <431>)

Die staatliche Pflicht zur Rücksichtnahme auf religiöse Belange ist aus Gründen der Praktikabilität und insbesondere auch aufgrund der Integrationsfunktion der Schule begrenzt. Die Eltern müssen entsprechende Begrenzungen hinnehmen.

Achtung!

Eltern müssen in einem bestimmten Umfang Beeinträchtigungen ihrer religiösen Erziehungsvorstellungen hinnehmen.

Dies ist eine typische, von der Verfassung von vornherein einberechnete Begleiterscheinung des staatlichen Bildungs- und Erziehungsauftrags und der seiner Umsetzung dienenden Schulpflicht. Eltern verfügen also nicht über das Recht diesem Bildungs- und Erziehungsauftrag der Schulen beliebig auszuweichen. Damit ist sichergestellt, dass der staatliche Bildungs- und Erziehungsauftrag – der auch für die Schule im Grundsatz nicht disponibel ist – gleichmäßig gegenüber sämtlichen Schülern erfüllt wird. Eine Befreiung wegen befürchteter Beeinträchtigungen religiöser Erziehungsvorstellungen wird deshalb immer eine spezielle Ausnahme bleiben.

In einem weiteren Fall ging es ebenfalls um eine von den religiösen Grundsätzen der Eltern geprägte Fragestellung. Auch hier wurde durch die gerichtliche Entscheidung der elterlichen Erziehung Grenzen gesetzt, die sich am Entwicklungsrecht des Kindes zu einer selbstverantwortlichen und gemeinschaftsfähigen Persönlichkeit orientieren.

Burkini-Fall

(BVerwG Urt. v. 11.9.2013 – 6 C 25/12)

Die Klägerin ist Muslima. Im Schuljahr 2011/2012 besuchte sie ein der Aufsicht des Beklagten unterstehendes Gymnasium in der 5. Jahrgangsstufe. Dort wurde der Schwimmunterricht für Jungen und Mädchen gemeinsam erteilt (koedukativer Schwimmunterricht). Die Eltern der Klägerin stellten im Namen der gesamten Familie einen Antrag auf Befreiung der Klägerin vom Schwimmunterricht: Im Islam sei sportliche Betätigung jeder Art erlaubt und erwünscht. Die islamischen Bekleidungsvorschriften erlaubten jedoch nicht, dass Mädchen und Jungen gemeinsam am Schwimmunterricht teilnähmen. Der Schulleiter lehnte den Antrag ab. Der hiergegen gerichtete Widerspruch der Klägerin wurde zurückgewiesen. Zur Begründung wurde jeweils darauf verwiesen, die Klägerin könne in einer Badebekleidung am Schwimmunterricht teilnehmen, die den Vorgaben des Islam gerecht werde.

b) Sexualkundeunterricht

Der Sexualkundeunterricht ist eine Materie, die mit den Vorstellungen mancher Eltern in Widerspruch geraten kann. Insofern ist damit ihr grundsätzlich vorrangiges Erziehungsrecht tangiert und es stellt sich die Frage wie weit das Elternrecht geht und wie die Bildungs- und Integrationsfunktion der Schule mit dem Erziehungsanspruch der Eltern angemessen und schonend in Einklang gebracht werden kann.

Auch hierfür haben wiederum die Schulgesetze der Länder grundsätzliche Weichenstellungen gebracht, die von den Gerichten bestätigt wurden. So regelt z.B. Art. 48 Bay. EUG unter der Überschrift „Familien- und Sexualerziehung“, dass zwar das natürliche Erziehungsrechts der Eltern anerkannt wird, dass aber Familien- und Sexualerziehung zu den Aufgaben der Schulen gehört.

Diese Familien- und Sexualerziehung ist kein eigenes Schulfach sondern sie wird im Rahmen mehrerer Fächer durchgeführt.

§

Sexualerziehung, Art. 48 Bay. EUG

- *ist als altersgemäße Erziehung zu verantwortlichem geschlechtlichem Verhalten Teil der Gesamterziehung mit dem vorrangigen Ziel der Förderung von Ehe und Familie.*
- *Die staatlich formulierten Ziele, die Inhalte und die Form der Sexualerziehung werden mit den Eltern besprochen.*

Die Eltern werden mit der Sexualerziehung nicht einfach konfrontiert. Das Gesetz schreibt den Schulen vor, dass die Ziele, der Inhalt und die Form „den Erziehungsberechtigten rechtzeitig mitzuteilen und mit ihnen zu besprechen“ sind. Damit ist die Partizipation der Eltern auf individueller Ebene gewährleistet.

Die Unterrichtsziele und Unterrichtsinhalte bezieht die Schule aus Richtlinien, die vom zuständigen Ministerium erlassen werden.

Auch diese Richtlinien werden nicht einseitig von der Behörde gestaltet, sondern „im Benehmen mit dem Landesschulbeirat“ formuliert.

Hinweis

Im Landesschulbeirat sind die Eltern vertreten, so dass das elterliche Erziehungsrecht auch auf der politischen Ebene respektiert wird.

6. Wer entscheidet über die Teilnahme am Religionsunterricht?

Der Religionsunterricht ist ein ordentliches Lehrfach und damit ein Pflichtfach. „Er wird nach Bekenntnissen getrennt in Übereinstimmung mit den Grundsätzen der betreffenden Kirche oder Religionsgemeinschaft erteilt“, Art. 46 Abs. 1 S. 2 Bay. EUG. Da aber das Grundrecht der Religionsfreiheit sowohl die positive Religionsfreiheit umfasst, also das Recht Anhänger einer Religion zu sein, als auch die negative Religionsfreiheit, als das Recht keine religiösen Überzeugungen zu haben, entscheiden die Eltern über die Teilnahme ihres Kindes am Religionsunterricht.

Tipp!

- Eltern können ihr Kind vom Religionsunterricht abmelden.
- An die Stelle des Religionsunterrichts tritt dann der Ethikunterricht als Pflichtfach.
  (Art. 46 Abs. 4 S. 1 Bay. EUV)

Dieses Recht der Eltern führt also nicht dazu, dass für das Kind damit der Unterricht in der Zeit, in der die anderen Kinder Religionsunterricht haben, entfällt. Es nimmt parallel am Ethikunterricht teil. Dort werden keine religiösen Überzeugungen gelehrt.

§ **Ethikunterricht, Art. 47 Abs. 4 Bay. EUG**

dient der Erziehung der Schülerinnen und Schüler zu werteinsichtigem Urteilen und Handeln.

Der Inhalt des Ethikunterrichts orientiert sich an den sittlichen Grundsätzen wie sie in der Verfassung und im Grundgesetz niedergelegt sind. Im Übrigen berücksichtigt er die Pluralität der Bekenntnisse und Weltanschauungen.

Das Recht der Eltern für ihre Kinder zu entscheiden ist in diesem Bereich aber eingeschränkt durch die Religionsfreiheit ihres Kindes. Jedes Kind wird mit Vollendung des 14. Lebensjahres als religionsmündig angesehen. Daher geht das Recht der Eltern, das Kind vom Religionsunterricht abzumelden oder eben auch anzumelden, mit dem 14. Geburtstag ihres Kindes auf dieses über.

Ab diesem Zeitpunkt entscheidet das Kind selbst und autonom – also ohne Mitspracherecht der Eltern – darüber, ob es am Religionsunterricht teilnehmen will oder am Ethikunterricht.

§ **§ 5 RelKErzG**

Nach der Vollendung des vierzehnten Lebensjahrs steht dem Kind die Entscheidung darüber zu, zu welchem religiösen Bekenntnis es sich halten will. Hat das Kind das zwölfte Lebensjahr vollendet, so kann es nicht gegen seinen Willen in einem anderen Bekenntnis als bisher erzogen werden.

Im bayerischen Schulgesetz ist die Altersgrenze auf die Vollendung des 18. Lebensjahres festgelegt. Diese Regelung würde vermutlich einer gerichtlichen Prüfung nicht standhalten. In den meisten anderen Bundesländern ist die Altersgrenze für die Religionsmündigkeit aus § 5 RelKErzG übernommen worden und auf die Vollendung des 14. Lebensjahres festgesetzt.

Diese Altersgrenze von 14 Jahren war lange wenig bedeutsam, da es sich in einer säkularen Gesellschaft um eine individuelle Wertentscheidung handelte, die für andere keine belastende Bedeutung hatte. Die neuere Entwicklung des Übertritts zu islamistisch-fundamentalistischen Gemeinschaften oder auch nordisch-fundamentalistischen Sekten, denen ihre Gewaltbereitschaft gegenüber „Andersgläubigen" gemeinsam ist, birgt ein zunehmendes Risiko, da es den sozialen Frieden bedrohen kann.

7. Dürfen Eltern das kranke Kind in die Schule schicken?

Die Frage stellt sich nicht bei erkennbaren ernsten Erkrankungen. Dann werden die Eltern mit dem Kind einen Arzt aufsuchen und eine klinisch stationäre oder häusliche Therapie durchführen lassen.

Die Frage stellt sich aber immer dann, wenn berufstätige Eltern bei einem mehr oder weniger erkälteten und eventuell fiebrigen Kind entscheiden müssen, ob sie das Kind in die Schule bringen und dann ihrer beruflichen Tätigkeit nachgehen und die Gefahr hinnehmen, dass sich die Erkrankung verschlimmert und das Kind in der Schule andere Kinder anstecken wird oder ob sie sich am Arbeitsplatz abmelden und mit dem Kind zu Hause bleiben.

Handelt es sich bei der von den Eltern als „Erkältung" diagnostizierte Erkrankung nur um einen harmlosen grippalen Infekt, dann ist das für die Betroffenen lästig, aber in den entsprechenden Erkältungszeiten im Herbst und Winter ein häufiges Phänomen.

Handelt es sich allerdings um den Beginn einer schweren Grippe ist die Situation wegen der möglichen Gesundheitsschäden ihres Kindes und der anderen Schüler anders zu beurteilen.

Auch wenn die Eltern in gutem Glauben und im Vertrauen auf die Harmlosigkeit der Erkrankung gehandelt haben, kann die Schule den Schulbesuch eines kranken Kindes nicht hinnehmen.

Hinweis

Die Schule hat eine gesetzliche Fürsorgeplicht für alle Schüler der Schule und für alle Lehrkräfte. Es ist ihre Aufgabe, den Schulbetrieb aufrecht zu erhalten.

Daraus ergibt sich konkret die Pflicht die anderen Schüler ebenso wie die Lehrkräfte vor der Gefahr der Ansteckung mit einer schweren Krankheit zu schützen und dem bereits kranken Kind eine angemessene ärztliche Versorgung zu verschaffen. Die Schule kann daher nach eigener Einschätzung der möglichen Erkrankung des Kindes und der davon ausgehenden Gefahr, das schulpflichtige Kind bzw. seine Eltern auffordern „sich durch den öffentlichen Gesundheitsdienst untersuchen zu lassen" oder der Schule nachzuweisen, dass das Kind von einem Facharzt untersucht worden ist oder behandelt wird, Art. 118 Bay. EUG.

Tipp!

- Eltern sollten nicht voreilig von einem Schulbesuch des Kindes absehen.
- Eltern sollten mit der Schule offen kooperieren.

8. Kann die Schule ein Kind wegen fehlender Früherkennungsuntersuchung ablehnen?

Soweit es um die Frage von Impfungen geht gilt auch für die Schulen grundsätzlich das Gleiche wie für Kindertageseinrichtungen (siehe dazu 4. Kapitel I. 6.). Es gibt aber auch hier Besonderheiten in den einzelnen Bundesländern.

§ Früherkennungsuntersuchungen, §26 Abs. 1 SGB V

- *bekannt unter der Bezeichnung U1 bis U9*
- *dienen der rechtzeitigen Diagnose von Krankheiten bei Kindern, die deren „körperliche oder geistige Entwicklung in nicht geringfügigem Maße gefährden".*

Der U9-Untersuchung kommt dabei deshalb eine besondere Bedeutung zu, weil die Folgeuntersuchung (J1) erst sechs Jahre später zwischen dem 12. und dem 14. Lebensjahr stattfindet.

Insbesondere aber ist die U9-Früherkennungsuntersuchung wesentlich, weil sie die letzte Untersuchung im Kindesalter ist und sie vor dem Eintritt in die Schule liegt.

Bei der U9 wird neben dem Seh- und Hörvermögen, der Konzentrationsfähigkeit, dem orthopädischen Zustand des Skeletts, der Sprachkompetenz und des Sozialverhaltens auch die Sozialkompetenz geprüft soweit dies medizinisch möglich ist. Letztlich geht es bei dieser Untersuchung um die medizinische begründete Feststellung, ob bei dem untersuchten Kind die „Schulfähigkeit“ gegeben ist.

Die U9 Untersuchung dient der Feststellung von kindlichen Entwicklungsdefiziten, damit diese, möglichst noch vor Schuleintritt, entsprechend therapiert werden.

Fazit

Die Früherkennungsuntersuchungen sind daher insgesamt von erheblicher Bedeutung für die Gesundheit der Kinder und sollen verhindern, dass ein erkranktes Kind wegen verzögerter oder unterlassener Therapie in späteren Jahren an Entwicklungsdefiziten und chronischen Erkrankungen leidet.

Neben dem individuellen Interesse des betroffenen Kindes an seiner Gesundheit sind von Diagnose- und Therapiedefiziten im Kindesalter, wegen der erheblichen zusätzlichen Kosten, auch die wirtschaftlichen Interessen der Krankenversicherungen betroffen, was die konsequente Durchführung der Früherkennungsuntersuchung im Kindesalter zu einem gesamtgesellschaftlichen und sozialpolitischen Problem macht.

Das staatliche Interesse geht daher dahin, diese Untersuchungen bei möglichst allen Kindern durchführen zu lassen. Das allerdings beeinträchtigt das Erziehungsrecht der Eltern, so dass es hier von Bundesland zu Bundesland unterschiedliche gesetzliche Strategien gibt, die Teilnahme an den Untersuchungen möglichst ausnahmslos durchzusetzen, ohne einen gesetzlichen Zwang vorzusehen.

Als Beispiel dient wieder die besonders konsequente Rechtslage in Bayern die von einem sehr strengen Verständnis von der Reichweite des staatlichen Wächteramtes zugunsten der Interessen der Kinder ausgeht.

Die Teilnahme an den Früherkennungsuntersuchungen im Kindesalter – U1 bis U9 – ist, auf der bundesrechtlichen Grundlage des § 26 SGB V, das ein Recht einräumt aber keine Pflicht begründet, landesrechtlich als Rechtspflicht geregelt.

Das Bayerische GDVG sieht in Art. 14 unter der Überschrift „Schutz der Gesundheit von Kindern und Jugendlichen“ die Verpflichtung der Eltern als Personensorgeberechtigten vor, die Teilnahme ihrer

Kinder an den Früherkennungsuntersuchungen U1 bist U9 „sicherzustellen".

Zwangsuntersuchung des Kindes, Art. 80 Abs. 4 Bay. EUG

Verweigern Eltern die Untersuchungen und sind auch nicht zu einer schulärztlichen Untersuchung bereit, ohne hierfür überzeugende Gründe anzuführen, so kann die Schule veranlassen, dass die schulärztliche Untersuchung zwangsweise durchgeführt wird.

Im Jahr vor dem Schuleintritt sind die Kinder verpflichtet an einer Schuleingangsuntersuchung teilzunehmen. Wenn diese verweigert wir, kann letztlich wieder Zwang angewandt werden. Zu diesem Zweck wird in Art. 80 Bay. EUG ausdrücklich das Grundrecht auf körperliche Unversehrtheit aus Art. 2 Abs. 2 S. 1 GG eingeschränkt.

Bei der Schulanmeldung sind die Bescheinigungen über die Durchführung der Früherkennungsuntersuchungen vorzulegen.

Merke!

- Die Schule kann das Kind wegen fehlender Frühuntersuchung nicht ablehnen.
- Das Kind wird einer über die U9 hinausgehenden schulärztlichen Untersuchung unterzogen.
- Im Extremfall kann behördlicher Zwang angewendet werden.

Zur Frage des Verdachts einer Kindeswohlgefährdung bei Verweigerung der Untersuchungen siehe 4. Kapitel I. 6.

9. Welche Rechte haben Eltern bei Schulausflügen?

Bei Schulausflügen gilt für die Beteiligung der Eltern an der Entscheidung, welche Ausflüge gemacht werden das Gleiche wie für das gesamte Schulverhältnis im Allgemeinen. Der staatliche Erziehungs- und Bildungsauftrag umfasst alle Schulveranstaltungen, auch die „sonstigen" wie etwa Schülerfahrten und Ausflüge. Dabei kann die Zahl solcher Veranstaltungen unter den Eltern umstritten sein, was nicht zuletzt daran liegen kann, dass sich nicht alle Eltern in gleicher Weise die Finanzierung solcher Aktivitäten leisten können.

Soweit es um die Kosten solcher „sonstiger Veranstaltungen" geht, liegt es daher in der Zuständigkeit des Elternbeirats und der Schulleitung, die Festsetzung eines jährlichen Höchstbetrags vorzuschlagen. Damit ergibt sich mittelbar eine Begrenzung des Umfangs „sonstiger" schulischer Veranstaltungen.

Schulveranstaltungen, Art. 30 Bay. EUG

Ihren Bildungs- und Erziehungsauftrag erfüllen die Schulen durch Unterricht und sonstige Schulveranstaltungen.

Eine sonstige Schulveranstaltung ist eine Veranstaltung einer Schule, die einen unmittelbaren Bezug zu den Aufgaben der Schule, nämlich Erziehung und Unterricht, aufweist.

Sie kann den Unterricht sachlich ergänzen, erweitern, unterstützen oder verdeutlichen; sie kann aber auch vorwiegend der Erziehung oder der Bereicherung des Schullebens dienen.

Sonstige Schulveranstaltungen sind insbesondere Schulfeste und Schülerfahrten.

Sie finden in der Regel an Unterrichtstagen statt.

Die Schule kann einen jährlichen Höchstbetrag für Schulveranstaltungen in Abstimmung mit dem Elternbeirat festlegen.

10. Wer haftet bei Unfällen in der Schule oder bei schulischen Veranstaltungen?

Bei Unfällen in der Schule während des Unterrichts aber auch in den Pausen und bei allen schulischen Veranstaltungen außerhalb des regulären Unterrichts sind die Schüler sowie die Lehrkräfte durch die gesetzliche Unfallversicherung geschützt (SGB VII). Diese gilt ausschließlich für Gesundheitsschäden, nicht für Sachschäden, etwa an Kleidung oder mitgebrachten Gegenständen. Hierzu gilt das Gleiche was für Kitas unter 4. Kapitel I. 5. ausgeführt wurde.

11. Welche Daten von Eltern und Kindern werden von den Schulen erhoben?

Der Datenschutz im Schulverhältnis ist für die Zwecke der Schulorganisation eingeschränkt. Die Erhebung, Verarbeitung und Nutzung von Daten ist in den Schulgesetzen der Länder verbindlich geregelt, z.B. in Art. 85 Bay. EUG.

Die Schulen dürfen die zur Erfüllung der ihnen zugewiesenen Aufgaben erforderlichen Daten erheben, verarbeiten und nutzen. Die Weitergabe von Daten und Unterlagen über Schüler und Erziehungsberechtigte an außerschulische Stellen ist ausdrücklich untersagt, so dass ein Missbrauch durch Dritte unwahrscheinlich ist.

Merke!

Die Weitergabe von Daten an Dritte ist zulässig, falls ein „rechtlicher Anspruch auf die Herausgabe der Daten“ nachgewiesen wird.

Es handelt sich dabei um die personenbezogenen Daten von Schülern, deren Erziehungsberechtigten und von Lehrkräften soweit die schulischen Aufgaben die Kenntnis erfordern.

Datenspeicherung

- von den Eltern die Namen und die Adressen
- von den Kindern:
  - Name, Adressdaten, Staatsangehörigkeit
  - Religionszugehörigkeit (soweit für die Schulpraxis erforderlich)
  - Migrationshintergrund (Geburtsland, Jahr des Zuzugs nach Deutschland, Muttersprache deutsch/nicht deutsch)
  - schulische Leistungsdaten sowie Daten zur schulischen und beruflichen Vorbildung und zur Berufsausbildung

Es handelt sich bei all diesen Daten um weitgehende Informationen. Die Eltern und Schüler sind aber als Betroffene zur Angabe der Daten verpflichtet. Sie sind deswegen bei der Datenerhebung auf diese gesetzliche Regelung hinzuweisen.

Es können im Zweifel auch noch weitere Daten erhoben, verarbeitet und genutzt werden.

Tipp!

Eltern und Schüler haben daher ein Auskunftsrecht, welche Daten über sie gespeichert sind.

Dieses Auskunftsrecht bezieht sich auch darauf, welche Daten gespeichert werden, die über die im Gesetz ausdrücklich aufgeführten hinausgehen.

Es gibt in der Praxis immer wieder Unsicherheit welche Informationen im Jahresbericht veröffentlicht werden dürfen, weil diese dann unabsehbar weit über die Schulöffentlichkeit hinaus verbreiten werden können. Die Herausgabe eines Jahresberichts ist zulässig und kann von einzelnen Eltern nicht verhindert werden. Die wieder beispielhaft herangezogene Regelung in Bayern findet sich in Art. 85 Bay. EUG.

Fazit

In personenbezogenen Daten in Jahresberichten von Schulen dürfen enthalten sein:

- Name, Geburtsdatum, Jahrgangsstufe und Klasse
- Name, Fächerverbindung und Verwendung der einzelnen Lehrkräfte
- Angaben über besondere schulische Tätigkeiten und Funktionen einzelner Lehrkräfte, Schüler und Erziehungsberechtigter

12. Können Eltern verlangen, dass die Schule den Kindern politische Werbung verbietet?

Die Schulen sind kein sozialer Raum für kommerzielle oder politische Werbung. Beides ist in der Schule und auch auf sonstigen schulischen Veranstaltungen verboten.

Zulässig ist aber das Zuschaustellen einer politischen Gesinnung durch Aufkleber oder Plaketten. Die Grenze ist aber die Störung des Schulfriedens. Wo diese Grenze liegt und wann sie überschritten ist, kann nur im Einzelfall beurteilt werden. Dann aber kann das Tragen solcher Abzeichen vom Schulleiter untersagt werden und falls dies nicht erfolgreich sein sollte ist die Verhängung von Sanktionen zulässig, (zu den zulässigen Ordnungsmitten siehe unter 14.).

Betrachtet man die aktuelle Problematik der Anwerbung insbesondere von Mädchen für den „islamischen Staat“ so wäre das Auftreten solcher Gruppierungen in den Schulen eine schwere Störung des Schulfriedens. Angesichts des offen menschenverachtenden Inhalts solcher politischer Vorstellungen wäre eine Werbung ausnahmslos verboten und nicht mit der Religionsfreiheit zu rechtfertigen. Da diese Gruppen aber wissen, dass sie bei offenem Auftreten mit scharfer Kritik an ihren Auffassungen rechnen müssen finden diese Anwerbungen verdeckt und individualisiert in sozialen Netzwerken statt.

§

Kommerzielle und politische Werbung, Art. 84 Bay. EUG

(1)

1. *Der Vertrieb von Gegenständen aller Art, Ankündigungen und Werbung hierzu, das Sammeln von Bestellungen sowie der Abschluss sonstiger Geschäfte sind in der Schule untersagt.*
2. *Ausnahmen im schulischen Interesse insbesondere für Sammelbestellungen regelt die Schulordnung.*

(2) Politische Werbung im Rahmen von Schulveranstaltungen oder auf dem Schulgelände ist nicht zulässig.

(3)

1. *Schülerinnen und Schüler dürfen Abzeichen, Anstecknadeln, Plaketten, Aufkleber und ähnliche Zeichen tragen, wenn dadurch nicht der Schulfriede, der geordnete Schulbetrieb, die Erfüllung des Bildungs- und Erziehungsauftrags, das Recht der persönlichen Ehre oder die Erziehung zur Toleranz gefährdet wird.*
2. *Im Zweifelsfall entscheidet hierüber die Schulleiterin bzw. der Schulleiter.*
3. *Die bzw. der Betroffene kann die Behandlung im Schulforum verlangen.*

13. Können Eltern das Nachsitzen ihres Kindes untersagen?

Das Schulrecht hat als Leitidee das Entwicklungsrecht des Kindes aus § 1 Abs. 1 SGB VIII, so dass alle Schüler als Subjekte zu respektieren sind und jegliche Form der körperlichen Züchtigung unzulässig ist.

In formaler Hinsicht unterliegt das Schulrecht rechtsstaatlichen Grundsätzen. Es gibt daher auch im Schulrecht keinen rechtsfreien Raum, der es den Lehrkräften ermöglichen würde ohne Rechtsverletzung beliebige Sanktionen zu verhängen.

Auch für die in der Schule zulässigen Ordnungsmaßnahmen gibt es in allen Bundesländern gesetzliche Regelungen. Hier wird als Beispiel wieder die bayerische Rechtslage betrachtet. Dort sind die „Ordnungsmaßnahmen als Erziehungsmaßnahmen" geregelt, Art. 86 Bay. EUG. Die in der Schule zulässigen Ordnungsmaßnahmen werden genau aufgelistet. Diese Aufzählung ist abschließend. Andere Sanktionen sind nicht erlaubt.

Hinweis

„Nachsitzen" ist nicht in Art. 86 Abs. 2 S. 1 Bay. EUG aufgeführt und gehört damit zu den verbotene Ordnungsmitteln.

Nachfolgend ist die Rechtsvorschrift vollständig abgedruckt. Damit kann im konkreten Einzelfall einer Schulstrafe von den Eltern geprüft werden, ob es sich dabei um eine zulässige Maßnahme der Schule handelt.

Ordnungsmaßnahmen als Erziehungsmaßnahmen, Art. 86 Bay. EUG

(1) Zur Sicherung des Bildungs- und Erziehungsauftrags oder zum Schutz von Personen und Sachen können nach dem Grundsatz der Verhältnismäßigkeit Ordnungsmaßnahmen gegenüber Schülerinnen und Schülern getroffen werden, soweit andere Erziehungsmaßnahmen nicht ausreichen.

(2) [1]Ordnungsmaßnahmen sind:

1. *der schriftliche Verweis durch die Lehrkraft,*
2. *der verschärfte Verweis durch die Schulleiterin bzw. den Schulleiter,*
3. *die Versetzung in eine Parallelklasse der gleichen Schule durch die Schulleiterin/Schulleiter,*
4. *der Ausschluss in einem Fach oder von einer sonstigen Schulveranstaltung für die Dauer von bis zu vier Wochen durch die Schulleiterin bzw. den Schulleiter,*
5. *der Ausschluss vom Unterricht für drei bis sechs Unterrichtstage, bei Berufsschulen mit Teilzeitunterricht für höchstens zwei Unterrichtstage, durch die Schulleiterin bzw. den Schulleiter*

6. der Ausschluss vom Unterricht für zwei bis vier Wochen ab dem siebten Schulbesuchsjahr durch die Lehrerkonferenz,

6a. der Ausschluss vom Unterricht für mehr als vier Wochen, längstens bis zum Ablauf des laufenden Schuljahres bei Mittelschulen und Mittelschulstufen der Förderschulen ab dem siebten Schulbesuchsjahr bzw. bei Berufsschulen sowie Berufsschulen zur sonderpädagogischen Förderung durch die Lehrerkonferenz im Einvernehmen mit dem örtlichen Träger der öffentlichen Jugendhilfe im Hinblick auf mögliche Leistungen nach Maßgabe des Achten Buches Sozialgesetzbuch,

7. bei Pflichtschulen die Zuweisung an eine andere Schule der gleichen Schulart auf Vorschlag der Lehrerkonferenz durch die Schulaufsichtsbehörde,

8. die Androhung der Entlassung von der Schule durch die Lehrerkonferenz,

9. die Entlassung von der Schule durch die Lehrerkonferenz (Art. 87),

10. der Ausschluss von allen Schulen einer oder mehrerer Schularten durch das zuständige Staatsministerium (Art. 88).

[2]Eine Ordnungsmaßnahme in elektronischer Form ist ausgeschlossen.

(3) [1]Andere als die in Abs. 2 S. 1 aufgeführten Ordnungsmaßnahmen sowie die Verhängung von Ordnungsmaßnahmen gegenüber Klassen oder Gruppen als solche sind nicht zulässig. [2]Körperliche Züchtigung ist nicht zulässig.

14. Welche Rechte hat das Kind in der Schule?

Schüler haben im Schulverhältnis gegenüber dem Staat das Recht „eine ihren erkennbaren Fähigkeiten und ihrer inneren Berufung entsprechende schulische Bildung und Förderung zu erhalten“, Art. 56 Abs. 1 Bay. EUG.

Sie haben im Schulalltag individuell ein Auskunftsrecht hinsichtlich ihrer Noten und allgemein hinsichtlich „wesentlicher Angelegenheiten des Schulbetriebs“.

Sie haben ein Beschwerderecht sowohl hinsichtlich einer ungerechten Behandlung als auch einer ungerechten Leistungsbewertung.

Die Beschwerde ist erst an die zuständige Lehrkraft zu richten und wenn so kein Erfolg eintritt oder kein Konsens hergestellt werden kann, erst in zweiter Linie an den Schulleiter. Schließlich haben Schüler auch das Recht ihre Beschwerde dem Schulforum vorzutragen.

Das Recht auf freie Meinungsäußerung gemäß Art. 5 GG ist zwar auch in der Schule grundsätzlich gewährleistet, findet aber enge Grenzen am Schulfrieden, der hier vom Gesetzgeber als vorrangiges Interesse gesehen wird.

§

Rechte und Pflichten, Art. 56 Bay. EUG

(2) Die Schülerinnen und Schüler haben das Recht, entsprechend ihrem Alter und ihrer Stellung innerhalb des Schulverhältnisses

1. *sich am Schulleben zu beteiligen,*
2. *im Rahmen der Schulordnung und der Lehrpläne an der Gestaltung des Unterrichts mitzuwirken,*
3. *über wesentliche Angelegenheiten des Schulbetriebs hinreichend unterrichtet zu werden,*
4. *Auskunft über ihren Leistungsstand und Hinweise auf eine Förderung zu erhalten,*
5. *bei als ungerecht empfundener Behandlung oder Beurteilung sich nacheinander an Lehrkräfte, an die Schulleiterin bzw. den Schulleiter und an das Schulforum zu wenden.*

(3) [1]Alle Schülerinnen und Schüler haben das Recht, ihre Meinung frei zu äußern; im Unterricht ist der sachliche Zusammenhang zu wahren. …

(4) [1]Alle Schülerinnen und Schüler haben sich so zu verhalten, dass die Aufgabe der Schule erfüllt und das Bildungsziel erreicht werden kann. [2]Sie haben insbesondere die Pflicht, am Unterricht regelmäßig teilzunehmen und die sonstigen verbindlichen Schulveranstaltungen zu besuchen. [3]Die Schülerinnen und Schüler haben alles zu unterlassen, was den Schulbetrieb oder die Ordnung der von ihnen besuchten Schule oder einer anderen Schule stören könnte.

Auch als Schülerkollektiv einer Klasse bzw. der ganzen Schule haben Schüler Rechte im Rahmen des Schulverhältnisses. Dies regelt in Bayern Art. 62 Bay. EUG unter der Überschrift „Schülermitverantwortung, Schülervertretung". Die Einzelheiten ergeben sich aus dem nachfolgend abgedruckten Gesetzestext.

§

Schülermitverantwortung, Schülervertretung, Art. 62 Bay. EUG

(1) [1]Im Rahmen der Schülermitverantwortung soll allen Schülerinnen und Schülern die Möglichkeit gegeben werden, Leben und Unterricht ihrer Schule ihrem Alter und ihrer Verantwortungsfähigkeit entsprechend mitzugestalten; hierfür werden Schülersprecher und Schülersprecherinnen sowie deren Stellvertreter und deren Stellvertreterinnen gewählt. [2]Die Schülerinnen und Schüler werden dabei von der Schulleiterin oder vom Schulleiter, von den Lehrkräften und den Erziehungsberechtigten unterstützt. [3]Zu den Aufgaben der Schülermitverantwortung gehören insbesondere die Durchführung gemeinsamer Veranstaltungen, die Übernahme von Ordnungsaufgaben, die Wahrnehmung schulischer Interessen der Schülerinnen und Schüler und die Mithilfe bei der Lösung von Konfliktfällen. [4]Zu den Rechten der Schülermitverantwortung gehört es,

1. *in allen sie betreffenden Angelegenheiten durch die Schule informiert zu werden (Informationsrecht),*
2. *Wünsche und Anregungen der Schülerinnen und Schüler an Lehrkräfte, die Leiterin oder den Leiter der Schule und den Elternbeirat zu übermitteln (Anhörungs- und Vorschlagsrecht),*
3. *auf Antrag der betroffenen Schülerinnen und Schüler ihre Hilfe und Vermittlung einzusetzen, wenn diese glauben, es sei ihnen Unrecht geschehen (Vermittlungsrecht),*
4. *Beschwerden allgemeiner Art bei Lehrkräften, bei der Leiterin oder beim Leiter der Schule und im Schulforum vorzubringen (Beschwerderecht),*
5. *bei der Aufstellung und Durchführung der Hausordnung, der Organisation und Betreuung von besonderen Veranstaltungen und im Schulforum mitzuwirken,*
6. *zur Gestaltung von Kursen und Schulveranstaltungen und im Rahmen der Lehrpläne zum Unterricht Anregungen zu geben und Vorschläge zu unterbreiten*

Die Partizipationsrechte der Schüler sind danach in Bayern nicht besonders weitreichend. Das ist aber keine Ausnahme, denn die Regelungen in anderen Bundesländern haben ähnlich enge Grenzen.

15. Wie lange müssen Eltern für das Studium des Kindes zahlen?

Der Unterhaltsanspruch eines Kindes gegen die Eltern ergibt sich aus § 1601 BGB. Danach sind „Verwandte in gerader Linie verpflichtet einander unterhalt zu gewähren“ (siehe dazu 1. Kapitel II. 3.).

Das gilt für den Erziehungsunterhalt bis zur Vollendung des 18. Lebensjahres aber auch darüber hinaus für den Ausbildungsunterhalt, der mit der Volljährigkeit des Kindes beginnt und dessen Ende gesetzlich nicht befristet ist.

Der Anspruch auf Ausbildungsunterhalt richtet sich grundsätzlich nach den Begabungen des Kindes, er wird aber auch begrenzt durch die Leistungsfähigkeit der Eltern.

Hinweis

Das Kind hat grundsätzlich Anspruch auf eine abgeschlossene Berufsausbildung, die seinen Fähigkeiten entspricht, auch wenn die Ausbildung einen längeren Zeitraum über das 18. Lebensjahr hinaus in Anspruch nimmt.

Da das Kind nach einer abgeschlossenen Berufsausbildung nicht mehr außerstande ist, sich selbst zu unterhalten, wie dies vom § 1602 Abs. 1 BGB für das Bestehen eines Unterhaltsanspruch gefordert wird, kann die Finanzierung eines Zweitstudiums von den Eltern nur in Ausnahmefällen verlangt werden (z.B. BGH FamRZ 2000, 420).

Merke!

Der Unterhaltsanspruch betrifft nur eine Erstausbildung.

Ein Studienwechsel während einer laufenden Ausbildung führt aber nicht zum Wegfall des Unterhaltsanspruchs, wenn es dafür sachliche Gründe gibt z.B. wenn Allergien auftreten, die eine Fortsetzung des konkreten Studiums erheblich erschweren und auch die Berufsausübung beeinträchtigen würden (BGB NJW 2001, 2170).

Auch der an ein Bachelorstudium angeschlossene Masterstudiengang zählt nicht als Zweitstudium, „wenn er nach den Zulassungsregeln der Hochschule aufgenommen werden kann, auch wenn er im engeren Sinne nicht fachlich mit dem ersten Studiengang zusammenhängt“ (Palandt BGB § 1610 Rn. 13). Diese Ausweitung ist der durch den Bologna-Prozess begründeten und geförderten Praxis der immer weiter ausdifferenzierten Spezialisierung geschuldet. Es gibt zu diesen Fragen eine breite Rechtsprechung, denn es kommt immer auf die Umstände des Einzelfalls und die Abwägung der verschiedenen entgegengesetzten Interessen durch das zuständige Gericht an.

Tipp!

Zu der Vielzahl von Entscheidungen siehe:

Palandt 74. Auflage 2015 BGB § 1610 Rn. 3 bis 33.

5. Kapitel

Besondere Lebenssituationen für die Eltern

5

I. Trennung

1. Wer sorgt jetzt für das Kind?

Eltern bleiben immer Eltern – das ist der wichtigste Kernsatz für die Beschreibung der jeweiligen Rechtsposition der Eltern, in welcher Lebenssituation auch immer sie sich gerade befinden.

a) Gemeinsame Sorge

Das Kind hat ein grundlegendes Recht auf beide Eltern. Es braucht beide Elternteile gleichermaßen. Insofern sollten Eltern auch nach einer Trennung alles tun, um ihrem Kind möglichst umfassend als Eltern erhalten zu bleiben und zur Verfügung zu stehen.

Die Veränderung äußerer Lebensumstände beinhaltet aber möglicherweise auch eine Veränderung von Rechtspositionen für die Beteiligten. Das Recht muss sich an den äußeren Entwicklungen orientieren und rechtliche Wege für die praktische Umsetzung von Lebenssituationen im Alltag bieten. Der aus dem oben angeführten Kernsatz abgeleitete Grundsatz bleibt immer gleich: Die Eltern haben das Sorgerecht für ihre Kinder. Diese wesentliche Rechtsposition steht beiden Elternteilen auch dann gemeinsam zu, wenn sie getrennt leben, das heißt auch dann, wenn die Eltern auf Dauer getrennt leben oder wenn sie sich scheiden lassen.

Die Grundregelungen zur elterlichen Sorge lauten:

§

§ 1626 Abs. 1 BGB

„Die Eltern haben die Pflicht und das Recht für das minderjährige Kind zu sorgen."

Das gemeinsame Sorgerecht verheirateter Eltern bleibt also auch im Falle einer Trennung bestehen. Das gleiche gilt für nichtverheiratete Eltern. Üben sie das Sorgerecht gemeinsam aus, ändert die Trennung der Eltern daran nichts. Beide Elternteile, Vater und Mutter, haben auch nach einer Trennung die Pflicht und das Recht für ihre gemeinsamen Kinder zu sorgen, das heißt, die getrenntlebenden Eltern teilen trotz ihrer Trennung als Paar weiterhin die wesentlichen Aufgaben und die Verantwortung als Eltern miteinander. Die meisten Eltern behalten auch nach einer Trennung tatsächlich die gemeinsame elterliche Sorge.

In diesen Fällen beginnen die Probleme bei der Ausübung des elterlichen Sorgerechts: Wie sollen Eltern, die nicht zusammen leben, gemeinsam die Aufgaben der elterlichen Sorge wahrnehmen? Wie sollen sie das Kind gemeinsam betreuen, pflegen und erziehen? Das Kind kann in diesen Fällen immer nur bei einem Elternteil leben, es kann nicht bei Vater und Mutter gleichzeitig sein. Die Kinder selbst brauchen beide Elternteile, sie brauchen Vater und Mutter gleichermaßen. Sie können nicht geteilt werden, sie können nur zeitlich aufgeteilt werden. Bei alledem dürfen die Interessen, die Bedürfnisse des Kindes nicht aus den Augen verloren werden.

Gemeinsame Ausübung der elterlichen Sorge bedeutet nicht, dass die Eltern sich in allen Punkten einig sind oder dass alle Aufgaben in der Erziehung und Betreuung des Kindes zu gleichen Teilen erledigt werden müssen.

Zunächst einmal müssen sich die Eltern darüber einigen, bei wem das Kind leben soll, bei wem es seinen Aufenthalt haben soll, und wann es mit dem anderen Elternteil zusammen sein soll oder darf. Das Aufenthaltsbestimmungsrecht ist nach § 1631 Abs. 1 BGB wesentlicher Bestandteil des Personensorgerechts der Eltern (siehe dazu 2. Kapitel I. 1. und 2.). Die Eltern sind demnach gemeinsam zuständig, den Aufenthaltsort des Kindes zu bestimmen. Dabei sollten sie immer auf das Wohl des Kindes bedacht sein.

Die gemeinsame Ausübung der Sorge auch nach Trennung der Eltern bietet durchaus Vorteile. Die vielfältigen Betreuungslasten können untereinander aufgeteilt werden. Damit erhalten beide Elternteile

Raum, um mit ihren neuen Lebensumständen insgesamt besser zu Recht zu kommen. Das getrenntlebende Elternpaar muss aber auch bereit und in der Lage zu einer sinnvollen Zusammenarbeit und gegenseitigen Abstimmung sein. Solange beide Elternteile in der Lage sind, bei allen das Kind betreffenden Fragen das Kindeswohl und nicht ihre Konflikte untereinander in den Vordergrund zu stellen, ist die weitere gemeinsame Sorge für das Kind der für alle Beteiligten beste Weg.

Um mögliche Konflikte bei der Ausübung der elterlichen Sorge zu vermeiden, ist es sinnvoll, schriftlich genau fest zu legen, wie die alltäglichen Abläufe, also die konkrete Ausübung der Sorge für das Kind aussehen soll.

Elternvereinbarung (Muster)

http://www.dajeb.de/ebe.pdf (Diakonie, Handreichung zur elterlichen Sorge – auch bei Trennung und Scheidung, Juli 2013)

http://www.iete-muenchen.org (IETE, Eine Broschüre für unsere Eltern, 2014)

Beispiel für eine Elternvereinbarung:

- Wir sind uns darüber einig, dass wir auch nach unserer Trennung die elterliche Verantwortung für unser Kind gemeinsam übernehmen wollen.
- Alle wichtigen Fragen werden miteinander abgesprochen. Alltägliche Fragen werden jeweils von dem Elternteil entschieden, bei dem sich das Kind aufhält.
- Falls wir uns über einzelne Fragestellungen nicht einigen können, nehmen wir Hilfe von außen in Anspruch (Beratungsstellen, Jugendamt usw.)
- Das Kind wohnt überwiegend bei der Mutter (dem Vater).
- Jedes zweite Wochenende und in etwa die Hälfte der Ferien wohnt das Kind bei dem anderen Elternteil. Diese Regelung soll flexibel gehandhabt werden und die Wünsche des Kindes mit einbeziehen.

www.mit-recht.de/musterantrag-sorgerecht

Trotz aller Vereinbarungen ergeben sich im Alltag vielerlei Einzelprobleme und es entstehen Situationen, in denen Eltern oftmals nicht wissen, wie sie damit umgehen sollen. Zur Verdeutlichung sollen die nachfolgenden Beispiele dienen.

Fallbeispiel gemeinsame Sorge (1)

Die getrenntlebenden Eheleute haben das gemeinsame Sorgerecht für ihre fünfjährige Tochter Annabell, die bei der Mutter lebt. Jedes zweite Wochenende verbringt Annabell mit ihrem Vater. Die Mutter will Annabell in einer Waldorfschule anmelden.

Der Vater ist damit nicht einverstanden, er will keine Sondererziehung für seine Tochter, sondern möchte, dass sie die ganz normale Grundschule besucht.

Fallbeispiel gemeinsame Sorge (2)

An den Wochenenden bei ihrem Vater darf Annabell anders als bei der Mutter bis spät am Abend auf bleiben und sie verbringt die meiste Zeit beim Vater mit dem Anschauen von Filmen und Videospielen.

Die Mutter ist nicht damit einverstanden.

Die beiden Fallbeispiele verdeutlichen Schwierigkeiten in der Alltagsgestaltung der Ausübung gemeinsamer elterlicher Sorge. Das Gesetz enthält in § 1687 BGB klare Vorgaben für die Lösung derartiger Konfliktsituationen. Diese gesetzliche Bestimmung unterscheidet zwischen „Angelegenheiten von erheblicher Bedeutung" und „Angelegenheiten des täglichen Lebens". Bezogen auf diese Vorgaben wird genau festgelegt, welcher Elternteil wann welche Rechtsposition hat. Bei Fragen von erheblicher Bedeutung müssen sich die Eltern einigen. Bei Angelegenheiten des Alltags entscheidet im Allgemeinen der Elternteil bei dem das Kind lebt. Wichtig ist es also heraus zu finden, was sind Alltagsangelegenheiten und welche Fragen, Themen, Entscheidungen für das Kind gehen darüber hinaus und sind zudem wesentlich. Der genannte Paragraf bietet Hinweise zur Konkretisierung.

Angelegenheiten des täglichen Lebens, § 1687 Abs. 1 S. 3 BGB:

„Entscheidungen in Angelegenheiten des täglichen Lebens sind in der Regel solche, die häufig vorkommen und die keine schwer abzuändernden Auswirkungen auf die Entwicklung des Kindes haben."

§

In Blick auf die beiden Fallbeispiele bleiben trotz dieser Definition noch Unklarheiten. Denn jeder Elternteil hält unabhängig davon um welche wesentliche oder unwesentliche Frage es sich handelt, seine Meinung, seine Erziehungsentscheidung für richtig und subjektiv betrachtet ist jede Situation oder Problemfrage wesentlich. So wurden die Familiengerichte in den vergangenen Jahrzehnten mit unzähligen Streitigkeiten zu diesen Fragestellungen konfrontiert. Aus diesen Entscheidungen lassen sich wesentliche Abgrenzungen zusammenstellen.

Erhebliche Bedeutung

✔

- ☐ *Aufenthalt:*
  Bei welchem Elternteil das Kind lebt
- ☐ *Gesundheit:*
  Operationen, Impfungen, Homöopathie
- ☐ *Ernährung:*
  Vegetarier, keine Süßigkeiten
- ☐ *Ausbildung:*
  Auswahl von Kindertagesstätte, Schule, Ausbildungsart und -ort
- ☐ *Religion:*
  Bestimmung der Religionszugehörigkeit
- ☐ *Betreuung, Erziehung:*
  Erziehungsstil, Art des Spielzeugs, Internet-, Fernsehkonsum, spezielle, aufwändige Sportarten, Grundfragen der Hygiene
- ☐ *Vermögenssorge:*
  Anlage des Vermögens
- ☐ *Sonstiges:*
  Namensgebung

Tägliches Leben

- ☐ *Aufenthalt:*
  Besuch von Freunden und Verwandten, Ferienreisen
- ☐ *Gesundheit:*
  Behandlung von Alltagsverletzungen, kleinere Erkrankungen, z.B. Erkältungen
- ☐ *Ernährung:*
  Konkrete Alltagsernährung
- ☐ *Ausbildung:*
  Dauer des Aufenthalts in der Kindertagesstätte, Teilnahme an besonderen Schulveranstaltungen, Beaufsichtigen von Hausaufgaben, Ableistung von Praktika, Entschuldigungen im Krankheitsfall
- ☐ *Religion:*
  Teilnahme am Gottesdienst, gemeinsames Beten vor dem Essen
- ☐ *Betreuung, Erziehung:*
  Welche Fernsehsendung, welches Spielzeug, welches Computerspiel, wie langer Bildschirmkonsum
- ☐ *Vermögenssorge:*
  Auswahl der Bank
- ☐ *Sonstiges:*
  Kleidung, Freizeitgestaltung

Die Antworten auf die Fragestellungen in den beiden Fallbeispielen lassen sich hier leicht aus dieser Zusammenstellung ablesen:

Die Auswahl der Schule, um die es bei der Frage Waldorfschule ja oder nein im Fallbeispiel (1) geht, ist eindeutig eine grundlegende Ausbildungsfrage und damit eine Angelegenheit von erheblicher Bedeutung im Sinne von § 1687 Abs. 1 S. 1 BGB. Dies hat zur Folge, dass für die Entscheidung über diese Frage das „gegenseitige Einvernehmen" der Eltern notwendig ist. Vater und Mutter müssen einen Weg finden sich zu einigen. Sie sind letztlich beide gemeinsam für die Entwicklung und den weiteren Bildungsweg ihrer Tochter verantwortlich. Würden die Eltern beide mit ihrem Kind zusammen leben, müssten sie bei einer derartigen Frage ebenfalls zu einer gemeinsamen Lösung gelangen. Finden die Eltern keine gemeinsame Lösung, bietet der Gesetzgeber ihnen einen weiteren Lösungsweg über das Familiengericht an, §§ 1627 und 1628 BGB (siehe dazu 2. Kapitel I. 7.).

Die Antwort im Fallbeispiel (2) wird etwas schwieriger: Einerseits darf derjenige Elternteil, bei dem das Kind lebt über alle Alltagsfragen bestimmen. Im Fallbeispiel (2) ist also die Mutter von Annabell für diese Entscheidungen zuständig, denn die Fragen, wie lange ein Kind abends auf bleiben darf oder wie die Freizeitgestaltung im Detail erfolgt sind sicherlich unbestritten Angelegenheiten des täglichen Lebens. Dafür wäre also hier die Mutter von Annabell zuständig, denn bei ihr lebt Annabell.

Hinweis

Der Elternteil, bei dem das Kind lebt, ist befugt über die Dinge des alltäglichen Lebens alleine zu entscheiden ohne den anderen Elternteil in diese Entscheidung mit einzubeziehen.

Im Fallbeispiel (2) könnte das bedeuten, dass die Mutter von Annabell dem Vater vorschreiben könnte, wie der Tagesablauf für Annabell für den Zeitraum, in dem sich das Kind bei ihm aufhält, im Detail auszusehen hat. Eine solche Regelung würde unweigerlich zu Streitigkeiten, Unstimmigkeiten und zusätzlichen Beeinträchtigungen für alle Beteiligten aber insbesondere für das betroffene Kind führen. Deshalb hat der Gesetzgeber für diese Situationen eine Ausnahmeregelung eingebaut.

Ausübung der gemeinsamen Sorge bei Getrenntleben, § 1687 Abs. 1 S. 4 BGB

Für den Zeitraum, in dem sich das Kind mit Einwilligung des Elternteils bei dem es lebt „bei dem anderen Elternteil aufhält, hat dieser die Befugnis zur alleinigen Entscheidung in Angelegenheiten der tatsächlichen Betreuung“.

Dies ist eine für den Alltag sehr sinnvolle gesetzliche Bestimmung. Es wird auch nochmals differenziert: Es ist nicht mehr von Angelegenheiten des täglichen Lebens, sondern von dem enger gefassten Bereich der tatsächlichen Betreuung die Rede. Für Fallbeispiel (2) hat das zur Konsequenz, dass es für die Mutter von Annabell keinerlei rechtliche Möglichkeiten gibt, dem Vater vorzuschreiben, wie er das Wochenende mit Annabell zu gestalten hat.

Obwohl der Gesetzgeber auch für den Fall einer Trennung der Eltern davon ausgeht, dass das gemeinsame Sorgerecht weiter bestehen bleibt und entsprechend von beiden Elternteilen im Sinne des Kindeswohls ausgeübt wird, hat jeder Elternteil zudem die Möglichkeit, das elterliche Sorgerecht für sich alleine zu beanspruchen, § 1671 Abs. 1 S. 1 BGB.

Diese Gesetzesbestimmung setzt voraus, dass die Eltern miteinander verheiratet sind oder waren oder dass sie zumindest eine Sorgeerklärung abgegeben haben (siehe dazu 2. Kapitel I. 4.) und dadurch gleichermaßen gemeinsam Inhaber der elterlichen Sorge sind.

b) Alleinsorge

Eine Änderung dieser Ausgangslage ist nur vorgesehen, wenn einer der beiden Elternteile mit oder nach der Trennung die Initiative ergreift. Dabei ist Folgendes zu beachten, § 1671 Abs. 1 BGB:

✔ **Alleinsorge bei Trennung der Eltern**

- ☐ *zunächst steht beiden Elternteilen die elterliche Sorge zu*
- ☐ *Antrag durch einen Elternteil auf Alleinsorge*
- ☐ *Antrag geht an das Familiengericht*
- ☐ *Zustimmung des anderen Elternteils*
- ☐ *Zustimmung des Kindes ab 14 Jahre*
- ☐ *Übertragung entspricht dem Wohl des Kindes*

Wichtig ist es zu wissen, dass das Jugendamt bei allen Verfahren dieser Art in die Entscheidung des Gerichts mit einbezogen wird. Es gehört zum Aufgabenbereich des Jugendamtes im familiengerichtlichen Verfahren mitzuwirken. Die zentrale Rechtsgrundlage dafür findet sich in den §§ 50, 2 Abs. 3 Ziff. 6 SGB VIII in Verbindung mit den entsprechenden Regelungen im FamFG, insbesondere § 162 FamFG. Das Jugendamt wendet sich deshalb unmittelbar an die Eltern. Es wird mit ihnen in einem Gespräch über die Gesamtsituation führen und sich daraus ein eigenständiges Bild zu diesem Fall machen können. Häufig ist auch die Einbeziehung weiterer Personen wie die Großeltern, sonstige Verwandte oder andere Bezugspersonen sinnvoll. Die daran anschließende Stellungnahme des Jugendamtes ist wesentliche Grundlage für die Entscheidung des Familiengerichts.

Gibt das Familiengericht dem Antrag eines Elternteils statt und überträgt ihm die volle Alleinsorge, so verbleibt dem anderen Elternteil zumindest noch ein Umgangsrecht (siehe dazu 5. Kapitel I. 2.). Das

Umgangsrecht gibt dem Umgangsberechtigten in erster Linie die Befugnis, das Kind in regelmäßigen Abständen zu sehen.

Fallbeispiel (3)

In Abwandlung zu Fallbeispiel (2) hat die Mutter von Annabell die Alleinsorge für das Kind. Im Rahmen des dem Vater zustehenden Umgangsrechts verbringt Annabell ebenfalls alle 14 Tage das Wochenende mit ihrem Vater.

Die Situation ist in diesem Fallbeispiel (3) die gleiche wie in Fallbeispiel (2): Die Mutter von Annabell ist mit dem Ablauf des Wochenendes beim Vater nicht einverstanden. Sie will, dass das Kind früher ins Bett geht, weniger Filme anschaut und sie möchte deshalb dem Vater für die Gestaltung des Wochenendes Vorschriften machen. Da ihr die Alleinsorge für Annabell zusteht, ist sie für alle Entscheidungen, für alle Fragen, die das Kind betreffen, allein zuständig. Die Frage, ob es sich bei diesen Abläufen um Fragen des täglichen Lebens oder der alltäglichen Betreuung handelt, stellt sich insofern nicht mehr. Und trotzdem: Mit Rücksichtnahme auf eine sinnvolle, dem Kindeswohl entsprechende praktische Umsetzung des Umgangsrechts, hat der Gesetzgeber mit § 1687a BGB eine Einschränkung des alleinigen elterlichen Sorgerechts vorgesehen. Dem nichtsorgeberechtigten Elternteil werden quasi Entscheidungsbefugnisse für das Kind übertragen.

Merke!

- Hat ein Elternteil die Alleinsorge für das Kind, ist er für alle Entscheidungen allein zuständig.
- Ausnahme: Hält sich das Kind bei dem nicht sorgeberechtigten Elternteil auf, stehen ihm für die Alltagsabläufe die Entscheidungsbefugnisse zu, §§ 1687a, 1687 BGB.

Damit kommt man in beiden Fallbeispielen zu dem gleichen Ergebnis: Solange sich Annabell bei ihrem Vater aufhält, entscheidet der Vater eigenständig darüber wie die alltägliche Betreuung von Annabell tatsächlich gestaltet wird.

2. Wie wird der Kontakt mit dem Kind geregelt?

a) Umgangsrecht und Umgangspflicht

Oftmals entsteht Streit darüber, wie, ob und wie oft der getrennt lebende Elternteil das Kind sehen darf. Es geht dabei um das Umgangsrecht, das in einem engen Zusammenhang mit der elterlichen Sorge steht. Umgangsrecht beschreibt den Anspruch auf Umgang jedes Elternteils mit seinem Kind und umgekehrt, den Anspruch des Kindes auf jeden Elternteil. Das Umgangsrecht ist im Zusammenhang mit der elterlichen Sorge im BGB geregelt.

§

§ 1626 Abs. 1 S. 1 BGB

„Zum Wohl des Kindes gehört in der Regel der Umgang mit beiden Elternteilen."

Wenn die Eltern des Kindes nicht zusammen leben, kann das Kind nicht bei beiden Elternteilen gleichzeitig sein. Es lebt in vielen Fällen nach der Trennung der Eltern bei der Mutter, trotzdem will und soll der Vater weiterhin mit dem Kind in Kontakt bleiben. Das Umgangsrecht ist völlig unabhängig davon, wie die elterliche Sorge für das Kind auf die Eltern verteilt ist.

i

Achtung!

Das Umgangsrecht steht einem Elternteil auch dann zu, wenn er nicht sorgeberechtigt ist. Grundsätzlich gilt: Die Umgangszeiten müssen kürzer sein als die Betreuungszeiten des Elternteils, bei dem das Kind seinen Lebensmittelpunkt hat.

(siehe OLG Brandenburg Beschl. v. 7.6.2012 – 15 UF 314/11)

Es geht wie bei vielen anderen Fragen in diesem Zusammenhang auch hier vorrangig um das Wohl des Kindes. Der Gesetzgeber unterstellt richtigerweise, dass es für das Kind von Vorteil ist, dass nach einer Trennung oder Scheidung der Eltern die gewachsenen familiären Beziehungen soweit als möglich erhalten bleiben. Der Kontakt zu beiden Elternteilen dient also in der Regel dem Wohl des Kindes.

Die Eltern haben nicht nur das Recht, ihr Kind zu sehen. Sie stehen zusätzlich in der Pflicht, regelmäßig Kontakt mit dem Kind zu pflegen.

§ 1684 Abs. 1 S. 1, Halbs. 2 BGB
„…; jeder Elternteil ist zum Umgang mit dem Kind verpflichtet und berechtigt."

§

b) Umgangsregelungen im Einzelnen

In den gesetzlichen Regelungen zum Umgang zwischen Eltern und Kindern wird als erstes die Umgangsverpflichtung der Eltern betont. Was aber „Umgang" im Einzelnen bedeutet, was damit gemeint ist, wird nirgendwo ausdrücklich definiert. Vor Jahren hatte der getrennt lebende Elternteil nur ein sogenanntes „Besuchsrecht" in Blick auf das Kind. Dieser gesetzliche Begriff wurde ausdrücklich und bewusst von dem viel allgemeineren Begriff „Umgang" ersetzt, um den Eltern damit mehr Möglichkeiten der Kontaktaufnahme mit dem Kind zu ermöglichen und die breite Palette der sich immer weiter entwickelnden modernen Kommunikationsmöglichkeiten mit einzubeziehen.

Umgang
ist jede Form von unmittelbaren Kontakt mit dem Kind:

- *schriftlich*
- *mündlich*
- *telefonisch*
- *Mail*
- *SMS*
- *sonstige Kommunikationsformen*

§

Der regelmäßige Umgang mit dem Kind ist Teil der Erfüllung der elterlichen Aufgaben. In allen Fällen, in denen sich die Eltern trennen, darf und muss der getrenntlebende Elternteil das Kind in regelmäßigen Abständen sehen und sprechen dürfen. Neben den persönlichen Begegnungen müssen auch Brief- und Telefonkontakte erlaubt werden.

Die Verpflichtung zum Umgang mit dem Kind ist sehr grundlegend und weitgehend gemeint.

Achtung!

Nach der Rechtsprechung des Bundesverfassungsgerichts kann ein Elternteil (auch gegen seinen Willen!) zum Umgang mit seinem Kind verpflichtet werden.

Nur in den seltensten Fällen widerspricht der Umgang des Kindes mit beiden Elternteilen dem Kindeswohl. Das Kind braucht für seine ungestörte, ausgeglichene Entwicklung beide Elternteile an seiner Seite. Auch wenn sich Eltern als Paar trennen sollten sie immer versuchen, Eltern für das Kind zu bleiben. Auch nach einer Trennung sollte dem Kind Sicherheit vermittelt werden, auch in dem Sinne, dass sich die Eltern trotz ihrer Trennung weiterhin gemeinsam um das Kind sorgen und immer für das Kind da sein werden. Dazu gehört eben auch der regelmäßige Kontakt mit dem Elternteil, der nun nicht mehr im selben Haushalt mit seinem Kind lebt.

Es gibt kein Modell der optimalen Umgangsregelung, denn sie muss den Bedürfnissen und Möglichkeiten sowohl des Kindes als auch seinen Eltern angepasst werden. Je mehr sich allerdings die Eltern streiten, umso wichtiger wird es, eine Umgangsregelung konkret auszuarbeiten. Nur so kann vermieden werden, dass es in Zukunft zu Unstimmigkeiten und Missverständnissen kommt.

Tipp!

Eltern sollten ein „Grundgerüst" für den Umgang vereinbaren.

Nach und nach wird sich dann im Lebensalltag zeigen, ob Veränderungen dieser Vereinbarung notwendig werden. Dies ist auch abhängig vom Alter des Kindes. Umso älter das Kind wird, umso intensiver sollte es in diese Entscheidungen mit einbezogen werden. Die Bedürfnisse des Kindes verändern sich mit seinem fortschreitenden Alter. Die Umgangsregelung muss diesen Bedürfnissen und neuen Lebenssituationen immer wieder angepasst werden.

Hinweis

Bei älteren Kindern sind starre Umgangsregelungen meist nicht praktikabel.

Manchmal ist es sehr schwierig, den Kontakt zu dem Elternteil, der nicht mehr mit dem Kind in einem Haushalt lebt, aufrecht zu erhalten und zu ihm eine gute Beziehung zu bewahren. Die partnerschaftlichen Konflikte der Eltern enden nicht unmittelbar mit der Trennung, sondern werden häufig auf die gemeinsamen Kinder übertragen. Der nicht mehr im Haushalt lebende Elternteil muss unter erschwerten Bedingungen seine Beziehung zum Kind halten oder neu gestalten. Oft ist es daher für die betroffenen Eltern schwierig, ein dem Wohl des Kindes entsprechendes Umgangskonzept selbständig zu erarbeiten oder sich an dieses zu halten.

Übliche Umgangsregelungen für den getrenntlebenden Elternteil

- ☐ *Besuchskontakt alle 14 Tage von Freitagabend bis Sonntagabend*
- ☐ *Hälfte der Schulferien*
- ☐ *ein Tag der Weihnachtsfeiertag*
- ☐ *ein Tag der Osterfeiertage*

Diese Regelungsvorschläge können nur sehr allgemein gehalten sein. Im Alltag geht es dagegen oft um Streitigkeiten über die Abläufe im Detail: Darf sich das Kind täglich mit dem in der Nähe wohnenden Elternteil treffen? Darf das Kind beim anderen Elternteil übernachten, wenn der Elternteil, mit dem es in einem Haushalt lebt, dagegen ist?

Zur angemessenen Beantwortung dieser und ähnlicher Fragen sollten sich Eltern in erster Linie am Kindeswohl als entscheidende Grundlage orientieren. So sind etwa das Alter des Kindes, seine Belastbarkeit, die Stärke der Bindung an den getrenntlebenden Elternteil oder die Distanz der Wohnorte der Eltern zu berücksichtigen. Ist das Kind z.B. noch sehr klein, sollten die Besuche beim umgangsberechtigten Elternteil kürzer, aber dafür häufiger sein. Eine feste Umgangsregelung ist einer flexiblen Gestaltung vorzuziehen, da ein Kind im Allgemeinen klare Strukturen benötigt. Der regelmäßige Kontakt zum getrenntlebenden Elternteil verhindert eine Entfremdung zwischen ihm und dem Kind.

Muster Umgangsregelung

www.anwaelte-du.de/download/Umgangsrechregelung.pdf

Information für die Eltern

www.familienratgeber-nrw.de/index.php?d=3462

Jeder Einzelfall ist anders zu beurteilen. So hängt die Frage, ob das Kind beim anderen Elternteil übernachten darf oder nicht ebenfalls an Faktoren wie das Alter des Kindes oder die Entfernung zum eigentlichen Wohnort.

Tipp!

Mögliche Kosten, z.B. Fahrtkosten, trägt im Allgemeinen der umgangsberechtigte Elternteil

Schwierigkeiten ergeben sich auch dann, wenn das Kind selbst den Kontakt mit dem getrenntlebenden Elternteil ablehnt. In derartigen Fällen ist es wichtig, genau zu überlegen, warum das so ist.

Beispiel Charlotte

Nach der Trennung der Eltern lebt die sechsjährige Charlotte bei ihrer Mutter. Jedes zweite Wochenende holt der Vater Charlotte ab und unternimmt etwas mit seiner Tochter. So haben es die Eltern vereinbart. Charlotte freut sich jedes Mal sehr auf den Vater, merkt aber auch, dass ihre Mutter immer traurig wird, wenn der Vater sie abholt und wenn sie später der Mutter von den gemeinsamen Stunden mit dem Vater erzählt. Beim nächsten Termin mit dem Vater sagt sie deswegen, sie will ihn in Zukunft nicht mehr sehen.

Hier greift im Zweifel die in § 1684 Abs. 2 BGB enthaltene „Wohlverhaltensklausel".

§ 1684 Abs. 2 S. 1 BGB

„Die Eltern haben alles zu unterlassen, was das Verhältnis des Kindes zum jeweils anderen Elternteil beeinträchtigt oder die Erziehung erschwert."

Der Elternteil, bei dem das Kind lebt, muss also den Kontakt zwischen dem Kind und dem anderen Elternteil nicht nur ermöglichen, sondern auch fördern.

Im obigen Fallbeispiel hat sich die Mutter nicht an diese Vorgabe gehalten. Jüngere Kinder wie Charlotte mit ihren sechs Jahren, sind zu einer eigenen, abgewogenen Entscheidungsfindung noch nicht fähig. Insofern gehört es auf jeden Fall zur erzieherischen Pflicht des Elternteils, bei dem das Kind lebt, es zu ermutigen, den Kontakt zum umgangsberechtigten Vater zu pflegen. Die Mutter könnte Charlotte erklären, warum sie traurig ist und ihr klar machen, dass sie sich trotzdem freut, wenn sich Charlotte gut mit dem Vater versteht.

In manchen Fällen gehen die Streitigkeiten noch viel weiter:

- Das Kind fährt zum vereinbarten Zeitpunkt zum Vater, der öffnet die Tür nicht.
- Die Mutter geht zu den vereinbarten Zeitpunkten regelmäßig mit dem Kind spazieren oder verbringt den Nachmittag bei den Großeltern, so dass der umgangsberechtigte Vater beim Abholtermin vor verschlossener Tür steht.

In derartigen Fällen verstoßen die Eltern jeweils gegen ihre gesetzlich normierten Verpflichtungen.

Umgangsboykott – Folgen

- ☐ *Schadenersatzpflicht (Übernahme des Reisepreises)*
- ☐ *Ordnungsgeld durch Familiengericht, falls Umgangsregelung gerichtlich festgelegt*
- ☐ *Anordnung einer Umgangspflegschaft (siehe weiter unten)*

c) Umgangsrecht für Stiefeltern

Trennt sich der Stiefelternteil von dem sorgerechtlich für das Kind zuständigen Elternteil, dann kann ihm ebenfalls ein Umgangsrecht mit seinem bisherigen Stiefkind zustehen. Die gesetzliche Bestimmung dazu stellt auf die „sozial-familiäre Beziehung“ ab, also darauf, wie intensiv sich die Familienbeziehung zwischen dem Stiefelternteil und dem Stiefkind bisher gestaltet hat. Einem Umgangsrecht für den Stiefelternteil steht dann nichts im Wege, wenn er mit dem Stiefkind längere Zeit zusammengelebt hat und der weitere Umgang mit dem Stiefkind auch nach der Trennung vom eigentlichen Elternteil des Kindes dessen Wohl dient, § 1685 Abs. 2 BGB. Nach dieser Bestimmung gilt ausschließlich ein Umgangsrecht für diesen bisherigen Stiefelternteil. Weitere Rechtspositionen sind ausgeschlossen.

Achtung!

– Keine Umgangspflicht für Stiefeltern

– Keine Umgangsrecht des Stiefkindes mit dem Stiefelternteil

d) Staatliche Hilfen

Wenn sich die Eltern nicht über die Umgangsregelungen einigen können, kann jeder Elternteil über das Familiengericht eine gerichtliche Entscheidung beantragen. Das Jugendamt wird dann automatisch mit eingeschaltet. Gegebenenfalls wird in diesen Fällen eine Fachkraft des Jugendamtes mit Eltern und Kind sprechen und dabei die erzieherischen und sozialen Gesichtspunkte in Blick auf eine positive Entwicklung des Kindes prüfen. Das Jugendamt ist verpflichtet, eine entsprechende Stellungnahme an das Familiengericht abzugeben.

Das Familiengericht prüft, welche Regelung dem Wohl des Kindes am besten entspricht und legt dann die Einzelheiten der angestrebten Umgangsregelung fest. Möglicherweise kommt das Gericht zu dem Ergebnis, eine Umgangspflegschaft anzuordnen.

§

Umgangspflegschaft, § 1684 Abs. 3 S. 3 und 4 BGB

Die Anordnung einer Umgangspflegschaft bedeutet, dass die Ausübung des Umgangs mit dem Kind durch einen Vertreter des Jugendamtes begleitet wird.

Der Umgangspfleger hat die Befugnis, die Herausgabe des Kindes von dem betreuenden Elternteil zu verlangen, wenn dieser das Kind nicht zum Umgang frei gibt. Damit soll erreicht werden, dass dem getrennt lebenden Elternteil die Wahrnehmung seines Umgangsrechts ermöglicht wird. Eine derartige Umgangspflegschaft darf nicht auf Dauer eingerichtet werden, sie ist ausdrücklichen zu befristen, § 1684 Abs. 3 S. 5 BGB.

Die Eltern werden also mit all diesen Fragestellungen nicht allein gelassen. Sie sollten sich immer an das für sie örtlich zuständige Jugendamt wenden. Wenn Eltern sich trennen oder sich scheiden lassen haben sie Anspruch auf Unterstützung durch eine Beratung, die mit ihnen klärt, wie sie ihre Elternverantwortung gegenüber dem Kind künftig in einer für das Kind förderlichen Weise wahrnehmen können.

✔

Anspruch auf Beratung

§ 17 Abs. 1 SGB VIII:

„Mütter und Väter haben im Rahmen der Jugendhilfe Anspruch auf Beratung in Fragen der Partnerschaft, wenn sie für ein Kind oder einen Jugendlichen zu sorgen haben oder tatsächlich sorgen. Die Beratung soll helfen,

1. ...,

2. ...,

3. im Fall der Trennung oder Scheidung die Bedingungen für eine dem Wohl des Kindes oder des Jugendlichen förderliche Wahrnehmung der Elternverantwortung zu schaffen."

Ziel dieser Beratung ist es, ein einvernehmliches Konzept zur Wahrnehmung der elterlichen Sorge zu entwickeln. Dieses Konzept soll die Interessen aller Beteiligten berücksichtigen, damit weitergehende Konflikte vermieden werden können. Das Wohl, also die Interessen des Kindes, stehen dabei immer im Vordergrund. Die so erarbeitete Konzeption und die Planung für die weitere Vorgehensweise kann auch für das familiengerichtliche Verfahren als Entscheidungshilfe oder Entscheidungsgrundlage mit eingebracht werden, § 17 Abs. 2 SGB VIII.

Natürlich geht es bei der Beratung des Jugendamtes vor allem darum, eine gemeinsame Haltung beider Eltern gegenüber ihrem Kind herbeizuführen. Trotzdem müssen die Eltern die Beratung nicht gemeinsam durchführen. Der Rechtsanspruch aus § 17 Abs. 1 SGB VIII richtet sich an „Mütter und Väter", also ausdrücklich nicht an die Eltern als Paar gemeinsam.

Tipp!

Jeder Elternteil kann alleine ohne den Partner eine Beratung durch das Jugendamt wahrnehmen.

Es kommt dabei auch nicht darauf an, ob das Kind bei diesem Elternteil lebt, denn thematisch geht es bei dieser Beratung um die Varianten der künftigen Wahrnehmung der elterlichen Sorge für das Kind.

Wenn der Elternteil, bei dem das Kind nach der Trennung oder Scheidung lebt, eine Erziehungsberatungsstelle aufsucht, kann er diese Beratung selbstverständlich ohne Zustimmung des anderen auch sorgeberechtigten Elternteils in Anspruch nehmen. Der Leistungsanspruch nach § 18 Abs. 1 SGB VIII richtet sich an „Mütter und Väter, die allein für ein Kind...zu sorgen haben oder tatsächlich sorgen ...". Es geht letztlich immer um eine Beratung um des Kindes willen, dafür sollen die erzieherischen Kompetenzen des jeweiligen Elternteils gestärkt werden.

Derjenige Elternteil, bei dem das Kind nach der Trennung oder Scheidung der Eltern lebt kann zudem Erziehungsberatung als Angelegenheit des täglichen Lebens wahrnehmen, § 28 SGB VIII. Beide Elternteile können sich folglich mit allen ihren Problemen und Einzelfragen an ein Jugendamt oder an eine Erziehungsberatungsstelle wenden.

Damit ist das Jugendamt auch in Blick auf das Umgangsrecht ausdrücklich verpflichtet Beratung und Unterstützung zu leisten, § 18 Abs. 3 SGB VIII.

Welches Jugendamt ist zuständig?
Der ratsuchende Elternteil kann sich an jedes Jugendamt seiner Wahl wenden.

Das in § 5 SGB VIII verankerte „Wunsch- und Wahlrecht“ für den Leistungsberechtigten, also für die Eltern und ebenfalls für das Kind ist nicht auf Angebote des örtlich zuständigen Jugendamtes begrenzt. Beide Elternteile haben also die Möglichkeit unabhängig von ihrem tatsächlichen Wohnort die Hilfen des Jugendamtes und von Erziehungsberatungsstellen in Anspruch zu nehmen. Der sich aus den Regelungen des SGB VIII ergebende Grundsatz bedeutet insofern: Wenn eine Beratung begehrt wird, ist diese Leistung in jedem Fall zu erbringen.

Broschüre Thema: Trennung der Eltern (auch Umgangsrecht)

www.diakonie.de/media/2013-09-05

e) Auskünfte über das Kind

Nach einer Trennung hat der getrenntlebende Elternteil zwar einen generellen, aber keinen unbegrenzten Auskunftsanspruch über sein Kind. Die Grenzen liegen auch hier im Wohl des Kindes. Zusätzlich muss für den Elternteil, der Auskünfte über sein Kind verlangt, ein berechtigtes Interesse bestehen, § 1686 BGB.

Beispiel

Die Eltern der zehnjährigen Emily sind geschieden. Emily lebt bei ihrer Mutter in Koblenz. Der Vater lebt auf Malta. Beide Elternteile haben das Sorgerecht für Emily. Das Aufenthaltsbestimmungsrecht für Emily hat die Mutter allein inne. Der Vater von Emily verlangte umfassende Auskunft über die persönlichen Verhältnisse des Kindes. Unter anderem wollte er zwei Mal jährlich ausführlich schriftlich über die schulische, die gesundheitliche und die sonstige persönliche Entwicklung des Kindes und über seine speziellen Interessen informiert werden, (OLG Koblenz – AZ: 13 WF 146/14).

Das Gericht kam in diesem Fall zu dem Ergebnis, dass zwar letztlich jeder Elternteil alles über die persönliche Entwicklung des Kindes und seine besonderen Interessen erfahren darf. Er muss sich allerdings die Details dazu selber beschaffen.

II. Tod

1. Wie ist die Rechtslage bei Tod eines Elternteils?

Stirbt ein Elternteil so geht das bisher beiden Elternteilen zustehende Sorgerecht per Gesetz automatisch auf den anderen Elternteil über, § 1680 BGB. Es kommt dabei nicht darauf an, wie sich die Beziehung des Elternpaares bisher gestaltet hat. Diese Regelung gilt für alle Lebenssituationen, also auch bei getrenntlebenden, unverheirateten oder geschiedenen Paaren. Rechtlich sind Vater und Mutter die nächsten Angehörigen des Kindes, deshalb soll das Sorgerecht für das Kind nach Möglichkeit bei ihnen verbleiben.

So wird auch in den Fällen, in denen bisher nur der verstorbene Elternteil Inhaber des Sorgerechts war, dieses von Gesetzes wegen auf den anderen Elternteil übertragen.

Rechtslage bei Tod eines Elternteils

- Waren bisher beide Elternteile zuständig, bleibt das Sorgerecht beim überlebenden Elternteil.
- Stand das Sorgerecht bisher nur dem verstorbenen Elternteil zu, wird das Sorgerecht dem überlebenden Elternteil automatisch übertragen (einzige Einschränkung: Kindeswohl!).

Verstirbt also der bisherige Alleinerziehende muss das Familiengericht die elterliche Sorge an den überlebenden Elternteil übertragen. Nur in den Fällen, in denen die Übertragung auf den Überlebenden zu einer Gefährdung des Kindeswohls führen würde, kann das Familiengericht eine andere Entscheidung treffen.

Falls Alleinerziehende auf keinen Fall wollen, dass nach ihrem Tod der verbliebende Elternteil das Sorgerecht erhält, sollten Sie dies schriftlich darlegen und konkret begründen, warum das Wohl des Kindes durch die Übertragung der elterlichen Sorge auf den anderen Elternteil gefährdet werden könnte. Gleichzeitig könnten sie möglicherweise festlegen, welche Person ihnen zur Übernahme der elterlichen Sorge geeignet erschiene.

Beispiel

Ariane und Benno sind nicht miteinander verheiratet und sie leben auch nicht zusammen. Für die gemeinsame Tochter Uschi hat Ariane das alleinige Sorgerecht. Sie legt in einer Sorgerechtsverfügung fest, dass sich im Falle ihres Todes ihre Schwester Irina, die selber bereits drei Kinder hat, um Uschi kümmern soll. Der Vater Benno solle die elterliche Sorge auf keinen Fall erhalten, denn er gehe keiner geregelten Arbeit nach, trinke ständig Alkohol und sei nicht fähig, das Kind angemessen zu erziehen.

Als Ariane tödlich verunglückt will Benno das Sorgerecht für Uschi übernehmen.

In diesem Beispielsfall könnte das für die Entscheidung zuständige Familiengericht nach Prüfung der Sachlage möglicherweise zu dem Ergebnis kommen, dass die Übernahme der elterlichen Sorge durch den Vater Benno tatsächlich eine Gefährdung des Wohls von Uschi zu Folge hätte. Die inzwischen verstorbene Mutter von Uschi, Ariane, hat für das Gericht vorab gute Hinweise und Gründe aufgezeigt.

Tipp!

- Möglichst ausführliche Begründung, wieso es dem Kind schaden könnte, wenn der andere Elternteil die elterliche Sorge erhalten würde.
- Es muss sich um schwerwiegende Gründe handeln, solche also, die tatsächlich zu einer Gefährdung des Kindeswohls führen könnten.

2. Wie ist die Rechtslage, wenn beide Eltern versterben?

Wird das Kind plötzlich zum Vollwaise, versucht das Familiengericht nach Möglichkeit Verwandte des Kindes mit der Übernahme der Vormundschaft, also aller elterlicher Rechte und Pflichten zu beauftragen. Natürlich ist es für die Gerichte schwierig, in diesen Fällen die richtige Entscheidung zu treffen. Die Nähe des Verwandtschaftsgrades sagt letztlich nichts aus über die tatsächliche Beziehung, über Abneigungen, Streitigkeiten zwischen den inzwischen verstorbenen Eltern und den jeweiligen weiteren Familienmitgliedern. Falls es keine näheren Verwandten gibt, hat das Gericht letztlich nur die Möglichkeit, einen Amtsvormund zu bestellen. Amtsvormund bedeutet, das Jugendamt übernimmt offiziell die Vormundschaft. Die Ausübung dieser rechtlichen Funktion wird dann auf die zuständige Fachkraft als Vertreter des Jugendamtes übertragen. Diese Fachkraft wird durch die Vielzahl der ihr übertragenen Fälle kaum Gelegenheit haben, sich individuell und intensiv um das betroffene Kind zu kümmern.

§

Amtsvormund

„Ein vollzeitbeschäftigter Beamter oder Angestellter, der nur mit der Führung von Vormundschaften … betraut ist, soll höchstens 50 … Vormundschaften … führen“, § 55 Abs. 2 S. 4 SGB VIII.

Um sicher zu gehen, dass das Kind nach dem eigenen Tod gut umsorgt bleibt und in sichere, vertraute Hände gerät, sollten deshalb Eltern am besten bereits nach der Geburt des Kindes festlegen, wer für einen solchen Fall als Vormund für ihr Kind in Frage käme.

§

Aufgaben des Vormunds, § 1793 BGB

- *Er kümmert sich anstelle der Eltern um die personen- und vermögensrechtlichen Angelegenheiten des Kindes.*
- *Er hat gleichermaßen auf die Belange und die Entwicklung des Kindes Rücksicht zu nehmen, § 1626 Abs. 2 BGB.*
- *Er kann das Kind bei sich aufnehmen, ist aber nicht dazu verpflichtet.*
- *Er kann bestimmen, ob das Kind in einem Heim unterkommen oder in einer Pflegefamilie leben soll.*

Der Vormund muss volljährig und geschäftsfähig sein, §§ 1780, 1781 BGB. Der 17-jährige noch minderjährige Bruder der wesentlich jüngeren weiteren Kinder kann nach dem Tod der Eltern nicht die Vormundschaft für seine Geschwister übernehmen. Die (Tauf-)Paten der Kinder werden nicht automatisch zum Vormund eines Kindes, dessen Eltern versterben – das war früher anders und ist bis heute fälschlicherweise in den Köpfen vieler Eltern so geblieben.

In der Regel wird das Familiengericht jeder Sorgeverfügung der Eltern folgen. Nur wenn das Gericht das Wohl des Kindes für gefährdet hält, kann es von den Vorgaben der Eltern abweichen.

Der vom Gericht ausgewählte Vormund ist dann grundsätzlich verpflichtet, die Beauftragung zum Vormund anzunehmen, § 1785 BGB. Nur in besonderen Ausnahmefällen besteht die Möglichkeit eine Vormundschaft abzulehnen.

Ablehnungsgründe (u.a.), § 1786 BGB

- ☐ *Betreuung von mindestens zwei schulpflichtigen Kindern*
- ☐ *älter als 60 Jahre*
- ☐ *Krankheit*
- ☐ *weitere Vormundschaften oder rechtliche Betreuungen*

Die Sorgerechtsverfügung ist rechtlich eine Art von Testament und obliegt damit den Regeln der Testamentserstellung.

Form der Sorgerechtsverfügung

- ☐ *beim Notar (kostenpflichtig)*
- ☐ *handschriftlich (nicht maschinell) und persönlich unterschrieben*

Existieren nach dem Tod der Eltern mehrere Sorgerechtsverfügungen ist immer das Schriftstück maßgeblich, das als letztes erstellt wurde.

Praktische Hinweise

- Regelmäßig (alle 2–3 Jahre) aktualisieren, vorher Lebensumstände prüfen
- Zwei Exemplare anfertigen und an unterschiedlichen Orten aufbewahren

Nur Eheleute können eine gemeinsame Sorgerechtsverfügung aufsetzen. Unverheiratete Elternpaare brauchen zwei entsprechende Verfügungen.

Es gibt bei verschiedenen Versicherungen Mustervorlagen und Formulierungshilfen für den Text einer Sorgerechtsverfügung, die als Grundlage gut geeignet sind.

Muster für Sorgerechtsverfügung

z.B. bei D.A.S. Rechtsschutzversicherung „Wenn Eltern sterben – wer nimmt die Kinder?“

(Merkblatt DAS.pdf)

6. Kapitel

Das Kind wird erwachsen

6

I. Volljährigkeit des Kindes

Wenn das Kind seine 18. Geburtstag feiert wird es damit volljährig, § 2 BGB. Das Kind ist also ab diesem Zeitpunkt für sich selbst verantwortlich, das elterliche Sorgerecht der Eltern wird automatisch beendet. Der Gesetzgeber beschreibt nicht ausdrücklich, welche Rechte und Pflichten auf das Kind jetzt zukommen, sondern diese neue Rechtsposition lässt sich aus der Tatsache der Volljährigkeit des Kindes ableiten:

1. Arbeitszeiten

Das Jugendarbeitsschutzgesetz, das Auszubildende und Angestellte unter 18 Jahren schützt, gilt jetzt nicht mehr. Jeder darf ab seinem 18. Lebensjahr mehr als 40 Stunden pro Woche arbeiten. Ebenfalls erlaubt ist Wochenendarbeit sowie Schicht- und Akkordarbeit. Bei einer täglichen Arbeitszeit von sechs Stunden ist nun auch eine verkürzte Pausenzeit auf eine halbe Stunde üblich.

2. Führerschein

Auch wenn der Führerschein für einen Pkw bereits mit 17 Jahren erworben wurde, ist das Autofahren ohne Begleitung eines Erwachsenen erst mit dem Erreichen der Volljährigkeit zulässig. Der Motorradführerschein (Klasse A) kann mit 18 Jahren absolvieret werden und die meisten weiteren Führerscheine auch.

3. Geschäftsfähigkeit

Wer volljährig ist, ist voll geschäftsfähig. Das Kind kann ab sofort alle seine Verträge – Miet-, Kauf- oder Kreditverträge – selbst abschließen und er wird im Gegenzug für die Einhaltung der Verträge voll verantwortlich.

Beispiel

Rechnungen: ein 18-Jähriger, der etwas bestellt, kauft, muss dies auch selber bezahlen

Girokonto: einer Kontoeröffnung bei Sparkasse & Co. steht nichts mehr im Weg

Sparkonto: ein Sparkonto bzw. Jugendsparheft einer Bank, das bereits auf den Namen des Kindes läuft, geht nun auch in seinen Besitz über

Unterhaltszahlungen: die zwischen getrennt oder geschiedenen Elternteilen für das gemeinsame Kind fließenden Unterhaltszahlungen, können sich über 18-Jährige auf das eigene Konto auszahlen lassen. Eltern sind selbst ihren volljährigen Kindern gegenüber noch unterhaltspflichtig, wenn diese eine Schule oder Berufsausbildung absolvieren, studieren, arbeitslos oder behindert sind, sodass sie ihren Lebensunterhalt nicht selbst bestreiten können.

Kindergeld: diese Zahlungen enden in der Regel mit der Volljährigkeit des Kindes. Befindet sich das Kind jedoch noch in einer Ausbildungsphase, dann wird das Kindergeld noch bis zum 27. Lebensjahr weitergezahlt

Stipendien & Renten: auch diese Gelder können fortan auf ein Konto des Kindes ausgezahlt werden

4. Heiraten

Eine Eheschließung ist ab 18 Jahren ohne eine familiengerichtliche Entscheidung und ohne jede Einwirkung der Eltern möglich.

5. Jugendschutz

Für Volljährige gelten nicht mehr die Regelungen nach dem JuSchG. 18-jährige dürfen nachts unbegrenzt ausgehen, Alkohol kaufen und trinken, Filme, Games, Videos & Co., die bislang eine Altersbeschränkung hatten, dürfen ebenfalls von ihnen gekauft werden, ausgeliehen und angeschaut werden.

6. Schadensersatzpflicht

Verursacht das volljährige Kind einen Schaden, sind nicht mehr die Eltern haftungsrechtlich gefragt, sondern das Kind ist selbst verantwortlich und muss im Zweifel für den von ihm verursachten Schaden aufkommen.

7. Schule

Auch in der Schule ändert sich einiges: Mit dem 18. Geburtstag sind nicht mehr die Eltern sondern das Kind selbst der direkter Ansprechpartner für die Lehrer. Das 18-jährige Kind kann jetzt seine Entschuldigungen selbst schreiben und die Kenntnisnahme für die Zeugnisse unterschreiben. Bei einem Schulverweis werden die Eltern allerdings benachrichtigt. Die allgemeine Berufsschulpflicht endet mit dem 18. Lebensjahr.

8. Strafmündigkeit

Als Volljähriger ist das Kind grundsätzlich voll strafmündig. Für Heranwachsende gilt bis zum 21. Lebensjahr eine Ausnahmeregelung.

9. Wahlrecht

Auf Bundesebene beginnt das Wahlalter mit dem 18. Lebensjahr. In einigen Länderparlamenten und auf kommunaler Ebene besteht diese Möglichkeit bereits mit dem Erreichen des 16. Lebensjahres. Auch das passive Wahlrecht also die Möglichkeit für den Stadtrat, Landtag oder Bundestag zu kandidieren startet mit dem 18. Lebensjahr.

10. Wohnung

Ab Vollendung des 18. Lebensjahres kann das Kind seine Wohnort jederzeit selbst bestimmen, also auch ohne die Eltern zu fragen zu Hause ausziehen.

II. Rechtspositionen des Kindes in den verschiedenen Altersstufen

1. Zeitpunkt der Zeugung

- Erbfähigkeit (§ 1923 Abs. 2 BGB)
- Einsetzung als Nacherbe (§ 2101 Abs. 1 BGB)
- Schutz gegen vorgeburtliche Schädigungen (§ 823 Abs. 1 BGB)
- Ersatzanspruch im Fall der Tötung des Unterhaltspflichtigen (§ 844 Abs. 2 BGB)

2. Vollendung der Geburt

- Beginn der Rechtsfähigkeit (§ 1 BGB)
- Anspruch auf Pflege und Erziehung (Art. 6 Abs. 2 GG, § 1626 Abs. 1 BGB)
- Umgangsrecht mit beiden Elternteilen und anderen Bezugspersonen (§§ 1626 Abs. 3, 1684, 1685 BGB)
- Unterhaltsanspruch, 1. Stufe nach Düsseldorfer Tabelle (§ 1612 Abs. 1 S. 1 BGB)
- Geschäftsunfähigkeit (§ 104 Ziff. 1, 131 BGB)
- Deliktsunfähigkeit (§ 823 Abs. 1 BGB), Aufsichtspflicht der Eltern (§ 832 BGB)
- Eltern haben Anspruch auf Elternzeit und Elterngeld (§§ 4, 15 BEEG)

Anspruch unter besonderen Voraussetzungen auf Förderung in einer Kindertagesstätte (§ 24 Abs. 1 SGB VIII)

- Besonderer Schutz bei sexuellem Missbrauch (§§ 174, 176 Abs. 1, 176a, 184b StGB)

3. Das Kind wird ein Jahr alt

- Anspruch auf Förderung in einer Kindertagesstätte oder in einer Kindertagespflege (§ 24 Abs. 2 SGB VIII)

4. Das Kind wird zwei Jahre alt

- Wegfall Elterngeld (§ 4 BEEG), evtl. ElterngeldPlus (§ 4 BEEG)
- Anspruch auf Betreuungsgeld (§ 4d BEEG)

5. Das Kind wird drei Jahre alt

- Rechtsanspruch auf einen Kindergartenplatz (§ 24 Abs. 3 SGB VIII)
- Ende des Beförderungsverbotes in Fahrzeugen, die nicht mit Sicherheitsgurten ausgerüstet sind (§ 21 Abs. 1a Ziff. 2 und 3, Abs. 1b StVO)

6. Das Kind wird fünf Jahre alt

- Bei Namensänderung Einwilligung des Kindes (§§ 1617a bis 1618 BGB, Art. 10 EGBGB)

7. Das Kind wird sechs Jahre alt

- Allgemeine Schulpflicht (Schulgesetze der Länder)
- Unterhaltsanspruch 2. Stufe nach Düsseldorfer Tabelle (§ 1612a Abs. 1 S. 2 BGB)
- Besuch von Filmveranstaltungen erlaubt bis 20 Uhr (§ 11 Abs. 3 JuSchG)

8. Das Kind wird sieben Jahre alt

- Beschränkte Geschäftsfähigkeit (§§ 106–113 BGB)
- Bedingte Deliktsfähigkeit (§ 828 Abs. 2 BGB), Aufsichtspflicht der Eltern (§ 832 BGB)

9. Das Kind wird acht Jahre alt

- Erlaubnis mit dem Fahrrad dem Radweg zu benutzen (§ 2 Abs. 5 StVO)

10. Das Kind wird zehn Jahre alt

- Anhörungsrecht bei Religionswechsel (§ 2 Abs. 3 RelKErzG)

- Eingeschränkte Deliktsfähigkeit (§ 828 Abs. 3 BGB)
- Verpflichtung mit dem Fahrrad den Radweg zu benutzen (§ 2 Abs. 5 StVO)

11. Das Kind wird 12 Jahre alt

- Beschränkte Religionsmündigkeit: Kein Wechsel der Religion gegen den Willen des Kindes (§ 5 RelKErzG)
- Unterhaltsrecht, 3. Stufe (§ 1612a Abs. 1 Ziff. 3 BGB)
- Höchstalter zum Bezug von Unterhaltsvorschuss für das Kind (§ 1 Abs. 1 Ziff. 1 UhVorschG)
- Besuch von Filmveranstaltungen bis 22 Uhr erlaubt (§ 11 Abs. 3 JuSchG)
- Kinderreisepass nicht mehr möglich (§ 5 Abs. 2 PassG)
- Beendigung von Verpflichtungen bezüglich des Verhaltens im Straßenverkehr (§ 21 Abs. 1a und 1b StVO)
- Beendigung des Anspruchs auf Kinderpflegegeld (§ 45 Abs. 1 und 4 SGB V)

12. Das Kind wird 13 Jahre alt

- Beschäftigung in geringem Umfang erlaubt (§ 5 Abs. 3 JArbSchG)

13. Das Kind wird 14 Jahre alt

- Jugendlicher im Sinne des Jugendschutzes (§ 1 Abs. 1 Ziff. 2 JuSchG)
- und der Jugendhilfe (§ 7 Abs. 1 Ziff. 2 SGB VIII)
- Besuch von Filmveranstaltungen bis 22 Uhr erlaubt (§ 11 JuSchG)
- Strafmündigkeit (§§ 1, 3 JGG, § 19 StGB)
- Verpflichtung zur Freistellung für Berufsschulunterricht (§ 9 JArbSchG)
- Aktives und passives Wahlrecht für die Jugendvertretung im Betriebsrat (§§ 60 Abs. 1, 61 Abs. 1 BetrVG)

- Schutz bei sexuellem Missbrauch in einer Zwangslage oder in einem besonderen Schutzverhältnis (§§ 174, 180, 182, 184g StGB); Beischlaf unter Verwandten steht nicht unter Strafdrohung (§ 173 Abs. 3 StGB)
- Volle Religionsmündigkeit (§ 5 RelKErzG)
- Eigene Entscheidung bei Namensänderung (§§ 1617a–1618, 1757 BGB, Art. 10 EGBGB)
- Eigenes Beschwerderecht im Familiengerichtsverfahren (§ 60 FamFG)
- Anhörungsverpflichtung im Rahmen von Sorgerechtsentscheidungen (§§ 159 Abs. 1, 157, 158 FamFG)
- Widerspruchsrecht gegen Sorgerechtsübertragung (§ 1671 Abs. 1 Ziff. 1 und 2 BGB)
- Einwilligung in eine Adoption erforderlich, Widerrufsrecht (§§ 1746 Abs. 1 und 2, 1762 Abs. 1 BGB)
- Verfahrensfähigkeit bei Zwangsunterbringung (§ 167 Abs. 3 FamFG)

14. Das Kind wird 15 Jahre alt

- Ende des allgemeinen Beschäftigungsverbots (§§ 5 Abs. 1, 2 Abs. 1 BGB)
- Maximale Arbeitszeiten 8 Stunden täglich und 40 Stunden wöchentlich (§ 7 Abs. 1 JArbSchG)
- Handlungsfähigkeit in Sozialrechtsverfahren, Antragsrecht (§ 36 SGB I)
- Fahrberechtigung für Mofas (§§ 5, 10 Abs. 3 FeV)
- Ende der allgemeinen Schulpflicht (siehe Schulgesetze der Länder)

15. Das Kind wird 16 Jahre alt

- Möglichkeit zur Eheschließung, wenn Ehepartner volljährig (§ 1303 BGB)
- Errichtung eines Testaments (§ 2229 BGB)
- Eidesfähigkeit im Zivilprozess (§§ 393, 391 ZPO)

- Einsichtsrecht ins Geburtenregister (§ 62 Abs. 1 und 2 PStG)
- Personalausweispflicht (§ 1 PAuswG)
- Handlungsfähigkeit im Rahmen von Aufenthalts- und Asylverfahren (§ 80 AufenthG, § 12 AsylVfG)
- Aktives Wahlrecht in der Sozialversicherung (§ 50 Abs. 1 Ziff. 2 SGB IV)
- Aufenthalt in Gasstätten, bei Tanzveranstaltungen und Filmveranstaltungen bis 24 Uhr erlaubt (§§ 4 Abs. 1, 5 Abs. 1, 11 JuSchG)
- Zulässigkeit von Alkohol mit Ausnahme von Branntwein (§ 9 JuSchG)
- Führerscheinerwerb bestimmter Klassen (§ 10 Abs. 1 FeV)
- Ende des besonderen strafrechtlichen Schutzes bei Straftaten gegen die sexuelle Selbstbestimmung (§§ 174, 180 StGB)

16. Das Kind wird 17 Jahre alt

- Begleitetes Fahren eines PKW möglich (§§ 10, 48a FeV)
- Fähigkeit zur Ableistung von Wehrdienst (§ 5 Abs. 3 WPflG)

17. Das Kind wird 18 Jahre alt

Siehe dazu die Einzelheiten unter Punkt I.: Was ändert sich mit dem 18. Geburtstag des Kindes?

18. Das Kind wird 21 Jahre alt

- Volle strafrechtliche Verantwortung (§§ 1 JGG, 10 StGB)
- Möglichkeit zur Adoption eines Kindes (§§ 1743, 1741 Abs. 2 BGB)
- Ende der gesteigerten Unterhaltsberechtigung (§ 1603 Abs. 2 BGB)
- Altersgrenze für einen Beratungsanspruch beim Jugendamt in Unterhaltsfragen (§ 18 Abs. 4, § 59 Abs. 1 Ziff. 3 SGB VIII)
- Regelaltersgrenze für Jugendhilfeleistungen (§ 41 Abs. 1 SGB VIII)
- Höchstgrenze für Kindergeldberechtigung bei Arbeitslosigkeit (§ 2 Abs. 2 Ziff. 1 BKGG)
- Möglichkeit für Führerscheinerwerb höherer Klassen (§ 10 FeV)

19. Das Kind wird 25 Jahre alt

- Höchstalter für Familienversicherung bei Ausbildung (§ 10 Abs. 2 Ziff. 3 SGB V)
- Höchstalter beim Bezug von Kindergeld (§ 2 Abs. 2 Ziff. 5 BKGG)

20. Das Kind wird 27 Jahre alt

- Höchstalter für den Bezug von Jugendhilfeleistungen (§ 7 Abs. 1 Ziff. 4, SGB VIII)
- Höchstalter für den Bezug von Waisenrenten (§ 48 Abs. 4 Ziff. 2 SGB VI, § 67 Abs. 3 Ziff. 2 SGB VII, § 45 Abs. 3 Ziff. a BVG).

Anhang Abkürzungen der Gesetze und Verordnungen

AdVermG Adoptionsvermittlungsgesetz (Gesetz über die Vermittlung der Annahme als Kind und über das Verbot der Vermittlung von Ersatzmüttern)
in der Fassung der Bekanntmachung vom 22.12.2001 (BGBl. I 2002 S. 354) zuletzt geändert durch Gesetz vom 10.12.2008 (BGBl. I S. 2403) m.W.v. 16.12.2008.

AGG Allgemeines Gleichbehandlungsgesetz
Artikel 1 des Gesetzes vom 14.08.2006 (BGBl. I S. 1897), in Kraft getreten am 18.08.2006, zuletzt geändert durch Gesetz vom 03.04.2013 (BGBl. I S. 610) m.W.v. 21.12.2012 (rückwirkend).

AO Abgabenordnung
in der Fassung der Bekanntmachung vom 01.10.2002 (BGBl. I S. 3866, ber. 2003 I S. 61)zuletzt geändert durch Gesetz vom 22.12.2014 (BGBl. I S. 2417) m.W.v. 31.12.2014 Stand: 01.01.2015 aufgrund Gesetzes vom 22.12.2014 (BGBl. I S. 2415).

BayEUG Bayerisches Gesetz über das Erziehungs- und Unterrichtswesen
in der Fassung der Bekanntmachung vom 31. Mai 2000 (GVBl S. 414, ber. S. 632, BayRS 2230-1-1-UK), zuletzt geändert durch § 37 des Gesetzes vom 20. Dezember 2011 (GVBl S. 68).

BEEG Bundeselterngeld- und Elternzeitgesetz (Gesetz zum Elterngeld und zur Elternzeit)
Artikel 1 des Gesetzes vom 05.12.2006 (BGBl. I S. 2748), in Kraft getreten am 01.01.2007 zuletzt geändert durch Gesetz vom 18.12.2014 (BGBl. I S. 2325) m.W.v. 01.01.2015.

BetrVG Betriebsverfassungsgesetz
in der Fassung der Bekanntmachung vom 25. September 2001 (BGBl. I S. 2518), zuletzt geändert durch Artikel 3 Absatz 4 des Gesetzes vom 20. April 2013 (BGBl. I S. 868).

BGBEG Einführungsgesetz zum Bürgerlichen Gesetzbuche
in der Fassung der Bekanntmachung vom 21. September 1994 (BGBl. I S. 2494; 1997 I S. 1061), zuletzt geändert durch Artikel 15 des Gesetzes vom 29. Juni 2015 (BGBl. I S. 1042).

BKGG Bundeskindergeldgesetz
neugefasst durch B. v. 28.01.2009 (BGBl. I S. 142, 3177) zuletzt geändert durch Artikel 14 G. v. 22.12.2014 (BGBl. I S. 2417)

BNichtrSchG Gesetz zur Einführung eines Rauchverbotes in Einrichtungen des Bundes und öffentlichen Verkehrsmitteln (Bundesnichtraucherschutzgesetz)
vom 20. Juli 2007 (BGBl. I S. 1595).

BZRG Gesetz über das Zentralregister und das Erziehungsregister (Bundeszentralregistergesetz)
vom 21. September 1984 (BGBl. I S. 1229, 1985 I S. 195), zuletzt geändert durch Artikel 2 Absatz 4 des Gesetzes vom 21. Januar 2015 (BGBl. I S. 10).

CHARTA DER GRUNDRECHTE DER EUROPÄISCHEN UNION (2010/C 83/02) vom 30.03.2010

Eingliederungshilfe Verordnung nach § 60 des Zwölften Buches Sozialgesetzbuch
in der Fassung der Bekanntmachung vom 1. Februar 1975 (BGBl. I S. 433), zuletzt geändert durch Artikel 13 des Gesetzes vom 27. Dezember 2003 (BGBl. I S. 3022).

ESchG Gesetz zum Schutz von Embryonen
G. v. 13.12.1990 (BGBl. I S. 2746) zuletzt geändert durch Artikel 1 G. v. 21.11.2011 (BGBl. I S. 2228).

EStG Einkommensteuergesetz
in der Fassung der Bekanntmachung vom 08.10.2009 (BGBl. I S. 3366, ber. 3862) zuletzt geändert durch Gesetz vom 22.12.2014 (BGBl. I S. 2417) m.W.v. 01.01.2015.

FamFG Gesetz über das Verfahren in Familiensachen und in den Angelegenheiten der freiwilligen Gerichtsbarkeit
Artikel 1 des Gesetzes vom 17.12.2008 (BGBl. I S. 2586), in Kraft ge-

treten am 29.05.2009 bzw. 01.09.2009 zuletzt geändert durch Gesetz vom 20.06.2014 (BGBl. I S. 786) m.W.v. 27.06.2014 Stand: 01.07.2014 aufgrund Gesetzes vom 10.10.2013 (BGBl. I S. 3786).

FeV Verordnung über die Zulassung von Personen zum Straßenverkehr (Fahrerlaubnis-Verordnung)
zuletzt geändert durch Artikel 1 der Verordnung vom 16. Dezember 2014 (BGBl. I S. 2213).

GDVG Gesetz über den öffentlichen Gesundheits- und Veterinärdienst, die Ernährung und den Verbraucherschutz sowie die Lebensmittelüberwachung
in der Fassung vom 24.7.2003, zuletzt geändert durch Bayerisches Gesetz zur Anerkennung ausländischer Berufsqualifikationen und zur Anerkennung sozialer Berufe vom 24.7.201 (BayRS Nr. 2120-1).

GG Grundgesetz für die Bundesrepublik Deutschland
vom 23.05.1949 (BGBl. I S. 1) zuletzt geändert durch Gesetz vom 23.12.2014 (BGBl. I S. 2438) m.W.v. 01.01.2015.

GlüStV Glückspielstaatsvertrag Staatsvertrag zum Glücksspielwesen in Deutschland
vom 15. Dezember 2011, verkündet als Artikel 1 des Ersten Staatsvertrages zur Änderung des Staatsvertrages zum Glücksspielwesen in Deutschland vom 15. Dezember 2011 (Nds. GVBl. S. 196).

Hessisches Gesetz zur Verbesserung des Gesundheitsschutzes für Kinder
vom 14. Dezember 2007 Nr. 27 – Gesetz- und Verordnungsblatt für das Land Hessen, Teil I – 20. Dezember 2007.

Hessisches Schulgesetz
in der Fassung vom 14. Juni 2005 (GVBl. I S. 441), zuletzt geändert durch Gesetz vom 18. Dezember 2012 (GVBl. S. 645).

IfSG Gesetz zur Verhütung und Bekämpfung von Infektionskrankheiten beim Menschen (Infektionsschutzgesetz) Ein Service des Bundesministeriums der Justiz und für Verbraucherschutz
vom 20. Juli 2000 (BGBl. I S. 1045), zuletzt geändert durch Artikel 2 Absatz 36 u. Artikel 4 Absatz 21 des Gesetzes vom 7. August 2013 (BGBl. I S. 3154).

JArbSchG Gesetz zum Schutz der arbeitenden Jugend (Jugendarbeitsschutzgesetz)
vom 12. April 1976 (BGBl. I S. 965), zuletzt geändert durch Artikel 8a des Gesetzes vom 17. Juli 2015 (BGBl. I S. 1368).

JGG Jugendgerichtsgesetz
in der Fassung der Bekanntmachung vom 11.12.1974 (BGBl. I S. 3427) zuletzt geändert durch Gesetz vom 26.06.2013 (BGBl. I S. 1805) m.W.v. 01.01.2014.

JMStV Staatsvertrag über den Schutz der Menschenwürde und den Jugendschutz in Rundfunk und Telemedien (Jugendmedienschutz-Staatsvertrag) vom 10. September 2002 zuletzt geändert am 20.11.2009.

JuSchG Jugendschutzgesetz
Gesetz vom 23.07.2002 (BGBl. I S. 2730) zuletzt geändert durch Gesetz vom 07.08.2013 (BGBl. I S. 3154) m.W.v. 15.08.2013.

KKG Gesetz zur Kooperation und Information im Kinderschutz
Artikel 1 G. v. 22.12.2011 BGBl. I S. 2975, Geltung ab 01.01.2012.

LPartG Lebenspartnerschaftsgesetz (Gesetz über die Eingetragene Lebenspartnerschaft)
vom 16.02.2001 (BGBl. I S. 266), in Kraft getreten am 01.08.2001, zuletzt geändert durch Gesetz vom 20.06.2014 (BGBl. I S. 786) m.W.v. 27.06.2014.

MediationsG Mediationsgesetz
Artikel 1 G. v. 21.07.2012 (BGBl. I S. 1577).

MuSchG Mutterschutzgesetz (Gesetz zum Schutze der erwerbstätigen Mutter)
in der Fassung der Bekanntmachung vom 20.06.2002 (BGBl. I S. 2318) zuletzt geändert durch Gesetz vom 23.10.2012 (BGBl. I S. 2246) m.W.v. 30.10.2012.

PStG Personenstandsgesetz
Artikel 1 des Gesetzes vom 19.02.2007 (BGBl. I S. 122), in Kraft getreten am 24.02.2007 bzw. 01.01.2009 zuletzt geändert durch Gesetz vom 28.08.2013 (BGBl. I S. 3458) m.W.v. 01.05.2014.

RelKErzG Gesetz über die religiöse Kindererziehung
vom 15. Juli 1921 (RGBl. S. 939), in Kraft seit 1. Januar 1922, zuletzt geändert durch Art. 7 § 31 Gesetz vom 12. September 1990 (Betreuungsgesetz, BGBl. I S. 2002).

SGB I Erstes Buch Sozialgesetzbuch – Allgemeiner Teil
Gesetz vom 11.12.1975 (BGBl. I S. 3015) zuletzt geändert durch Gesetz vom 18.12.2014 (BGBl. I S. 2325) m.W.v. 01.01.2015.

SGB V Fünftes Buch Sozialgesetzbuch – Gesetzliche Krankenversicherung
Artikel 1 des Gesetzes vom 20. Dezember 1988, BGBl. I S. 2477, 2482), zuletzt geändert durch Artikel 1 und 2 des Gesetzes vom 17. Juli 2015 (BGBl. I S. 1368).

SGB VI Sozialgesetzbuch Sechstes Buch – Gesetzliche Rentenversicherung
in der Fassung der Bekanntmachung vom 19. Februar 2002 (BGBl. I S. 754, 1404, 3384), zuletzt geändert durch Artikel 3 des Gesetzes vom 17. Juli 2015 (BGBl. I S. 1368).

SGB VII Siebtes Buch Sozialgesetzbuch – Gesetzliche Unfallversicherung
Artikel 1 des Gesetzes vom 7. August 1996, (BGBl. I S. 1254) zuletzt geändert durch Artikel 4 des Gesetzes vom 15. April 2015 (BGBl. I S. 583).

SGB VIII Achtes Buch Sozialgesetzbuch – Kinder- und Jugendhilfegesetz
in der Fassung der Bekanntmachung vom 14.12.2006 (BGBl. I S. 3134) zuletzt geändert durch Gesetz vom 21.01.2015 (BGBl. I S. 10) m.W.v. 27.01.2015.

SGB IX Neuntes Buch Sozialgesetzbuch – Rehabilitation und Teilhabe behinderter Menschen
Artikel 1 des Gesetzes vom 19.06.2001 (BGBl. I S. 1046), in Kraft getreten am 01.07.2000 (rückwirkend), 23.06.2001 bzw. 01.07.2001, zuletzt geändert durch Gesetz vom 14.12.2012 (BGBl. I S. 2598) m.W.v. 01.01.2013.

SGB XII Zwölftes Buch Sozialgesetzbuch – Sozialhilfe
Artikel 1 des Gesetzes vom 27.12.2003 (BGBl. I S. 3022), in Kraft getreten am 31.12.2003, 01.01.2004, 01.07.2004, 01.01.2005 bzw. 01.01.2007, zuletzt geändert durch Verordnung vom 14.10.2014 (BGBl. I S. 1618) m.W.v. 01.01.2015.

StAG Staatsangehörigkeitsgesetz
G. v. 22.07.1913 RGBl. S. 583; zuletzt geändert durch Artikel 1 G. v. 13.11.2014 BGBl. I S. 1714.

StGB Strafgesetzbuch
in der Fassung der Bekanntmachung vom 13.11.1998 (BGBl. I S. 3322) zuletzt geändert durch Gesetz vom 12.06.2015 (BGBl. I S. 926) m.W.v. 20.06.2015.

StPO Strafprozessordnung
in der Fassung der Bekanntmachung vom 07.04.1987 (BGBl. I S. 1074, ber. 1319), zuletzt geändert durch Gesetz vom 12.06.2015 (BGBl. I S. 926) m.W.v. 20.06.2015.

StVO Straßenverkehrs-Ordnung
Verordnung vom 06.03.2013 (BGBl. I S. 367), in Kraft getreten am 01.04.2013 geändert durch Verordnung vom 22.10.2014 (BGBl. I S. 1635) m.W.v. 30.10.2014.

SchKG Gesetz zur Vermeidung und Bewältigung von Schwangerschaftskonflikten (Schwangerschaftskonfliktgesetz)
Artikel 1 G. v. 27.07.1992 (BGBl. I S. 1398) zuletzt geändert durch Artikel 7 G. v. 28.08.2013 (BGBl. I S. 3458).

TSG Gesetz über die Änderung der Vornamen und die Feststellung der Geschlechtszugehörigkeit in besonderen Fällen (Transsexuellengesetz)
G. v. 10.09.1980 BGBl. I S. 1654; zuletzt geändert durch Artikel 1 G. v. 17.07.2009 BGBl. I S. 1978.

UhVorschG Gesetz zur Sicherung des Unterhalts von Kindern alleinstehender Mütter und Väter durch Unterhaltsvorschüsse oder -ausfalleistungen (Unterhaltsvorschussgesetz)
in der Fassung der Bekanntmachung vom 17. Juli 2007 (BGBl. I S. 1446), zuletzt geändert durch Artikel 1 des Gesetzes vom 3. Mai 2013 (BGBl. I S. 1108).

UN-KRK Übereinkommen über die Rechte des Kindes, UN-Kinderrechtskonvention (CRC)
Ratifikation mit Gesetz vom 17. Februar 1992 (BGBl. II S. 121), in Kraft getreten für die Bundesrepublik Deutschland am 5. April 1992 (BGBl. II S. 990).

WV Die Verfassung des Deutschen Reiches („Weimarer Reichsverfassung")
vom 11. August 1919, Zuletzt geändert durch Gesetz vom 17. Dezember 1932 (RGBl. I. S. 547).

ZPO Zivilprozessordnung
in der Fassung der Bekanntmachung vom 05.12.2005 (BGBl. I S. 3202, ber. 2006 I S. 431, 2007 I S. 1781) zuletzt geändert durch Gesetz vom 08.07.2014 (BGBl. I S. 890) m.W.v. 10.01.2015.